Jesus and a Language of Faith

예수와 신앙 언어

김 대 식 지음

도서
출판 **밀알서원**

밀알서원(Wheat Berry Books)은 **CLC**가 공동으로 운영하는
복음주의 출판사로서 신앙생활과 기독교문화를 위한
설교, 시, 수필, 간증, 선교·경건 서적 등을 출판하고 있습니다.

Jesus and a Language of Faith

Written by
Dei-seek Kim

Korean Edition
Copyright © 2016 by Wheat Berry Books
Seoul, Korea

추천사

조은식 교수
숭실대학교 교목실장

　김대식 박사의 『예수와 신앙 언어』는 예수의 이야기를 신앙의 언어라는 매체로 분석하여 서술한 책이다.
　이 책은 먼저 히브리어나 헬라어 성경을 한글로 번역하는 과정에서 놓칠 수 있는 표현의 기법을 오히려 이야기체로 풀어가며 이해를 도모한다. 이야기체로 썼다고 해서 결코 내용을 가볍고 쉽게 다룬 것은 아니다. 2천 년 전의 사건을 현대 언어로 그것도 신앙 언어로 표현하여 이해하도록 한다는 것은 결코 쉬운 일이 아님을 안다. 그럼에도 사건의 흐름을 파악하기 쉽도록 하면서도 현장감 있게 생생하게 표현하며 진지하고 깊이 있게 이야기를 전개하는 필법은 김대식 박사가 얼마나 성경적으로 신학적으로 철학적으로 또 문학적으로 박학한가를 반증한다.
　다음으로, 다양한 종교가 공존함에도 갈등과 위기가 야기되는 것은 이웃종교에 대한 무지에서 기인한다는 점을 지적하고, 그 대안으로 종교의 공적교육을 제시한다. 특히 종교교육과 영성교육의 병행은 종교의 절대화와 편견으로 인한 편협함과 갈등에서 벗어나 오히려 상생과 평화에 접근할 수 있고 종교적 성숙을 가져올 수 있음을 주장한다.
　어느 종교나 영성이라는 주제는 중요하다. 그런데 개인의 주관적 체험을 절대화하거나 영성 해석을 획일화함으로 배타적 영성을 만들기도 하고, 영성을 목회적 수단이나 영적 만족감으로 전락시키기도 한다. 이렇게 영성을 종교적 상품화 하는 일은 본질을 왜곡하게 된다. 중요한 것은 예수의 영성에 초점을 맞추어야 한다는 것이다. 이것이 기본이고 본질이다.

　예수의 삶에 초점을 맞추어 예수의 삶을 따라 살기를 원한다면, 나에게 예수는 어떤 분인지, 어떤 자리에 있는지를 물어 보아야 한다. 이런 기본적 사유 후에 김대식 박사는 신학적으로 중요한 주제들을 신선한 관점에서 풀어간다. 특히 기도는 영성을 고취하는 것이라는 지적과 더불어 전개되는 글은 기도의 미학을 정립하는 데 도움이 될 것이다.

　특히 김대식 박사는 교회 공동체가 사회 공신력을 잃어가고 교회에 '안나가'는 소위 '가나안' 교인들이 증가하는 시대에 교회의 가치는 무엇이고 지향점은 무엇인가를 질문한다. 그러면서 대조 공동체, 대척 공동체, 대안 공동체가 되어 진정한 예수 공동체가 될 것을 피력하는 데 이 점은 눈여겨 볼만한 대목이다.

　신앙은 자기를 향해 존재하는 것이 아니라 하나님을 품을 수 있을 만큼의 여유로움과 이웃을 향해 나누는 청빈함을 요청한다. 그럼에도 불구하고 '신앙의 비만증'에 걸린 현대 신앙인들에게 던지는 "신앙의 동맥경화증, 신앙의 당뇨병, 신앙의 협심증 등은 있는데 예수를 따르면서 생기는 신앙의 평균, 신앙의 중도, 신앙의 단순함은 왜 없는 것일까?"라는 질문은 진지하게 숙고해야 할 문제이다. 가능적 신앙인에서 현실적 신앙인으로 성숙해지고 존재론적 신앙을 소유하기 위한 하나의 방편으로 신앙고백적 언어 사용을 심사숙고할 필요가 있다.

　김대식 박사는 성서해석학, 영성, 환경문제, 생태철학 및 생태영성, 함석헌과 간디, 칸트 등 성경에서부터 철학에 이르기까지 또 환경과 생태문제에까지 다방면에 전문성을 갖고 연구하는 학자이다. 이런 배경을 바탕으로 현재 기독교, 교회, 그리스도인들이 당면한 복잡한 문제의 실타래를 풀 수 있는 길을 진솔하게 전개하고 있다. 이 귀한 책을 출간하게 됨을 축하하며 부족한 사람이 감히 추천한다.

2016년 8월 광복절 71주년을 맞이하며

저자 서문

- '신앙의 언어'가 '공동의 언어'가 되기를 바라며 -

김대식 박사
숭실대학교 철학과 외래교수, 종교문화연구원 연구위원

그리스도교적 신앙의 종말 혹은 신앙의 종언을 외치는 이때에, 필자는 지난 한 해 나름대로 예수의 이야기를 말할 기회가 있었다. 청중들의 콘텍스트가 대부분 교회라고 하는 공적 장소에 제한되어 있었지만 교회의 상투적이고 전통적인 언어를 탈피해보려고 노력하였다. 그것이 어떻게 가능할 수 있겠는가를 반문하는 독자도 있을 것이다.

필자의 고민은 '왜 신앙의 언어는 교회 밖의 존재자들과 소통이 안 되는 것일까?' 하는 데 있었다. 그래서 가능한 한 일반적이고 소통 가능한 언어들을 구사하려고 하였다. 신앙의 언어가 교회만이 가지고 있는 전유물이 아니기 때문이다. 그간에 신앙의 언어들은 교회의 해석학적 구태를 벗어나지 못하고 오히려 사회와는 단절된 채 자신들만의 언어로 삼아왔던 것이 사실이다. 그러다 보니 사회의 보편적 언어를 사용하는 사람들의 존재 변화를 꾀하기가 어려웠던 것이다.

언어는 모름지기 소통과 존재 변화라는 기능과 역할을 무시할 수가 없다. 존재 변화를 유도하는 해석학적 반성과 신앙 실천을 지향하도록 하였다면 분명히 사회는 달라졌을 것이다.

그렇다고 여기 있는 언어들이 대단한 신앙 언어인 것은 아니다. 여러 신앙 언어들과 해석들 중 한 가지를 나름대로 질박하게 시도한 흔적들이라고 볼 수 있다. 가능한 한 역사의 예수는 어떤 모습이었을까 하는 것을 염두에 두면서 낱낱의 언어들을 분석하고 또 그것을 단독자로서의 필자 자신의 고백적인 신앙을 표현해 보려고 한 결과물이라고 생각하면 맞을 것이다.

하지만 보편적인 용어나 개념을 빌려서 성서를 해석한다고 하면서 또 어려운 말을 문자화한 것은 아닌지 모르겠다. 아니, 오히려 신앙인에게 더 낯선 언어로 다가올 수도 있겠다. 예수와 신앙에 대해서 공감을 불러일으키는 신앙 언어가 아니라 더 멀게 느껴지게 만든 것은 아닌지 저어되는 이유이기도 하다.

게다가 일본의 종교학자 사사키 아타루(佐々木中)의 다음과 같은 말처럼 '언어의 배신'을 철저하게 깨닫게 되는 것은 아닐까 염려되기 때문이다.

> 과거의 말들에 눌리지 않으려 했던 노력이 배반당해 저도 모르게 인용으로 가득 차는, 희생하고 마는, 죽이려 했던 사람들의 말에 의해 이미 제가 먹히고 있는, 내가 이 손으로 조금씩 꺾어 왔던 과거의 말들이 나를 이렇게 집어삼키고 있었다니 혹은 구원하고 있었다니, 그런 역설에 전율하곤 합니다.

그러나 에세이(essay)라는 말이 뜻하는 것처럼, 이 책이 하나의 시도라도 생각해주면 좋겠다. 그러면서 한 가지 바람이 있다면 독자들도 자신의 신앙 언어들을 만들어 가는 주체적인 신앙인이 되었으면 하는 것이다. 누구에게도 기대지 말고 주체적이고 개별적인 신앙인이 되자고 하는 것이 신앙 본래의 정신이라면 그에 부합해서라도 성서라는 텍스트를 자신의 콘텍스트에 맞게 늘 새로운 의미를 발생시킬 수 있어야 한다.

어느 누구의 해석이 절대적일 수는 없다. 그런데 우리는 누군가에 의해서 해석해 주는 것이 안정감이 있다고 생각한다. '내가 하면 불안하다, 뭔가 어색하다, 틀린다' 하고 생각하면서 권위에 의존하는 데, 그것이 성직자에게 너무 많은 권력을 안겨 주게 되는 결과를 초래하는 것이다.

에리히 프롬(E. Fromm)은 그러한 성직자들에 대해 권력을 휘두르는 자들이라고 비판하면서, 그들의 삶의 방식이 설교하는 바와 정반대라는 것은 삼척동자도 다 아는 사실이라고 비꼬았다. 오죽했으면 그들의 권력과 대중을 통제하고 세뇌하는 목소리를 이길 수 있으려면 지금 당장 예언자가 필요하다고까지 말했으랴.

사사키 아타루와 소설가 아사부키 마리코(朝吹眞理子)는 인간의 목소리는 태초의 것이고, 말(언어)은 바깥에서 온다는 말을 한 적이 있다. 이해하기 어려운 말이다.

그러나 가만히 생각하면 목소리의 선천성을 가지고 있는 자마다 말, 즉 로고스는 초월자로부터 전해오는 것으로 파악한다면, 저마다의 주체적인 목소리만 잊지 않으면 될 일이다. 외부에서 부여되는 말을 내 목소리를 통해서 발언하면 되는 것이기 때문이다.

우리는 그것을 깨닫는 것조차도 못하고 있는 현실이다. 자신의 아프리오리(a priori)한 목소리를 권력자에게 맡기고 아예 벙어리가 되고 있으니 새로운 신앙 언어를 말할 수도 없는 것이 어쩌면 당연하다 할 것이다.

모름지기 해석학적 권위(exousia)는 자신과 수평적 동일성을 가진 유한자에게서 나오지 않는다. 그것은 본질(ousia) 자체로부터 나온다(ex)는 것임을 명심할 필요가 있다. 그렇다면 성서를 해석하는 것은 그 말을 한 본질 그 자체로부터 연원해야 하는 것이기에 나의 목소리를 통해 바깥으로 나오기만 하면 되는 것이 아니겠는가.

좀 더 정확하게는 나의 해석학적 지평을 통해서 개별자의 목소리는 초월자로부터 주어진 언어를 말함으로써 비로소 신앙의 의미가 확장되는 것이다. 설교나 강론, 그리고 심지어 신학이라는 것도 당대의 콘텍스트와 맞물린 텍스트의 해석에 불과하다. 그런 점에서 해석학적인 언어는 어떤 절대성을 가진 것이 아니라 생성하면서 무한히 발전하는 신앙 언어의 진화와 발전에 초점이 있다.

본래 신앙은 정체되거나 고착되어 있는 것이 아니기 때문에 신앙 언어의 생성과 발전은 신앙 성숙과 신앙 실천이 늘 새롭게 나타나는 과정으로 봐야 한다. 신앙의 정체는 신앙인에게 있어 죽음이나 다름이 없기 때문이다. 따라서 그 고체화된 신앙을 유연하게 하고 끊임없는 진리의 새로운 의미 발생을 일으키려면 신앙 언어의 생성과 진화는 필연적일 수밖에 없다.

그것은 결국 타인의 권위, 어떠한 권위에도 의존하지 않고 나의 목소리를 통해 바깥의 초월자로부터 오는 음성을 내면화하고 언어화해서 신앙 언어를 세련되게 할 뿐만 아니라 대중의 보편적인 언어로 발화할 때 '이물질인 언어'가 새롭게 탄생되는 것이다.

성서의 언어가 나의 신앙 언어가 되고 더 나아가 사회의 보편적인 언어가 되어 진리를 공유하면서 새로운 삶의 혁명들을 낳을 수 있으려면 이물질적인 언어가 한갓 초월자의 언어로 머물러서는 안 된다. 개별 주체의 신앙인의 목소리로 반성과 소통의 목소리, 자각의 목소리를 내주어야 한다. 그런 의미에서 이 한 권의 책이 개별자의 선험적인 신앙의 목소리이자, 그 목소리를 통해서 나온 필자의 고백적인 신앙 언어임은 말할 필요도 없다.

예수의 언어와 그 예수의 언어를 발생시킨 저자들의 이야기를 신앙의 자유와 해방으로, 그리고 지금까지와는 다른 삶으로 나아가기를 바라는 마음에서 오롯이 쌓아올린 해석학적 언어들이 이 책을 읽는 독자들에게 도움이 되기를 바란다. 이 작업을 위해 언어의 징검다리 역할을 했던 번역성경은 매끄러운 현대어로 읽히기 쉽고 보편어를 담고 있다고 생각되는 공동번역에서 빌려왔음을 밝힌다.

사실 이 책은 출판하는 데 주저가 되었던 글들이다. 개인의 고백적인 언어들이 또 다른 독자들에게 소통이 가능한 신앙 언어가 될 수 있을까를 고민하지 않을 수가 없었기 때문이다. 그런데 자본의 이익이 되지 않는다 하여 인문사회과학이 추락하는 이 사회 속에서, 그러한 자본의 논리에 편승하지 않고 기독교문서선교회 박영호 목사님께서 원고를 선뜻 받아주셨다. 이 지면을 빌려서 감사의 말씀을 전하고 싶다.

또한 어쩌다 이상적인 세계를 그리면서 그렇게 살아가려는 사람을 만나서 삶의 곤란을 같이 짊어지는 아내 고운에게는 미안함과 고마움이 늘 교차한다.

어디 그뿐이랴. 그녀는 늘 이 글의 1차 독자였다. 아들 김지원은 자신의 길을 가기 위해 고군분투하고 있다. 학자입네 하고 살아가는 아버지의 삶을 인내로 바라보며 지금까지 무탈하게 살아주어서 고맙다.

저 멀리 포항에서 정말 깨어있는 의식과 신념을 가지고 목회하시랴, 강의하시랴 불철주야로 살아가시면서 필자와 늘 뜻을 같이 해주시는 박정환 목사님께도 감사의 말씀을 드린다.

그리고 좌우로도 치우치지 않고 항상 삶과 신앙의 균형 감각을 갖고 학자로서, 언론인으로서, 성직자로서 팔방미인이신 미래학자 박요섭 목사님의 격려와 위로에 감사를 드리지 않을 수가 없다.

취래원 농부이자 함석헌평화연구소 소장이며 함석헌평화포럼 공동대표이신 황보윤식 선생님의 역사의식과 시대를 읽는 비판정신은, 비록 소백산에 계시지만, 농사(農士)에 걸맞은 분이다.

안정적인 제도권의 교육의 장을 뿌리치고 새로운 종교정신을 실험적으로 구현하며 살겠다고 선언하신 이호재 선생님의 용기와 그 종교

사상은 필자를 자극하기에 충분했다.

숭실대학교 조은식 교수님은 이 모양 저 모양으로 필자에게 도움을 주시고, 신학과 종교의 장(場)에서 학자로서의 살 길을 배려해 주시니 그 은혜를 어찌 다 말로 표현할 수 있으랴. 이런 분들과의 교류와 학문적 연구, 그리고 위로와 격려들이 이 책을 쓰면서 큰 힘이 되었던 것은 부인할 수 없다.

마지막으로 대학에 입학할 때부터 지금까지 필자를 위해서 새벽마다 기도하시는 친어머니와도 같은 이찬옥 권사님께도 감사의 인사를 올린다.

또한 이 책을 읽는 독자들의 시각적 쾌(Lust)를 더하기 위해 예쁜 사진 이미지를 보내 주신 "꽃섬농원"의 국소정, 이정섭 부부의 아름다운 마음에도 고마움을 전한다.

이 책이 만들어지기까지 기독교문서선교회의 여러 직원들께서 수고를 마다하지 않으셨다. 기획팀의 변길용 목사님과 조광수 간사님 이하 편집팀에게도 감사의 예를 표한다.

2016년 8월

목차

추천사 _ 조은식 교수 (숭실대학교 교목실장)   4
저자 서문   6

제1부 존재의 평범한 행위들

제1장 그림자는 보이지 않는다!

1. "잠시면 되네. 바람소리를 들도록 해줄 수 있겠나?"   19
2. 마르다: 신앙의 뒷면을 잊지 마세요!   26
3. 애제자 요한: 질투의 유혹   33
4. 잊힐 뻔한 한 장의 바나바 리포트   41
5. 익명의 두 번째 서열, 세베대의 아들 야고보   48
6. 디도, 구원에는 조연이 없습니다!   55

제2장 종교의 서술적 행위와 영성적 실천

1. 종교사회학적으로 본 세계종교 현황과 분포   62
2. 종교에 대한 공적 교육의 필요성과 종교영성의 인식   68
3. 종교적 인권과 종교 평화
   : '종교 지형도'를 톺아보기 위한 전제   74
4. 의료적 나눔과 종교적 아나키즘
   : 메디컬(medical)은 래디컬(radical)이다!   79
5. 종교의 서사 구조로서의 나눔   83

제3장 그리스도교 영성의 본질적 성찰

1. 영성의 근본 체험과 환원으로서의 창교자　88
2. 질박한 교회 영성의 거목 두 그루
   : 영성의 생성적 재현과 기억의 성스러운 향유　95
3. 한국교회 영성 인식의 문제　104
4. 기도살이와 영성의 사건화　111
5. 그리스도인의 가난과 영성　118

제2부 존재의 성스러움에 대한 기술들

제4장 영성적 참여로서의 예수 담론

1. 내 안에서 예수가 태어나게 하십시오!(마 2:1-12)　129
2. 천천히 서두르십시오!(막 1:29-39)　134
3. 죽어야 산다는 것을 모른다!(막 8:31-38)　139
4. 몸을 낮추는 사람들(요 13:1-17, 31b-35)　143
5. 빈 무덤의 선물(마 27:57-66; 요 19:38-42)　154

제5장 삶으로서의 예수 기호들

1. 갈릴리를 기억하십니까?(마 28:8-15)　162
2. 유혹에의 저항(막 16:9-15)　167
3. 두려움을 극복하라(요 6:16-21)　172
4. 실존적 종말론과 실질적인 주일 종말론(막 13:5-13)　177
5. 예수의 이름은 나의 운명(요 14:7-14)　183

제6장 종교의 휘발성과 그리스도인의 존재론적 신앙

1. 미움과 증오의 신앙(요 15:18-21) **190**
2. 지루해져버린 그리스도교의 사랑(요 15:9-17) **195**
3. 기투(企投)하는 그리스도인(요 16:23-28) **198**
4. 예수 따르미의 실존(요 21:20-25) **204**
5. 제자의 존재 미학(마 16:21-27) **210**

제7장 감성적인 예수 신앙

1. 미완의 신앙적 혁명의 언어, 중생(요 3:1-17) **216**
2. 헌신하는 교인이라야 산다(막 12:38-44) **225**
3. 율법의 패러다임의 전환(마 5:33-37) **234**
4. 그리스도인은 무엇으로 사는가?(마 6:24-34) **240**
5. 낯선 행위, 낯선 구원(마 8:5-17) **247**

제8장 탈종교의 종교론자 예수

1. 상식의 불통, 상식의 범죄, 형식주의의 장난(마 9:14-17) **253**
2. 예수 실존의 삶과 인정투쟁(마 10:24-33) **260**
3. 늙어버린 유대교에 저항하는 예수(마 12:14-21) **268**
4. 예수의 권력, 섬김(마 20:20-28) **274**
5. 신앙의 보상 논리와 신앙의 비만증(마 19:27-30) **280**

제3부 존재의 알지 못하는 은유적 언어들

제9장 신앙에 비평을 가한 예수

1. 예수의 아우라와 낯선 두려움(마 17:14-20) **291**
2. 마그니피카트(Magnificat), 그 놀라움(눅 1:46-55) **297**
3. 금을 긋는 사람들(막 10:17-27) **304**
4. 여성인권 운동가 예수, 예외조항을 폐지하다!(마 19:1-12) **313**
5. 용서와 애도(이해)의 미학(마 18:21-35) **319**

제10장 신앙의 이질성과 종교적 사유

1. 위선적이고 속물적인 그리스도인(마 23:1-12) **326**
2. 죽음의 죽음, 민중을 깨우는 죽음(마 14:1-12) **333**
3. 사람을 통해서 하나님께로!(눅 6:1-5) **339**
4. 비트겐슈타인의 호소(눅 6:43-49) **346**
5. 고백을 따라는 사는 삶(막 8:27-38) **351**

제11장 신앙의 역설적 확신과 침묵

1. 즐거운 십자가?(마 16:24-27) **357**
2. 구원의 공식(마 25:31-40) **362**
3. 오캄의 면도칼과 섣부른 실체 판단(눅 10:17-24) **366**
4. 임시적이고 잠정적 행복을 넘어(눅 11:27-28) **371**
5. 자신의 내면을 통해 반응하는 구원(막 10:17-31) **376**

제12장 신앙의 공백인 보편적 단독성

1. 내면의 영혼을 살피라!(눅 12:8-12)   **381**
2. 실존적인 회개와 하나님의 현존(눅 13:1-9)   **386**
3. 믿음의 목소리(막 10:46-52)   **390**
4. 신앙의 자리(눅 14:7-11)   **395**
5. 다시 실패하라, 더 잘 실패하라(눅 16:9-15)   **400**

제13장 종교인의 실존과 정신의 승인

1. 신앙의 허영심과 진심(막 12:38-44)   **406**
2. 기도의 집(눅 18:1-8)   **411**
3. 하나님 앞에 살아 있는 자(눅 20:27-40)   **415**
4. 은폐성의 위험한 탈은폐성(요 18:33-37)   **420**
5. 종말론적인 기도의 파토스(눅 21:34-36)   **425**

제14장 신앙의 새로운 테크놀로지

1. 소수자의 우선적 선택과 보편구원(마 9:35-38; 10:1-8)   **430**
2. 존재의 상실과 빈곤 시대(마 17:10-13)   **435**
3. 세례자 요한의 신앙적 지향성: 목소리에도 기쁨이 있다(눅 3:7-18)   **441**
4. 그리스도인의 존재 근거(마 16:24-27)   **446**
5. 그리스도인의 실존적인 방향 전환(마 23:34-39)   **451**

제1부 존재의 평범한 행위들

제1장 그림자는 보이지 않는다!
1. "잠시면 되네. 바람소리를 듣도록 해줄 수 있겠나?"
2. 마르다: 신앙의 뒷면을 잊지 마세요!
3. 애제자 요한: 질투의 유혹
4. 잊힐 뻔한 한 장의 바나바 리포트
5. 익명의 두 번째 서열, 세베대의 아들 야고보
6. 디도, 구원에는 조연이 없습니다!

제2장 종교의 서술적 행위와 영성적 실천
1. 종교사회학적으로 본 세계종교 현황과 분포
2. 종교에 대한 공적 교육의 필요성과 종교영성의 인식
3. 종교적 인권과 종교 평화: '종교 지형도'를 톺아보기 위한 전제
4. 의료적 나눔과 종교적 아나키즘: 메디컬(medical)은 래디컬(radical)이다!
5. 종교의 서사 구조로서의 나눔

제3장 그리스도교 영성의 본질적 성찰
1. 영성의 근본 체험과 환원으로서의 창교자
2. 질박한 교회 영성의 거목 두 그루:
   영성의 생성적 재현과 기억의 성스러운 향유
3. 한국교회 영성 인식의 문제
4. 기도살이와 영성의 사건화
5. 그리스도인의 가난과 영성

제1부

존재의 평범한 행위들

제1장

그림자는 보이지 않는다!

1. "잠시면 되네. 바람소리를 듣도록 해줄 수 있겠나?"

1) 광야에서

고통이 일생동안 나를 감시하는 것 같다.

'이놈의 역마살이란 나를 괴롭히는 운명일까? 아니면 야훼께서 내게 주신 길인가? 도대체 광야에서 쓰디쓴 고생을 해야 하는 것은 어떤 힘에 의해서 이끌려지는 것일까?'

들꿀을 먹으면서 끝없이 드리워진 지평선을 뚫어지게 바라보고 있었다. 부모님이 돌아가신 후 줄곧 쿰란의 에세네파 근처에서 맴 돌고 그들의 언저리에서 야훼의 뜻이라고 생각하고 회개의 세례를 부르짖었지만 가슴을 후벼 파는 궤망함은 대관절 무엇이란 말인가?

오늘따라 들꿀도 맛이 없구나.

때마침 정결한 흰옷을 입은 한 무리의 에세네파 사람들이 다가오고 있었다.

"요한, 형제의 소문이 별로 좋지 않게 들리는 것 같습니다. 오늘 갈릴리에 갔다가 들은 이야기인데, 당신이 사람들을 선동한다고 하더군요. 아무래도 요단강에서 세례를 베푸는 일은 그만두는 게 낫지 않을까요? 그러다가 무슨 변이라도 당한다면 어찌 하겠소?"

그들이 나를 염려해서 한 소리라는 것을 알았지만 개의치 않았다. 어차피 사람들의 마음을 바꾸기 위해서는 나를 바꿔야 하는 일인데, 그것이 야훼가 원하는 일이라는 것을 누구보다 잘 안다고 확신했기에 설령 내게 무슨 일이 닥친다 해도 후회하지 않을 것이라 다짐했다.

그럼에도 마음 한 켠에서는 순수한 무(無)와 일치하겠다던 각오가 쓸데없는 호기가 아닐까 하는 의구심도 들었던 것은 사실이다.

그러던 어느 오후 무렵, 나는 한 사내를 만났다.

이웃 목수라고 하면서 자신을 소개하는 그의 눈빛은 고아하고 단정했다. 그가 나의 사촌이었다는 사실은 나중에서야 알게 되었다. 그 역시도 민족의 현실에 일찌감치 눈을 뜨고 이래서는 안 되겠다는 생각에 나의 운동에 동참하고 싶다고 자신의 가입의지를 밝혔다.

그가 말했다.

"길을 내고 싶습니다."

뜬금없이 대체 무슨 길을 낸단 말인가?

"보다시피 광야에는 길이 많네."

"제가 내고자 하는 길은 광야의 길이 아닙니다. 백성들이 살 길입니다."

입을 떼는 말 한마디 한마디가 단호해보였다.

"나는 대단히 금욕적인 사람이오. 은둔자나 다름이 없지. 나는 이곳 광야에서 사람들에게 회개의 세례를 베풀고 있소. 당신도 우리의 일원이 되고자 한다면 먼저 세례를 받아야 할 것이오. 괜찮겠소?"

"그것이 야훼의 뜻이라면 당연히 그래야지요. 그럼으로써 새로운 길을 열 수 있다면 물속을 수천 번도 더 들어갈 수 있습니다. 내가 세례를 받는 것은 이 백성들을 위한 길을 내기 전에 그들과 함께한다는 의미입니다."

사람들이 붐비는 요단강 강둑에 선 그의 눈은 더욱 반짝였고, 이마는 광채가 나고 있었다. 세례를 주는 순간 비둘기와 같은 성령이 내려앉았다. 불현듯 내가 세례를 줄 수 있는 존재가 아니라는 생각이 들었다. 이미 그 안에서 새로운 길, 하늘나라가 시작되고 있었다.

그에게서 강한 아우라가 느껴지는 것은 무엇일까?

이제 내가 해야 할 일을 정말 할 수 있는 사람이 나타난 것은 아닐까?

더 깊은 광야로 들어가는 그의 뒷모습을 망연자실 바라보고 있었다.

"명심하시오. 당신이 말한 것처럼 백성을 위한 길을 가고자 한다면 그곳은 광야에 있지 않소. 백성들 가운데로 들어가시오. 백성들이야말로 새로운 길이요. 그들은 새로운 길을 기다리고 있소. 그러니 부디 그들과 함께 하면서 새로운 길을 내주시오."

이렇게 부르짖는 말이 헛일이 아니기를 바랐다.

2) 감옥에서

"스승님, 이렇게 허망하게 무너질 수는 없습니다."

한 제자가 찾아왔다.

나를 걱정하기보다는 자신들의 처지를 생각해서 하는 말이라는 것을 모르는 바 아니었다. 그동안 헤롯 안티파스는 나를 늘 예의 주시해 왔다. 나의 인기와 명성을 익히 들었던 그가 나를 불렀지만 그의 역겨움을 그냥 지나칠 수가 없어서 불륜에 대해서 신랄하게 비난을 하고 말았다. 그게 화근이었다. 내 성정상 불의와 타협을 할 수가 없었다. 이를 얼넘기지 않을 헤로디아가 발빠르게 일을 처리하여 날 체포하더니 이리로 데리고 온 것이다.

"그래, 그 사람은 요즈음 무슨 일을 하고 계시는가?"

'그 사람'의 일이 궁금해졌다.

"어제는 안식일이었는데 글쎄 병자를 고치고, 오늘은 매춘녀와 세리, 그리고 어린이 할 것 없이 가리지 않고 함께 식사를 한다네요. 먹성도 그렇게 좋다고 합니다."

내가 생각하는 메시아가 맞는 것일까?

의심이 들었다.

'아니, 백성을 위해서 새로운 길을 낸다는 사람이 고작 하는 일이라고는 병고치고 그들과 같이 밥이나 먹는 일이란 말인가?'

내가 생각하는 메시아는 그런 분이 아닌데….

"스승님, 우리의 율법을 뒤흔드는 파격이 과연 용납될 수 있는 것입니까? 오히려 저는 그분의 그런 행동이 스승님께 더 해가 될 거라고 봅니다."

"그런 소리 말게. 좀 더 지켜보면 그분의 진의가 드러나지 않겠나. 그러니 조급해 하지 말게."

"아이구, 스승님, 그렇지 않다니까요?"

"그분의 그런 기이한 행동으로 인해서 스승님을 따르던 다른 제자들이 그쪽으로 하나 둘씩 가고 있습니다요."

"사실 말이지, 나는 그 사람의 신발 끈을 풀어주는 것조차 할 수도 없을 것 같구나."

"그게 무슨 말입니까?"

"스승님. 노예나 종이 신발 끈을 푸는 법인데, 스승님이 그런 말씀을 다 하시는 게 납득이 가지 않습니다."

"내가 물러나야 그 사람이 일을 할 수 있는 거야."

그는 고개를 갸우뚱거리며 도통 이해를 할 수 없다는 표정을 지었다.

제자가 돌아간 후 마음은 이상하리만치 더 차분해졌다.

그 사람의 소식을 들어서였을까?

아까 간수가 이 감옥이 마케루스 요새의 지하 감방이라고 알려주었지.

이 요새가 폭군 헤롯의 것이라고?

백성들의 고혈을 짜내며 로마에 온갖 아양을 다 떨며 충성하는 그의 눈에는 내가 정치적 폭동을 일으킬 위험이 있다고 생각해, 내가 눈엣 가시였을 게 뻔했을 것이다.

궁전들, 요새들, 그리고 새로운 성읍들을 짓기 위해서 많은 비용이 들어가는 것을 백성들의 세금으로 충당한다는 것이 말이 되는 일인가?

나는 불어나는 세금으로 힘겨운 백성들을 위해 막중한 책임감을 느꼈다.

내게 들리는 소리, "주의 길을 예비하라. 그의 길을 평탄케 하라."

나는 그 소리가 무슨 말인지 잘 몰랐다. 하지만 이제야 새로운 길을 내겠다던 그 호방한 분과 함께 야훼의 목소리, 광야의 소리를 내야 한다는 것을 알 것도 같았다.

아, 이 와중에 왜 그렇게 부모님이 생각나는 것일까?

아론의 후손이자 나의 부모님이신 사가랴(야훼의 기억)와 엘리사벳(야훼의 서약), 그분들은 이름만큼이나 의롭고 신실한 분들이었어. 아버지는 제사장이었고, 아비야 반열에 속한 분이었지. 야훼께서 약속해주신 것들을 계속 기억나게 해주는 분들, 야훼께서 언제까지나 항상 함께 하시겠다는 약속을 간직하신 분들. 그래서 아버지는 일 년에 두 차례씩 그 직무를 수행하기 위해서 예루살렘으로 여행을 하셨고, 그 당시 2만 명의 제사장 그룹에 속해서 일을 하곤 하셨어. 그분들에게는 수태가 어려웠던 것 같아. 심지어 어머니는 돌계집(石女)이라고까지 불렸지. 그런데 야훼께서 가브리엘 천사를 통해서 어머니가 잉태할 것이니까 '요한'이라고 이름을 지으라고 하셨다지. '주님은 자비로우시다'는 뜻인데, 이름값을 했을까. 나는 날 때부터 포도주나 독주를 마셔서는 안 되며 성령의 충만을 받으리라고 예언이 되었어.

그래서였을까?

나는 강력한 힘에 이끌려서 자유로운 영혼을 가지고 살아가야 할 운명이었나 보다. 혈혈단신의 고아인 내가 찾은 곳은 광야였다. 그 당시 쿰란의 에세네파가 나를 양육하고 그 안에서 성장을 했다. 헤브론에서부터 사해의 서부 연안에 이르는 황량한 광야의 석회암 동굴에서 생활을 하고, 세찬 바람을 맞으면서 메뚜기와 바위 틈바구니에 고여 있는 들꿀을 먹으며 낙타털 가죽옷을 걸치는 것으로 만족을 했다. 에세네파는 도덕적이며 의식적인(ceremonial) 정결을 얻은 것을 목표로 했는데, 극기, 금욕, 금식, 기도 생활을 실천하고 약간의 노동도 했지. 정결을 나타내는 흰색의 예복을 입고 다녔고, 빵에 우슬초를 찍어 먹기도 했어.

그때 나는 오로지 백성들이 회개를 하고 진정으로 야훼와 이웃을 위한 삶을 살기를 원했다. 그래서 광야에서 세례를 베풀며 "회개하라 천국이 가까웠느니라"고 외치면서, 태도의 변화, 마음의 변화가 일어나기를 간절히 바랐지.

과거를 회상하기에는 사막의 밤바람은 그리 낭만적이지 않았다. 한낮에 바람에 실려 온 한 무더기의 모래가 왜 그렇게 죽음의 냄새를 맡게 하는지, 게다가 홑겹의 옷 속으로 파고 냉기는 죽음을 앞둔 마음을 더 잔혹하게 하는 것 같다.

6개월이나 되었을까?

그래, 적어도 내가 사람들에게 그렇게 살면 안 된다고, 비록 로마의 압제에 시달리고는 있지만 마음을 고쳐먹고 야훼를 향한 새로운 삶을 살아야 한다고 외치며 광야를 누볐던 것이 얼마 되지 않았던 것 같아. 감옥 창가로 평화롭게 스며들어 오는 달빛을 쳐다보니 삶이 주마등처럼 스쳐지나갔다. 나를 예언자라고 생각하고 많은 사람들이 뒤따르려고 했고, 뭔가 세력을 형성해서 로마에 저항도 해보려고 하는 움직임도 있었지만 다 쓸데없는 짓이었지. 날 잘못 본 거야. 그렇다고 내가 산헤드린을 겁내 하거나, 로마를 무서워한 것은 아니었어. 팔팔한 나이에 나도 새로운 세계가 도래할 것이라고 사람들에게 알려주고 희망을 주고 싶었는데… 회한이 밀려오는구나.

그러나 실패는 아니었지. 암, 나와 비슷한 시기에 태어난 예수, 그가 이제 내가 하던 일을 할 수 있는 위대한 인물임에 틀림이 없다고 생각해. 그의 맑고 깊은 눈을 보노라면 분명히 새로운 일을 해나갈 수 있는 제자가 아니던가. 사실 나와 함께 세례 운동을 시작했고 지금도 그 마음은 변함이 없지만, 그가 가진 그릇은 내 옆에 두기에는 너무 큰 것 같아. 나는 메시아가 올 것이라는 강한 신념이 있었어.

그런데 그분이 결국 지적에 있을 줄은 생각지도 못했다. 더 이상 날이 어둡기 전에 그를 통해서 야훼의 이상이 실현되었으면 좋겠다.

3) 형장에서

아침부터 못질을 하는 요란한 소리에 잠을 설치고 말았다. 사방이 고자누룩해졌다. 어두컴컴한 지하에서 바깥의 상황을 알 수 있다는 것은 불가능한 일이었다. 하지만 왠지 불길한 예감이 들었다.

"무슨 일이 있는 게요?"

"당신의 운명을 못질하는 소리라오."

경계병이 짧게 대답해주었다. 거친 피부와 길어버린 수염을 단정히 하고 싶어졌다. 죽음을 위해서 나의 몸과 마음의 감각을 더없이 깨끗하게 해야만 할 것 같았다.

나는 비로소 죽음을 앞두고 예언자가 된 것인가?

그전까지는 유기 어린 소리로 회개를 외쳤지만, 그것이 경솔한 목소리가 아니었음을 마지막까지 온몸으로 확인받고 싶었다. 오, 인생은 슬퍼라. 그러나 인생의 그림자는 태양이 떠야 그 존재를 알 수 있나니.

하늘은 구름 한 점 없이 맑아서 경외스럽기까지 하였다. 죽기에는 죄책감마저 사라질 것 같은 좋은 날이다. 지하 감옥에 얼마나 갇혀 있었는지 알고 싶지 않았지만, 빛을 본다는 것만으로도 죽음보다 삶이 더 소중하다는 것을 그저 힘없는 미소로 긍정할 뿐이었다. 조용히 무릎을 꿇었다. 거룩한 운명의 몸짓이었다.

칼을 들고 있는 관병에게 마지막 말을 건넸다.

"잠시면 되네. 바람소리를 듣도록 해줄 수 있겠나?"

나는 눈을 감았다. 광야에서 불어오는 소리가 내 귓가를 스쳐지나 갔다.

2. 마르다: 신앙의 뒷면을 잊지 마세요!

날이 희붐(날이 새려고 빛이 희미하게 감돌아 밝은 듯하다)해진 지 이미 오래. 시장에서 오고가는 행인들과 물건을 사고파는 상인들이 뒤엉켜 시끌벅적한 소리가 들린다. 한낮의 해는 뜨거워 가림막으로는 그 열기를 감당해내지 못한다. 연실 부채질을 하고 파리를 쫓느라 장사를 하는 사람들조차도 짜증을 내고 오후 나절 찬거리를 사러 나온 여인들은 흥정을 하기에 바쁘다.

멀리서 예수의 일행이 지친 표정을 지으며 마을 어귀로 들어선다. 오늘도 어김없이 배를 곯았기 때문에 식사를 하면서 하룻밤 기거할 곳을 찾아야 할 판이다. 샌들에 흙먼지를 묻히고 시큼한 땀내가 나는 사내들을 맞이해 줄 집이 그리 흔하지 않은 것은 당연한 일이다. 허기가 진 예수 일행은 시장 여기저기를 기웃거리며 쉴 곳을 찾아본다. 그들에게 물 한 모금이라도 마실 수 있도록 배려하는 이를 만나기란 쉬운 일이 아니다. 어디 분명히 예수 일행을 알아보는 사람이 있을 텐데… 일만의 희망을 안고 두리번댄다.

베드로: (손으로 언덕을 가리킨다) 예수님. 저쪽 어딘가에 마르다와 마리아라는 자매가 살고 있는 집이 있다는 얘기를 들은 적이 있습니다. 그쪽으로 길을 잡아 보시는 게 어떨까요?
예수: (햇볕에 눈을 뜨지 못하며 난감한 듯) 우리가 스스로 해결을 할 수 있으면 좋은데, 또 누군가의 신세를 져야하는가?
　　　가룟 유다야, 오늘 숙박과 식사를 할 수 있는 돈은 전혀 없는 게냐?
가룟 유다: 오늘 어린이들과 부랑자를 만나시면서 그들에게 빵을 사서 나누어주셨잖습니까?
　　　(짜증나는 듯이) 매번 그렇게 하시면 여행을 다 마치시기 전에 많은 어려움을 겪게 될 텐데, 우리를 생각해서라도 조금은 이기적이실 필요가 있습니다.

　일행의 예산을 담당하는 가룟 유다로서는 그럴 말을 할 자격은 충분했다.
　하지만 그는 늘 그런 식이었다. 자신을 비롯하여 적어도 제자들의 몫부터 먼저 생각하는 것이 몸에 배었다.

요한: (그늘에 앉아 있다 참다못해 벌떡 일어난다.) 유다, 그걸 지금 말이라고 하고 있는 거야?

우리가 예수를 따라 다닐 때부터 각오한 일이었어. 그것도 우리는 아무것도 없는 상태에서 하나님의 도우심으로 여기까지 왔잖아. 매번 기적 같은 순간들을 경험한 우리들이야. 그런데 너는 늘 우리들, 우리들하고 입버릇처럼 말하지. 아니 기실 너는 너만 생각하는 것 같아. 안 그래?

예수: 자, 자, 그만들 하거라. 유다의 책임의식에 대해서도 우리가 이해를 해야지. 침묵을 대신해서 너희들이 떠드는구나.

    다른 제자들은 말할 기운도 없는 듯이 물끄러미 그들의 대화를 아무 말 없이 지켜보고 있었다.
    그때 저쪽 언덕에서 두 여인이 두건을 두르고 예수의 일행 쪽으로 걸어오고 있었다.

마르다: (반가운 기색을 띠며) 혹시 예수의 일행들이 아니세요? 예수의 소식은 이미 이 마을에 파다하게 퍼졌답니다. 실례가 되지 않는다면, 오늘 저희 집에서 식사를 대접할 수 있도록 허락해 주시면 영광이겠습니다. '나 마르다는 적어도 음식솜씨 하나는 끝내주지 않던가!'

마리아: (마르다의 말을 거들며) 네. 예수님. 그렇게 하도록 해주세요. 제 언니 마르다는 음식을 대접하는 일을 무척 즐거워한답니다. 그러니 부담을 가지지 마시고 저희들의 초대에 응해주시면 감사하겠습니다.

예수: 생명과 건강을 유지하는 것은 하나님의 은총이기도 하니 그렇게 하도록 합시다. 너희들의 몸과 영혼도 하나님을 위해 존재하는 것이니 오늘의 환대 또한 하나님의 뜻으로 받아들이도록 하자. 자 그럼 함께 가자꾸나.

제자들: (모두들 기뻐하는 표정과 설렘으로) 이거 오래 간만에 집밥을 먹게 생겼습니다. 고맙습니다(예수와 제자들은 두 자매의 안내로 집 안으로 들어선다).

나는 부엌에서 분주하게 음식을 준비하기 시작했다. 장정들 열댓 명을 먹여야 하는 일이니만큼 만만치 않은 부엌의 손길이 필요했다. 하지만 나는 즐거운 마음으로 음식을 장만하리라 마음을 먹었다. 불을 지피느라 매캐한 연기가 집안에 가득했고 이마에는 송골송골 땀방울이 맺혔다. 이렇게 고생을 하는데 마리아 동생이 이 사실을 모를 리가 없었다.

하지만 동생은 처음부터 부엌에는 얼씬도 하지 않았다. 동생은 늘 활동적인 것보다 기도하고 묵상하고 관상을 하는 것을 더 좋아했다. 그런 동생보다 나는 활동적이고 봉사를 하는 관상에 더 맞다고 생각을 했다. 그래서 이런 일도 내가 자처해서 하는 것이고….

하지만 오늘은 좀 달랐다. 한낮의 더위가 고스란히 집안을 감싸고 있는 이른 저녁에 예수의 일행을 위해서 식사를 준비해야 하는 일은 적어도 마리아가 같이 할 줄 알았다. 서운한 마음에 꺼지지도 않은 애꿎은 불씨만 힘껏 불어댔다. 연기는 더 자욱해져서 눈은 매웠으므로 눈물만 더 날뿐이었다. 그때 묵직한 예수의 음성이 들려오고 있었다.

예수: (은근히 마르다가 걱정되는 듯 시선을 부엌에도 두면서) 음식은 늘 우리를 즐거움으로 인도하지. 음식은 몸으로 먹는 것이 아니라 마음으로 먹는다네. 우리가 유월절 축제 때 나누는 음식도 몸으로 먹지만 하나님께서 우리를 구원하신 것에 대한 기억을 되새기면서 영혼이 더 강하게 각인하는 것이지. 또한 음식은 말씀과 함께 먹는 거룩한 행위야. 그러니 먹는다는 것은 단순히 허기를 달래는

것이 아님을 명심할 필요가 있단다.
마리아: (온 얼굴에 기쁜 표정을 머금고) 예수님, 맞는 말씀이세요. 모든 나라의 음식에도 사연이 있듯이 우리 유대인들에게는 유달리 음식과 관련된 축제들이 많지요. 그러니 음식은 기억인 것 같아요. 특별한 날에 대한 기억이지요.
예수께서 말씀하셨듯이, 음식은 영혼이 기억을 하는 것이지요. 말씀도 기억하고 온 몸으로 되새기잖아요?
음식도 몸으로 먹지만 실제로는 영혼이 먹는다고 생각해요.

모두들 시장기가 돌아서인지 음식에 대한 이야기들은 계속 이어졌다. 나는 음식을 만들고 있는데, 과연 음식 솜씨를 발휘하고 있는 것인지 아니면 음식을 만드는 것 또한 하나님을 섬기듯이 하는 것인지 분간이 가질 않았다.

분심이 들었다. 칼질과 나물을 다듬는 손은 정성이 담기지 않았다. 그것은 분명히 부엌과 응접실을 가로막고 들리는 마리아 동생의 목소리가 계속 나를 괴롭혔기 때문이다.

아무리 내가 음식 만드는 일을 즐겨하고 남들에게 봉사하는 활동적인 사람이라고는 하나, 오늘은 좀 다르잖아?

도대체 사람이 몇 명이야?

그런데 마리아는 나를 도와줄 생각은 눈곱만큼도 안 하는 것 같아. 물론 손님들과 대화를 하며 식사 전에 그들의 마음을 즐겁게 해주는 것도 중요한 일이기도 하지. 그렇지만 마리아를 이해하고 싶으면 할수록 야속하고 서운한 마음이 더 강해지고 있었다. 그렇지 않아도 조붓한(조금 좁은 듯한) 부엌이 더 답답하게 느껴졌다. 나는 더 이상 참을 수가 없어서 응접실로 나왔다.

마르다: (애써 서운한 표정을 감추며) 예수님. 말씀 중에 죄송합니다. 지금 부엌 일손이 턱없이 부족해서요. 잠깐 마르다에게 제 일손을 돕도록 해주시면 좋을 거 같아요. 괜찮겠죠?

사실 저도 예수님의 말씀을 듣고 대화를 나누고 싶은데, 제가 이 일을 하지 않으면 식사 대접이 소홀해질 것 같아서 서두르고 있어요. 하지만 이 순간에 마리아가 제 일을 돕는다면 더 수월할 것 같습니다.

요한: 예수님. 듣고 보니 마르다만 너무 고생을 하는 것 같습니다. 저희끼리 식사를 기다리면서 이야기를 나눌 수 있으니 마리아로 하여금 마르다를 돕도록 하는 것이 마땅한 것 같습니다.

예수님: 마르다야! 우리 모두가 배가 고픈 것은 사실이다. 하지만 식사를 하는 일보다 더 중요한 것은 우리가 마음을 나누는 일이야. 너는 우리를 위해서 정말 자원하는 마음으로 식사를 준비하겠다고 하지 않았니?

네가 식사를 준비하는 그 순간부터가 이미 하나님과 우리 모두와 마음을 함께 하는 것이란다. 그런데 너는 식사 준비를 하면서 분심이 들어서 그 순간조차도 하나님과 함께 한다는 생각을 저버리고 말았구나.

또한 너는 영적 위로와 기쁨에 집착을 할 단계는 아니야. 마리아를 탓하거나 불평하지 말거라. 마리아는 나름대로 우리와 함께 말씀을 듣고 나누면서 하나님과 함께 하는 관상적 태도를 취하고 있는 것이란다.

마리아: (미안한 마음을 감추지 못하고) 언니, 미안해. 내가 언니의 바쁜 상황을 잘 이해하지 못했나봐. 이곳에서 언니의 빈자리를 대신하면서 손님들과 함께 하는 것이 나의 일이라고 판단했을 뿐인데, 언니가 많이 서운했나 보다. 밤하늘에 개똥별도 어둠이 없으면 자

신의 존재감을 잃게 되잖아. 게다가 빛과 어둠을 어떻게 가를 수 있겠어. 그 둘은 동전의 양면과도 같다고 생각해.

언니로 인해서 내가, 또 나로 인해서 언니가 그런 존재들이 되는 것 같아. 언니를 부엌데기로만 취급한 것은 아니었어. 그게 내 진심이야. 게다가 나는 이제 막 예수님으로 인해서 영성적인 기쁨을 알기 시작했는걸. 언니는 그것을 넘어서 이미 사랑으로 신앙을 보여주고 있잖아. 그러니 언니가 이해 좀 해줘. 응?

마태: (무람해진[부끄러워하여 삼가고 조심하는 데가 있다] 상황을 수습하려는 듯이) 이거 미안하게 되었습니다. 저희들 식사 때문에 바쁘신데 이곳 분위기에만 몰두하다 보니 미처 마르다님의 마음을 헤아리지 못했나 봅니다. 저희가 도와야 할 일이 있으면 언제든지 말씀을 해주십시오.

예수: 제자는 모름지기 섬김에서 그 도가 나타나는 법이다. 여성이라고 해서 제자가 아니라고 할 수도 없다. 마르다도 부엌에서 우리를 섬기기 위해서 애를 썼으며, 마리아 역시 동일하게 우리를 섬겼느니라.

침묵과 말씀으로 섬기든, 아니면 활동과 봉사로 섬기든 섬긴다는 신앙 행위에서는 조금도 다를 바가 없다는 것을 너희들은 반드시 기억을 해야 한다. 더 나아가서 하나님을 깊이 관상하는 사람은 기도와 침묵에만 머무는 것이 아니라 자신의 깨달음을 통하여 활동과 봉사로 이어지는 완성에 다다르게 된다. 그것이 진정한 의미에서 경건이요 영성이라고 말할 수 있다.

마르다가 마리아의 신앙태도를 나무라거나 잘못되었다고 말할 수 없다. 그것은 마리아가 가진 신앙의 성격이고, 그녀의 역할이기 때문이다. 마찬가지로 마리아는 마르다의 활동과 봉사를 낮보거나 폄하할 수 없는 것이다. 그 둘 모두가 하나님을 섬기는 앞면과 뒷면이다. 둘 모두가 결합이 되어야 진정한 관상이요, 제자 된 모습이라는 것을 한시도 잊어서는 안 된다.

제자들: 랍비여! 명심하겠나이다.

　이번 일로 나는 내가 하는 일이 얼마나 고상한 신앙 행위인가를 다시 한 번 깨달았다. 나는 예수를 섬기는 제자이다. 부엌에서 찬 물에 손 담그고 고추를 다듬고 매운 연기를 뒤집어쓰며 밥을 짓는 일이 결국 관상이요 제자의 모습이라는 것을 깨닫게 해준 중요한 계기가 되었다.

　마리아는 사랑하는 나의 동생으로서 그녀가 가진 신앙의 성격은 정적이고 기도하는 관상적 삶(vita contemplativa)이요, 나는 동적이고 활동적인 봉사를 하는 일이 적격인 활동적 삶(vita activa)인 것이다. 그녀는 신앙의 앞면이요, 나는 신앙의 뒷면이다. 이것이 통합될 때 완전한 신앙이 아니겠는가.

3. 애제자 요한: 질투의 유혹

1) 질투와의 긴장, 행동의 질투

　방 안에는 어두운 침묵이 흐르고 있었다. 게다가 우리는 패잔병들처럼 반쯤은 넋이 나가 있었다. 몇 남지도 않은 야코죽은(기죽은) 제자들은 좀체 말들이 없었고 어떤 이는 그저 땅바닥을 내려다보며 또 어떤 이는 하늘을 쳐다보며 한숨만 내쉴 뿐이었다. 그 순간 말을 꺼내는 것조차 사치인 듯이 여겨졌다. 누구 하나라도 나서서 마음을 추스르자고 말하려는 의지도 없어 보였다. 망연자실 고개를 떨구고 눈물만 흘리는 제자도 있었다. 나 또한 그분이 돌아가신 것이 도저히 믿어지지 않았다. 그분이 항상 우리와 함께 하실 것만 같았는데, 이렇게 허망하게 돌아가시다니….

그때 누군가 헐레벌떡 뛰어 오고 있었다. 막달라 여자 마리아였다. 그녀가 이 새벽 댓바람부터 웬일일까?

불길한 생각이 들었다. 얼마나 숨 가쁘게 달려왔으면 그녀는 첫 마디조차 꺼내기를 힘겨워했다. 게다가 그녀의 얼굴은 우리보다 더 사색이 되어 있었다.

"요한, 큰일이 났어요."

"아, 무슨 일인데 이렇게 새벽부터 난리법석을 떠시는 겁니까?"

"이 사람들을 보세요. 선생님이 돌아가신 후에는 아예 살려는 의지조차도 상실한 채 이렇게 힘없이 앉아 있잖아요. 마리아의 얘기를 들어줄 기운조차도 없다고요."

나는 마리아까지도 선생님의 죽음타령을 할까 봐 지레 겁먹었던 것이다. 아니 그녀의 얘기를 듣는 것도 다 귀찮았다. 그럴 여력도 남아 있지 않았기 때문이다. 솔직한 심정으로는 애도하는 우리를 그냥 내버려두었으면 하는 바람이었다.

"아니, 내 말을 들어보세요."

숨을 헐떡거리며 그녀는 황급한 상황을 설명하려고 애를 썼다.

"누군가가 예수의 시신을 꺼내갔어요. 없어졌다고요."

"예? 그게 무슨 말도 안 되는 소리입니까? 그럴 리가요? 어두운 새벽이라 잘못 보신 게지요."

어느새 베드로가 달려 나와 마리아의 얘기를 듣고 화들짝 놀라며 응대했다.

"그게 아니에요. 내가 잠도 안 오고해서 뒤척이다가 예수의 무덤을 찾아갔었어요. 그런데 무덤의 바위가 열려져 있더라고요. 그래서 살며시 들여다봤더니 예수의 몸에 감았던 베만 그 자리에 남아있고 정작 몸은 없었다니까요. 로마 병사들이 그분의 무덤을 지키고 있었는데, 어떻게 그런 일이 일어날 수 있었을까요?"

나는 막달라 여자 마리아의 말을 믿을 수가 없었다. 그녀가 선생님을 사모한 나머지 환상을 보았을 거라고 생각했다. 아니 사람들은 간혹 자신이 보고 싶은 것만을 보려고 하는 경향이 있지 않은가. 마리아도 그랬을 것이다. 선생님의 죽음에 대한 충격을 견디지 못하고 헛것을 본 게 분명하다.

"어디 가봅시다. 베드로 형제, 같이 가보시지요. 마리아의 말이 사실인지 아닌지 직접 확인을 해봐야겠어요."

우리는 단숨에 무덤을 향해 내달렸다.

베드로는 나이가 있어서인지 동작이 민첩하지 못했다. 나온 배를 움켜잡고 숨을 헐떡이며 뛰는 모습이라니, 베드로도 어쩔 수 없는 모양이다. 이럴 때는 베드로가 굼뜨다고 탓하지도 못하겠다. 하지만 선생님이 살아계실 때는 자신이 수제자라고 그렇게 물불 안 가리며 행동하더니 이럴 때는 왜 이렇게 느린 거야.

애라, 우선 나부터라도 얼른 가봐야겠다. 나는 있는 힘을 다해 무덤을 향해 달렸다. 머릿속에는 온갖 생각이 떠올랐다.

'예수의 시신이 없어졌으면 어떻게 하지. 누가 선생님의 시신을 훔쳐간 것은 아니겠지? 그렇다면 이제는 우리가 의지할 무덤까지도 사라지는 것인가? 그렇잖아도 예수가 관군에게 붙잡히신 후에 제자들은 뿔뿔이 흩어져서 남은 제자라고는 몇 되지도 않는데, 구심점이 될 수 있는 무덤조차도 없다면 선생님의 평상시 유지를 누가 받들 수 있단 말인가.'

숨이 턱까지 차오르는 것을 억누르며 무덤가에 다다랐다.

몸을 굽혀 안을 들여다보니 정말 수의와 수건만 덩그러니 남아 있는 것이 아닌가. 깜짝 놀라서 발을 헛디딜 뻔했다. 하지만 나는 들어갈

수가 없었다. 그분이 난도질을 당해 피 흘리는 시신은 아직도 생생해서 잊히지 않았다. 나는 극심한 트라우마에 시달리고 있었다. 그래서 그분의 시신을 확인하는 것이 급선무인 것은 맞지만, 그 우선권은 베드로에게 양도를 하는 것이 낫겠다고 생각했다. 설령 내가 그분의 사랑을 받은 제자라고는 하나 제자들 중에 수위권은 베드로에게 있는 것이다. 그것을 인정해야만 한다. 더욱이 그는 제자들 중에서 가장 대담한 사람이지 않는가.

뒤따라오던 베드로가 무덤에 들어갔다. 아무리 무덤 안을 두리번거리며 시신을 찾아봐도 그 흔적을 발견할 수 없었다.

대체 예수의 시신은 어디로 간 것일까?

도난을 당한 것은 아닐까?

하지만 로마 관군이 지키고 있는데 어떻게 그런 일이 벌어질 수 있단 말인가?

정말 선생님이 말씀하신 것처럼 다시 살아나셨단 말인가?

2) 인식의 질투

그 일이 발생한 이후에 우리들은 예수의 시신을 찾는 것을 포기하고 말았다. 선생님의 시신이 사라졌다고 동네방네 떠들어대며 소문을 낼 일도 아니었다. 오히려 나쁜 소문만 더 퍼지게 마련이다. 결국 마리아의 추론대로 예수의 시신은 누군가 훔쳐갔거나 감췄을 것이라고 단정 지을 수밖에 없었다.

그로부터 며칠 후 베드로는 자신의 생업인 어부로 돌아갔다. 다른 제자들도 마찬가지였다. 선생님이 돌아가신 후에 모든 일상이 제자리걸음이 되고 말았다. 예수의 빈 무덤을 직접 목격한 나 자신조차도 생전의 선생님께서 하신 부활의 말씀을 깨닫지 못했었는데, 다른 제자들은 오죽했을까.

그러던 얼마 후에 예수께서 부활하셔서 제자들에게 나타나셨다는 소식을 접해들었다.

어느 날 어부로 잔뼈가 굵은 베드로는 티베리아 호숫가에서 단 한 마리의 고기도 잡지 못하고 있었다. 선생님이 없는 삶은 밤이나 다름이 없었다.

"이런, 오늘 재수가 없나 보다. 어떻게 한 마리도 잡지 못할 수 있단 말이지. 이제 내 실력도 낡았나보네."

때마침 신비스러운 낯선 이가 물가에 나타나셨지만 아무도 그분이 예수인 줄 미처 몰랐다.

"무얼 좀 잡았수?"

"아니요. 오늘따라 한 마리도 걸려들질 않습니다요."

"그럼, 내가 시키는 대로 한 번 해보시오."

"무슨 소리입니까? 고기잡이에 대해서 뭘 좀 아십니까? 저는 이래 봬도 어부로 산 세월이 십 수 년입니다. 그런데 행색을 보아하니 어부 같지 않으신 분이 무얼 안다고 이래라저래라 하십니까?"

"밑져야 본전이니 배 오른쪽으로, 당신의 믿음과 의식의 올바른 쪽으로 그물을 던지시오."

"어디 그럼 오늘 공쳤다고 생각하고 당신의 말을 따라 그물을 던져보지요."

베드로는 선생님의 말씀에 따라 그물을 던졌다. 그러자 거짓말처럼 그물에 고기가 엄청 걸려든 것이다.

나는 순간 그분이 예수라는 것을 알아보았다. 그분은 참으로 부활하신 것이다.

나는 베드로에게 말했다.

"저분은 주님이십니다."

그 한마디에 베드로는 허둥지둥 어쩔 줄을 몰라 하면서 옷을 갖춰 입고 물로 뛰어들었다. 물가에 도착해서 선생님을 만나려고 한 것을 보아, 이제야 예수를 알아차린 모양이다.

나는 그래도 예수라는 것을 한눈에 알아차렸는데 왜 베드로는 그것을 몰랐을까?

아이고, 정말 누가 베드로(돌)가 아니랄까봐.

제자들이 합심하여 잡은 물고기는 153마리였다. 이른 아침, 숯불 위에 고기가 익어가고 있었다. 숯불은 베드로의 배반이요, 용서가 아니던가. 조반을 들지 못한 제자들은 선생님과 함께 빵과 고기를 모처럼 맛나게 먹었다. 자상함의 식탁이었다.

아침 식사를 마친 후에 예수는 베드로에게 무슨 사랑타령을 하셨다. 그것도 한 번만 말씀하시는 것도 아니고 세 번씩이나 확답을 요구하시는 것이었다.

그런데 얘기가 자꾸 겉도는 듯한 느낌을 받았다.

예수께서 "나를 사랑하느냐?"하고 물으시면, 베드로가 "예, 주님. 제가 주님을 사랑합니다"하고 답변을 하였지만 예수께서 물으시는 것을 베드로가 잘 못 알아듣는 눈치였다.

'참 무식하고 무딘 베드로, 왜 예수의 의중을 그렇게도 파악하지 못하지? 예수를 사랑한다면 일로써, 베드로 자신으로서 살아가라는 것이 아닌가? 그 주제에 수제자라고.'

내가 막말을 한다고 생각할 수 있지만 실상 베드로는 글도 깨우치지 못했지, 다혈질이지, 성격이 급하지, 별로 맘에 들지 않아.

아! 그래도 듬직한 건 하나 있구나. 예수는 베드로에게 마침내 막중한 사명을 주셨다.

"내 양을 잘 먹이고 돌보아라."

나는 왜 예수께서는 그에게 그토록 엄청난 일을 맡기시는지 알 것도 같았다. 그간에 실수도 많았고 덤벙대기도 했지만 그나마 자신의 책임에 대해서는 망설이지 않는 저돌적인 힘을 가지고 있기 때문이다.

또한 베드로는 어느 제자들보다도 가장 신뢰감이 가는 사람이다. 선생님은 그런 베드로의 운명에 대해서도 말씀하신 것 같았다.

"너는 나를 위해서, 하나님의 나라를 위해서 목숨을 바쳐야 할 것이다."

예수께서는 그에게 처음에 하신 말씀을 다시 반복하셨다.

"나를 따라라."

베드로는 초심을 되새기는 듯했다. 다시는 예수를 배반하는 일 따위는 하지 않겠노라 하는 각오가 굳은 표정에 나타났다.

3) 사랑의 질투

하지만 베드로는 자신의 운명에 대해서 별로 기분이 내키지 않았을 것이다. 설령 부활하신 예수를 다시 만나기는 하였다고는 하나, 죽음이라는 유한성을 극복할 수 있는 인간이 어디 그리 흔한가. 그 말이 좋게 들릴 리는 만무하였을 것이다.

줄곧 예수의 주위를 맴돌면서 그분의 사랑을 독차지하고 있었던 나에 대해서 궁금해졌을까?

베드로는 난데없이 나의 운명에 대해서 예수께 물어보는 것이었다.

"주님, 애제자는 어떻게 될까요?"

"그건 네 소관이 아니다. 애제자가 죽든 말든 또 언제 죽든 그것은 네가 상관할 바가 아니다. 너는 네가 갈 길을 가는 것이고 요한은 요한의 길을 갈 뿐이니라."

베드로는 왜 쓸데없는 말을 해서 편잔을 받는 거지?

그리고 왜 남의 운명을 알고 싶어 하는 거고. 자기 할 바만 잘 하면 되지. 아까 선생님이 하시는 말씀을 뭘로 알아들은 거야. 예수께서 맡겨준 양을 잘 돌보라고 했잖아. 그러면 그 책무만 잘 하면 되는 거지. 왜 나하고 비교를 해. 나를 질투하는 거 아니야?

혹시, 베드로는 자신이 늘 예수의 수제자로 인식하고 있었으니까 그럴 만도 하지. 내가 예수와의 만찬에서 바로 옆자리에 앉은 것도 투기를 했을지도 몰라. 하지만 질투를 해야 할 것을 해야지. 아무리 내가 예수의 귀염둥이 노릇을 했다고는 하나, 나의 그릇과 베드로의 그릇은 다른 것처럼, 내가 가야 할 길과 베드로가 가야 할 길은 다른 거야. 예수의 공생활 내내 베드로는 내가 예수로부터 사랑받는 제자라서 기분이 유쾌하지 않았을지 모르지만 그것은 그의 길과 나의 길이 다르기 때문에 그런 것이라고 생각한다. 동문수학을 하는 제자라 하더라도 각기 자기가 걸어가야 하는 길은 다르다.

단언컨대 내가 보기에는 베드로는 욕심이 많았던 것 같다. 그는 수제자이면서 동시에 예수가 가장 좋아하는 제자, 곧 애제자가 되기를 바랐던 것이다. 물론 나는 예수와 각별한 사이였던 것은 사실이다. 자칫 누가 보면 친구나 동료, 제자를 넘어서 연인처럼 비춰질 수도 있었을 것이다. 그런 오해를 안 받았던 것은 아니다. 잘 알다시피 예수는 돌아가시는 순간에 나를 가족으로 받아들이시듯 자신의 어머니를 나에게 맡기시지 않았는가 말이다. 나에게 예수의 어머니의 자식이 될 책임을 준 것이다. 예수께서 나에게 주신 길은 자신이 돌아올 때까지 기다려야만 한다는 것이었다.

여하튼 베드로는 예수의 말씀에 적이 놀란 표정으로 쳐다보는 것만 같았다. 나름의 우월감을 가지고 있었던 그에게는 당연한 일이었다. 인정하고 싶지 않지만 자신의 역할과 운명을 받아들여야 하는 것도 마뜩치 않은데다, 나의 역할과 운명에 무심해야 한다는 선생님의 말씀을 들었을 때 그 당혹감은 이루 말할 수가 없었을 것이다.

그러나 그게 무슨 상관이람. 아무리 자기가 수제자였다고는 하나, 정말로 예수가 사랑한 제자는 나 요한이라고. 하지만 베드로는 알았을까? 예수의 발현을 체험한 제자들이라면 수제자도, 애제자도 다 구원에 이르는 길, 구원의 질투로 향해야 하는 것을.

4. 잊힐 뻔한 한 장의 바나바 리포트

1) 바울과의 만남

나의 지나온 이야기를 하려고 한다. 여러분의 시간을 많이을 빼앗지는 않을 것이다. 나는 레위 사람으로 키프로스 섬에서 태어났다. 나의 본명은 요셉이었지만 격려(위로)의 아들이라는 뜻을 가진 바나바라는 별명으로 더 많이 불렸다. 대대로 레위지파에 속했던 내가 유대교로부터 천시 받는 그리스도인이 된다는 것은 실로 대단한 모험이었다. 하지만 나는 예수의 행업에 매료되었고 급기야 새로운 그리스도교 공동체를 꿈꾸고 있는 사도들의 뜻에 동조하는 마음으로 그간에 내가 가지고 있었던 밭을 팔아 예루살렘에 있는 사도들에게 가져다도 주었다. 나의 열정적인 신심과 행동에 사도들도 적잖이 놀라는 표정이었다. 어디 그뿐인가. 나는 처음에는 예루살렘을 중심으로 열심히 전도도 하였다. 사도들 못지않은 신앙을 가지고 예수를 알리고 전파했던 것이다.

그러던 어느 날 사울이라는 극단적인 그리스도인 박해자가 다메섹에서 회심을 하였다는 소식을 듣게 되었다.

사울의 말은 이랬다.

"박해자였던 내가 다메섹 근처에서 갑작스런 성령 강림으로 인해서 하늘로부터 쏟아지는 빛에 휩싸여 나를 부르시는 소리와 꾸짖는 소리,

그리고 그분이 명령하는 소리를 듣게 되었습니다."

내가 생각할 때도 그리스도인의 박해자로 선봉에 섰던 그가 그렇게 회심을 했다는 것은 성령의 일하심이 아니고서는 도저히 설명할 길이 없다. 분명히 그는 예수를 만난 것이다. 사울은 당장 다메섹에서부터 전도활동을 펴기 시작했다. 하지만 얼마 전까지만 해도 그리스도인을 핍박했던 그가 예수를 전한다고 하니 사람들이 믿으려 하지 않았다. 가는 회당마다 쫓겨나기 일쑤였다.

"안 되겠소. 사울을 없애버려야 하겠소."

당황한 유대인들이 오히려 그를 죽이려고 공모를 하고 있었다. 하는 수 없이 사울을 동조하는 제자들의 도움으로 그를 몰래 다메섹에서 극적으로 탈출시킬 수 있었다.

사울은 예루살렘으로 갔다. 그곳에서 사도들과 함께 그리스도를 전하는 한 무리로 활동하기를 원했다. 하지만 예수의 제자들조차도 그를 무서워했고 그를 제자로 받아들이기를 어려워하였다. 복음을 전하는 선교 대열에 합류하겠다는 사울을 어찌 그냥 두고 볼 수 있었겠는가.

내가 나설 수밖에 없었다.

"사도 여러분, 사울은 성령을 통하여 회심을 하였습니다. 그는 더 이상 그리스도인을 핍박하던 예전에 그 사람이 아닙니다. 제가 그것을 보증하겠습니다. 그는 다메섹 근처에서 예수의 음성을 들었고 마침내 그분의 행업을 물불 가리지 않고 전하겠다는 각오를 하였습니다. 때마침 다메섹에서부터 선교를 시작했습니다만, 그곳에서 살해의 위협을 느끼고 겨우 탈출을 하게 되었습니다. 다시 한 번 말씀을 드리거니와 사울은 우리와 같은 예수의 형제요 제자입니다. 그를 우리와 같은 선교 대열에 함께하도록 허락해주셨으면 좋겠습니다."

예루살렘의 형제들은 나의 천거를 듣고 사울을 다소로 보내기로 결정했다.

야고보가 앞에 서서 말하였다.

"이제 바나바와 사울은 서로 동역을 하면서 안디옥을 거점 삼아 이방인 선교에 매진해주기를 바라오."

그리고 그들은 나와 사울을 평판이 그리 좋지 못한 대도시 안디옥으로 파송하면서 이방인 선교에 박차를 가해줄 것을 당부하였다. 예루살렘의 형제들도 유대인뿐만 아니라 이방인 선교의 중요성을 인식하였던 것 같았다.

2) 바울과의 협력

나는 그 계기로 동역자이자 사울을 협력하는 사람으로서 이방인 선교를 위해서 그와 함께 뜻을 모으게 되었다. 사울이 다소에 가 있는 동안 내가 먼저 안디옥으로 가게 되었다. 나는 설레는 마음을 품고 안디옥으로 향했다. 안디옥 교회는 예루살렘 모교회와 특별한 결연 관계를 맺었다. 안디옥은 하나둘씩 이방인들이 개종을 하면서 유대인들과 뒤섞인 혼성 교회로 부흥을 하고 있었다. 결국 나 혼자만으로는 그 일을 감당할 수 없다는 생각에 다소에 있는 사울을 찾아갔다. 그리고 그를 데리고 안디옥으로 돌아와서 1년 반 동안 그와 함께 신생 교회인 안디옥 교회를 지도하였다.

그와 뜻은 잘 맞았다. 나는 그를 조력하는 사람에 지나지 않는다는 생각으로 일관했고 가능한 한 그의 선교 의지에 맞추려고 노력을 하였다. 그런 노력의 결실이었는지는 몰라도 안디옥의 신자들이 얼마나 독실하였던지 주변 사람들로부터 '그리스도의 추종자 또는 신봉자'를 뜻하는 '그리스도인'이라는 호칭을 얻었다. 우리 스스로 붙인 이름은 아니었다. 적대적인 외부인들이 안디옥 교회를 더 이상 유대교의 한 분파가 아닌 그리스도를 붙좇는(존경하거나 섬겨 따르다) 새로운 종교 집단으로 여기고 '메시아 열광주의자'라는 의미로 불린 것이나 기분이 과히 나쁘지는 않았다. 이런 안디옥 교회의 성장과 발전을 보면서 우리는 물욕과 소유욕이 없으셨던 예수처럼 파격적으로 무보수로 일하자고 합의를 하였다.

그러던 중 예루살렘 모교회에서 온 예언자들로부터 불행한 소식을 들었다. 기근이 심하게 들어 굶주리는 교우들이 많아서 교회의 상황이 매우 어렵다는 것이었다. 사울과 나는 가만히 두고 볼 수 없다고 판단했다. 안디옥 교회의 신자들에게 이 상황을 잘 설명하고 구호 헌금을 하자고 납득을 시켜야했다. 다행히도 안디옥 교회 신자들은 각자 힘닿는 대로 헌금을 하여 제법 모교회를 도울 수 있는 금액이 되었다. 사울과 나는 그 헌금을 가지고 예루살렘 모교회를 방문하는 계획을 세웠다. 마침내 우리는 기쁜 마음으로 예루살렘 모교회의 장로들에게 원조 기금을 전달할 수 있었다.

헌금 봉사를 마치고 돌아오는 중에 우리와 함께 이방인 선교에 협력을 하겠다고 나선 나의 사촌인 마가 요한을 데리고 돌아오는 행운을 가졌다. 이것이 나와 사울이 갈라서게 되는 결정적인 사건이 될 줄은 미처 생각을 못했다. 여하튼 우리 안디옥 교회는 아프리카 태생의 니게르(라틴어로 '검다'라는 뜻)라는 시므온, 구레네(키레네) 사람 루기오와 헤로데의 영주의 어린 시절 친구 마나엔까지 동역자로 포함되어 있으니 그야말로 다국적 사역자들이 포용적으로 분포되어 있다는 데에 자부심을 느꼈다.

아마도 45-49년경이었을 것이다. 나는 바울과 마가 요한과 함께 첫 번째 전도여행을 떠났다. 나의 고향 키프로스(구브로)와 터키 남부지역에서 주로 전도활동을 펼쳤다. 여기에서 바울은 먼저 유대인들의 회당에 들러 율법과 예언서를 낭독하고 하나님의 말씀을 전파했다.

그러던 중에 밤빌리아에 있는 버가에 갔을 때 그만 마가 요한이 바울을 떠나서 예루살렘으로 돌아가 버리고 말았다. 선교 방법에 대해 바울과 갈등을 빚은 듯했다. 나는 마가 요한을 두둔하고 그를 필요로 한다고 계속 말은 했지만 바울은 일고의 가치도 없다고 돌아섰다. 그간에 동역을 했던 정리를 생각하면 이해할 수 없는 일이었다. 하지만 애초부터 바울과 마가 요한은 서로의 입장이나 감정이 잘 안 맞았던 것 같았다. 바울은 마가 요한이 선교에 대해서 불성실하다고 느꼈던 것이다.

"그는 정말이지 맘에 안 들어요. 당신이나 나 보수가 없이 선교의 열정을 불태우고 있는데, 마가 요한은 그런 것도 모르고 자신의 실속을 차리는 것 아닌지 모르겠소."

바울은 못마땅한 듯 투덜댔다. 그것이 바울과 마가 요한, 아니 나와의 갈등의 첫 신호탄이었다.

마가 요한이 돌아간 후 우리는 한동안 말을 안 했다. 그렇다고 일찌감치 계획했던 선교여행을 포기할 수는 없는 노릇이었다. 바울과 나는 무거운 마음으로 이고니온에 있는 회당으로 들어가 설교를 하였다. 설상가상으로 우리들의 설교에 유대인들은 악감정을 품고 이방인들을 선동하여 우리와 적대적인 관계를 만들었다.

그럼에도 우리는 정말 용기를 내어 담대하게 하나님의 말씀을 전했다. 온갖 기적과 표징들이 일어났다. 하지만 그럴 때마다 유대인들과 이방인들, 그리고 자기들의 지도자들과 함께 우리를 모욕하고 돌로 쳐 죽이려고 덤벼들었다. 생명의 위협을 느꼈다. 애초에 목숨을 내놓고 선교를 시작한 우리들이라고는 하지만 이럴 경우에는 모든 것을 다 포기하고 싶은 심정이었다.

이런 일을 맞닥뜨릴수록 하나님의 선교는 그야말로 나의 것이 아니라 하나님의 것을 나타내 보여주어야 하는 만큼 최악의 상황조차도 무(無)로 여길 수 있는 신앙이 아니면 안 된다. 우리는 황급히 루스드라(리스트라)와 더베(데르베)로 도피를 하였다. 그나마 성한 몸으로 그 지방을 빠져나온 것은 하나님의 보호하심이 아니었다면 불가능했을 것이다. 그곳에서도 우리는 쉬지 않고 하나님의 말씀을 전파하였다.

그때 나는 바울의 능력을 보고 깜짝 놀랐다. 바울은 그곳에 와 있는 앉은뱅이를 일으켜 세우는 것이 아닌가.

"당신 영혼을 똑바로 서 보시오."

믿음이 충만한 그의 목소리는 확신으로 가득 차 있었다. 그는 벌떡 일어섰다. 사람들이 웅성웅성 거렸다.

"신들이 사람 모양을 하고 우리에게 내려왔다!"

거기에 모인 사람들은 바울을 마치 자신들이 믿고 있는 신화에 나오는 인물쯤으로 생각했던 모양이다. 우리는 그 말을 듣고 분노와 슬픔을 이기지 못하고 그 무리들을 향해 외쳤다.

"우리가 이렇게 복음을 전하고 이적을 행하는 것은 여러분 모두가 하나님께로 돌아오게 하기 위함입니다."

우리를 향해서 제사를 지내려고 하는 그들을 겨우 말렸는데, 그 와중에 유대인들은 그들을 충동질하는 바람에 바울이 돌에 맞아 거의 죽음의 상태에 이르렀다. 그들도 바울이 죽은 줄만 알았다. 그렇게 죽음의 고비를 넘기고 또 넘기면서 이방인들이 하나님을 받아들이게 만드는 바울의 선교적 열심은 나를 넘어서고 있었다.

3) 바울과의 결별과 소회

49년경 예루살렘에서 안디옥으로 내려온 몇몇 유대인들이 모세의 관례대로 할례를 받아야 구원받을 수 있다고 말함으로써 우리의 이방 선교에 일대 위기가 발생하였다. 이 문제에 대해서는 우리 사이에서도 적잖은 논쟁을 불러일으키고 말았다. 바울과 나는 그들에게 이방인들이 주께 돌아온 하나님의 역사에 대해서 설명하였다. 수구파 바리새인들은 철저하게 모세의 관례를 지켜야 한다는 주장을 내세웠다. 하지만 베드로가 나서서 "하나님께서는 그들과 우리 사이에 차별이 없게 하셨다"는 중재 연설로 좌중을 잠잠하게 만들었다.

이어 야고보가 일어서서 자신의 타협안을 제시하였다.

"우선 이방인들은 우상에게 바쳐진 고기를 먹지 말고, 우상 숭배와 직결된 온갖 음행을 멀리해야 하며, 목졸라 죽인 짐승과 피를 먹어서는 안 될 것입니다."

예루살렘 회의의 의장으로서 그가 내린 결정은 장엄하고 엄중하였다. 이방인들이 하나님을 찾겠다고 나선다면 율법으로 그것을 방해해서는 안 된다는 원칙론을 제시한 것이리라. 나도 뼛속 깊은 유대인이지만 율법의 시행세칙들을 적용시키지 않고 최소한의 규범들을 지키도록 한 야고보의 절충안은 이방인 선교를 위한 현명한 판단이었다고 본다.

요지는 유대계 그리스도인들과 이방계 그리스도인들이 공존하기 위해서는 금기식품은 먹지 말고, 근친결혼은 삼가라는 것이었다. 그의 논점은 아무리 이방인이라고 할지라도 구원을 위해 필요한 조건은 믿음이지 율법의 준수가 아니라는 것을 천명한 것이었다. 우리 안디옥 교회 신자들은 이 편지의 내용을 크게 기뻐하며 반겼다.

그렇게도 수난을 겪고 죽음의 고비를 여러 번 넘기면서 함께 선교를 했던 바울과 나에게 어두운 그림자가 드리워지고 있었다. 어렴풋한 기억을 더듬어보면, 50-52년경 두 번째 전도여행 때에 바울이 내게 제안을 하였던 것이 생각난다. 지금까지 창립한 교회들을 다시 감독하며 살펴보자는 것이었다. 나는 마가 요한도 함께 데리고 가자고 하였다. 하지만 바울은 극구 반대를 하였다. 지난번 밤빌리아 버가에서 마가 요한이 전도를 포기하고 선교의 불성실한 태도를 보았던 터라 그를 신뢰할 수 없다는 것이었다.
　격한 논쟁 끝에 나는 할 수 없이 마가 요한과 함께 나의 고향 키프로스로 떠나고, 바울은 예루살렘 출신 신도 실라를 데리고 소아시아의 여러 지역에서 전도함으로써 영원히 그와 만날 기회가 없게 되었다. 결국 전도의 방법 문제를 두고 유발되었던 갈등과 결별을 피할 수 없었던 것이다.
　누군가의 협력자가 된다는 것은 내가 그의 그림자가 되어야 하는 것이다. 그림자는 그 존재의 실체가 없는 한 아예 존재할 수 없는 법이 아닌가. 하지만 실체이든 그림자이든 기실 빛이라는 근원이 없으면 모두 존재할 수 없다는 것도 간과할 수 없는 사실임을 나는 뼈저리게 느꼈다.

5. 익명의 두 번째 서열, 세베대의 아들 야고보

1) 야망의 익명성

　그날은 이상한 날이었다. 나는 그날 바닷가에서 형님과 그물을 깁고 있었다. 해거름이 될 무렵, 생각보다 고기가 잡히지 않아 일찍 집에 들어갈 참이었다.
　"요한 형님, 오늘은 바람도 물고 파도도 세어서인지 고기가 별로 없네. 내일 다시 나와야겠어."
　형님은 내 말을 알아듣는지 마는지 어물어물 말꼬리를 흐렸다.
　어느덧 석양빛이 바닷물을 붉게 물들이고 있을 즈음 그 빛을 등지고 한 사내가 다가오고 있었다. 사람이라기보다 차라리 빛이라고 해야 할 만큼 눈이 부셨다.

"나는 나사렛사람 예수라고 하오. 어디 고기가 남아 있으면 떨이라도 할 생각이 있습니까?"

그 사람의 첫 마디였다.

"떨이는 고사하고 마수걸이도 못했습니다."

형님은 그의 행색을 이리저리 살피더니 이죽거리듯 그의 말에 응대했다.

"그렇다면 이제는 사람을 상대로 끌낚시를 좀 해보겠소?"

도대체 알아듣지 못할 말이었다.

'이 사람이 무슨 인신매매라도 하자는 말인가? 그야말로 어무윤척이 아니던가.'

"그렇게 비아냥거리고 어루꾀려거든 일없으니 다른 데 가서 알아보슈."

나는 밉살스럽게 쏘아붙였다.

"고기를 잡는 일은 여러분의 생계를 위해서 반드시 필요한 일이지요. 하지만 더 중요한 일이 있으니 바로 하나님의 나라를 위해서 날개그물을 치고 사람을 모으는 일이라오. 게다가 지금 어탈(漁奪)하는 이 민족과 제국에 저항하는 새로운 마음을 백성에게 던져줄 사람이 반드시 있어야 합니다."

손은 투박하게 보였으나 어부 같아 보이지 않는 그에게서 애내성(欸乃聲)을 듣는 듯했다.

나는 그에게서 까닭모를 묘한 매력을 느꼈다. 사실 지금의 이스라엘은 계몽된 신앙과 수탈당하는 백성들을 위해서 누군가가 나서서 그 의식을 깨우쳐줄 사람이 필요한 게 사실이다. 어부로 닻낚시를 하고 끌낚시를 해봤자 고스란히 수탈을 당하는 이 나라에서 차라리 백성들에게 하나님의 숨결을 불어넣는 일에 동참하는 일이 더 뜻 깊은 일이 아닐까. 사내의 눈빛은 맑고 깊어보여서 그 깊이를 가늠하기가 어려웠지만 그 말에 신뢰를 더하기에는 충분했다.

"형님, 우리 고기잡이로 좀스럽게 살아가기 보다는 대범하고 당당하게 이 시대를 일깨우는 사람으로 살아가는 게 어때? 나는 저 사람의 말이 하나님이 우리에게 주시는 음성으로 들리는 것 같아. 저 사람의 말이 옥생각은 아닌 것이 분명해. 더군다나 오만한 생각이라고 보기에는 저 사람의 눈빛이 너무 강렬한 확신으로 가득 차 있어."

사실 나는 한평생 어부로 인생을 허비하고 싶은 생각은 없었다.

"그래 단순히 기성(奇聲)이라고는 진지한 면이 있지. 생의 모험을 해 볼 만한 여행이 시작되겠군. 더 이상의 변명과 반론은 필요가 없을 거 같다. 야고보야, 저 사람에게 희망을 걸어보자."

우리 형제는 마음을 정하기로 했다.

하지만 한 가지 마음에 걸리는 것이 있었다. 바로 아버지였다. 아버지가 우리에게 물려준 배 한 척은 그분이 우리에게 남긴 전 재산이나 다름이 없었다. 게다가 아버지는 우리 형제가 자신의 가업을 이어주기를 바라고 계셨다. 그런 연로하신 아버지를 두고 새로운 삶을 개척하기 위해서 고향을 떠난다는 것은 결단코 쉬운 일이 아니었다. 아버지를 설득해야만 했다. 그 사람과 후일 만나기로 약속하고 얼른 귀갓길을 서둘렀다.

바닷가에서 감탄하며 바라보았던 장려한 낙일(落日)을 기억하는 아버지는 그날 저녁에도 마당에 나와 우리를 기다리고 계셨다.

"아버지, 날씨도 쌀쌀한데 나와 계세요. 어서 우리와 함께 들어가세요. 오늘은 고기를 얼마 잡지 못했어요. 아마도 새로운 삶을 생각할 때가 온 것 같아요. 그래서 긴히 드릴 말씀이 좀 있습니다."

형 요한과 나는 오늘 있었던 일을 상세하게 말씀을 드렸다. 아버지의 얼굴은 불그레하게 익어 있었지만 자식들의 굳은 의지에 대해서는 옅은 미소를 띠고 바라보셨다.

"어부는 물때, 물거리, 풍향, 계절, 온도, 물의 깊이, 뱃길 등을 잘 알아야 한다는 것은 너희들도 이미 알고 있을 게야. 나는 사람을 낚는 것도 같은 이치라고 본다. 사람을 낚시질 한다는 것은 사람의 마음 길, 마음의 변화, 마음의 깊이 등을 잘 헤아릴 수 있어야 해. 어쩌면 너희들이 해야 할 일이 그것이라고 생각한다. 나는 너희들이 만났던 그분을 잘 모른다만, 너희들이 어부로서 잔뼈가 굵은 것이 하나님의 백성을 잘 돌볼 수 있을 거라는 혜안이 있었기 때문에 너희들을 부른 것이 아닐까? 너희들의 어머니가 내 옆에 있으니 걱정 말고 그분과 하나님의 뜻을 펼치거라."

그날따라 밤하늘은 그무레하였다.

2) 서열 의지의 전락, 그리고 진리의 탈은폐와 대오(大悟)

예수를 스승으로 삼아 따라다닌 지 언 3년이 되었다. 그동안 우리 형제는 정말 열정적으로 그분을 모시고 하나님의 나라를 알리기에 혼신의 힘을 다하였다. 때에 따라서는 지나친 정열을 쏟아내는 경우가 있었는데, 예수는 그러한 성정을 보시고 우리 형제에게 보아너게(천둥의 아들들)라는 별명을 지어주셨다. 하루는 사마리아 사람들이 예수를 받아들이지 않는 것을 보고 우리 형제는 그들을 싸잡아서 "하늘에서 불을 내리게 해서 저들을 불살라 버릴까요?"라고 말하였다(훗날 이러한 열심 때문에 내가 42-44년쯤에 헤롯 아그리파 1세에 의해서 참수됨으로써 사도들 중에 첫 번째 순교자가 될 것이라는 사실을 누가 알았을까?)

어느 날 예수는 절기에 맞춰 예루살렘에 올라가시겠다고 하였다. 우리는 이제 드디어 예루살렘에 올라가셔서 로마를 몰아내고 새로운 나라를 건설하실 때가 되었나보다 하고 생각하였다. 기대와 설렘은 늘 마음을 앞서서 이성을 흐리게 하기도 한다.

어디서 들으셨는지, 무엇을 어떻게 알고 계신 건지 어머니는 뜬금없이 예수께 특별한 지위를 청탁하시는 게 아닌가?

"주님의 나라를 세우시면 제 아들 중 하나는 당신의 오른편에 앉게 해주시고, 다른 하나는 왼편에 앉게 해주십시오."

예수께서 듣그럽게 여기실 거라는 것은 불을 보듯 뻔했다. 물론 어머니만 그런 대권과 권력에 관심을 가지고 계신 것은 아닐 것이다. 다른 제자들 역시 예수가 새로운 나라를 세우면 한 자리씩을 꿰차고 싶은 마음을 말로 표현하지 않았을 뿐이다. 다만 어머니까지 나서서 우리 형제의 자리 청탁을 하실 거라고는 꿈에도 생각하지 못했다.

대관절 어머니는 아버지 수발이나 잘 해드릴 것이지 여기까지 오셔서 치맛바람을 날리시는 것일까?

아, 창피하다. 고개를 들 수가 없다. 다른 제자들은 그 광경을 보고 악다구니질을 해댔다.

"요한과 야고보, 낯부끄러운 줄 알아라. 어머니를 앞세워서 벌써부터 한 자리를 차지하겠다고 청을 넣다니."

베드로를 비롯하여 다른 제자들도 합세하여 우리가 무슨 야심가라도 되는 양 몰아세웠다. 형과 나는 저 구석에 쭈그리고 앉아 몸 둘 바를 몰랐다.

"여러분이 무슨 말을 하는지 잘 압니다. 하지만 정말 내가 하고자 하는 일을 잘 알고 있습니까? 내가 가고자 하는 그 길을 여러분도 같이 갈 자신이 있습니까?"

우리는 그 말을 정확하게 이해하지 못하면서도 대답이라도 잘 해서 점수를 벌어 볼 요량으로 앞 다투어 그러겠노라 해버렸다.

예수의 표정은 사뭇 남달랐다. 그렇게 진지하고 결연해 보인 적이 별로 없었다.

"물론 여러분은 제가 가는 길을 따라올 것입니다. 또한 내가 했던 일과 나의 말을 하게 될 것입니다. 오른편이 되었든 왼편이 되었든 그 특별한 자리는 아무나 앉을 수 있는 자리가 아닙니다. 다만 내 아버지께서 미리 정해 놓으셨을 뿐입니다. 그러니 자리에 연연해하지 마십시오. 자리보다 더 중요한 것은 여러분이 이제부터 저와 똑같은 길을 가고, 똑같은 일, 똑같은 말을 한다는 사실입니다."

무슨 맥 빠지는 소리란 말인가. 자리가 이미 정해졌다니. 혹시 그 자리가 베드로와 안드레의 자리 아닐까?

그들은 형제지간에다가 베드로는 수제자가 아닌가. 따 놓은 당상이겠지.

"세상은 통치자가 백성을 지배하고, 권력으로 강제하고 억압합니다. 여러분은 세상의 논리나 이치, 그리고 법을 넘어서서 세계를 바라보고 하나님의 시선과 마음으로 사람을 대하고 서로를 위할 줄 알아야 합니다."

"그렇다면 예수님. 우리가 구체적으로 어떻게 살아야 하겠습니까? 예수께서는 세상의 이법을 좇지 말고 다른 대안적인 의식이나 행동을 취하라고 하시는데, 그것을 넘어선 태도가 무엇입니까?"

계산이 빠른 마태가 심드렁하게 반문했다.

"그것은 세상의 논리와 반대로 하면 됩니다. 여러분 가운데 높은 사람이 되려는 이는 오히려 섬기는 사람이 되어야 합니다. 여러분 가운데 대접을 받으려고 하는 사람은 되레 다른 사람을 대접해야 합니다. 으뜸이 되고자 한다면 종이 되어야 합니다. 낮아지고 또 낮아지십시오. 섬기고 또 섬기십시오. 그러면 지금보다 더 나은 세상을 만들 수 있을 것입니다."

그리고 이렇게 덧붙이셨다.

"나를 보십시오. 나는 섬김을 받으려고 온 것이 아닙니다. 나는 많은 사람들을 섬기려고 왔고 그들을 위해서 나의 목숨을 바치려고 왔습니다."

우리는 그 말을 듣고 이해가 될 듯 말 듯했다. 평소 예수께서는 우리들에게 섬김의 도를 가르치시고 또 그것을 몸소 보여주셨기 때문이다.

다만 뒤에 말은 잘 이해가 가지 않았다.

많은 사람들을 위해서 목숨을 바치시겠다는 것은 무슨 말일까?

어쩌면 섬김의 극치가 남을 위한 희생적인 죽음을 통해서 나타난다는 것을 의미하는 것은 아닐까?

설마 예수께서 죽겠다는 말씀을 하신 것은 아니겠지?

하지만 이 말은 그가 십자가에 못 박히시고 부활하신 후에나 깨닫게 되었다. 좀 더 일찍 깨달았더라면 어머니를 앞세워 자리다툼을 하는 일까지는 없었을 것이다. 그깟 권력이 무어라고 예수의 옆자리에 앉아 섬김을 받으려고 했단 말인가. 진정한 섬김을 받는 자리는 내가 낮아져서 남을 섬기는 자리인 것을 다시 한 번 상기하게 되었다. 마지막 순간까지도 예수의 말씀을 오해한 우리들, 모두가 예수가 마신 잔을 마시지 않겠다고 도망하고 회피하였지만 결국은 그분의 첫 정, 첫 사랑으로 인해서 함께 잔을 마셔야 된다는 것을 왜 몰랐을까?

그 후 나는 티베리아스 호숫가에서 제자들과 함께 있었는데, 뜻밖에 예수의 부활을 목격한 사람이 되었고 예수가 승천하시고 나서 예루살렘의 2층 다락방에서 사도들과 함께 정말 열심히 기도하였다. 우리 제자단의 일원이었던 가롯 유다의 결원을 채우기 위해서 맛디아를 사도로 뽑는 일에도 참여하였다. 어디 그뿐인가. 오순절의 성령을 체험하고 복음을 선포하는 일에도 앞장을 선 나였다. 그러던 중 일대 위기가 찾아왔다. 스데반이 처형을 당한 후에 교회가 박해 받기 시작하였는데, 나는 그 와중에도 예루살렘 교회를 지키기 위해서 온갖 노력을 다하였다.

나는 알고 있었다. 예수께서 말씀은 안 하셨어도 나를 익명의 2인자로 여기고 있었음을. 돌이켜보면 그분은 야이로의 죽은 딸을 살리실 때에 베드로 제자와 우리 형제들만 따라오게 하셨잖은가. 그리고 예수가 타볼산에서 영광스러운 변모의 순간에도 역시 베드로 제자와 우리 형제들과 함께 동행을 하셨고, 겟세마네에서 마지막 기도하실 때에도 우리를 빼놓지 않고 옆에 두지 않으셨던가. 그것은 나에 대한 예수의 남다른 사랑과 애정이요 익명의 자리를 나에게 주신 것은 아닐까. 그 첫 자리는 세속적인 욕망의 자리가 아니라 스승을 본받아야 하는 자리, 스승을 고스란히 빼닮아 그분의 말씀대로 살아야 하는 자리가 아니던가.

스승을 본받지 못하는 제자는 참된 제자가 아니다. 예수께서는 아셨던 것이다. 자리에 대한 선망을 강박관념으로까지 밀고 가는 나에게 제동을 걸어주어야 한다는 것을. 내가 당신 곁에서 배우고 익힌 것을 잘 실천하고 따르는 제자가 될 것이라는 것을. 목숨을 바쳐가며 당신의 십자가의 길을 따르게 될 것이라는 것을. 당신의 겸손을 수치로 여기지 않고 오히려 영광으로 생각하고 꼴찌의 자리가 참된 제자의 자리라는 것을 알게 됨으로써 스승의 제2의 제자, 아니 수제자로서도 손색이 없을 것이라는 것을. 의욕하지 않는 자리가 참된 자리라는 것을 그분은 알고 계셨다.

6. 디도, 구원에는 조연이 없습니다!

그렇습니다. 저는 지금 한 교회가 마련해 준 자그마한 집에서 하룻밤을 보내고 있습니다. 지금 저의 이야기를 풀어내려고 하는 이유는 저와 함께 한 세기를 살았던 존경하고 사랑하는 두 사역자인 사도 바울과 디모데를 회상하기 위한 것입니다. 저는 그들에 대해 무언가 써야겠다는 욕망을 때로 강렬하게 느꼈습니다. 물론 저의 이야기도 빠질 수는 없겠지요.

저는 없어서는 안 될 조연이었다고 생각합니다. 감히 자평을 하자면, 그야말로 생광스러운(영광스러워 체면이 서는 듯하다, 아쉬운 때에 요긴하게 쓰게 되어 보람이 있다) 존재였으니까요. 사도 바울을 통해서 개종한 저였지만, 고린도 교회에서 문제가 발생하였을 때 그를 대신하여 "눈물의 편지"를 가지고 고린도를 방문하여 어려운 일을 해결하였던 제가 아니었습니까?

고린도 교회는 문제가 많았지요. 교회의 갈등과 분열, 성적 문란, 이방종교의 유입, 은사적 교만, 빈부의 격차 등.

하지만 교회들 사이에서 저, 디도에 대한 존재감이 있었던 걸까요?

돌이켜보면 사도 바울과 생사고락을 같이 하기는 했어도 사람들은 저에 대해서 잘 모르는 것 같습니다. 그래서 이쯤해서 저의 이야기를 하렵니다. 그때가 언제인지 아련하지만 사도 바울과 함께 선교 여행을 하고 있었을 때였습니다. 아마도 그때에는 바나바와도 같이 있었던 것으로 기억이 나는데, 때마침 예루살렘으로 올라가던 중이었습니다. 사도 바울은 하나님의 계시를 받고 예루살렘에 있는 사도들에게 이방인 선교에 대해 설명을 하기 위해서 상경을 하던 차에 할례에 대한 문제를 거론했던 것 같았습니다. 다행스럽게도 저는 태생이 그리스인일지라도 유대인처럼 할례를 받아야 할 필요가 없다는 결론을 내리기는 했습니다. 디모데가 할례를 받았던 것에 비하면 정말이지 그것은 파격 그 자체였습니다. 그렇지만 그게 간단한 문제만은 아니었습니다.

이왕 말이 나온 김에 여기서 잠깐 디모데를 소개를 하겠습니다. 사도 바울은 더베(데르베)에 들었다가 리스트라로 갔었는데, 거기서 디모데를 만났다고 했습니다. 그의 어머니는 일찌감치 예수를 믿은 유대인이었으나, 아버지는 그리스 사람이었습니다. 할머니 로이스 역시 사도 바울에 의해 개종을 한 분이었습니다. 그렇지만 디모데는 교인들 사이에서 신망과 평판이 매우 좋았다고 했습니다.

그래서였을까요?

사도 바울은 디모데를 자신의 협력자로 낙점을 했습니다.

하지만 그 마을에 있는 모든 유대인들이 디모데의 아버지가 이방인이라는 것을 알고 있었기 때문에 혹시 일어날 말썽을 대비해서 디모데에게 할례를 베풀었습니다. 에베소에서 활동하던 저의 단짝 디모데는 그렇게 해서 사도 바울로부터 "믿음 안에서 참 아들"(딤전 1:2)로, 저는 "같은 믿음을 따라 나의 참 아들"(딛 1:4)이라고 불렸습니다.

여하튼 이방 지역에서나 사도 바울이 힘이 있는 존재였지, 뼛속 깊은 사도들에 비하면 발언권이나 결정권이 그렇게 강하다고 볼 수 없었습니다. 그럼에도 사도 바울이 존경스러운 것은 복음의 진리, 복음의 본질 앞에서는 한 치의 양보를 안 하려고 했다는 겁니다. 하나님은 겉모양이 아닌 오로지 속모양으로 판단하신다는 믿음을 갖고 있었던 겁니다.

급기야 예루살렘에 있는 사도들은 베드로가 유대인을 위해서 복음을 전하는 사도가 된 것처럼, 사도 바울은 이방인을 위해서 복음을 전하는 사도가 되었음을 인정하기에 이르렀습니다. 정말로 획기적인 사건이 아닐 수 없었습니다. 잘 알다시피 유대인에게 있어 남근은 단순한 성기가 아니라, 하나님께서 부과한 과업을 수행하는 도구(instrument)인 셈이었습니다. 그래서 할례는 남근의 포피(包皮)를 벗겨 신에게 바친다는 의미를 가지고 있었습니다. 이것은 바로 계약 공동체 이스라엘과 이방 민족, 곧 비유대인을 구별하는 중요한 수단이자 선민의 표식이라는 점에서 보면 그들의 결정이 그리 쉬운 것은 아니었을 것은 분명한 사실입니다.

그와 같은 중대한 결정, 그러니까 '이방인에게 선교를 할 때는 유대인과 같이 할례를 베풀지 않아도 된다'와 '가난한 신자들에 대해서 항상 관심을 가져달라'는 골자로 합의를 하고서는 사도 바울과 바나바가 친교의 악수를 나누었습니다. 그들이 서로 악수례를 하는 그 순간 저는 기분이 조금 나빴습니다.

'뭐야? 세 사람이 함께 예루살렘에 동행을 하고 이방인의 대표격으로 참석을 했다면 나도 같이 악수를 했어야 하는 거 아냐? 나는 바나바와 비교해서 한 자리 밑이라는 얘긴가?'

기분이 유쾌하지는 않았지만, 그래도 잘 된 일이라고 생각했습니다. 저도 일익을 감당한 거나 다름이 없었으니까요. 그 자리에서 이방인으로서 사도 바울을 거들어 이방인이 개종하는 어려움을 피력하고 그의 논변에 힘을 실어줄 수 있었다는 것에 자부심을 느끼는 것으로 보상을 받았다고 생각했습니다.

사도 바울이 저를 얼마나 신뢰를 했는지 잘 알게 해주는 일이 있었습니다. 한 번은 예루살렘에 기근이 들어서 각 교회에 모금을 해서 보내기로 했었습니다. 저는 사도 바울과 같이 선교 여행을 하던 중에 에베소에서 고린도로 모금책임자로 파견이 되는 영광을 갖게 되었다는 거 아닙니까. 예루살렘과의 신의를 지키기 위해서 가난한 사람들을 구제하는 일에 열심을 내었던 사도 바울을 저는 지금도 생생하게 기억하고 있습니다. 그 구제 선교의 열정을 잘 알기에 저도 거기에 발맞춰 정말 즐겁고 자원하는 마음으로 고린도 교회에 가기로 했습니다.

사도 바울은 저를 그냥 홀로 보내지 않았습니다. 교회에서 신망이 두터운 몇 사람을 동행하도록 해주었습니다. 복음을 전하는 데 그야말로 명성을 떨친 형제, 다방면에 걸쳐서 열심과 열정이 있는 형제를 뽑아서 같이 가게 되었던 것입니다. 그들은 생김새도 비슷해서 우뚝한 콧날과 짙은 눈썹을 가진 만큼 굉장히 확고하고 신중한 사람들이었으며 돈에 대해서 초연한 신자들이었기 때문에 괜히 의연금을 모금하다가 큰 일이 날 걱정은 없었습니다.

견물생심이라고 했잖습니까?

왜, 사람들이 돈을 보면 환장을 하잖아요. 모금을 하다보면 돈을 수 없이 만지게 될 텐데, 그것을 돈으로 여기지 않을 수 있는 신심 깊은 사람이 필요했던 거 같습니다. 사도 바울이 얼마나 신중하고 꼼꼼한 사람인지 잘 알 수가 있는 것이지요. 저 혼자만 보냈으면 아마 고린도 교회에서 문제가 생겼든지, 아니면 예루살렘에 가져가는 도중에 구설수에 올랐든지 했을 겁니다. 그런 모든 것을 방지하기 위해서 사도 바울은 저를 모금 담당 책임자로 보내기는 했어도, 이중삼중의 안전장치, 옴니 암니(다 같은 이인데 자질구레하게 어금니 앞니 따진다)까지 꼼꼼하게 보완적인 행정장치를 마련하는 치밀함을 보였던 거 같았습니다. 그 덕분에 예루살렘의 구제의연금을 잘 보낼 수 있었던 게 아닌가 싶습니다.

사도 바울은 저를 '진실한 아들'이라고 말할 정도로 신망이 두터웠다고 얘기를 했었죠?

그도 그럴 것이 사도 바울이 로마에서 첫 번째 감옥 생활을 한 후에도 저는 그와 내내 동행을 하였습니다. 이곳저곳을 함께 선교하러 다니다가 에스파냐, 달마디아까지 갔었습니다.

그런 후에 그레데(크레타) 섬에 이르러서 그와 작별을 하고 혼자서 그곳에 머물게 되었습니다. 그레데의 첫 인상은 그리 좋지 않았습니다. 사도 바울은 그레데가 많은 문제점을 안고 있는 지역임을 간파하고 저에게 목회 지침들을 전달할 정도였으니까요. 그레데 거주민들은 지중해 세계에서 가장 멸시당하고 압제받는 전형적인 사람들 가운데 하나로 취급되었습니다. 게다가 그들은 항상 거짓말쟁이들이고 악한 짐승들이며 게으른 탐식가들이라는 말이 나올 만큼 야만인으로 혐오스럽게 여겼습니다.

또한 그 지역은 그리스 로마적인 문화가 매우 강했습니다. 신화에 의하면 그레데에 있는 이다 산(Ida Mount)은 제우스가 태어난 곳이었고, 미노스 왕(Minos King)은 제우스의 아들로 여겨졌습니다. 이 섬은 도리아인들이 지배하게 되었는데, 트로이 전쟁 후 이 섬에 있는 도시들은 도시국가들을 형성하게 됩니다. 그 후 그레데는 기원전 67년에 로마에 합병되었습니다. 그래서였는지 그레데 교인들은 유독 신화에 매료되거나 족보에 집착하는 경향이 큰 것 같았습니다.

그뿐만 아니라 유대주의 성격이 강한 이단 가르침이 심해서 사도 바울은 저더러 "이단에 속한 사람들은 한두 번 훈계한 후에 멀리하라"고까지 당부하였습니다. 유대화된 영지주의 교사가 판을 치고 있었던 것입니다. 어디 그뿐인가요. 금욕주의도 강해서 음식을 인위적으로 제한시키는 일도 있었습니다. 돈거래까지 했는지는 몰라도 금전상의 이득을 취하려고 했던 사람들과 파당적이며 사변적인 논쟁자들도 많았습니다. 그래서 사도 바울은 그렇게 사도들의 올바른 가르침을 퇴색시키는 것을 막고 행정적으로 조직화되는 교회를 만들기 위해서는 유능한 지도자, 곧 장로를 잘 세우는 것이라고 판단했습니다. 그것이 교회의 존폐를 결정짓는 것이라고 했습니다.

지도자가 없기로서니 허구한 날 계속되는 신앙의 단조로움과 지긋지긋한 유대교의 율법적인 이야기에 무기력하게 무너지는 그레데 교인들의 모습은 회생의 일말의 가능성을 찾기조차 어려웠습니다. 불안한 그리스도교적인 신앙 감정을 추스르기 위해서 필요한 것은 사도 바울과 마찬가지로 저도 동감하는 바이지만 올바른 지도자의 선출이라고 생각했습니다.

신앙의 피로감이 극도로 달한 어느 날 사도 바울로부터 한 통의 서신이 도착했습니다. 만성적이고 고질적인 유대교적인 병과 궁벽한 산촌이 아닌 회색의 끈적거리는 그리스 로마 도시에서 그리스도인으로 살아가려면 피상적인 반복의 신앙 일상을 탈피해야 한다는 것이 요지였습니다. 그러면서 교회의 지도자가 되려면 적어도 무뚝뚝하고 지나치게 냉소적이며 논리적인 바탕에서 교회 일을 처리하려는 사람이 아니라 품어주면서 온화한 눈빛으로 '일'이 아닌 '사람'을 바라보려는 일꾼, 맹목과 열정에만 사로잡혀서 냉정의 힘을 오만으로만 생각하지 않는 사람이 되어야 한다는 것을 명시했습니다. 그레데 교인들은 사도 바울의 목회지침에 따라서 차츰 신앙의 평정을 되찾게 되었습니다.

지금까지 건성건성 저의 이야기를 고백삼아 말하기는 했지만, 이제야 깨닫게 되는 게 있습니다. 저에게 신의 손길은 멈춘 적이 없었고 앞으로도 멈추지 않을 것이라는 것을 말입니다. 그리고 선택이 운명이라고 했던가요. 물론 저의 자의에 의한 선택은 아니었을지라도 하나님으로부터 사도 바울의 협력자로서 부름을 받았다는 것은 행복한 일이었습니다.

어스녘, 저의 동료 디모데는 요즈음 어떻게 지내고 있는지 궁금합니다. 덧없이 그의 생각이 납니다. 그러고 보니 이제야 제 옆에 나있는 발자국이 보입니다. 저와 동행하신 그분의 발자국. 제 옆의 발자국은 하릴없는 그분의 것입니다.

"주님, 모든 이들한테서 저를 잊히게 하소서. 당신께서 저를 기억해 주시는 것만으로 만족하나이다. 아멘."

제2장

종교의 서술적 행위와 영성적 실천

1. 종교사회학적으로 본 세계종교 현황과 분포

그리스도교는 서유럽을 중심으로 구식민지에 주로 분포되어 있다. 특히 동방정교회는 이전에 공산권으로 분류되어 있었던 동유럽을 중심으로 퍼져 있다. 그러나 최근에는 그러한 국가들이 급격하게 이슬람화가 되는 추세이다. 이슬람교는 북아프리카에서 아시아에 이르기까지 그 권역이 매우 넓게 퍼져 있어서 세계 인구의 20%, 즉 인류의 5명 중 1명이 이슬람교 신자라도 해도 과언이 아니다. 우리에게 불교의 발상지로 알려져 있는 인도는 의외로 불교 신자의 수는 얼마 되지 않는다. 오히려 인도는 힌두교의 국가로 분류되어 있고, 불교는 동아시아 각지로 뻗어가면서 각 나라의 상황에 맞는 독특한 불교가 전파되었다.

이것을 토대로 세계의 종교 인구(브리태니커 국제 연감 2003년 기준, 인구 63억 명)를 추산해보면 다음과 같다. 일반적으로 세계종교 인구의 비율로 따지자면 거의 절반을 차지하는 인구가 그리스도교와 이슬람교이다. 그중 그리스도교는 전체 인구의 32.9%(20억 6988만 명)인데, 가톨릭 17.4%, 개신교 5.8%, 동방정교회 3.5%, 기타 6.2%로 구성되어 있다. 그리스도교는 가톨릭과 개신교(프로테스탄트)로 나뉘는데, 동방정교회도 11세기에 서방가톨릭으로부터 분리되면서 상당한 영향력을 갖고 있다는 것을 기억할 필요가 있다. 가톨릭은 로마 교황을 중심으로 하는 그리스도교의 가장 큰 종단이며, 이와 달리 개신교는 16세기(1517년 10월 31일)에 중세 가톨릭에 반기를 들고 종교쇄신을 감행하여 탄생하였다.

이슬람교는 19.9%(12억 5422만 명)로서 수니파 16.5%, 시아파 3.2%, 기타 0.2%로 되어 있다. 이슬람교는 분포율에서 나타나 있는 것처럼, 수니파가 이슬람교의 90%를 차지하고 있고, 나머지 10%가 시아파로 되어 있다. 바로 이란이 대표적인 시아파 국가이다. 전체 인구의 비율을 감안하면 힌두교는 13.3%로 명실상부 제3위의 종교 인구를 가지고 있다. 그 다음 불교는 5.9%(3억 7297만 명)로 여기에는 대승불교가 3.3%, 상좌불교가 2.2%, 티벳불교가 0.4%를 차지하고 있다. 불교는 크게 한국이나 일본에 전해진 대승불교(북전불교)가 대세를 이루는 것을 알 수 있는데, 이 대승불교의 교리에 의하면 붓다를 믿는 이들이 죽은 후에는 평등하게 부처가 된다고 믿는다. 이에 반해 태국이나 미얀마에 퍼져 있는 상좌불교(남전불교)는 출가를 하고 수행을 해서 깨달음을 얻는 자만이 구원을 얻을 수 있다고 믿는다.

중국에는 유교, 도교, 민간종교를 포함하여 6.4%의 종교 인구를 나타내고 있다. 그 외 토착종교는 3.8%, 신종교는 1.7%, 시크교는 0.4% 순으로 분포되어 있다. 유대교는 특별히 유대인만의 종교라는 특수성을 띠고 있기 때문에 0.2% 정도의 인구를 가지고 있는 것으로 나타나 있다. 간과할 수 없는 것은 종교를 갖지 않는 인구도 무려 15.5%나 된다는 점이다.

나중에 좀 더 구체적으로 살펴보겠지만, 여기서는 3대 종교를 중심으로 간략하게 소개하겠다. 먼저 불교의 창교자 부처는 기원전 560년 경에 룸비니에서 탄생하였다. 16세에 결혼을 하였지만 29세에 출가를 결심하고 수행의 삶을 살았다. 그 후 35세가 되어 부다가야에서 깨달음을 얻었다. 부처는 80세에 쿠시나가에서 열반에 들었다. 하지만 기원전 280년경에 불교는 상좌불교와 대승불교로 분열을 하게 된다. 기원전 1세기경에 되어서야 비로소 불교의 경전이 성립되기 시작하였고, 기원 전 372년에 중국에 불교가 전해졌다. 우리나라는 907년이 되어 자생적인 불교가 시작되었다. 우리가 잘 아는 대한불교조계종은 1962년에 탄생하였다. 그리고 태고종은 1970년에 창설이 되어 지금에 이르고 있다.

그리스도교의 창립과 관련된 유대교의 출발은 기원전 13세기경 모세의 이집트 탈출에서 비롯된다. 기원전 721년에 이스라엘 왕국이 멸망하였고 기원전 4세기경에 예수가 탄생됨으로써 비로소 그리스도교의 서막이 열리게 된다. 예수는 하나님 나라의 운동을 전개하다가 기원후 30년 4월 7일에 골고다 언덕에서 십자가형으로 생을 마감한다. 그의 행업을 기록한 복음서가 나오기 시작한 때는 기원후 70년에서 100년경으로 볼 수 있다. 사도 바울에 의해서 오늘날 유럽 전역에 그리스도교가 전파되는 중요한 전기를 마련하여 마침내 392년에 로마 제국의 국교로 공인을 받게 된다. 하지만 11세기(1054년)에 서방가톨릭과 동방가톨릭은 분열을 하고 만다. 우리나라에 가톨릭이 전래된 공식적인 때는 1784년이고, 100년 뒤에 한국 최초의 교회(황해도 소래교회)가 설립되기에 이른다.

이슬람교는 무함마드가 570년경에 아라비아의 메카에서 탄생하여 610년에 신의 계시를 받음으로써 모습을 드러낸다. 그는 622년에 메디나로 이주하여 정치, 군사, 지도자로서의 역할을 겸한다. 그는 630년에 메카를 정복하고 우상을 파괴하면서 아라비아의 각 부족을 이슬람교로 개종시켜 반도를 통일한다. 창교자 무함마드는 632년에 메디나에서 63세의 나이로 생을 마친다. 그 후 초대 칼리프(종교적 지배자이자 정치적 지배자) 아부 바크르 때부터 시작해서 661년 제4대 칼리프인 알리가 암살을 당할 때까지 정통 칼리프 시대가 이어진다. 1099년에 시작된 십자군과의 피비린내 나는 예루살렘 전쟁은 거의 200여 년간에 걸쳐 치르게 되고 1299년에는 오스만 투르크를 건국하지만 1923년에 제국이 멸망하고 만다.

우리나라와 이슬람교가 접촉한 시기는 기록상 9세기경 통일신라 시대로 거슬러 올라간다. 실제로 이슬람교를 전파하는 사역을 시작한 시기는 1955년에 김유도와 김진규에 의해 신도 70여 명으로 구성된 '한국이슬람협회'가 서울 이문동에 설립되면서 본격화되었다. 그 후 1956년 주베이르 코치가 부임해와 우리나라 최초의 모스크(이슬람사원)를 설립하여 오늘에 이르고 있는데, 무슬림의 숫자는 지속적으로 증가하고 있는 것으로 나타나고 있다.

힌두교는 인도인의 종교를 가리키는데, Hindu는 산스크리트어(범어)의 Shindu에서 나왔는데, 하천(강)을 뜻하며 특히 갠지스 강을 가리킨다. 고대 인도인들은 갠지스 강의 물줄기가 높은 히말라야 산맥에서 시작되는 것을 하늘(천국)로부터 내려오는 것으로 생각해서 그 강을 '거룩한 강' 혹은 '힌디 대강'(Hindi Ganga=Great River of Hindi)이라고 불렀다. 이 Shindu에서 페르시아어형인 Hindu로 변하고, 그리스어로 Indos, Indus로, 중국에서는 현독(賢毒), 신독(身毒), 천국(天竺) 등으로 음역하여 불렸다. 당나라 때 현장(玄奘) 학승(學僧)이 인도에 유학하고 돌아와서 원어의 발음을 따라 인도(印度)로 고쳐 부르게 되면서 오늘날까지 사용하고 있다.

거의 모든 종교에는 창교자가 있는 법인데, 힌두교에는 딱히 특정한 교조(教祖)가 없고 인도 땅에 사는 다양한 사람들이 힌두교를 형성하고 있다고 볼 수 있다. 게다가 힌두교는 과거 수천 년에 걸친 인도의 문화, 풍속, 관습, 철학, 사회상 등 다양한 요소가 합쳐져서 종교를 구성하고 있기 때문에 힌두교의 실체는 인도 그 자체 혹은 인도의 민족종교라 할 수 있다. 따라서 힌두교는 인도인의 종교일 뿐만 아니라 그들의 사회적, 윤리적 규범이 되고 있다.

또한 학자에 따라서는 브라만교(Brahmanism)와 힌두교(Hinduism)를 같은 종교로, 혹은 구별하여 따로 취급하기도 한다. 잘 알다시피 브라만교란 고대 인도에서 베다 경전에 근거해서 브라만 승려계급을 주측으로 발달한 종교제도를 말한다. 역사적으로 인도에서 불교가 성황하였을 때에는 브라만교가 쇠퇴했고, 또 불교의 교세가 미약해지면서 힌두교가 성하게 된 것을 보면 옛날의 브라만교가 부흥하여 새로운 힌두교를 구성한 것이다. 또한 전통적 브라만교에 인도의 민간신앙을 연결시켜 인도인 생활에 알맞은 새로운 종교를 성립시킨 것이 바로 힌두교이다. 앞에서 말한 것처럼 힌두교의 요소 중에는 아리안 문화 이외에 비아리안(원주민)의 사상과 풍습이 혼합 습합 융합되어 형성된 것이다.

이상과 같이 각 종교의 태동과 발흥의 현상들을 보면 사회적, 지리적, 정치적, 문화적, 철학적 관계들 속에서 배태된 것으로 보인다. 인간은 자신이 살고 있는 세계를 능동적으로 변화시켜 나가기도 하고 일정한 틀을 형성하기도 한다. 종교란 종교변동론의 입장에서 보면, 그러한 관계에서 초월적 실재, 혹은 어떤 깨달음에 대해서 의미를 부여하고 질서를 부과하려고 한다고 볼 수 있다. 더 나아가서 관계에서 일어나는 일상이 거룩한 사건, 성스런 행위, 신성한 상황으로 인식되면, 그에 대한 종교적 해석과 의미가 발생한다. 그것은 결국 사회적, 문화적으로 객관화된 종교적 지식으로 자리 매김을 하게 되는 것이다.

특별히 창교자의 독특한 체험이 주관적 신앙 행위와 도덕에 머무는 것이 아니라 일정한 신앙의 방향으로 질서가 지워지고 사적 체험에 종교적 관념과 도덕성이 덧붙여짐으로써 종교의 특수성이 정착된다. 막스 베버(Max Weber)에 의하면 그것은 정치사회학적 카리스마(charisma)로 나타난다. 일정한 창교자의 권위는 비상한 힘(extraordinary power)으로 등장하게 되면, 처음에 인격의 카리스마(charisma of person)가 직위의 카리스마(charisma of office)로 변화되는 양상을 띠게 된다. 이것이 점차 종교 혹은 창교자의 비관념적 행위가 관료화가 되는 것이다. 다시 말해서 종교적 관료화 혹은 종교 조직이 갖추어지게 되는 것이다. 이른바 교회(church)와 교파(sect)의 형식으로 말이다.

이렇게 조직적 연대성과 기계적 연대성 속에서 종교 조직 내의 공동체적인 공통된 신앙들과 감정을 인정하고 집단적 의식 혹은 집단적 양심이 개인의 의식을 포괄하게 된다. 그럼으로써 그러한 도덕적 통일성을 의식한 종교 조직은 통합된 사회의 표현 혹은 사회 그 자체(society itself)로서 기능한다. 뒤르깽(E. Durkheim)은 종교는 "교회라고 불리는 단일 도덕적 공동체 속으로 신자들을 통합시키는 신앙과 실천, 다시 말해서 성스러운 것에 연관된 신앙과 실천의 통합된(연대적인) 체계이다"라고 말한다.

그렇다면 향후 종교는 어떤 양상들을 띨 것이며 또 어떻게 전개될 것인가?

알프레드 슈츠(A. Schutz)가 말한 매일매일 생활 속에서 활짝 깨어있음의 으뜸 실재(paramount reality)는 여전히 관심의 대상이 될 수 있을 것인가?

종교다원주의적 관용은 각 종교들이 이슬람의 팽창과 갈등이 유발되는 상황에서 계속해서 설득력을 얻을 수 있을 것인가?

동시에 앞에서 말한 실재에 대한 회의가 증폭되는 세속적 흐름에서 앞으로 새로운 종교의 출현을 바라야 하는 것인가?

물음에 대한 전망을 제시하기에는 당면한 종교적 문제들의 심각성을 고려해 볼 때 그리 녹록치 않아 보인다.

2. 종교에 대한 공적 교육의 필요성과 종교영성의 인식

세계는 우리나라를 두고 '종교문맹국가'라고 비아냥거린다. 사실 이 말을 듣는 우리로서는 창피한 일이다. 한국의 종교 시장을 보면 어떻게 그런 말이 나올까 싶지만, 이 외부 시선이 주는 의미가 무엇인지를 곰곰 생각해 보아야 한다. 말인즉슨 우리나라가 다양한 종교들이 공존하고 있는 것 같지만 정작 이웃종교에 대해서 몰라도 너무 모른다는 말일 것이다.

그도 그럴 것이 초등학교부터 시작해서 대학에 이르기까지 특수한 경우를 제외하고는 '비교종교학' 혹은 '종교학'이라는 과목을 배워보는 일이 거의 전무한 실정이다. 게다가 자신의 정체성을 나타내는 종교를 절대적인 것인 양 학습함으로써 그 선입견을 토대로 이웃종교를 제멋대로 재단하는 경향성까지 감안한다면 한국의 종교교육 상황은 매우 심각하다고 볼 수 있다.

자신의 종단 이외에는 전혀 관심이 없고 그 범주를 벗어나면 마치 이웃종교는 낯설다 못해 알아야 할 필요도 없는 듯이 외면하는 게 대부분의 종교인의 모습이다. 더욱이 그들이 가지고 있는 종교적 편견과 자신의 종교절대주의는 도를 넘어선다. 자신의 종교만이 제일이고 인류의 해방과 구원을 가져다주는 유일한 진리 담지체라는 인식은 이웃종교를 폄하하는 데까지 이른다.

이러한 종교 현실에서 지금 우리가 종교위기라고 보는 것은 갈수록 국내외적으로 증폭되는 종교 간의 갈등의 문제이다. 국가조차도 감당하기 어려운 큰 종교적 사건이 일어날 경우에는 해외에서나 볼 수 있는 유혈테러를 국내에서도 목도할지 모르기 때문이다. 종교 간의 이권다툼과 권력다툼, 그리고 교리적 논쟁은 종교 간의 문제를 넘어서 일반 대중과의 갈등까지도 유발하는 상황이 왕왕 일어나는 것이 그 초기 조짐이라고 보면 된다.

그렇다면 종교 간의 갈등을 잠재우고 종교 간의 평화로 나아갈 수 있는 방법은 없는 것일까?

필자는 그것의 첫 번째 시도를 범시민적인 종교교육에서 시작해야 한다고 본다. 다시 말해서 어렸을 때부터 이웃종교에 대한 교육을 공적으로 배우게 함으로써 종교에 대한 이해의 폭을 넓혀나가고 그것을 통해서 사회와 이웃을 이해하는 바탕이 되도록 해야 한다. 종교를 배우는 것은 단지 이웃종교의 교리가 어떤 것인가를 배우는 것이 아니라, 이웃에 사는 사람이 가지고 있는 종교를 통해서 그들의 가치관, 세계관, 국가관, 인간관 등을 알아감으로써 인간 이해의 지평을 확장해나가자는 것이다. 그러니까 이웃종교를 배운다는 것은 결국 인간 이해, 사회적 삶의 태도를 좀 더 건강하고 깊이 있게 만들어 가고자 하는 데 있다.

그들도 나처럼 사적 인간(私的 人間)인 동시에 공적 인간(公的 人間)이라는 사실을 인정할 때 삶이란 사적 삶뿐만 아니라 공적 삶이 있다는 것을 자연스럽게 알게 된다. 이것은 사적 종교가 존중되어야 하는 만큼 공적 종교(다른 사람의 사적 종교의 집단성)도 존중을 해야 한다는 말이다. 종교는 사적 종교라고 말할 수 있지만 사적 종교는 어디까지나 공적으로 상호인정을 하는 공존적 관계에 있을 때 의미가 있다.

따라서 사적 종교는 공적 종교의 범주 안에서 논의가 이루어져야 한다. 그래서 종교의 공적 교육이 필요한 것이다. 사적 종교를 공적으로 배우게 함으로써 사적 종교를 서로 이해하고 존중하도록 하는 기회를 마련할 수 있기 때문이다. 사적 종교가 모여서 공적 종교 혹은 사회적 종교로서의 형태를 띤다고 한다면, 개별적인 사적 종교를 상호 존중, 상호 공존할 수 있도록 해야 공적으로 평화를 지켜나갈 수 있다.

이것은 한 걸음 더 나아가서 대중들에게 인간의 삶과 정신을 성숙시키고 이성을 계도해나갈 수 있는 종교인문학으로의 방향을 잡는 것도 중요하다고 본다. 종교를 갖고 있지 않은 일반 대중들 역시 이웃종교인의 사고와 행위를 알지도 못하면서 무조건 비판과 비난을 하는 경향이 있다. 이것 역시 종교문맹이나 다름이 없다. 나는 종교인이 아니기 때문에 구태여 종교에 대해서 알아야 할 당위성이 없다고 여길지 모르나 기실 종교인이 아닌 대중들이 종교를 더 잘아야 종교의 다양한 시장을 형성하고 있는 우리나라를 더 잘 이해할 수가 있다.

그러기 위해서는 우선 종교를 긍정해야 한다. 종교존재론 혹은 종교인식론을 통하여 종교에 대한 맹목적 비판을 넘어서 우리 곁에 종교가 있다는 것을 인정해야 한다. 한 발짝만 거리를 나가도 여기저기에 종교 간판이 눈에 띄는 것을 무시할 수 없다. 이미 많은 사람들이 종교적 사고와 행위를 하고 있다는 반증이다. 그럼에도 마치 종교가 없는 듯, 종교를 무시하는 듯 관망하는 태도는 오히려 종교 간의 평화를 이룩하는 데 더디게 만드는 요인이 된다.

대중들이 종교 간의 평화를 위해서 더 관심을 가지고 중재할 수 있는 가능성이 더 많을 수 있다. 대중들은 자신의 종교에 대해 확신에 찬 사람들보다는 종교에 대한 편견이 더 적기 때문이다. 대중들이 종교 간의 평화에 기여하고 중재하기 위해서라도 종교의 공적 교육에 더 큰 목소리를 내주어야 한다.

종교(교육)에 관심을 갖는다는 것은 참여, 나눔이지 종교를 통제하고 관리하겠다는 것이 아니다. 종교에 대한 공적 교육의 중요성을 말하는 저의는 종교를 종교로서 존재하도록 놓아둠이자 그 자체로서 존재하도록 함이다(sein lassen). 시민들 사이의 연대와 화합을 이루고 국가와 시민 사이의 원활한 소통을 이루면서 궁극적으로는 국가의 통합과 상생을 원한다면 종교를 종교 그 자체로서 인정해야 한다.

그 인정은 상호 간에 발언하는 진리가 무엇인지를 알려고 하는 의지, 그 진리를 구태로 여겨 나와는 전혀 상관이 없다는 발상을 거두고 인류 역사 발전의 원동력으로서 작용한 공통의 전통과 사상, 그리고 철학이었다는 것을 '이성적으로' 받아들이는 데서 비롯될 것이다. 그러므로 종교는 특정 종단에서만 배우는 것이 아니라 일반 시민이라면 공통적인(상식적인) 교양교육으로서, 우리 사회의 공적 교육으로서 자리매김을 해야 할 것이다.

어디 그뿐인가.

각 종교는 자신들만의 영성에 갇혀 있지 말고 이웃종교와 소통하면서 상호 영성을 배울 수 있는 넉넉한 마음이 있어야 한다. 기실 영성하면 그리스도교가 독점하는 듯한 용어로 들릴 수 있지만, 그것 또한 편협한 생각이나 다름이 없다. 영성은 초월적 존재의 체험과 일치요, 그로 인한 자기 헌신과 삶의 초월성이라고 본다면 서로 다른 종교일지라도 공통적인 영적 직관의 바탕을 인정하지 않을 수 없다.

그러니 자신의 종교적 전통과 이웃종교와의 전통을 서로 교류하고 나누면서 자신의 종교적 정체성과 신앙을 더욱 더 깊이 이해할 수 있는 요소가 있다는 것을 알아야 한다. 영성심리치료니 영성상담이니 하는 것들도 알고 보면 초월자와 나와의 관계를 어떻게 설정할 것인가 하는 문제에 초점을 맞추는 것이니 만큼 자아의 견지에서 초월자의 체험을 인식, 판단, 식별, 승화, 그리고 삶으로 살아내는 공(통)적인 요소가 있다고 하겠다.

따라서 종교교육은 곧 영성교육하고도 밀접한 상관관계를 갖고 있는 것이다. 이웃종교의 핵심을 이해하는 것은 타자의 초월자에 대한 체험을 무엇이라고 규정하고 그것을 실천으로 옮기는가를 이해하는 것이다. 영성이라고 해서 단지 신비적 체험이나 일상을 넘어서는 언표불가능한 어떤 상태나 현상을 말하는 것만은 아니다.

결국 영성적이냐 아니냐 하는 것은 삶으로 표현되는 그 과정과 결과들이 각기 종교들이 표방하고 있는 진리에 부합하는가의 여부에 달려 있다고 해도 과언은 아닐 것이다. 영성에 대한 오해가 여기에서 비롯된다고 볼 수 있는 바, 일반적으로 영성적이라 하면 세속과는 단절된 특이한 삶의 방식으로 받아들이는 경우가 허다하다. 하지만 말끝마다 영성을 발언하는 주체들을 보면 그들의 진리 체계나 진리의 본질과는 전혀 상관없는 행위로 일관한다.

종교교육이 영성교육과 같이 병행해야 하는 이유가 여기에 있다. 종교적 진리에 대한 이해가 종교인의 검증 잣대가 아니라 종교인이 얼마만큼 자신의 종교의 본질에 부합한 삶으로 승화시키는가가 참 종교인인가 아닌가를 판별하는 기준이 되어야 한다. 종교를 교육하면서 이웃종교에 대한 종교를 교육하기도 하지만 동시에 자신의 종교에 대한 비판적 반성을 하면서 종교인으로서 삶의 기준이 높게 설정되도록 해야 한다. 다시 말해서 종교교육은 이론교육으로 끝날 문제가 아니라 각 종교의 진리 체험을 삶으로 구체화시키도록 유도하는 작업을 심화시켜야 한다는 말이다.

그것이 되지 않을 때는 단지 종교교육은 이웃종교에 대한 지식과 정보를 고취시키는 것으로 끝나고 만다. 지식으로 알게 되는 종교는 비난과 판단의 잣대는 될 수 있을지언정 진정한 인격체로서 발전할 수는 없다. 종교교육의 우선순위가 아무리 종교 간의 갈등을 해소하고 평화를 정착시키기 위한 것이라 할지라도 그 근본에 있어서 영성을 통한 인격체가 되지 않으면 아무 소용이 없다.

그러므로 종교교육은 또 하나의 영성교육이 되어야 한다. 자신의 종교 진리의 바탕에서 이웃종교의 진리 체험을 통하여 영성적 토대를 수용하고 그것을 통하여 자신의 종교 진리를 더 깊이 체험할 수 있어야 한다. 그것을 자신의 종교를 희석화하거나 이웃종교와 혼합하는 것이라고 속단해서는 안 된다. 오히려 타자의 영성과 초월자를 체험하는 사람들이 자신의 종교를 더 풍요롭게 확장시키는 것을 볼 수 있다. 그런 의미에서 영성은 초월자에게 이르는 보편적인 길이라고 말할 수 있을 것이다.

타자의 종교나 영성을 외면한다고 해서 그들의 진리나 영성이 감추어지는 것은 아니다. 인식하기 이전에 그들의 종교적 진리와 영성은 이미 주어져 있다. 어느 누구나 체험의 가능성으로 주어져 있고 우리 곁에 있음으로 존재하고 있는 것이다. 애써 완강하게 거부하고 애오라지 나만의 종교적 진리와 체험, 그리고 영성이 절대적이라는 사고방식을 내려놓는다면 보편적 영성은 그야말로 누구에게나 발견될 수가 있다.

두려움과 불안, 어쩌면 우리의 인식의 구조가 영성의 보편성을 부인하는지도 모른다. 무지가 두려움과 불안을 가지고 오는 것이다. 인식할 수 없는 초월자의 모습을 마치 자신의 종교에서는 다 이해하는 듯이, 그리고 그것을 토대로 인식하는 이웃종교의 영성과 진리 체험은 완전히 이단이라고 생각하는 것은 인식의 한계이다.

인간이 그러한 인식의 한계를 깨닫지 못한다고 지적한 철학자가 임마누엘 칸트(Immanuel Kant)이다. 이성의 한계 곧 인식의 한계가 있음에도 다 아는 듯이 발언하는 것처럼 어리석은 교만이 없다. 우리는 스스로 인식하고 있다는 것을 인식하지만, 실상은 그 대상이 우리에게 열어 밝혀 주지 않는 이상 알 수가 없다. 열어 밝혀져서 우리 앞에 나타나야 하는 것이다. 영성은 그 열어 밝혀진 존재 혹은 개방된 존재에 대한 발견과 체험이다. 하지만 그것은 열어 밝혀진 것만큼만 알 수 있고 체험할 수 있다. 그렇기 때문에 영성에 대한 언표는 조심해야 한다.

자신의 종교적 체험을 통한 영성을 성숙시키는 것 이외에 이웃종교도 영성적 인식이 가능하다는 것을 인정할 수 있어야 한다. 내게 열어 밝혀진 존재의 빛에 의해서만 영성적 인식이 가능하다는 것과 마찬가지로 이웃종교의 영성적 인식에 대해서도 함부로 재단할 수 없는 것도 그 영성적 인식의 한계 때문이다. 그 한계를 자각한 종교인야말로 자신의 영성적 체험에 대해서도 객관적인 검증과 자기 검열을 시도할 뿐만 아니라 이웃종교의 영성적 체험에 대해서도 발언을 할 수 있는 자격이 있는 것이다.

앞에서도 말했다시피 영성은 단지 신비적 황홀경이나 신과의 합일만은 아니다. 영성은 나눔이요 이웃과 함께 함이다. 초월자의 체험은 신앙을 가지고 있는 자신과 일치하고 사랑을 나누어 주듯이, 이웃종교를 가지고 있는 사람과도 동일하게 사랑을 나누고 그들과 마음을 함께 하고 개방하는 것이다.

오늘날 그리스도교뿐만 아니라 여러 종교에서도 영성이라는 말을 심심치 않게 사용한다. 말에는 책임이 뒤따라야 한다. 그렇다면 정말 그 영성이라는 말의 무게감을 절실하게 느끼고 있는지부터 물어보아야 한다. 단지 듣기 좋고 표현하기가 익숙하기 때문에 사용하는 말이 아니라 종교인의 실존이 초월자의 곁에 있음을 고백하고, 자신을 이웃과 함께 하고 나아가 그들의 삶으로 들어가 자신의 전체를 넘겨주고 있는지를 눈살펴야 할 것이다.

3. 종교적 인권과 종교 평화
: '종교 지형도'를 톺아보기 위한 전제

우리는 흔히 세계종교를 이해하기 위해서 각 종교의 분포도나 현황을 파악하기도 한다. 그것이 함의는 각 종교의 변화 추이의 지형도를 알아보기 위함이지만 전략적으로는 종교 간의 긴장과 갈등의 양상들을 전망하기 위해서이다. 지도는 멀리 있는 이웃 나라와의 교류를 효과적으로 할 수 있는 긍정적인 역할을 하는 반면에, 영토의 확장을 위한 전략과 전술을 구사하는 데 매우 중요한 기능을 가지고 있다.

마찬가지로 종교 지도라는 것도 알고 보면 단순히 이웃 나라의 종교, 혹은 자신의 종교가 얼마나 확장되었는가를 한눈에 알아볼 수 있는 매체인 것은 분명하다. 아마도 지도가 생기기 이전에는 세계의 종교 분포가 어떻게 이루어져 있는가에 대한 정보를 입수한다는 것은 어려운 일이었을 것이다. 이제는 종교 지도를 통해서 그 분포, 활동, 확장, 긴장, 갈등, 평화적 관계 등을 알게 되었다.

그런데 이러한 세계종교를 파악함에 있어 특정 종교가 얼마만큼 성장을 했는가에 초점이 맞춰져서 다른 종교와의 경쟁 관계를 유발하여 갈등을 조장하는 정보 전달이 되어서는 안 된다. 그보다 종교 현황을 파악하는 목적은 종교적 인권 혹은 종교 평화를 위한 매개체가 되어야 한다. 세계는 이미 거대한 종교 시장이 형성이 되면서, 그 종교 시장에서 이루어지는 미묘한 갈등 관계들이 전쟁이나 테러의 양태로 번지고 있는 것이 사실이다.

여기에서 중요한 것은 종교 시장에서는 일반 시장이나 상업 활동과 똑같은 방식으로 종교 독점 현상이 발생되면 안 된다는 것이다. 확장되고 있는 종교가 더 확장을 하기 위해서 이웃 나라, 이웃 지역의 종교를 자신의 종교로 포섭하려는 시도를 한다거나 자본을 통해서 종교 확장을 꾀하는 전략적이고 전투적인 방식은 종교의 갈등을 양산하는 결과를 초래한다.

거기에는 종교를 종교로서, 종교인을 종교인으로서 인정하는 인권이 존재하지 않는다. 인간이라면 자신이 믿고 싶어 하는 종교 신념을 받아들이고 그 의례를 통해서 행복을 누릴 수 있어야 한다. 인간은 자신이 신봉하는 종교이든 아니면 아예 종교를 갖고 있지 않은 사람이든 간에 종교를 선택하고 그 종교 신념에 따라서 살 권리가 있다.

하지만 지금 세계 곳곳에서 벌어지는 상황을 보면 종교를 자유롭게 받아들이고 정신을 풍요롭게 할 수 있는 권리를 박탈당하고 있다. 최근 들어 IS(이슬람국가, Islamic State)무장단체에 의한 테러는 종교를 빙자한 특정 집단의 극단적인 살해와 자신들의 종교적 절대성을 표방한 이웃종교의 차별로서 바로 종교적 인권의 사각지대를 적나라하게 보여주고 있는 것이다. 자신의 국가 종교나 관습을 관용적인 시선으로 바라봐주고 그것을 인정해 주는 자세를 요구하는 것이 당연하듯이, 이웃종교와 관습을 배려하는 것 또한 동일하게 대하는 것이 마땅하다.

인권은 다수의 힘에 의해서 이루어지거나 그들을 위한 인간의 권리가 아니라 소수의 약자를 위한 것이어야 보편타당한 원칙이 될 수 있다. 다수의 이념적 가치가 소수를 지배하거나 억압하는 일이 있어서는 안 되기 때문에 더욱 더 종교적 인권을 논해야 한다. 종교적 표현, 종교적 관습, 종교적 언어, 종교적 구조가 다르다고 해서 그 사람이 지닌 인간으로서의 가치가 열등한 것이 아니다.

그럼에도 우리는 종교가 다르다는 하나 때문에-사실 종교에 의한 여러 신념이나 가치, 사고 구조 등이 다른 것이기는 하지만-이웃종교를 폄하하거나 존중하지 않는 경우가 허다하다. 그러한 종교적 절대성에 입각한 사고가 얼마나 위험한가를 나타내는 지표가 IS무장단체의 테러라고 할 수 있지 않은가. 우리가 종교적 지형도를 알아보아야 하는 이유가 거기에 있는지도 모른다. 도대체 국내에, 그리고 국외에 어떤 특정 종교들이 어느 지역에 얼마나 많이/적게 분포하고 있는가를 알게 됨으로써, 미연의 충돌과 갈등을 예방할 수 있기 때문이다.

종교적 인권을 논한다고 해서 모든 종교를 허용하자는 것은 아니다. 종교에 대한 개념 정의는 차치하더라도 종교라 할 수 있는 범주에 포함되는 것들이 공적 이성에 부합하지 못한다거나 사회에 해악을 끼치는 것이라면 과연 그것을 종교라 할 수 있는지는 의문의 여지가 있기 때문이다.

따라서 종교지상주의, 범종교허용주의는 다소 무리가 있을 수밖에 없다. 그들에게도 종교적 인권이 있기 때문에 종교로서의 자격 조건이 충분이 있다고 인정할 수는 없는 노릇이다. 사실 엄밀한 의미에서 종교라고 규정하는 것들이 종교 그 자체라기보다는 그저 종교의 형식을 빌린 신념 집단이나 특정이익집단일 가능성이 농후하다. 그러한 종교가 사회나 세계 전체의 공적 이익과 공적 이성에 일치한다고 말할 수가 없다.

한편 종교 지형도에 나타나지 않는 성숙한 종교가 있을 수도 있는데, 우리는 저마다의 시각으로 재단을 하고 세계 지도와 종교 지형도 안에 그들을 표기하지 않는 누를 범하고 있다. 그것을 감안한다면, 다수의 신자를 확보하여 전통 종교인양 우월한 의식을 가지고 있으면서 폭력을 행사하는 종단보다는 그들의 종교적 인권을 인정해줘야 한다. 종교 지형도 안에 나타난 분포도에 다 표기할 수 없어서, 소수의 종교는 아예 세계에 존재하지 않는 것처럼 치부해버린다면 그 또한 특정종교의 권력에 의한 폭력이 아닐 수 없다. 국가와 지역마다 종교가 없는 곳이 없을진대, 이미 다수의 종교로 알려진 종교의 행위만을 종교라고 선언한다면 종교 차별이나 다름이 없지 않겠는가.

따라서 종교 지형도 또한 소수의 무리들이 배제된 다수의 종교 무리들의 시선에 의해서 그려진다는 점에서 소수의 종교적 인권은 안중에도 없는 것이다. 어쩌면 거칠게 표현해서 그들에게는 종교라고는 전혀 없는 국가 혹은 민족으로 제쳐놓는 것이다.

하지만 어디 그렇게만 생각할 수 있는 것일까?

세계 역사 혹은 세계 정신은 바로 그러한 소수의 종교 무리들의 영성적 잠재 능력을 통해서 다수의 종교 무리들과 함께 인류 발전에 영향을 미쳤다는 것을 부인하기는 어려울 것이다. 종교 지형도에 대한 단순한 해석에서 좀 더 비판적이고 성숙한 해석이 시도되어야 할 타당성이 여기에 있다.

가톨릭 신학자 한스 큉(Hans Küng)은 "종교 간의 평화 없이는 세계 평화는 있을 수 없고, 종교 간의 대화 없이는 종교 간의 평화는 없다. 종교가 서로에 대한 정확한 지식이 없이는 종교 간의 대화는 불가능하다"는 말을 하였다.

이런 의미에서 종교 지형도나 종교 분포도의 역할은 종교 간의 평화를 위한 도구가 되어야 한다. 종교 간의 전략적 관계나 이익 관계를 모색하는 수단이 되어서는 안 된다. 종교 지형도를 통한 종교 간의 정보는 종교와 종교 사이의 거리를 좁히고 나눔과 사랑, 평화, 일치를 위한 것이어야 한다. 그것은 실제적으로 종교 간의 경계를 긋고 땅을 확보하는 종교적 땅따먹기가 아닌 것이다.

더 나아가서 종교 지형도는 종교 간의 형식적인 관계를 나타내는 것이 아니라, 종교의 실질적 관계를 모색하는 '각 종교의 인권과 권리를 표출하고 있는 독특한 지점'을 나타낸다는 것을 알아야 한다. 종교 지형도의 경계가 인식의 장벽과 단절을 의미하는 것이 아니라 각 종교의 인권을 표현하는 '존중 영역'을 표기하는 것으로 알아차려야 한다.

그러므로 종교 지형도는 각 종교를 그 자체로서 인정하고 긍정해야 한다는 안전장치 역할을 한다고도 볼 수 있다. 설령 소수의 종교 무리는 종교 지형도에서 보이지 않는다 하더라도-그들은 표기조차도 되지 않지만-표기를 하는 권력 주체로부터 용인이 되지 않는다 하더라도, 그들의 종교는 어느 지점에서인가 인정받아야 할 종교적 인권의 주체라는 점을 분명히 인식해야 한다. 표기 권력 주체에 의한 가치판단에서 배제된 그들도 보호되어야만 한다는 것을 명심해야 한다. 왜냐하면 자칫 소수 종교의 무리들이 다수 종교의 권력에 의해서 조롱을 당하고 있다는 느낌을 가질 수 있기 때문이다.

종교 지형도가 또 하나의 종교 영토 확장의 도구나 성장사를 뜻하지 않기를 바란다. 종교 지형도는 어디까지나 종교 평화의 상징이 되어야 하고 다양한 종교들이 공존하고 있다는 것을 깨닫게 하는 상황도 혹은 현황도가 되어야 할 것이다. 종교 지형도는 비언어로 나타낸 평화의 모습, 평화의 그림이 되어야지 갈등과 전쟁, 테러의 상징이 되어서 비극으로 몰고 가서는 안 될 것이다. 그러기 위해서는 종교 지형도는 반드시 각 종교의 인권, 종교인의 공적 이성을 '권장'하고 '장려'하여 세계평화에 기여하는 역할을 해야 할 것이다.

4. 의료적 나눔과 종교적 아나키즘
: 메디컬(medical)은 래디컬(radical)이다!

생명은 '사적인 것'(private)이 아니라 '공적인 것'(public)이다. 우리가 의료적 행위를 통해서 개인의 생명을 살리고자 노력하는 것은 그 생명이 개인의 것만이 아니라 공적인 것, 사회공동체적 가치이기 때문이다. 따라서 의료적 행위의 공공성과 생명 담론은 떼려야 뗄 수 없는 관계이다. 특히 종교적 담론에서 생명을 논하고자 할 때 종교의 근본적 성격이 인간의 생명을 존중한다는 점에서 의료적 행위의 지원은 매우 중요하다.

특히 의료적 행위는 종교를 뛰어 넘는다. 의료적 행위는 국경을 초월하듯이 종교의 경계를 넘어서는 것이다. 그래서 의료적 행위, 곧 '메디컬'(medical)은 '래디컬'(radical)이라고 볼 수 있다. 의료적 행위는 그 무엇보다도 근본적(radical)인 인간의 사랑의 구현이다. 여기에 어떤 종교적 배타성과 경계가 있을 수가 없는 것이다.

다시 말해서 의료적 행위는 인간의 아나키즘(anarchism)적 성격을 배태하고 있다. 어떤 이데올로기나 권력, 심지어 종교로부터 자유로울 수 있어야 근본적으로 인간의 생명을 치료하고 유지하도록 할 수 있다. 그간 개신교이든 아니면 가톨릭이든 특정 종단에서는 의료적 행위를 통해서 인간의 궁극적 가치인 사랑을 구체화하려고 하였던 것은 부인할 수 없다.

하지만 여기에 일정한 선교적 기능과 역할을 통해서 의료적 행위가 하나의 수단이 된다면, 종교가 추구하는 더 높은 가치를 실현한다는 명분하에 그 의료적 지원을 받는 인간의 생명은 그 자체로 '목적'이 아니라 '도구'가 될 수 있다. 따라서 앞에서 말한 것처럼 의료적 행위는 아나키즘을 지향해야만 한다.

그래야만 의료적 행위가 추구하려고 하는 생명 나눔이라는 본래의 목적을 달성할 수 있다. 생명의 나눔이 일차적인 목적이 되어야지 선교가 우선순위가 되어서는 안 된다는 말이다. 이미 생명 현상 자체가 종교 현상으로 충분히 설명이 될 수 있기 때문에 굳이 그것을 종교적인 것으로 포장하지 않아도 시민들은 그것의 근본적이고 본질적인 행위가 종교에서 비롯되었다는 것을 알고 있다.

종교가 스스로 인간의 생명과 등치된 개념으로 인식되도록 하려면 의료적 행위를 통해서 이익과 자본을 벗어난 지금보다 더 보편적 서비스로 나아가야 한다. 달리 말하면 굳이 종교적 관념을 덧붙여서 마치 그것이 어느 특정 종교 공동체의 선한 행위로서 인식되도록 한다면 그 의료적 행위와 생명 나눔은 본질이 퇴색된 것이나 다름이 없다.

생명 나눔의 원초적 근원에는 인간의 생명 존중에 있고 그것은 모든 종교가 보편적으로 인식하는 가치라는 것을 감안할 때, 종교의 경계를 뛰어 넘고 교리와 자본, 그리고 권력까지도 극복한 형태의 의료적 행위여야만 한다. 독립적이고 공정한 생명의 분배, 생명의 정의를 이룩하기 위해서는 어떤 제도나 권력, 그리고 체제로부터도 자유로울 수 있어야 한다. 애초에 의료적 행위가 미션(Mission)을 목적으로 시작되었다고 하더라도, 그것은 인간의 보편적 생명성을 어떻게 보살필 것인가에 대한 고민이 배제되었다는 뜻이 아니다. 종교적 정체성이 무엇이건 관계없이 의료적 행위나 생명 나눔이 반드시 필요로 하는 곳에서 인간의 생명을 돌보았을 것이다.

그렇다면 지금의 종교적 생명 나눔 역시 동일한 고민에서 출발을 해야 한다. 생명을 필요로 하고 생명회복의 욕구가 있는 사람들에게 어떻게 생명을 나눌 것인가에 대한 의료 복지의 보편성을 생각해야 할 것이다. 생명의 행복과 생명의 분배, 생명의 정의와는 상관없이 오로지 생명을 담보로 한 이익의 창출에만 골몰한다면 진정한 종교적 가치를 구현한다고 볼 수 없을 것이다. 더불어 생명의 나눔에서 불공정하고 불평등한 대우를 받는 인간이 없어야 한다. 생명을 가진 존재는 누구나 다 평등하다. 생명의 평등성을 생명 나눔의 근본적 토대요 종교적 정체성을 가진 의료단체의 모토로 삼지 않는다면 불편부당한 의료행위는 있을 수가 없다.

의료적 행위에 있어서 종교적 아나키즘으로 가야 하는 당위성은 바로 생명 나눔을 증여받는 이를 자유롭게 하기 위해서이다. 그의 의지와 사유가 종교적 신념과 가치에 매이게 해서 마치 빚을 진 사람처럼 짐을 지우게 한다면, 그것은 생명의 초월성과 선천성을 가진 그들이 종교의 소유가 된다는 것이다. 논평자가 생명의 평등성과 생명의 익명성을 주장하는 이유가 바로 여기에 있다. 어떤 특정한 종교적 가치에 의해서 이루어질 때보다 생명 나눔은, 보편적 가치, 보편적 행위에 의해서 이루어질 때, 좀 더 진정성이 있는 행위가 될 것이다. 이것은 생명을 증여

받게 되는 인간이 생명의 평등성과 존엄성, 그리고 보편성을 인식하게 될 때 범우주적, 범종교적, 범국가적, 범인류적, 범인종적 차원의 생명 나눔으로 이어질 수가 있기 때문이다.

'생명은 아름다운 것이다.'

생명의 미학적 인식에는 계급, 인종, 자본, 국가, 권력 등을 초월한 가치를 겨냥한다. 그것은 '생명에의 의지,' 즉 더 높은 생명으로 상승하려는 의지, 죽음을 넘어서려는 보편적인 의지라고 볼 수 있다. 그렇기 때문에 생명 나눔을 위한 의료적 행위는 그러한 생명에의 의지를 보편적으로 갖고 있는 시민/민중을 위한 것이어야 한다.

생명에의 의지는 비단 종교에 국한된 것이 아니라 종교적 경험을 하건 안 하건 상관없이 모든 사람들이 공유한 그야말로 공적인 것이기 때문이다. 모든 사람은 자기 자신의 생명을 보존하려고 하는 의지, 그 완전성을 향하려는 몸부림이 있다. 종교가 그것을 외면하지 않으려고 하는 태도, 종교가 생명의 완전성을 향해 나아가려는 의지를 꺾지 않고 의료적 행위이든 생명 그 자체의 나눔이든 생명의 보존을 중시하는 자세를 보여주어야 할 것이다.

근대철학자 스피노자는 인간에 대한 동정이 이성의 사용과는 무관하다고 보았다. 하지만 생명의 동정 없이 단지 의무감으로만 생명의 나눔을 유도한다는 것은 어렵다. 의무감 또한 동정윤리라고 하는 감정의 발동이 필요한 법이다.

물론 스피노자는 다른 각도에서 "가난한 자들에 대한 관심은 전 사회의 소관이며 단지 공동의 유용성과 관련된다"고 피력하기도 했다.

생명의 가난에 허덕이면서 자신의 생명을 보존하기 위해서 갈구하는 이들에게 의료적 행위는 사회 공동체 전체가 생명에의 의지를 고양하기 위해서라도 꼭 필요하다. 그것은 생명의 가난 때문에 어려운 이들에게 생명을 나누어줌으로써 사회 전체는 공동의 생명을 보존하는 것이요 또한 생명의 덕을 공유하는 것이라는 점을 간과하지 말아야 한다.

어느 누구도 생명의 가난으로 인해서 어려움에 처하지 않는다는 보장이 없다는 것을 감안할 때 의료적 동정 행위는 사실 의무론적 윤리적 행위와 동반되어야 한다. 생명의 나눔과 공유라는 차원에서 보면 생명 나눔은 생명의 사적 소유를 뛰어 넘어 비제도적, 비종교적 영역의 아나키즘의 구현이라고 단정 지어도 무방할 것이다.

5. 종교의 서사 구조로서의 나눔

종교는 마땅히 이론의 영역이 아니라 실천의 영역에서 그 진리 체계를 보편적으로 인정을 받을 수 있어야 한다. 물론 이론과 실천의 영역이 명확히 구분이 되는 것은 아니다. 그렇기 때문에 종교의 서사(narrative)를 통하여 끊임없이 그 의미를 발생시키고 종교 고유의 존재 가치를 확인해야 한다.

종교의 서사가 여러 가지가 있을 수 있으나, 그중에 하나가 바로 약자에 대한 인식과 책임이라고 볼 수 있다. 그것은 결코 이론의 영역이 아니라 종교의 의미를 새롭게 발생시켜야 하는 서사 구조의 한 행위임에 틀림이 없다. 대중들에게 종교의 설득력은 곧 약자에 대한 관심과 책임을 얼마만큼 가지고 있으며, 그것을 감동과 기쁨의 이야기로 전달되도록 하는가에 달려 있다. 그런 의미에서 나눔은 종교의 공동선의 확장이요 대중들에게는 종교의 존재 이유가 되기에 충분하다.

종교의 나눔은 단순한 서사학적인 수사학도 아니다. 다시 말해서 종교를 선전하는 고도의 세련된 언어와 행위로 나타나는 전략적인 장치가 아니라는 말이다. 종교적 나눔의 진정한 수사학은 질문과 대답이라는 형식적인 행위 이전의 약(한 존재)자가 있음을 행동적으로 발언하는 원칙의 수립이요 대중 설득술의 감동적 장치이다.

나눔의 본래성은 바로 거기에서 드러난다. 단순하게 종교적 나눔이 약자에 대한 돌봄으로 그치는 것이 아니라 그 표본을 통해서 감동적 서사에 힘입어 대중들에게도 동참을 유도하는 데 있다. 이는 약자에 대한 돌봄과 관심을 통하여 종교가 윤리적 현실성을 외면하지 않는다는 대중적 확신을 갖게 만드는 것으로 기능할 수 있다. 달리 말하면 종교는 희망과 사랑, 그리고 기쁨의 목소리를 내는 서사 양식과 수사학적 기교를 가지고 있는 것을 실천적이고 적극적인 방식으로 표출해야 한다는 것이다.

더 나아가서 종교의 나눔은 단지 동정심에 대한 발로가 아니다. 수치스럽고 수모를 당하는 듯한 나눔은 타자의 돌봄과 사랑을 진정한 서사를 가지고 접근한다고 볼 수 없다. 그것은 형식적인 서사이고 전략적인 장치여서 오히려 종교적 나눔의 실천은 반감될 수 있기 때문이다. 또한 종교의 서사로서의 표현이 나눔이라고 하더라도, 그 나눔은 익명성이어야 한다. 그렇지 않으면 나눔과 베풂을 통해서 타자를 지배와 통제, 그리고 소유하려는 의지로 나타나기 때문이다.

나눔은 공동의 것을 나누는 것이기에 주체와 객체가 따로 없다. 나눔의 주체를 자임하더라도 증여받는 타자를 결코 나눔의 객체라는 인식을 해서는 안 된다. 어느 누구도 재화에 대해서는 공공성과 공동성으로부터 자유롭지 못하다는 것을 인정해야 한다. 물질적으로 증여받는 타자를 자유롭게 해주어야만 주체나 객체 모두가 물질과 사물로부터 자유롭게 될 수 있다. 그렇게 될 때 상호 나눔, 타자적 배려가 공동체적으로 확장될 수 있고 언제든 입장이 바뀌더라도 공유된 재화를 통해 지속 가능한 삶을 영위하게 된다. 그것이 종교 서사로서의 나눔이 갖는 익명성의 이유이기도 하다. 나눔의 궁극적인 목적은 어쩌면 인간이 물질과 사물로부터 자유로움을 얻기 위한 것인지로 모른다.

따라서 종교적 나눔은 하나의 이성의 기획(E. Levinas)이어야 한다. 나눔조차도 합리적인 척도로 계산적인 방식이 개입되어야 한다는 것을 의미하는 것은 아니다. 다만 인간의 이성의 발로, 즉 의무와 책임감에 입각한 판단으로 어떠한 상황이라도 보편적인 행위로서의 나눔 서사가 발생해야 한다는 것을 뜻한다. 타자에 대한 동정심은 상황에 따라서는 그 실천의 변덕이 있기 마련이어서 나눔의 서사가 왜곡될 수 있다.

그러므로 동정심보다는 오히려 타자에 대한 도덕적 상상력을 통하여 그 이성과 감성 안으로 들어가 마음을 헤아리는 태도가 훨씬 더 중요하다. 약자에 대한 배려는 '도덕적 상상력'(Einbildungskraft, Product and Reproduct)이 없이 경험되지 않은 대상에게 나눔의 실천을 전개한다는 것은 어려운 일이다.

도덕적 상상력을 이용한 타자에 대한 타자성을 고려하는 것은 그가 초월자로부터 전혀 소외되는 존재가 되어서는 안 된다는 어떤 보편적 인식 때문이기도 하다. 모두가 평등하고 기본적인 욕구를 향유할 수 있는 존재라는 인식은 응당 종교가 표방하고 있는 신의 관념을 생각해 본다면 충분히 이해할 수가 있다. 초월자 앞에서 누구라도 돌봄과 사랑을 받아야 하는 존재임에도 불구하고 일부 혹은 다수의 약자가 발생했다고 하는 것은 종교가 그들을 초월자의 뜻에 부합하는 존재로 도약할 수 있도록 만들어야 한다는 책무를 느끼게 해준다. 쉬운 일은 아니나, 종교의 서사가 여전히 오늘날 대중들에게 호소력을 가지고 귀를 기울이게 만들려면 바로 그러한 약자에 대한 개방성이 있어야만 한다.

이것은 종교가 자기 만족이나 자기 폐쇄성을 띨 수 있는 위험성으로부터 탈피해야 한다는 것을 의미한다. 종교가 약자에 대해서 개방성을 갖게 될 때, 종교가 가진 본래의 공동선이 실현되는 것이고 이로써 종교는 신에 대한 개방성과 타자에 대한 개방성을 연결하는 훌륭한 서사를 창조하게 된다. 자칫 종교의 본래 서사를 강조하다 보면 궁극성에 대한 관심에 집중하기 때문에 존재론적 삶의 일상성과 생활세계를 간과할 수 있다.

나눔은 종교의 축으로 해서 세계가 돈다는 편견을 넘어, 세계를 축으로 종교가 돈다는 당위적 실천이다. 세계에 기여하고 그 생활세계에서 소금의 짠 맛이 녹아들게 하기 위한 것이다. 따라서 종교의 공적 임무인 나눔은 종교 서사의 외적 형식이라는 것을 반드시 명심할 필요가 있다.

하지만 현대 사회의 문제는 약자에 대한 책임의 무정부 상태라고 말할 수 있다. 그럼으로써 종교적 나눔의 명분이 약해지고 대중들은 종교의 거짓 서사로 인해서 등을 돌리게 된다. 책임을 자신의 책무로 갖지 않은 종교에 대해서 더 이상의 고무적이고 사회 구원적인 희망의 서사를 발견하기 어렵다고 판단을 하기 때문이다.

종교의 서사로서의 나눔이 가상으로 보이지 않으려면 우선 성직자가 가난해져야 한다. 종교의 서사에 의미가 발생되고 그것의 지속성을 논하려거든 성직자가 '다름'의 존재방식을 택해야 한다. 그것을 통해서 사회적 약자에 대해서 폐쇄적이지 않다는 것을 보여주어야 한다. 성직자의 자발적 가난이 선행되지 않는데, 교회(종교)가 가난해질 수 없다. 그러면서 어떻게 사회적 약자들을 돌보며 그들을 위한 종교 서사의 다름을 강조하고 설파하겠는가. 종교가 기업의 일종이라는 비판을 면하려거든 가난한 자들에 대한 공동선을 실현하고 그들을 위한 종교가 되어야 한다. 이제민에 의하면, "가난은 교회(종교)의 본질이고 생명"이기 때문이다.

종교적 나눔은 곧 공공선 혹은 공동선의 실현이다. 그것은 공익을 위한 실천적 행위이다. 한편 나눔의 수혜를 받을 권리는 사익, 자유의 문제에 해당한다. 나눔은 사회적으로 소외되고 어려운 삶의 환경에 처해 있는 약자를 어떻게 공적으로, 사적으로 배려할 것이냐의 문제가 되는 셈이다. 종교적 나눔이 종교적 인간의 내면적 인간성이나 보편적 인간성을 결합한 '세속적 경건성'(Weltfrömmigkeit)은 아닐지라도 성서적 정신을 외화하는 것이라고 볼 수 있다.

제3장

그리스도교 영성의 본질적 성찰

1. 영성의 근본 체험과 환원으로서의 창교자

종교가 영성을 이야기 할 때, 그것은 각 종교의 창교자(종교의 창시자 혹은 그로 말미암아 새로운 종교가 태동하게 된 인물)를 모범으로 삼아야 한다. 특히 그리스도교의 로마 가톨릭과 동방정교회를 제외한 개신교는 여러 분파들로 구성이 되어 있는데, 영성을 논할 때 창교자의 근본에서 출발하기 보다는 종단의 창도자(역사적, 유한적 종파의 창립자)를 중심으로 하는 경우가 많다. 그러다보니 장로교는 칼빈교가 되고, 감리교나 성결교는 존 웨슬리교가 되는 역설을 범하기도 한다.

모름지기 장로교회, 감리교회, 성결교회, 침례교회, 순복음교회 등 여러 종단의 근본 토대는 예수 그리스도로부터 시작해야 한다. 각 종단의 창도자는 종단 태동의 선구자적 역할을 하고 교회사적 맥락에서 발생된 진리 체험과 신학적 문제의식을 달리하였기 때문에 새로운 교회의 모습을 일구려고 노력하였던 사람들이다. 물론 그런 인물들의 영성과 신학이 남달랐던 것은 사실이다. 하지만 그렇다고 해서 그것이 창교자의 정신과 종교 신비적 체험, 그리고 신과의 합일을 넘어설 수 있다는 것을 의미하지 않는다. 따라서 각 종단의 창도자의 영성과 신학을 절대화해서는 안 될 것이다.

박일영 교수도 다음과 같이 주장한다.

> 종교들과 종파들은 세상의 완성 자체가 아니라, 완성을 위한 도구들이다. 그리스도교적으로 말하자면, 종교들은 '세상 구원의 성사'(sacramentum mundi)이다. 즉 참다운 완성의 징표이며, 완전한 해방과 자유의 깃발들이다. 종교나 종파들은 그러니까 인류의 역사(歷史) 안에서 침묵을 지키면서도 역사(役事)하는 하나님의 보편적 구원 의지와 구원을 위한 그분의 절대적 현존에 대한 살아 있는 기억을 인간들을 위해 보존하는 역할을 한다… 하나님에 대한 이러저러한 말들이 종교들마다 가능한 것은 세계의 역사가 진행되어 가는 도정에서, 어떤 의미에서는, 하나님이 실제로 스스로를 드러냈기 때문이다. 그러나 이 세상 안에 들어 있는 하나님의 현존은 은폐된 것이기에, 다시 말하자면 속속들이 다 드러나는 것은 아니기에, 특정 종교라든가 일개 종파가 발설하는 하나님에 관한 말(神論, God-talk)은 파편적이다.

종단이나 종파는 신의 드러남의 방식, 좀 더 정확하게 말해서 '신적인 것'의 드러난 방편 혹은 수단의 차이와 단편이지, 그것이 신의 완전한 현현일 수가 없다.

그럼에도 우리는 종파적 편견과 아집, 그리고 우월성에 매달려 마치 자신의 종파와 종단이 전부인 양 착각을 하는 경향성이 있다. 일부 성직자들도 자신의 종단에 몸담고 그 신학적 범주와 신앙적 체험의 잣대로 신자를 교육시키면서 강한 정체성을 심어줌으로써 이웃종교에 대한 편견을 갖게 만든다. 자신의 영성적 체험 또한 교회 역사의 전체

흐름과 신의 의지에 무한한 영역에서 보면 지극히 일부분에 지나지 않는다는 사실을 잘 인식하지 못하는 것이다.

　장로교회는 장로교회대로, 감리교회는 감리교회대로, 성결교회는 성결교회대로, 오순절교회는 오순절교회대로 자신들의 독자적인 영성과 영성수련만이 가장 올바르며 그것이 곧 신과의 합일의 표징이라는 생각을 갖고 있는 듯하다. 그러나 신과 합일되었다는 주장은 그 종파나 종단만이 갖고 있는 신학적 해석에 입각한 '하나'의 언어적 고백과 진술일 뿐이지 그것만이 옳다거나 '전부'라고 믿는 것은 곤란하다.

　다시 말해서 영성의 해석학적 진리의 다양함이 있을 뿐, 그 해석학적 진리가 유일하고 절대적일 수가 없는 것이다. 그런데 해석학적 진리, 창도자의 언설이 절대화되어 그 영성마저도 절대성을 가진 것으로 일컬어질 때 다른 해석학적 영성이 들어설 자리가 없게 된다. 영성은 그 창도자가 지닌 언설의 맥락적 진리에 의한 유한성과 한계를 가지고 있는 미완성일 뿐이지 그 자체로서 완결된 형태를 띤 것이라고 생각하면 안 된다. 다시 말해서 창도자의 영성은 초월자가 현현하는 역사 전체의 일부분만을 형성하는 것으로서 창교자의 운명과 일치하고자 하는 열망에 있었던 사람이라는 것을 인식해야 한다.

　필자가 말하려고 하는 것은 서방 가톨릭이니 동방 가톨릭이니 성공회니 장로교회니 하는 식의 종파와 종단은 곧 예수라는 창교자의 영성에 초점에 맞춘 것이라야 한다는 점이다. 흔히들 각 종단이 일어나게 된 배경 속에서 그 특수한 영성과 신학을 계승 발전시키려고 하는 것이 사실이다. 당연한 일이다. 하지만 그것만이 전부라는 인식으로 말미암아 정작 창교자의 영성과 신앙의 본질이 퇴색되거나 망각되는 일이 있어서는 안 된다.

　설령 각 종단의 영성을 계승 발전시키려고 한다 하더라도 그것의 목표와 지향성은 예수로 환원이 되어져야 한다. 그렇게만 된다면 오늘날 가톨릭이 옳으니 개신교가 그르니 하면서 논쟁을 하고 서로 반목과 갈등으로 일관하는 일은 줄어들 것이다. 그만큼 영성의 공통분모가 분명해질 것이며, 그로인해 차이가 나는 영성과 그 접근 태도도 서로 이해할 수 있는 가능성이 많아질 것이기 때문이다.

하지만 현실은 그렇지 않다. 영성의 공통분모가 예수라는 데에는 분명한 일치가 있다 하더라도 신학적 사유에 있어서 큰 심연이 존재하기에 그러한 시각을 가지고 접근을 할 것은 뻔하기 때문이다. 여기에는 영성에 대한 이해가 부족한 까닭에 그런 일이 발생된다고 본다. 신학적 사유와 영성은 다르다.

물론 신학적 사유의 범주 안에 영성(신학)이라는 분야를 또 국한시킨다면, 영성을 논한다고 한들 역시 신학적 범주와 개념을 토대로 이웃 종교와 소통을 해야 한다고 말할 것이다. 하지만 영성을 신학적 범주에다 놓을 것이 아니라, '렉시오 디비나'(Lectio Divina)를 비롯해서 관상기도, 전례 등은 모두가 삶의 신앙과 실천이라는 측면에서 다루어져야 한다.

이른바 영성은 예수의 정신과 삶을 다양한 형태의 이론으로 만들어 고도의 신학적 체계로 구성하여 설명하려는 것이 아니라, 바로 성직자와 신자의 삶과 직결되는 문제이다. 영성의 신비적 체험을 언술로서 풀어간다는 것은 매우 어려운 일이다. 그것은 그 신적인 것의 체험을 해본 사람의 영성적 상상력과 언표 불가능성을 다시 최대한 문자로서 정리를 하려고 하는 난해한 시도를 감행해야 한다.

따라서 신학적 언술 체계에 따라서 영성이 정리된다는 것은 그 신비적 체험을 하기 위한 최소한의 이론적 법칙과 과정, 그리고 가능성과 그림 언어적 표현에 불과하다. 그러므로 그것을 굳이 신학적 논리와 이론, 그리고 신학적 범주로 논쟁을 하려고 한다는 것이 얼마나 우매한 것인가를 생각해야 한다.

그래서 우리는 그저 창교자로 환원되는 삶의 영성과 신비적 체험을 추구해야 한다. 그것도 어렵다면 적어도 창도자를 통하여 그곳을 향해 영성적으로 지향하려고 하는 노력을 해야 한다. 창도자조차도 창교자 예수에 완전히 매료되어서 그와 같은 삶을 살겠다고 역사적, 신앙적 결단을 내림으로써 또 다른 종파 혹은 종단을 창립한 것이 아닌가.

따라서 다시 한 번 강조하거니와 창도자를 통한 영성의 추구는 예수로 향한 방편이지 절대일 수가 없다. 물론 교회의 역사적 흐름 속에서 자연스럽게 나타난 각 종단의 영성의 다양성을 획일화하자는 것이 아니다. 오히려 그 다양성의 근본을 묻는 것인데, 그 근본적 체험의 토대를 예수에게 두자고 하는 것이다. 여러 종단의 다양한 영성적 체험들이 있다는 것은 건강한 표지가 될 수 있다.

하지만 앞에서 말했듯이 자칫 그 다양성을 무시한 채 자신의 종단의 영성만이 예수와 근접하며 원시 그리스도교 공동체의 신앙 체험과 흡사하다고 주장해서는 안 된다는 것이다. 그것이 되레 영성의 다양한 생태계를 무너뜨리는 결과를 초래할 수 있다. 자신의 종단의 영성을 가지고 다른 종단의 영성 위에 군림하려고 하거나 가르치려고 하고, 심지어 이웃 종단의 영성을 배제하려는 것은 결국 영성의 획일화로 갈 위험이 크다고 할 수 있다. 그렇기 때문에 자신의 영성을 주장하기 전에 그 영성적 토대와 뿌리가 예수로부터 비롯되는가를 물어야 한다.

그렇지 않으면 교회의 역사적 흐름 속에서 자연스럽게 나타난 다양한 영성을 무시한 채, 그리고 영성의 공통분모조차도 외면한 채 단절된 영성만을 경험하게 된다. 자신의 종단의 정체성을 분명하게 피력하기 위해서 과거의 역사를 완전히 부정하는 경우가 왕왕 있어왔다. 그리스도교도 유대교를 부인하면서-강하게는 부인하고 약하게는 수용하는 형태의 역사적 과정이 있었지만-태동한 새로운 종교(종단이라는 표현이 더 나을 수도 있을지 모르지만)가 되었고, 개신교도 가톨릭을 강하게 부인하고 약하게 수용하는 양상으로 교회 쇄신을 시도하여 다양한 종단이 형성되었다.

하지만 여기에서 중요한 것은 대부분의 종교들이 파생되어 나오게 된 배경에는 결단코 종래에 자신이 속한 종교를 완전히 타파하겠다는 목적이 있었다는 것이 아니었음을 알아야 한다. 다만 종교 내의 비판과 쇄신이 극단적 힘의 작용에 의해 분열이 되어서 새로운 종단, 제2의 종단이 만들어지게 되었다고 볼 수 있다. 그런 차원에서 보면 그리스도교도 유대교의 영성을 완전히 버리지 않았고, 개신교 역시 가톨릭의 영성을 온전히 배제하지 않았다는 것을 염두에 두어야 한다.

기실 형식상으로는 자신의 종단의 신학과 영성은 이제 과거에 비판받았던 종교의 것과는 상이하다고 주장할 수 있다. 하지만 그리스도교 창교자 예수가 유대교를 버리지 않았듯이, 마르틴 루터 역시 가톨릭의 영성과 신학을 배척하지 않았고, 성공회도 가톨릭의 영성과 신학을 계승한 측면이 있음을 부인할 수가 없다. 그러므로 영성을 논할 때 굳이 단절을 지향하면서까지 자신의 종단의 영성만 고집할 필요는 없다고 본다.

영성이란 일정한 신적인 것에 대한 신비적 체험과 신앙적 실천이라고 할 때, 그것은 인간이 경험하는 유한성을 갖고 있다. 신적인 존재의 대상의 유한성이 아니라 인간의 경험의 유한성이다. 신성한 것에 대한 다양한 체험들을 퍼즐을 맞추듯이 서로 나누고 배우면서 초월자에 대한 지평을 넓혀나가는 것이 진정한 영성생활의 태도라 할 것이다. 진정한 인간, 거룩한 인간이 되고자 연습을 하는 영성이라면 그 방편들의 다양성을 인정하고 받아들이면서 초월자 앞으로 나아갈 수 있어야 한다.

예수가 가르쳤던 말씀과 행위들, 그리고 그가 보여준 초월자에 대한 신심과 영성이 좌표가 되어 교회에 다양한 흐름들이 생겨났다. 그것을 역기능이라고만 생각하지 말아야 한다. 세계 각 지역과 민족의 특수성에 따른 다양한 영성이 이질적인 것도 있지만, 그 내면을 들여다보면 영성의 내용은 결국 예수의 모방을 지향한다는 것을 알 수 있다. 교회는 이제 자기들끼리만 통하는 고백적 논리를 지양하고 이웃종교에 대한 노골적인 적대감을 내려놓아야 한다. 그러면서 지금 한국교회가 직면한 '심각하고도 신속한 변화'(mutatio profunda et rapida) 앞에서 어떻게 하면 풍부한 영성적 가치와 욕구들을 실현할 것인가를 고민해야 한다.

'이 시대의 징표'(signum temporis)는 다양한 가치의 인정에 있다고 할 때, 한국교회의 영성도 자기 종단만이 올바르다고 주장하고 독점화하려는 것은 시대를 역행하는 것이라고 볼 수 있다. 그렇다고 양적인 팽창과 축적을 의미하는 영성을 말하려는 것이 아니라 질적인 영성, 곧 예수 따르미로서의 '올바른 실천'(ortho-praxis)에 더 많은 힘을 기울여야 한다는 것을 뜻한다.

우리는 위대한 교회사적 인물의 영성을 간과할 수 없다. 그들 속에 나타난 초월자의 얼굴을 무시할 수 없기 때문이다. 그러나 그들 속에서 신의 모습을 발견할 수 있는 것은 결국 그들이 그리스도의 모상을 보았기 때문이고, 그리스도의 모상을 찾으려는 열정이 있었기 때문이다. 그런 의미에서 좀 더 근원적인 영성적 토대는 바로 예수 그 자신이어야 한다는 말이다.

박일영 교수가 주장하고 있듯이, "성서가 말하는 이야기는 예수의 인물과 행적에 대한 형이상학적이고 존재론적 진술이기 이전에, 일차적으로 예수가 제시하는 비전에서 힘을 얻고 매력을 느껴 그분과 동의하고 동행하도록 사람들을 설득하는 언어 행위 혹은 언술(言述, Sprechakt)이라고 해석"하고 있다.

그렇다면 한국교회의 영성은 종단의 배타적인 영성과 그 언술에 있지 않다. 한국교회의 영성은 오직 예수의 참뜻을 구현하고 그분의 삶을 따르려는 데서 근본적인 영성적 체험의 방향성을 찾아야만 할 것이다.

2. 질박한 교회 영성의 거목 두 그루
: 영성의 생성적 재현과 기억의 성스러운 향유

1) 시선을 바꾸십시오!

우리가 성인들의 영성적 삶을 동경하는 이유는 그들이 하나 같이 하나님과 일치하고자 하는 몸부림이 있었기 때문이다. 성 아우구스티누스와 성 프란치스코 역시 그 점에서 다르지 않다. 특히 그들에게서 엿볼 수 있는 영성은 새로움이라는 표현이 적절할 정도로, 혹은 새롭게 태어난다는 수식어가 아깝지 않은 영성가들이다.

그렇다면 무엇이 새로운가?

성 아우구스티누스는 아마도 최초로 자기 고백록을 쓴 인물이 아닐까 싶다. 하나님 앞에서 자기를 적나라하게 드러내는 모습은 스스로 얼마나 순수하게 신앙적 열정으로 살아내려고 하였는가를 짐작하게 해준다. 성 프란치스코는 이른바 생태주보성인으로 추앙을 받을 정도로 복음적 가난의 삶과 자연친화적 삶을 살았던 인물이다.

두 사람이 시사하는 바를 엮어 보면 인간이란 하나님에 의한 자기 자신의 내면적 성찰을 통하여 만물 속에 현존하시는 분을 만날 수 있어야 한다는 점이다. 그것은 어쩌면 인간 존재란 초월성과 내재성을 통한 자기 본래성을 발견하게 된다는 것과 다르지 않다. 인간은 자연의 내면화(성 아우구스티누스의 자기 자신의 내면화)이고, 자연은 곧 인간의 외면화(성 프란치스코의 자연화)라고 한다면 서로 무관하다고 생각할 수 없는 것이다.

오늘날 우리들의 삶을 보면 이 둘의 부조화, 즉 내면화와 외면화의 부조화 속에서 살고 있다고 해도 과언이 아니다. 자기 자신을 돌아볼 틈도 없이 자본의 굴레에서 물질을 좇고 있는 모습을 볼 때, 인간 스스로 자신 안에 있는 하나님의 본성을 발견하기가 어렵다. 어디 그뿐인가. 자연을 상대하기는 하나 결국 그 또한 자신의 이익을 위한 수단으로 전락시키고 쥐락펴락하니 그 속에서 자기 자신을 온전히 찾기는 갈수록 난해하기 이를 데 없다.

신앙적으로 보면 하나님 안에서 인간이 다시 태어난다는 것은 하나님의 시각, 하나님의 감각으로 변화가 된다는 것을 의미한다. 그리스어 메타노이아(metanoia)가 그것을 잘 설명해 주고 있다. 메타(meta)는 '바꾸다,' '변하다'라는 의미를, 노이아(noia)는 '정신,' '마음,' '생각'을 일컫는 누스(nous)와 상관 관계를 맺고 있으니, 이 둘을 합자해보면, '마음을 바꾸는 것,' '정신을 바꾸고 생각을 변화시키는 것'이 곧 '회심,' '회개'라고 말하는 것이다. 시각을 달리하여 이전에는 하나님의 시각을 갖고 있지 못한 존재가 하나님의 은총을 경험하게 되면 하나님의 시선으로 사물을 바라보게 됨으로써 세상을 보는 눈이 달라지게 되는 것이다.

결국 영성의 출발점은 하나님과의 일치요, 성령 안에서의 올바른 삶으로 나아가기 위해서 마음을 완전히 바꾸는 태도가 선행되어야 한다. 시선을 바꿀 수 있어야 자기 자신을 바라보는 것뿐만 아니라 자연을 바라보는 시선을 부정과 폭력이 아니라 긍정과 사랑으로 보게 되는 것이다.

우리는 하나님 앞에서 모두가 연약하기 짝이 없는 죄인이다. 내면으로 들어갈수록 어두운 심연들이 우리를 괴롭히고 그 심연에서 만나게 되는 것은 자기의 무한한 한계뿐이다. 그 무한한 한계를 맞닥뜨리는 순간, 역설적으로 초월적인 빛에 의해서 나의 죄성과 한계를 드러내는 무한하시고 영원하신 존재인 하나님을 경험하게 된다. 그럴 때 우리는 자기 자신에 대한 부정의 시선을 거두고 하나님의 은총의 시선으로 구원하시는 하나님을 바라보게 됨으로써 기쁨과 위로를 느끼게 된다.

자기 내면의 긍정성이 거기서 비롯되는 것이다. 자기 자신의 신앙 인식은 하나님의 자비에 의해서만이 내가 존재할 수 있다는 것을 깨닫게 만들어 준다. 거기서 한 발짝 더 나아가서 하나님의 은총으로 피조된 세계 안에서 인간의 유약함과 더불어 만물과 조화를 이루고 살아야 한다는 사실을 자연을 통하여 인식하게 되는데, 그곳에서도 자연 안에 있는 피조된 존재로서 거대한 자연의 일부이며 그것을 잘 보전해야 한다는 사명을 새롭게 인식하게 된다.

2) 사랑하십시오!

그리스도가 시간의 속박을 초월하여 시간적인 것을 구원하신 것처럼, 구원이란 시간적인 것을 넘어서는 것이다. 그러니까 성 아우구스티누에게 있어 그리스도와 사물성은 애초에 짝하기가 어려운 것이다. 다만 사물은 사용(uti)을 위한 것이지 즐김(향유, frui)의 대상이 될 수가 없다.

> 어떤 사물을 즐긴다는 것은 그것 자체 때문에 그것에 안주하는 것이다. 그와 반대로 이용한다는 것은, 우리가 가지기를 원해도 합당한 것을 얻기 위해서, 마음대로 처분할 수 있는 것을 사용한다는 뜻이다.

성서는 사물에 대해서 1차적인 영적 대상으로 규정하고 있지 않고 오히려 그 대상을 사용하는 이웃에 대해서 사랑하라고 명시적으로 말하고 있다. 그래서 그가 거듭 강조하고 있는 바, 성서에서는 하나님과 이웃을 사랑하는 것이 성취이자 목표가 된다는 것이다. 사물을 가까이 하는 것, 즉 사물을 소유하는 것이 많을수록 마음을 빼앗기고 사물의 노예로 전락한다는 것을 경고하는 것이다. 그것은 어디까지나 삶을 위해서 사용하는 데 가치가 있는 것이지, 그 자체를 목적으로 하여 즐기는 데까지 나아가면 안 된다는 것이다. 사물을 이용하고 사용해야 할 것에서 즐김으로 나아간다면 우리의 영혼의 전진에 방해를 받는 것이며 올바른 것에서 벗어나게 되기 때문이다.

청빈, 곧 무소유는 가난을 끔찍스레 사랑하는 것이다. 시인 워즈워드(W. Wordsworth)의 "낮게 생활하고 높이 생각한다"는 말도 그런 맥락에서 이해해야 한다. 그래서 자신과 더불어 사물 그 자체를 즐기려는 데 대한 욕망을 지배하는 정신, 영 우위적인 삶을 사는 것이다. 여기서 중요한 영성적 가치는 사물로부터 내가 자유로워져서 그것을 즐김의 상태에서 멀리 떨어질수록 자연을 더 자유롭게 할 수 있다는 진리다.

사랑은 세계, 곧 자연을 향해 뻗어나간다. 자연을 벗과 생명으로 인식하는 것은 결국 오늘날 대부분의 인간이 사물의 소비자가 되어 버린 데서 다시 본래의 단순한 인간으로 돌아올 수 있는 가능성이 열리는 것이다. 본래의 사물과 본래의 인간의 자리는 각각 창조주가 보았을 때의 하나님의 사용에 우리를 맡기는 것이나 다름이 없다. 그것은 하나님 안에서 우리가 서로 즐기는 사람들이 되는 것이고, 하나님 자체를 즐기는 삶이 된다. 하나님의 사용이 역설적으로 그분 안에서 우리가 서로 즐기는 삶으로 변화된다는 점이다. 즐김의 대상이 되는 것은 반드시 우리를 행복하게 만든다.

"즐김의 진정한 대상은 성부와 성자와 성령이시다."

피조된 인간은 궁극적으로 하나님을 즐기는 데서 행복을 얻는다는 것을 잊으면 안 된다. 성 아우구스티누스는 말한다.

> 우리가 하나님 안에서 어떤 사람을 기뻐할 때에는 우리가 즐기는 것은 그 사람이 아니라 하나님이시다. 우리를 행복하게 만드는 하나님을 즐기며, 그 앞에 기쁨이 있다고 기대하는 하나님께로 온 것을 기뻐하기 때문이다.

그리스도인은 하나님과 이웃을 사랑하는 데에 게으르지 말아야 한다. 자기에 대한 사랑이 없을 수는 없으나 하나님을 먼저 사랑해야 한다. 사랑의 이중 계명, 곧 하나님 사랑과 이웃 사랑 안에는 자기에 대한 사랑이 포함이 되어 있는 것이 사실이다. 따라서 더욱더 하나님께 가까이 가기 위해서 우리의 영혼이 청결하고 착한 습관을 길러서 하나님이라는 고향으로 돌아갈 수 있도록 해야 한다. 다시 말해서 하나님을 보는 것이다.

3) 기뻐하십시오!

성 프란치스코는 이렇게 말했다.

> 그리스도께서 당신의 친구들에게 베푸시는 성령의 온갖 은총과 선물 가운데서 가장 훌륭한 것은 바로 자기를 눌러 이기고, 고통, 모욕, 수치, 불쾌한 것을 그리스도께 대한 사랑 때문에 달게 참아 받는 그것입니다. 하나님의 다른 선물은 자랑거리로 삼을 것이 못됩니다. 그것은 우리 것이 아니라 하나님 것이기 때문입니다.

복음으로 인해서 우리가 겪는 여러 가지 고통과 고충, 수난들에 대해서 불평을 할 수 있고 분노를 느낄 수도 있다. 하지만 그러한 모든 것들이 그리스도로 인해서 생기는 신앙 사건이라면 고난이 아니라 기쁨으로 받아들여야 한다. 그것은 하나님이 우리에게 주신 선물이기 때문이다. 그리스도인의 신앙적 역설이 바로 여기에 있다. 신앙은 탄탄대로가 아니라 오히려 고난의 연속이다. 우리가 고난을 받아야 그리스도가 영광을 받으신다. 그리스도가 영광을 받으시는 것이 우리에게 기쁨이 된다는 것을 명심해야만 한다. 그리스도인으로서의 우리의 삶을 통해서 드러나야 하는 것은 그리스도이지 우리 자신이 아니다.

그렇기 때문에 고난과 수치가 오히려 선물과 기쁨이 되는 것이다. 하나님께서 우리에게 주시고자 하는 것은 세상의 기쁨과는 다른 차원의 것이다. 신앙의 역설이란 세상의 논리와 달리 작동되는 것을 의미한다. 세상의 기쁨은 반대로 그리스도인에게 슬픔과 고통이 될 수 있고 죄악이 될 수 있지만 신앙의 기쁨은 구원과 선을 가져다준다.

그리스도 안에서 기쁨을 누린다는 것은 복음과 구원에서 오는 사랑을 내가 깨닫고 동일하게 행하는 것을 뜻한다. 그 기쁨은 반드시 그리스도로 인해서 발생되는 것이기에 더욱 값진 선물이 된다. 그것이 곧 그리스도인의 신앙 인식이요, 기쁨에 대한 인식이라고 볼 수 있다. 물론 그 근원에는 그리스도의 닮음(imitatio Christi)을 통한 복음적 가난, 실질적이고 영적인 가난에서 비롯된다는 것은 틀림이 없다. 마음이 가난해지고 물질적으로 가난해질 때 비로소 내가 기쁠 수 있는 존재가 되기 때문이다.

복음적 가난은 온갖 환경에서도 굴하지 않고 그리스도를 생각하며 그리스도로 인해서 수모를 당할 수 있는 힘을 준다. 내가 가진 것이 없기 때문에, 더 이상 소유한 것이 없기 때문에, 없이 계신 하나님만이 나의 힘이 되기 때문에, 모든 상황을 적극적으로 받아들일 수 있는 신앙적 자세가 될 수 있다.

그래서 성 프란치스코는 "우리 영혼의 모든 방해물을 없이하여 자유로이 영원하신 하나님과 일치할 수 있게 됩니다"라고 말하는 것이다. 그런 의미에서 기쁨은 복음적 가난에서 나오는 것이다. 그렇다고 감정이나 정서, 느낌이 기쁨의 상태가 아니다. 그리스도를 내면에서 닮고자 하는 나의 신앙과 행위가 이미 그리스도의 현존의 빛에서 나를 조명하고 나를 나답게 만들며 그분과 온전히 일치하고 있다는 믿음이 기쁨으로 인도한다.

성 프란치스코는 그 가난을 "거룩한 가난의 무한한 보물"이라고 말하면서 "천상에서 오는 덕"이라고 일컫는다. 이미 내가 복음적 가난에 의해서 모든 상황에서 기뻐할 수 있다는 것은 나의 능력, 나의 의지가 아니라 초월적인 덕스러움이라는 것이다. 그것이 거룩한 까닭은 그 가난으로 인한 기쁨이 나의 것이 아니라 하나님의 것이기 때문에, 하나님의 선물이기 때문에 그럴 수가 있다.

그래서 복음적 가난으로 인한 기쁨은 사그라지지 않는다. 영원한 하늘의 기쁨으로서 어제의 기분 상태에 따라 변하고 오늘의 기분 상태에 따라 또 변하는 것이 아니라 그리스도 안에 있는 여일한 기쁨으로, 그분과의 일치 안에서 얻어지는 영적인 기쁨이다. 이것이 성 아우구스티누스의 영성과 맞닿아 있는 지점이다.

"'기쁨을 얻는다,' 즉 '즐긴다'는 것은 '기쁘게 사용한다'는 것과 뜻이 매우 가깝다. 우리가 사랑하는 것이 곁에 가까이 있으면 우리를 즐겁게 하지 않을 수 없다."

4) 나누십시오!

영성이란 말에 생태라는 개념을 덧붙이면 개인을 넘어서 세계로 나아간다는 의미로 들린다. 영성은 개인과 교회를 위해서 존재하는 삶의 방식을 세계와도 공유하고 나누는 것을 말하는 것일 게다. 그러기 위해서 단순하게 살아야 한다. 그렇지 않고 자기의 소유를 만드는 곳에는 반드시 참된 우애가 있는 형제들의 공동체를 종말로 이끌고 말 것이다.

성 프란치스코에게 있어 복음이란 그 본래의 양식대로 사는 것이며, 단순하게 사는 것이다. 그는 예수처럼 철저하게 가난하기를 원했다. 이는 가난을 자기의 여왕으로 선택했다는 것만 보아도 잘 알 수가 있다. 참된 가난과 겸손은 인간이 가진 모든 개인적인 원의와 지배욕까지도 버리는 것이다. 그럼으로써 그리스도인은 하나님의 시공간 속에서 살아가야 한다. 이는 하나님과 꼭 같은 마음을 가지고 사는 것을 의미하며, 동시에 하나님이 하나님이시라는 것, 그 사실만으로 즐거워하는 삶을 말한다.

성 프란치스코는 새들에게까지 강론을 하였다.

"너희들을 입히시고 먹게 하시고 사랑하시는 이, 살게 하시는 이가 곧 하나님이시다."

그들은 거룩하신 하나님께 감사했다고 전해진다. 신화 같은 이야기 같지만 그것이 말하는 상징적인 의미는 무엇일까?

영성적인 상상력은 바로 여기에서 시작된다.

보나벤투라는 "모든 것은 같은 근원에서 나왔다"고 말했다.

세계의 동류의식(同類意識)이야 말로 오늘날 우리에게 필요한 삶의 태도가 아닌가 싶다. 사물에 대한 사용과 이용, 그리고 하나님의 즐김에 대해서 수사학적 명료성을 가지고 설명한 성 아우구스티누스의 논리는 대상에 대한 분명한 구별이 필요하다고 강조한다. 그럼에도 우리는 그것을 구분하지도 않고, 그렇다고 구별 짓지 못하고 사용해야 할 것조차도 즐김의 대상으로 만들어 버리려는 욕망에 사로잡혀 있다. 오직 사랑하고 즐겨야 하는 것은 하나님 자체로만 만족해야 한다. 세상을 이용하되 즐기면 안 된다. 세상은 하나님께로 가는 수단들에 불과하다. 그것을 넘어서 삶의 목적으로 하고 소유하려는 즉시 악이 된다.

"합당하지 않는 데 사용하는 것은 악용(惡用)이라고 한다."

"자비는 하나님의 한 특성이다. 그분께서는 의인과 악인에게 똑같이 태양과 비를 주신다."

하나님의 자비는 어느 누구도 독점할 수가 없다. 그것은 그리스도인이라 할지라도 하나님으로부터 오는 은총에 대해서 왈가왈부해서는 안 된다. 왜 악인에 대해서까지 호의를 베푸시는가를 묻는다면 하나님을 편협한 분으로 치부하는 것이며, 하나님의 은총과 자비를 제한하는 것이나 다름이 없다. 그것을 원하지 않는다면 하나님의 은총과 자비를 있는 그대로 받아들이고 감사함과 겸손함으로 누리는 것뿐이리라. 그리스도인이 해야 할 일은 하나님의 판단까지도 마치 자신의 몫인 양 가늠하고 결정하는 것이 아니라, 하나님의 은총이 온누리에 퍼지기를 소망하는 것이다.

그렇기 때문에 성 아우구스티누스는 향유와 사용을 분명히 식별해야 한다고 말하는 것이고, 성 프란치스코는 온 만물을 하나님의 은총 안에서 바라보는 자비로운 시선을 가져야 한다고 설파하는 것이다. 다시 말하면 은총과 자비의 영성은 나누는 것이다. 나에게만 머물게 하는 것이 아니라 하나님의 모상을 지닌 모든 존재자들과 함께 그것을 기쁨으로 향유하는 것이다.

오늘날 성 아우구스티누스의 영성과 성 프란치스코의 영성적 가치가 어디 있는가를 묻는다면, 하나님을 하나님 되게 하고 인간의 한계를 깨닫고 사랑을 인식할 뿐만 아니라 사랑할 수 있다는 것 그 자체만으로도 감사하게 생각할 수 있도록 만드는 것이 아닐까 싶다. 또한 두 성인들은 가난을 즐기는 것 안에서 영원(성)이 있다는 사실을 그 누구보다도 잘 알았던 것 같다. 이제는 영성마저도 상품이 되는 시대에 하나님 한 분만을 향유(frui Deo)하고 그분만으로도 만족을 했던 영성가들의 삶을 톺아볼 때, 우리는 유사 영성, 근사 영성으로 자신을 포장하고 있지는 않은지 눈살펴야 할 것이다.

영성이란 '세상으로부터의 자유'가 아니라 '세상에서의 자유'이며, 하나님으로부터 닥쳐오는 사건을 경험하면서 모든 것, 심지어 자기 자신까지도 포기하는 것을 의미한다. 철학자 가다머(H. G. Gadamer)는 "늘 달라진다는 것, 이게 전통의 본질"이라고 말했다. 영성가의 전통들은 화석화되지 않고 끊임없이 달라지고 그 자체를 넘어서야 하며 새롭게 변화되어야 하는 것이다. 따라서 그리스도인은 적어도 삶과 환경 그리고 신앙에 대해서 영성가의 삶을 넘어서려는 인식과 실천이 있어야 할 것이다. 그것이 곧 교회를 추동하고 진보하는 길이 될 것임은 부인할 수 없으리라.

3. 한국교회 영성 인식의 문제

한국교회에서 영성을 담론화 한다는 것은 자신의 존립의 위험을 감수해야 할지 모른다. 그만큼 영성을 발언하는 것이 어떤 사람에게는 좋을 수 있지만, 어떤 사람에게는 불편하게 보일 수 있는 측면이 있다는 것이다. 영성이라는 개념이 시사하는 말마디가 나쁜 것이 아니라는 것은 다 아는 사실이다.

그럼에도 종단의 신학적 성향과 인식에 따라서 그 입맛을 선택하려는 경향이 있는 것을 부인할 수 없다. 가톨릭, 정교회, 성공회, 개신교 등은 한 뿌리에서 등장한 역사적 종교라는 데에는 이견이 없다. 하지만 그럼에도 그 오랜 역사 동안 숱한 갈등과 반목에 의해서 점철된 정치적, 신학적, 지역적 입장들이 각 종교의 영성이라는 인식을 달리 하도록 만든다.

가톨릭과 정교회는 그 동안의 사도성과 교회의 역사적 원본성을 고스란히 간직하고 있다는 자부심으로 일관하는 반면에, 성공회와 개신교는 종교개혁(혹은 교회쇄신, 종교쇄신)에 의한 역사적 단절을 극복하지 못하고 영성적 근원성을 반토막에서 찾으려고 하는 묘한 상황들을 목도한다. 이러한 관계 속에서 영성을 논하려고 하고 그것을 공적인 담론으로서 어떤 공통분모를 가지고 의사소통을 하려고 할 때 심한 장벽에 부딪치는 것을 알 수 있다.

조금 더 들어가면 장로교, 감리교, 성결교, 침례교, 순복음 등의 각 종단들 사이에서도 영성에 대한 이해의 틀과 폭이 달라서 말을 엮어 가기가 쉽지 않다. 영성은 모름지기 하나님의 영에 의해서 예수 그리스도의 삶을 닮아나가고, 그것을 신앙적으로 체화하겠다는 것이 아니던가. 그런데 영성을 담론화 하는 공론장에서 발언하기 시작하면 여지없이 종단의 특수성과 교리가 장애가 된다.

그뿐만 아니라 자신의 신앙적 체험이 무엇이냐에 따라서 영성에 대한 이해도가 달라진다는 것을 느끼게 된다. 영성을 발언할 때는 그 근본을 어디서부터 찾아야 하는가를 분명히 하지 않으면 안 된다. 그래서 필자는 항상 교회의 처음, 어쩌면 예수가 간직한 사유와 실천에서부터 시작하여 그것을 끊임없이 닮으려고 했던 교회의 영성가들과 수도자들로부터 찾으려고 한다.

그런데 연속성과 단절이라는 경계성 신앙 장애를 극복하지 못한 많은 개신교인들은 자신의 뿌리 인식을 긍정보다 부정적으로 하고 있는 것을 간파하게 된다. 그들은 가톨릭과 정교회 등에 대해 매우 심한 부정적 감정을 가지고 대한다. 자신이 경험하지 못한 영역임에도 불구하고 그들이 가진 선입견과 정보에 따라서 이웃 종단에 대해서 판단하고 재단하는 습성을 일찌감치 길러왔던 것이다.

그래서 이웃 종단의 긍정적 신앙이 갖고 있는 영성적 가치를 발언하는 순간 그들은 듣지 않으려고 하고, 심지어 발언 주체에게 비난과 비판, 격한 감정으로 반응을 한다. 그것이 자신들의 신앙과 영성이라는 근본 바탕을 지키고 정체성을 고수한다고 생각하는 것 같다.

과연 그럴까?

적어도 개신교의 영성적 근원성을 예수에다 두고, 그 이후의 영성가들에게서 자양분을 길어 올린 것을 통해서 이제까지의 교회의 역사가 존속해왔다고 한다면 어떻게 현재의 이웃 종단과의 관계를 부정하고 비난할 수 있다는 말인가. 게다가 이웃종단을 고려하지 않은 상태에서 자신의 독자적인 신앙과 영성적 가치가 현재한다는 것을 어떻게 인정할 수 있는가. 어불성설이다.

우리가 말하고 행동하는 것은 일정한 경험과 정보나 인식에 의해서 이루어진다는 것은 당연한 것이다. 성직자이든 아니면 평신도이든 간에 자신들이 가지고 있는 신앙과 영성이라는 것은 한계가 있을 수밖에 없음을 겸손하게 받아들여야 한다. 내가 가진 정보가 가장 옳다고 하는 독선적 사고가 신앙을 황폐화시키고 영성의 풍요로움을 가로막는다는 것을 알아야 한다. 영성이 무슨 말하기 좋은 미사여구나 자신의 액세서리인 양 달고 다니는 거룩한 징표와 상징과도 같은 것처럼 떠벌려서도 될 일도 아니다.

과거의 역사적 경험들을 소중하게 생각하고 그것을 어떻게 공유하면서 현재를 살아가는 성직자로서, 그리고 교회의 영적인 성숙을 위해서 영성적 가치로서 체화하고 승화시킬 것인가를 고민해야 한다. 다시 말해서 가톨릭의 영성이든 또 정교회의 영성이든 각 종단의 영성은 무한 존재이신 분이 그야말로 무한한 은총의 선물로서 자신을 인식하고 닮아나가도록 하기 위한 것임을 명심해야 한다.

다양한 은총의 선물로서의 영성을 편견 없이 인식하고 받아들인다면 자연히 종교와 종교 사이의 울타리도 낮아질 뿐만 아니라 급기야 사라질 것이라 믿는다. 그러한 전망과 용기 없이 영성이라는 말을 함부로 입에 올려서는 안 된다. 뼈를 깎는 인고의 노력을 통해서 예수와 일치하겠다는 장대한 신앙적인 비전을 가지고 서로 만나고 이해하고 들으면서 장자니 차자니, 적자니 서자니 하는 인식을 배제하는 기회로 삼을 수 있도록 해야 한다.

영성은 초월하는 것이다. 담을 넘는 것이다. 영성을 통해서 목회적 서비스를 양질화하겠다는 것은 일찌감치 주파수를 잘못 잡은 것이다. 그것은 목회적 수단이나 평신도들에게 영적인 만족감을 주기 위한 것과 전혀 다르다. 영성은 앞에서 말한 것처럼 오로지 예수와 완전히 일치하겠다는 열망과 신앙적 태도가 아니라면 그저 신앙적 사치에 지나지 않을 것이다.

교회가 세상으로부터 비난을 받고 있는 것은 종교 본연의 가치를 상실했기 때문이라는 것은 적확한 지적이다. 하지만 필자는 여기에 한 가지를 더 보탠다면 영성을 현실화하지 못했기 때문이라고 말하고 싶다. 영성의 현실화는 단순히 외양적 형식화가 아니다. 목회자 혹은 목회자가 그럴 듯하게 말하고 행동한다고 해서 영성이 웅숭깊다고 말할 수는 없다. 어쩌면 그것은 충분히 형식적으로 꾸밈이 될 수 있고 연출할 수 있기 때문이다.

이미 한국교회는 영성을 형식화하거나 말로서 포장하려고 했었다. 오래 가지 못했다. 목회적 서비스 혹은 목회적 수단으로 사용하려고 했던 그저 말과 형식에 지나지 않았다는 것이다. 영성을 현실화한다는 것은 예수를 흉내 내는 것이 아니다. 예수 다님길로 온전히 따라가는 것이다. 종교 본연의 가치는 시간이 지날수록 퇴색되기 마련인데, 영성가들의 자취는 우리들에게 그것을 미연에 방지할 수 있는 좋은 지침이 될 수가 있다. 그럼에도 각 종단에서는 훌륭한 영성가들을 발굴하여 그 영성을 본받으려고 하는 데에 너무 인색하다.

실질적으로 예수 다님길을 따라간다는 것이 쉬운 일은 아니다. 그 길을 본 적도 들은 적도 없다. 다만 성서에서 말하는 언어와 상징성만으로 추론할 뿐이지만 실제로 그 길을 예수의 다님길로 확신하면서 신앙과 영성의 역사적 기억으로 만들어 놓은 영성가들을 따라간다면 훨씬 수월하지 않겠는가.

그러기 위해서는 우리가 각 종단이 가지고 있는 특수성을 인정하고 편견 없이 있는 그대로를 인정하면서 하나의 보편적 영성으로 신앙을 모으려고 하는 자세가 필요하다. 언어와 교리, 전통과 상징 등에 걸려 넘어져서 참된 영성으로 나아가는 길이 막혀서는 안 된다.

그런데 우리는 영성을 논하기에 앞서 항상 영성 속으로 들어가기 위한 형식적 수단들을 진의로 보고 그것을 가지고 논쟁하려고 하기 때문에 성숙한 영성을 함양하지 못하지 않는가. 각 종단의 언어와 교리, 전통과 상징들은 영성을 둘러싼 형식에 지나지 않는다. 형식은 내용 혹은 질료를 담아내기 위한 것이라는 것을 잘 안다면 바로 질료가 무엇인가를 봐야 하는 신앙 인식과 직관이 요청되는 법이다. 그러나 반드시 알아두어야 할 것은 우리가 보는 인식의 틀이 혹 오염되지는 않았는지, 무한 존재가 우리에게 주는 신앙적 직관인지를 잘 알아차려야 한다. 다시 말해서 건전한 신앙적 식별이 있어야 한다는 말이다.

교회의 범주 속에 있는 사람들은 19세기 생철학자 니체(F. Nietzsche)가 "신은 죽었다"고 선언한 말에 대해서 곡해를 많이 한다. '감히 신이 죽었다니, 건방지고 한심한 철학자 같으니라고' 생각을 한다. 하지만 그의 저의를 들여다보면 사실 오늘날까지도 의심을 하듯이 그가 진짜로 신이 죽었다는 말을 한 것이 아니라, 그 당시 성직자의 입에서 나오는 말, 그들이 말한 신, 제도적 종교가 설파했던 신이 죽었다는 것으로 알아들어야 한다.

니체를 변론하자는 얘기가 아니다. 오해는 그 속으로 들어가지 않고 피상적으로 머물 때 일어날 수 있다는 것을 말하고자 함이다. 니체의 원전도 읽어보지 않고 니체를 알았다고 말하는 것이 더 교만한 것이다. 자신의 심기를 건드렸다고 해서 그를 무신론자 취급을 하고 아예 철학 근처에도 가지 않으려고 하는 극단적 태도로 돌변한다면 그로부터 얻을 수 있는 진정한 철학적 알맹이는 하나도 건질 수가 없다.

마찬가지로 영성이란 것도 영성가들, 예컨대 가톨릭이든 정교회든 성공회든 어느 종단할 것 없이 그들이 말하고자 하는 그 체험과 발언한 신비 속으로 들어가 보려고 하지 않는 이상 더 이상의 영성적 발전을 기대하기가 어렵다는 것이다.

몽테스키외(Charles de Secondat Montesquieu)는 『법의 정신』에서 "종교가 보다 많은 사람을 끌기 위해서는 순수한 도덕을 가져야 한다"고 말했다. 영성이 순수한 도덕과 등치될 수 없다는 것은 분명하다. 하지만 영성의 필요조건은 될 수 있다. 영성적으로 신심이 깊다고 하는 사람일수록 도덕적 정신과 부합하지 않는 행위들을 목도하고 있는 것이 오늘날의 현실이기 때문이다.

종교의 매력은 당연히 영성적 가치에서 길어 올려야 하지만 외형적으로 나타난 영성의 모습이 타자에게 순수한 도덕적 정신으로 보이지 않을 경우에는 영성이 그냥 형식적인 신앙인의 외투로 보일 수 있다는 것을 알아야 한다.

따라서 영성적 발언 혹은 영성에 대해서 발언을 할 때는 매우 신중한 태도를 취해야 한다. '영성은 좋은 것이다'라는 명제는 긍정(zusprechen, affirmatio)적 발언이다. 반면에 '영성은 나쁜 것이다'라는 명제는 부정(absprechen, negatio)적 발언이다. 영성의 좋고 나쁨의 명제에 대해서 발언을 하는 주체가 인식을 하는 것, 즉 영성의 호불호는 영성을 향유한다고 하는 객체와의 관계에서 발견되는 진리 명제라고 볼 수 있다.

어떤 사람은 영성을 빨간색으로 인식하고, 또 다른 사람은 영성을 하얀색으로 인식을 한다고 할 때 영성(적 실천 혹은 개념)이 포함하고 있는 속성은 발언 주체의 자발적 수용성에 의해서 포착된다. 이미 영성은 무한 존재의 곁에 있음에 의해서 체험적으로 드러나는 자기 고백의 승화요 자기 신앙의 체화된 모습인 것이다.

문제는 그 신앙 주체가 가지고 있는 영성적 체험이 자기의 고백적 차원으로 머물러서는 안 된다는 말이다. 자기의 영성을 객관화할 수 있어야 하는데, 오늘날 영성을 발언하는 주체들(성직자를 포함해서)은 그러한 자기 검증이 없이 영성을 발언하고 확신한다. 그렇게 될 때 영성은 무한 존재의 곁에 있음을 타자들에게 객관화된 것으로 나타나서 그 초월자를 인식한다기보다 또 다른 인식론적·존재론적 오류를 범하고 있다고 느끼는 것이다.

그러므로 앞에서 말한 영성에 대한 명제에서 영성의 좋고 나쁨을 판별하는 대상(타자)이 그것을 무한 존재의 곁에 있음으로 받아들이지 않고 하나의 발언 주체 혹은 오류와 모순으로 가득한 고백 주체의 개인적인 종교적 확신으로 그치고 만다.

'영성은 좋은 것이다'. 혹은 '영성은 나쁜 것이다'라는 명제에서 술어는 주어에 귀속한다. 그렇게 귀속하도록 만들어서 긍정 명제이든 부정명제이든 하나의 진리로 고착화시키는 것은 전적으로 종교인의 행위 여하에 달려있다고 해도 과언은 아니다.

영성을 객관화할 수 없다고 말하는 사람이 있을 수 있다. 그러나 적어도 영성의 긍정과 부정 명제에 대해서 식별하는 기준을 객관적으로 정하지 않는다 하더라도 발언주체들은 영성이 특수한 개인과 집단에 한정되어 있는 확신인지 아닌지는 말(logos)과 신앙 문법으로 알아차린다. 예수가 진리를 알게 되면 자유롭게 된다고 했을 때, 우리는 그의 비은폐성과 그의 곁에 있음을 '참'으로 깨닫지 못하고 자구대로 문자주의에 매여서, 도그마에 매여서 그 실재를 파악하지 못하고 만나지 못한다면 타자들은 영성을 발언하는 것에 대해 신뢰를 갖지 못할 것이다.

영성의 긍정과 부정 명제에 대한 발언주체는 한편 고백주체이기도 하지만 또 다른 한편으로는 객체이기도 하다. 그리스도인이 그 발언에 대해서 책임을 지고 무한 존재와 자신의 고백적 체험에 동일성을 인식하게 하려면 예수의 은폐성을 비은폐성으로 탈바꿈하는 신앙의 대각성이 전제되지 않으면 안 된다.

4. 기도살이와 영성의 사건화

도대체 종교에서 기도란 무엇일까?
또 그것은 영성과 어떤 상관관계를 갖고 있는 것일까?
그리스도인이든 아니면 좀 더 포괄적으로는 모든 종교에서는 기도를 한다고 하는데, 그 기도의 실체는 무엇일까?
기도는 초월자에게 자신의 의향과 욕구, 혹은 욕망을 전달하는 것만을 뜻하지 않는다. 기도는 오히려 자신을 비우고 초월자의 의지를 알아차리고 그것을 실현하고자 하는 데에 목적이 있다.

하지만 대부분의 종교인, 특히 그리스도인은 기도를 한다면 우선 초월자에게 자신의 의지나 생각, 그리고 욕구를 소리-말로서 혹은 고성(高聲)으로서 알리고 관철하려고 한다(염경기도, 소리기도). 초월자의 생각보다는 자신이 처한 상황이 더 급선무인 셈이다. 여기에서 기도하는 자기 자신만 보이는 역설이 발생한다. 기도는 하나님과 인간의 눈맞춤인데도 불구하고, 초월자에게 거리 조정도 없이 소리-말로 말하기에 바쁜 것을 볼 수 있다.

사실 그리스도인이라면 전지전능하신 분이라고 믿고 또 그렇게 고백을 한다. 초월자가 인간이 처한 환경을 다 안다고 한다면 굳이 소리-말로 자신의 처지를 알리는 것보다 그 처지를 통해서 무엇을 계획하고 있는지, 하나님의 의지를 알려고 하는 것이 더 중요하다.

말하면 다 초월자가 들어주고 실제로 자신의 기도 내용을 초월자가 이루어줘야 한다는 강한 신념은 자기 자신이 이미 신이 되어버린 것을 의미한다.

그럴 거면 기도는 왜 하는가?

무슨 한풀이나 마치 상담가에게 늘어놓는 하소연이나 속풀이가 아니지 않는가?

기도를 하는 주체가 기도 행위를 통해서 무엇인가를 얻고자 하거나 소유하려고 하는 것은 저차원적인 태도이다. 얻고 소유하려는 기도에서 더 이상 얻지 않으려고 하는 초월의 의지를 비는 것이 더 고차원적인 신자의 모습이라고 볼 수 있다. 초월을 향한 마음을 가지려고 할 때 우리의 마음과 신앙은 더 순수할 수 있고, 신과의 만남이 더 가까워질 수 있다.

기실 기도라고 하는 것은 신과 합일하기 위한 것일진대, 그것을 통해서 신과의 접촉 빈도수를 늘려 나가면 나갈수록 신의 의지에 합치되는 삶을 살 수 있게 된다. 가능한 한 신의 의지에 초점이 맞추어지게 되니까 자연스럽게 세속에서 추구하는 가치를 멀리하게 되는 것이다. 세속적 가치를 멀리하고 종교 본연의 가치, 초월을 향해서 나아가고자 한다면 기도는 필연적이다.

기도가 아니고서는 나의 시선은 늘 세속적 가치에 머물게 되고 신이 의욕하는 대로 내 의지가 작용하지 않게 됨으로써 나의 마음과 신앙은 늘 갈등을 할 수밖에 없다. 그러므로 기도를 통해서 나의 마음에서 작용하는 샘솟는 성령의 움직임에 순종하고 그 뜻에 내맡길 수 있어야 진정한 그리스도인이라 할 것이다. 내 안에서 성령이 어떻게 일하고 계시고 또 일하시기를 원하시는지를 물어야 한다. 나의 의지대로 살아가기 위해서 성령이 필요한 것이 아니라 신이 원하시는 삶을 살기 위해서 성령의 일하심을 민감하게 식별할 수 있어야 한다.

하지만 우리의 콘텍스트, 즉 삶의 맥락이라는 한계 상황에서 순간적으로 작용하는 것은 우리의 이성과 감성, 심지어 편견과 삶의 경험이다. 그러다 보면 기도라는 정말 찰나의 물음을 통한 성령의 작용을 놓칠 수 있고 나의 생각으로 맥락을 판단하고 그 맥락 속으로 매몰된다.

그런 의미에서 기도는 찰나의 물음을 통해서 나의 내면에서 일하고 계시는 하나님의 현존에 대한 의식과 식별이다.

교회나 성당에서 영성 훈련의 일환으로 '성령 운동을 한다,' '성령쇄신을 한다' 등등을 말하곤 한다. 그런데 말 표현에 문제가 있는 듯하다. 성령을 운동하게 만드는 주체가 인간인가, 아니면 성령 자신인가? 성령이 인간과 공동체를 쇄신하는가 아니면 성령 자신을 쇄신하는가?

인간이 성령을 가지고 운동을 할 수 없다. 또한 성령을 가지고 쇄신을 유도할 수 없다. 이렇게 강변하는 이유는 정작 성령은 역사(役事)하는 것, 즉 초월적 영의 자발적인 일하심이지, 그것을 인위적, 작위적으로 상황을 만드는 것은 거짓이기 때문이다. 더불어 성령의 일하심은 자연스러움, 그분의 자유로운 의지이지 인간의 강제나 욕망의 투사가 아니기 때문이다.

성령의 스스로 일하는 것에 몸과 영혼을 자유롭게 내맡길 때 그리스도인 각자에게 작용하는 힘과 메시지는 달라지게 된다. 다 똑같은 맥락과 의지를 가지고 있는 게 아니기 때문에 성령은 자신의 자유로운 의지로 각자에게 가장 적당하고 타당한 것으로 나타난다.

기도를 하고 있는 당사자에게 어떤 결과가 나타나는가에 대해서도 수용할 줄 아는 자세가 필요하다. 내가 원하는 것, 내가 의지하는 것, 내가 필요로 하는 것과는 전혀 상반된 것이 주어진다고 해도 감사하고 겸손하게 받아들일 수 있을 때 기도는 효력을 발휘한다. 기도는 나의 것을, 좀 더 정확하게는 나를 비우고 초월자의 의지로 채우고 수용하는 것이기 때문이다.

아리스토텔레스의 관조(contemplatio, contemplation)의 철학을 받아들여 중세의 스콜라철학(신학)에서 관상기도(觀想祈禱)로 발전시킨 것이 바로 그것이다. 관상기도는 나의 생각이나 의지가 개입될 여지가 전혀 없다. 거기에는 오로지 하나님의 영에 의해서 인도되는 주부적(注賦的, infused contemplation)이고 수동적인 기도만 있을 뿐이다.

물론 자신의 직관이나 생각에 의해서 기도하게 되는 수득적(修得的 혹은 習得的, acquired contemplation)인, 능동적인 관상이 없는 것은 아니다. 하지만 하나님의 신비를 좀 더 깊이 체험하고 하나님 자신을 있는 그대로 그저 바라보는, 그러면서 인간의 노력보다 하나님의 영에 의해서 작용되는, 하나님 자신이 자유로운 활동을 하도록 하는 주부적 관상기도가 훨씬 유익하다.

그간에 교회에서는 기도의 행태를 보면 난장까지는 아닐지라도 정체를 알 수 없는 행위로 떼를 쓰고 악을 쓰는 기도를 일관해 오고 있으며, 마치 그것이 기도의 대안인 것인 양 호도해 왔다. 그러면서 일각에서는 관상기도가 마치 잘못되고 신자들을 엉뚱한 방향으로 인도하려고 하는 것으로 착각하면서 비판했다.

그러나 관상기도가 잘못된 것이 아니라 오히려 목회자나 지도자가 자신이 없었던 게 아닌가 하는 생각을 하게 된다. 니체의 논리를 뒤집어 말하면 아폴론적 기도는 어렵고, 니오니소스적 기도는 강하다. 이성적이고 합리적인, 직관적인 방식으로 초월자를 만나는 것이 왜 문제가 될 수 있는가?

난장과 몸의 움직임이 큰 디오니소스적인 기도는 통제할 수 있는 경험이라고 보고, 자신의 성격에 따라서 차분하게 신을 직관하려는 아폴론적 기도는 통제가 불가능한 사밀한 경험이기 때문이라 여기기 때문인가?

목회자나 교회 지도자들은 기도조차도 자유로운 신자들의 행위라고 보지 않는 듯하다. 기도도 통제를 해야 하고, 관리를 해야 한다고 여긴다. 하지만 기도는 매우 사밀한 영성 행위이다. 개인이 하나님을 어떻게 만나는가는 결국 누구의 간섭이나 개입이 있어서가 아니라 자신의 필요와 영성적 욕구가 있기 때문이고, 궁극적으로는 하나님의 영이 각 개인의 마음에 작용하여 기도라고 하는 방식으로 만나기를 원하기 때문이다.

그런데 거기에 무슨 관리와 지침, 그리고 통제가 요구되는지 알 길이 없다. 물론 훌륭한 영성을 가진 지도자가 어떻게 기도를 해야 할지 잘 모르는 신자에게 안내를 해준다면 더 할 나위 없이 좋은 일이다. 하지만 기도의 방법 혹은 기도의 내용까지도 고착화되고 획일화된 방식으로 일관하면서 마치 그 방법만이 하나님을 만나는 절대적인 것인 양 호도한다면 문제는 달라진다. 특히 개신교 목회자들이나 심지어 신학자들조차도 그럴진대 신자들에게 교회의 기도 전통인 관상기도를 말한다는 것은 위험천만한 일인지도 모른다.

복음서를 보면 그리스도교의 창교자라 할 수 있으며 우리의 스승인 예수는 한적한 곳으로 가셔서 기도하셨다고만 기록이 되어 있다. 거기에 그가 어떻게 기도를 했는가는 명시적으로 말하고 있지 않다. 그는 분명히 하나님을 만나고 주어진 시간을 그분과 어떻게 살아갈 것이며 또한 민중들의 아픔에 어떻게 응답할 것인지를 고민하면서 깊은 묵상과 관상을 하였을 것이다.

필자는 그렇게 믿는다.

자연과 벗하며 살았던 그가 그렇게 역동적인 기도를 하며 떼를 쓰는 기도를 하였을까. 산이 떠나가라고, 새들과 벌레들, 꽃들과 온갖 나무와 식물들이 고요히 잠을 자는 시간에 염경기도를 하셨을까.

아닐 것이다.

깊은 내면의 기도, 내면에서 들려오는 하나님의 소리를 듣기 위해서 침잠했을 것이다. 더욱이 그는 자신이 가르쳐준 기도문에서도 나오듯이 하나님의 나라가 오기를 갈망하는 기도를 주로 했을 것이기에, 그리고 오로지 하나님의 일념으로 가득한 분이셨기 때문에 '나를 위해서 주시옵소서'라는 유아적인 기도가 아니라 '당신을 위해서 무엇을 하리이까'라는 성숙한 기도를 하였을 법하다.

물론 필자가 말하려고 하는 것은 염경기도가 더 이상 필요 없다고 말하는 것은 아니다. 하지만 염경기도라 하면 으레 자신이 염원하는 것들을 초월자에게 투사하는 경우가 많기 때문에 그것을 성숙한 기도의 패턴으로 가져가려면 가능한 한 관상기도로 방향을 바꾸어야 한다는 것을 역설하는 것이다.

신은 인간에게 많은 것들을 주었었건만 우리는 계속해서 달라는 기도만 한다면, 그것처럼 미성숙한 기도가 없다. 이미 받은 것들이 있는데 그것에 대해서 감사하기보다 그것으로 부족하여 안 되겠으니 더 달라고 하는 것처럼 신을 난감하게 만드는 일이 있을까. 영성은 신이 인간에게 바라는 것을 이루어드리면서 동시에 내가 신화(神化, deification) 혹은 신과의 일치를 꾀하기 위한 것으로서 기도를 택하는 것이다.

따라서 영성이 깊고 안 깊고는 나의 것, 인간의 세속적인 가치들을 포기하고 얼마나 종교적, 초월적 가치들을 선택하기 위해서 신에 대한 감각, 감성, 능력을 알아차리면서 그 존재와 동화되려고 하는 것인가에 달려 있다. 그 동일성과 일치는 결국 기도를 어떻게 해야 하며, 어떠한 기도의 태도를 취하느냐 혹은 기도에 대한 어떠한 관념을 갖느냐에 따라 달라진다.

기도의 미학이라는 것은 어떤 의미에서는 하나님의 그윽한 시선과 마주치는 것이며 그 시선의 응시를 느끼는 것이라고 볼 수 있다. 하나님의 시선을 느끼게 될 때, 그 기도의 감성을 통해서 우리는 영혼의 자유로움을 충만하게 느끼게 되고 그분의 함께 하심을 알아차리게 된다.

기실 기도란 그뿐이다. 무엇을 바라는 것이 아니라 그분의 현존을 매순간 알게 되고 느끼면서 살아가게 될 때 그리스도인으로서의 삶을 지탱해 나갈 수 있는 것이다.

영성을 곧 하나님의 영 안에서 살아가는 삶, 그리스도의 닮음과 하나님의 현존에 대한 민감한 의식이라고 할 때, 기도는 바로 그러한 매개체 역할을 한다. 그리스도인이 기도 없이 살아간다는 것이 불가능하다고 말할 수 있는 것은 바로 거기에 있다.

그럼으로써 앞에서 말한 영혼의 자유로움을 통해서 삶과 세계를 다르게 살아갈 수 있는 힘을 얻게 되는 것이고 또한 세속적 가치와 맞설 수 있는 가능성을 갖게 되는 것이다.

니체는 "신들은 스스로 인간의 삶을 살아감으로써 인간의 삶을 정당화한다"고 했다. 이제 우리는 바꿔 말해야 하지 않겠는가.

'인간은 신의 삶을 살아감으로써 신의 삶을 정당화한다'고 말이다.

신의 현존을 어떻게 알 수 있겠는가. 무엇으로 증명할 것인가.

논리와 언어의 정교함을 통해서 논증을 한다고 한들 그 언어적 한계를 극복하기는 어렵다. 그러면 그리스도인이 할 수 있는 것은 신의 현존의 정당성을 증명해 낼 수 있는 길은 신의 삶을 살아가려고 하는 방법밖에는 그 무엇이 있겠는가.

그렇게 하기 위해서는 우리가 영성적 삶을 산다는 것을 여실히 혹은 신비적으로 보여줄 수 있어야 한다. 그 가능성, 그 잠재태에 대해서 타자가 알아차리도록 그리스도인 스스로 실존적 외형을 갖추기 위해서는 반드시 기도가 필요하다.

기도는 종교인의 영성을 고양시킬 수 있고 신의 의식을 깨닫게 하며 자신의 내면을 들여다 보게 함으로써 자신 안에 있는 현존자를 더욱 깊이 알아차리고 자신의 인격과 일치시켜 나갈 수 있는 것이다.

따라서 기도는 종교인의 초월자와 일치하여 자신의 영성을 고취시키는 것이다. 로버트 훼리시(Robert Faricy)와 루시 루니(Lucy Rooney)는 다음과 같이 말한다.

> 기도는 춤추는 것과 같다… 그분이 이끄시고 나는 따라다닌다. 그러므로 그분이 천천히 춤추시는데 내가 빨리 가려 해서는 안 된다. 나는 그분의 이끄심을 따르고 싶다… 기도는 간단한 것이다. 단순하게 주님께 가서 사랑으로 그분을 바라보면서 그분의 이끄심에 따르기만 하면 된다.

5. 그리스도인의 가난과 영성

1) 청빈은 절대 빈곤자를 위해서 자기를 내어줌이다!

그리스도인이 가난(청빈)하게 산다는 것이 영성생활에서 왜 중요한가?

그리스도인이 가난하게 살아야 하는 당위성은 간단명료하다. 예수가 가난하게 사셨기 때문이다. 그리스도인이 예수를 닮아가는 제자로서의 삶을 살아야 한다면, 당연히 그의 삶의 모든 부분을 체화할 수 있어야 한다.

그런데 예수의 삶 중에서 어느 부분은 수용가능하고, 어느 부분은 수용불가한 불편한 신앙이라고 판단하여 자기 편리성에 의해 판단한다면 너무 이기적인 신앙생활을 하는 것은 아닌가. 그리스도인이 편리성에 따라서 신앙생활을 하는 것은 온전한 영성이라 보기 어렵다.

특히 물질적인 가난을 이야기할 때는 그리스도인이 왜 가난하게 살아야 하는가에 대해서 반감을 갖고 의문을 제기하는 경우가 많다. 그도 그럴 것이 그리스도인이라면 하나님께서 주신 복으로 물질, 권력, 부, 명예, 지위 등에 대해서 모든 사람들(특히 그리스도를 믿지 않는 사람들)에 비해서 월등하고 우월한 위치를 점해야 한다고 생각하기 때문이다.

그러나 사실 가난은 내가 물질을 취할 수 있는 능력이나 가능성, 권력이나 위치에 있지만 가난한 자를 위해서 자발적으로 포기하는 것이다. 다시 말해서 내가 가난한 삶을 사는 것은 무능력하기 때문이 아니라 약자에게 기회를 주기 위한 자기 포기에 가깝다.

예수의 삶은 타자를 위한 자발적인 자기 포기, 즉 '케노시스'(kenosis)의 삶을 살았다고 볼 수 있다. 영성적으로 볼 때 그는 하나님의 자리를 버리고 인간의 구원을 위해서 스스로 인간의 비천한 자리를 가진 것이다. 그리스도인은 신의 자리를 내버리는 자기 포기, 타자를 위하여 목숨까지도 내어 놓는 자기 포기의 절정까지는 아니더라도 그가 타자를 위해서 적어도 물질적인 풍요를 향유하려는 의지를 갖지 않았다는 것을 그리스도인의 영성생활의 척도로 삼아야 한다.

어쩌면 예수의 삶은 구원을 갈망하는 이들, 사회적 약자들을 위해서 자기를 완전히 내주었기 때문에 자기 자신이 없는 삶이었다고 볼 수 있다. 그런 예수의 삶을 본받아 가난한 사람들을 위해서 자기의 자리를 내놓고, 자기의 능력을 포기하고, 자기의 물질을 양도할 수 있는 마음의 가난과 물질의 가난은 궁극적으로 모두가 평등하고 만족하며 살아갈 수 있는 길이다.

포기가 곧 모두의 풍요를 보장하는 것이다. 목숨을 버리는 자기 비움은 육체적이고 현세적인 것을 초월한 행위이다. 현실적이고 가시적인 것보다 더 중요한 삶이 있다고 하는 초월적이고 영성적 가치를 확신하는 것이다.

물질적으로 가난하다고 해서 물질이 전혀 없이 정말 궁핍한 삶을 사는 적빈(赤貧)과는 다르다. 흔히 그리스도인이 가난하게 살자라고 하면 적빈을 떠올리기 쉬운데, 가난은 자기 비움을 통해서 그리스도만으로 만족하고 타자의 행복을 통한 마음의 풍요를 얻는 데에 있다. 이는 소유지향적 삶에서 내가 가능한 한 적게 가지고 좀 더 높은 이상적 가치를 실현하기 위해서 사는 존재지향적 삶을 일컫는다. 현대 자본주의 사회를 살아가는 그리스도인이 가짐(haben)을 완전히 타파할 수는 없을 것이다.

하지만 그리스도인은 가짐을 적게 하는 것, 가짐에 만족할 수 있는 것, 그래서 적빈의 상태에서 어렵게 사는 사람들에게 나의 재화를 나눠줄 수 있는 삶과 함께 나의 가짐을 가볍게 함으로써 자연에게 부담을 덜 주는 삶을 살아야 한다. 고대 철학자들이 가졌던 '아파테이아'(apatheia, 무정념)와 '아타락시아'(ataraxia, 정신적 평정심)의 금욕적 상태까지는 아니더라도 그와 같은 신앙의 덕을 쌓을 필요가 있다.

고대 철학자들이 말하는 금욕적 삶과 가난한 영성적 삶이 일치한다고 볼 수는 없다. 그리스도교의 가난의 영성이 자기의 기본적인 욕구를 완전히 없애려고 하는 것이 아니라 절제와 만족, 그리고 배려에 가깝기 때문이다.

물론 그 절제와 만족, 그리고 배려의 지향성이 어디이냐가 중요하다. 자기를 위한 절제, 자기를 위한 만족, 그리고 자기를 위한 배려가 아니라 약자, 적빈자 혹은 절대 빈곤자를 위한 행위가 되어야 신앙적인 의의가 있는 것이다.

신앙이 자기를 향할 때 영성은 자기 만족, 자기 도취로 빠지기 쉽다.

가난하게 산다는 것도 자칫하면 자기를 드러내기 위한 삶의 방편이 되어서 그리스도를 닮아가는 영성적 삶과는 전혀 다른 차원이 될 수 있다.

묻는 행위가 있어야만 답이 주어질 수 있다는 철학자 에른스트 블로흐(E. Bloch)의 말처럼, 자신에게 가난한 삶을 살아야 하는 근본적인 이유가 무엇인가를 물어야 한다.

자기 자신을 위한 것인가 아니면 타자를 위한 것인가?

영성은 자기 자신이 성자가 되기 위해서가 아니라 자기 자신을 내면적 순수성을 찾는 데 그 목적이 있다. 물질을 취하면 취할수록 인간은 물화(物化)되기 쉽다. 물화가 된다는 것은 신의 모습과는 상반된 삶을 산다는 것을 의미하기 때문에 하나님의 영에 도우심을 받아 그 영과 일치된 의지를 가지려고 하는 것이다.

2) 청빈한 삶을 살려면 내면의 소리를 들어야 한다!

하나님의 영의 의지는 많이 갖고 입고 먹음으로써 몸과 영혼이 무거워지는 것을 거부한다. 니체의 말을 빗대어 이야기한다면 신앙에서 "교양의 속물들"이 되는 것을 차단한다. 그 중에서 그리스도인이 간과하지 말아야 할 것이 가난하게 산다는 실제적인 삶과 정신이다.

몸과 영혼을 순수하게 단련할 수 없다면 종교란 그저 세속적인 가치와 하등의 다를 게 없다. 세상에서 추구할 삶의 혜택들을 다 누리고 또 영원한 구원을 갈망하는 것은 욕심과 욕망에 지나지 않기 때문이다.

적어도 자기를 포기하는 신앙적 태도를 갖고 있어야만 그리스도인이 새롭게 태어나 새로운 마음을 가졌다는 거듭남의 표지를 내보일 수 있지 않을까.

하지만 속물적인 교양을 가진 그리스도인은 두 가지 다 가지려고 한다. 몸과 영혼이 가난해질 새도 없이 신앙의 몸집은 거대해지고 그리스도를 모방하기는커녕 세상을 모방하려는 데에 혈안이 되어 있다. 신앙의 해박한 지식을 가지고 있으면서 그것을 자기 합리화로 오용하고 엄격한 자기 수련(askese)과 신앙의 냉정함을 잃어버리고 세상의 삶의 양식에 의해 굴종적이고 지배당하는 비영성적 삶을 살아가게 되는 것이다.

칸트는 그런 우리에게 "모든 맹신으로부터 벗어나 스스로 사고하라"고 외친다. 가난한 삶이 그리스도인이 추구해야 하는 신앙의 척도라면 내면의 소리, 하나님의 소리에 민감하게 작용해야 한다. 다시 말해서 예수의 음성에 귀를 기울이면서 어느 외부적인 소리에도 흔들리지 않는 영성이 요구된다.

가난을 부정적으로 인식하여 내가 들으려고 하는 목소리만 듣고 싶어 하기 때문에 실제로 신이 지속적으로 우리의 내면에서 말씀하고 계시는 소리를 스스로 차단하고 있다. 그리스도인의 내면에서 하나님의 영은 '가난한 삶을 살아라,' '단순하게 살아라'고 말하고 있지만, 그 소리를 외면한 채 외부의 잣대와 소리에 점령당해서 가난을 지극한 데까지 끌고 갈 용기나 힘이 없다.

현대를 살아가는 현실 속에서 어떻게 화폐가치를 무시하고 살아갈 수 있느냐고 반문을 할 수도 있다. 필자가 말하고자 하는 것은 무시를 하라고 하는 것이 아니라 추구하는 가치와 신앙의 과정 및 결과는 가난의 영성으로 나타나야 하기 때문에 비우고 나누면서 살라는 것을 말하는 것이다.

그러기 위해서는 나의 욕망의 목소리나 외부 세계에서 작동하는 강압적이고 강제적인 목소리를 식별하고 오로지 하나님의 목소리를 들으려고 노력하는 것이 중요하다. 그분의 목소리를 따라서 사는 삶이 복음의 정신과 일치하면서 사는 삶이라는 것을 체험하게 된다면 가난한 삶이 어렵거나 힘든 삶이 아니라는 것을 알게 된다. 그리스도교의 수많은 신앙의 선배들이 세상의 대척점에 서서 삶의 가치를 새롭게 바꾸려고 노력을 한 것은 자신의 의지가 아니라 하나님의 음성을 듣고 복음을 실천하려고 했기 때문이다.

세상이 달라졌다고 해서 지금은 물질과 부를 축적하는 것이 심미적 삶이라고 호도할지 모르지만, 그것은 결단코 예수의 삶과는 무관한 것이다. 정말로 그리스도인이 심미적 삶이라고 말하려면 신앙의 본질과 본래성에 부합할 때 설득력이 있다. 불가능한 것 같지만 신앙의 본질을 찾아서 하나님의 영이 인도하는 힘으로 살아간다면 가난의 삶이란 누가 봐도 심미적 가치로 인정받게 될 것이다.

3) 청빈은 타자를 행복하게 한다!

그렇게 될 때 세상은 가난이라는 가치가 나쁘고 부정적이라는 인식에서 누구라도 추구해야 하는 가치라는 것을 알게 될 것이다. 가난의 영성이 비극이나 저주가 아니라 그것이 인간의 삶에 있어 지복이며 참된 가치라는 것을 깨우치게 될 것이다. 돈의 마력에 빠져서 허우적거리는 세상으로 하여금 그곳에서 나와서 새로운 삶, 즉 모두가 아름답게 빛나는 지평선을 바라볼 수 있는 평등한 삶이 가능할 수 있다는 것을 그리스도인의 영성을 통해 보여주어야 한다.

수많은 사람들이 갖지도 먹지도 입지도 못하는 삶을 누리는 절대적 빈곤의 삶을 살아가는 것은 동일한 인간으로서 행복할 수가 없다. 가짐과 못 가짐 사이를 오가며 힘겹게 사는 사람들, 가지게 해줄 자와 갖지 못하도록 강제하는 자의 눈치를 보며 사는 사람들을 생각하면 나의 가난한 삶이 그들에게 어떠한 삶의 가치를 선사할지 아무도 모른다.

그러나 동일하게 가질 수 있는 기회를 주고 물질적 가치를 향유할 가능성을 주게 된다는 것은 예수가 말했던 "가난한 자가 행복하다"는 것을 구체적으로 경험하게 되는 사건이 될 것이다.

누군가는 절대 빈곤 때문에 불행하고 또 다른 누군가는 그 빈곤의 덕으로 부유함을 향유한다는 것은 공평하지 못하다. 예수는 가난하게 삶으로써 타자와 공동의 몫을 나누기를 원했고, 원시 그리스도교 공동체의 이상은 모두가 물질을 공유하는 삶을 꿈꾸었다.

그리스도인은 가난을 통해서 타자와 나누는 데서 행복을 얻을 수 있어야 한다. 부유함을 통해서 나누는 행복보다 가난한 삶을 통해서 나누고자 하는 것이 더 용기가 있다. 반드시 물질적 가치만이 나눌 수 있는 몫은 아니다. 순수한 맘, 가난한 맘조차도 이웃과 나눌 수 있는 것이 된다. 나눌 수 없는 것이 없다.

내가 가난하기만 하다면 나누는 것이 더 쉬워질 수 있다. 부유한 사람이 나누는 것이 더 어렵다. 물질을 많이 소유한 그만큼 마음의 공간은 여유가 없어서 타자를 사랑하고 배려할 수 없기 때문이다. 물질의 사적 소유로 인해서 오직 자신만의 마음의 공간만을 만들었을 뿐이지 타자가 들어설 공간을 확보하지 못했기 때문이다.

그러므로 무엇이 되었든지 나누도록 해보자. 나눌 수 없는 가난한 마음이 될 때까지 나누도록 해보자. 그 가난한 마음에 다시 풍요로운 마음이 채워질 것이다. 타자의 마음이 나에게 전달이 되고 하나님의 영이 나의 마음을 위로하고 있으니 내가 '실제적으로' 가난할 여유가 없을 것이다. 사람들은 정말 가난해져서 절대 빈곤자가 될까봐 두려워한다. 하지만 그 두려운 마음은 하나님의 마음이 아니다. 가난이 두려운 상태라면 예수조차도 가난한 삶을 살지 못했을 것이다. 가난은 즐거운 것이다.

왜 안빈낙도(安貧樂道)라는 말이 있지 않은가?

나의 가난한 삶을 통해서 하나님과 이웃에게 제물이 되어 보는 것이 어떨까?

나의 몸짓은 이전보다 가볍다고 생각되지 않겠는가?

가난의 마지막은 희극의 영성이 될 것이다. 하나님도 웃고 나도 웃는 것은 물론이거니와 타자도 웃게 되니 말이다. 그러므로 가난의 영성은 행복이다.

제2부 존재의 성스러움에 대한 기술들

제4장 영성적 참여로서의 예수 담론
1. 내 안에서 예수가 태어나게 하십시오!(마 2:1-12)
2. 천천히 서두르십시오!(막 1:29-39)
3. 죽어야 산다는 것을 모른다!(막 8:31-38)
4. 몸을 낮추는 사람들(요 13:1-17, 31b-35)
5. 빈 무덤의 선물(마 27:57-66; 요 19:38-42)

제5장 삶으로서의 예수 기호들
1. 갈릴리를 기억하십니까?(마 28:8-15)
2. 유혹에의 저항(막 16:9-15)
3. 두려움을 극복하라(요 6:16-21)
4. 실존적 종말론과 실질적인 주일 종말론(막 13:5-13)
5. 예수의 이름은 나의 운명(요 14:7-14)

제6장 종교의 휘발성과 그리스도인의 존재론적 신앙
1. 미움과 증오의 신앙(요 15:18-21)
2. 지루해져버린 그리스도교의 사랑(요 15:9-17)
3. 기투(企投)하는 그리스도인(요 16:23-28)
4. 예수 따르미의 실존(요 21:20-25)
5. 제자의 존재 미학(마 16:21-27)

제7장 감성적인 예수 신앙

1. 미완의 신앙적 혁명의 언어, 중생(요 3:1-17)
2. 헌신하는 교인이라야 산다(막 12:38-44)
3. 율법의 패러다임의 전환(마 5:33-37)
4. 그리스도인은 무엇으로 사는가?(마 6:24-34)
5. 낯선 행위, 낯선 구원(마 8:5-17)

제8장 탈종교의 종교론자 예수

1. 상식의 불통, 상식의 범죄, 형식주의의 장난(마 9:14-17)
2. 예수 실존의 삶과 인정투쟁(마 10:24-33)
3. 늙어버린 유대교에 저항하는 예수(마 12:14-21)
4. 예수의 권력, 섬김(마 20:20-28)
5. 신앙의 보상 논리와 신앙의 비만증(마 19:27-30)

제2부

존재의 성스러움에 대한 기술들

> 제4장

영성적 참여로서의 예수 담론

1. 내 안에서 예수가 태어나게 하십시오!(마 2:1-12)

베들레헴에 한 아기가 탄생을 하였다. 아기의 탄생이 뭐가 그렇게 대단할 것이 있겠나 싶은데 마태는 그가 바로 유다인의 왕이라고 기록하고 있다. 박사들은 이미 유다인의 왕이라고 단정을 짓고 있는 것을 볼 수 있다.

유다인의 왕으로 나신 분이 어디 계십니까?(마 2:2)

한 사람의 영웅적 등극을 선언적으로 묻고 있는 것이다. 그분은 세상에 나타나셨다. 그분은 세상에 자신의 모습을 드러내셨다. 탄생의 사건은 신앙적으로 내가 어떻게 그분께 머리를 숙여야 하는가를 알려주고 있다. 우리는 그분을 왕으로 받아들인다. 아니 오히려 더 강력한 메시지로 왕으로 받아들이지 않으면 안 된다. 설령 하찮은 공간 속에서 자신의 모습을 보이셨다고 하더라도 그분이 지닌 상징적 몸짓은 가난한 자, 병든 자, 낮은 자, 천한 자 등의 온갖 소외된 자들을 위해서 외롭게 자신의 길을 걸어가셔야 함을 보여주고 있다.

나에게 있어 그분은 어디에 있는가?

나의 투사를 통해 그를 높은 자리에 올려놓고 그 자리가 곧 예수의 자리라고 할 것인가?

그분을 찾기 위해 호명을 하는 순간, 그 호명이 그분의 자리와 그분에 대한 인식이 될 것이다.

나는 그분을 어떻게 호명하고 인식하고 있는가?

그분은 왕이 되셔야 했지만 권력과 지배의 자리가 아니라 섬김과 돌봄의 자리로서의 호명이었음을 알아차려야 한다.

권력을 가진 이들은 자신의 위치에서 다른 권력자가 나타나면 견제와 억압을 통해서 자신의 자리를 지키려고 한다. 권력자의 눈에는 권력과 지배, 그리고 자신의 위치만을 생각하기 때문이다.

호명이 갖고 있는 상징성, 곧 유다인의 왕은 권력을 탐하는 자리가 아니었다. 예수의 자리는 권력자의 자리를 넘보는 자리가 아니었음에도 불구하고 헤롯은 자신의 자리를 위협하는 존재라고 생각한다. 그분이 태어난 곳이 보잘 곳 없는 곳, 유다의 베들레헴이 아니었던가. 작은 고을에서 태어났다는 것 자체가 그것을 증명해 주고 있다. 그분의 탄생과 나타남은 화려한 등극을 의미하는 것이 아니었다. 일반적인 왕으로서 호명되는 사건과는 달리 그는 소박하고 초라하기까지 하다.

마태가 이렇게까지 묘사하면서 말하고자 했던 이유는 무엇이었을까?

좀 더 만인의 구원자다운 대사건으로 예수를 드러내는 것이 낫지 않았을까?

아마도 마태가 생각했던 메시아, 혹은 구원자의 모습은 세상의 논리와는 전혀 다른 역설적인 데 있음을 알려주고 싶었을 것이다.

신앙은 역설이다. 모두가 보편적인 상식으로 통하는 것과도 같은 세상의 이치와 타협하거나 그 꼴을 갖춘 것이라면 신앙은 신앙으로서의 역할을 하지 못한다. 그리스도인이 예수를 경배하는 이유는 그분의 역설적 언행에 있다고 할 때, 태어나고 나타남 자체도 역설이어야 함을 놓치지 말아야 한다.

우리의 눈이 마치 헤롯이 보는 시각에 머문다면 신앙에는 아무런 변화가 일어나지 않는다. 오히려 배신의 언어와 불신의 행위만 조장될 뿐 참으로서의 신앙적 경배는 발생하지 않는다는 말이다. 마태복음사가는 그런 지배적이고 편협한 시선을 거두고 본래의 순수한 눈으로 예수의 탄생 사건을 바라보라고 종용한다.

한 인물이 나타남이 새로운 사건이 된다는 것은 위협과 오해가 뒤따를 수도 있다. 나타남이 어떤 사람에게는 행복이 될 수 있지만, 어떤 사람에게는 회의와 위기가 될 수 있다. 그래서 나타남이 지시하는 것은 종래의 가치를 해체하는 것이다.

그분이 나타났다고 하는 것은 지금까지 가지고 있었던 삶의 가치를 바꾸어야 하고, 새로운 생각으로 미래를 맞이할 준비를 해야 한다는 것을 의미한다. 위기, 위협, 불신, 불편을 가지고 오는 이유가 거기에 있다.

하지만 예수의 나타나심을 고대하는 사람들에게는 자유와 해방, 그리고 미래에 대한 희망이다.

별을 보고 찾아가 그분의 탄생을 목격하고 싶은 욕구를 가진 박사들은 어떤 사람들이었을까?

그들은 마술사나 점성가 혹은 이상한 사건들을 해석하는 전문가를 지칭할 수도 있다. 동서양을 막론하고 별을 보고 세상의 질서나 변화를 파악하던 관습은 어디에나 있었던 일이다.

마태복음사가에 의하면 그분의 나타나심을 제일 먼저 목격한 이들은 이방인들이었다. 다른 관념을 가진 이들이 인류의 새로운 존재가 나타날 것이라 생각했다고 하는 것을 보면, 예수가 유다인을 위한 존재만이 아님을 확증하는 것이다. 마태복음사가는 예수가 유다인만을 위한 구원자라는 인식을 거부하고 만백성의 구원자요 왕이심을 말하고자 하는 것이다. 마태복음사가가 미가 예언자의 목소리를 통해서 예수 탄생의 이야기를 언급하고 있는 것은 구약에서의 예언이 성취되었다는 것을 확증하는 것뿐이다.

누가복음사가와는 달리 마태사가는 그가 태어난 곳(누가의 말구유)을 자세하게 짚어주고 있지 않다. 박사들은 별이 멈춘 그 집에 들어가 예수를 보고 경배하였다. 마태복음사가는 그의 탄생을 제일 먼저 목격하고 경배한 이들이 이방인들이라는 것을 다시 한 번 강조하고 있는 듯하다.

박사들이 가져온 선물은 고대의 왕이나 신에게 드리는 물건들이었다. 그들에 의해서 예수가 왕이라는 사실을 확인하는 것이다. 그들은 호명을 통해서 예수가 왕이라는 것을 드러내었고, 선물을 통해서 재차 증명을 한 셈이다. 예수는 갓난아기라 아무런 말을 하지 못하지만 마태복음사가는 동방박사의 등장과 헤롯을 통해서 예수가 왕이라는 사실을 명명백백하게 알려주고 있다.

이제 남은 과제는 우리 안에서 어떠한 호명이 있어야 하는가이다. 예수는 왕으로 태어나셨다는 신앙고백은 두 가지의 울림이 있는 것이다. 하나는 그분을 왕처럼 우리가 섬겨야 한다는 것이고, 또 다른 하나는 그분은 만민의 왕으로서 온 백성을 섬기기 위해서 태어났다는 점이다.

두 가지의 의미가 상충되는 것은 아니다. 그분의 나타나심은 스스로 세상의 왕처럼 섬김을 받기 위한 것이 아니라 만인을 섬기기 위해서 태어나셨다고 볼 때, 우리의 신앙 인식은 그분을 섬김의 도리를 다하신 분으로서 경배해야 한다는 것뿐이다.

군림과 다스림, 지배자의 상징은 예수에게 없다. 오히려 그분은 다른 사람들의 호명에 의해서 규정되어질 뿐, 자신이 세상의 왕이라고 규정하신 분이 아니다. 앞에서 말한 것처럼 여기에 신앙의 역설이 있다. 예수에 대한 우리의 인식이 그분을 규정한다.

우리가 그분을 어떻게 만나고 있는가?

내 안에 새로운 예수의 탄생을 기대하는 이들에게는 예수는 자신의 삶에 있어서 왕으로 태어날 것이다. 하지만 자신의 욕망에 의해서 구성된 예수는 조립된 예수, 나의 세속적 기분에 의해서 만들어진 예수에 지나지 않을 것이다.

그러므로 나에게 있어 예수는 어떠한 존재로 호명을 해야 할 것인가에 대한 고민을 해야 한다. 내가 호명하기 전에 이미 예수는 왕이자 구원자가 아니었느냐고 말하는 사람이 있을 것이다. 하지만 선험적 인식에 따라서 좀 더 본질적으로 들어가 보면 내가 가진 신앙의 정보를 통해 그렇게 생각하고 말하고 있는 것은 아닌지 자문해 보아야 한다.

나의 올바르지 못한 경험 이전에 예수는 어떤 분일까?

어떤 존재로 매일 내 안에서 태어나는 분일까를 생각해봐야 한다. 그리고 나의 신앙적 고민 속에서 발생된, 성령을 통한 고백으로 예수를 호명하게 되면 나는 아기 예수 앞에서 경배를 드리는 동방박사의 섬김의 몸짓이 흘러나올 것이다.

동방박사들에게 경험적으로 예수에 대한 사전정보가 있었을까?

아니었을 것이다.

그럼에도 그들은 마태복음사가의 입을 빌려서 유다의 왕으로 나타나신 분이 어디 있느냐고 물을 수 있었다. 그들의 호명과 고백이 진짜 고백이요 예수에 대한 진정한 규정이다. 그러면 나는 예수에 대해서 진심으로 어떤 규정과 고백을 하기를 원하는가. 신앙의 깊이와 신앙의 행위가 달라지려면 호명, 즉 고백이 달라져야 한다.

지금 우리는 예수를 만나기 위해서 끊임없이 별을 좇고 있는 사람들인가?

별을 좇는다고 하면서 다른 목표와 가치를 향해 곁길로 가고 있는 것은 아닐까?

내 안에서 탄생하는 예수를 항상 느끼며 살고 있는 것일까?

또한 예수를 만난다면 어떤 선물을 드리고 싶은가?

어떤 선물을 들고 예수께 나올 것인가?

예수가 그 사물을 통해 제대로 호명된다고 여기는 가장 귀한 선물을 들고 만나라. 그 선물이 곧 예수에 대한 고백이 될 것이다.

2. 천천히 서두르십시오!(막 1:29-39)

마가복음사가에 의하면 예수의 공생활은 병 고치는 일에서부터 시작한다. 시몬의 장모가 병에 걸려 누워 있는데 그는 단박에 바로 그 병을 고쳐서 해방시킨다. 예수에게 병을 고친다는 것은 단순히 이적행위가 아니다. 마음의 병이든, 육체의 병이든 그것을 치유함으로써 온전한 구원을 이룬다는 것을 기억해야 한다.

유대인의 생각은 병에 걸렸다는 것 자체가 '온전하지'(salvus, salvation) 못한 것이다. 뭔가 결함이 있고 죄를 지은 것이다. 그들은 병을 인과론적으로 해석하였다. 그렇기 때문에 병을 고친다는 것은 단지 그가 가지고 있는 육체적, 심리적 고통을 해결해 주는 것에 그치는 것이 아니다. 그 당시에 가지고 있었던 사회적 통념에 대해서 저항을 하는 것이다.

우리 사회가 가지고 있는 태도도 이와 다르지 않다. 무엇이 정상이고 무엇이 비정상인가 하는 잣대는 다수라고 하는 집단에 의해서 만들어진 것에 의해서 비정상을 운운하고 소외시킨다. 그들에게는 정상이라는 범주에 들어가지 못하는 어떤 결핍이나 결함을 가지고 있다고 판단을 하는 것이다. 오히려 그것이 사회가 가지고 있는 크나큰 병리나 폭력이 될 수 있다.

그러한 이분화된 잣대를 철폐하는 것이 사회를 구원하는 것이고, 그 사회를 구원하는 힘이 사회적 영성으로부터 나온다.

예수는 이와 같은 사회적 영성을 병자를 치유함으로써 구체적으로 실현했다. 사회적 병리, 사회 집단 속에 뼛속 깊이 스며들어 있는 골수적인 율법 의식에 대해서 그것은 아니라고 말하는 것이 사회적 영성이다. 이러한 사회적 영성이 개인을 온전하게 하고 구원하게 하며 더 나아가서 사회를 건강하게 하는 것이다.

라틴어 살부스(salvus)는 '무사한,' '안전한,' '구원된'이라는 뜻을 가지고 있는 것으로서, 이는 구원이라는 이름의 salvation의 어원이 되는 말이다. 그러므로 구원을 한다는 것은 개인과 사회를 무사하고 안전한 상태로 회복한다는 것을 일컫는다는 것임을 잊지 말아야 한다.

병을 가진 사람들에 대해서 '그 상태는 현실태이고, 결과이니까 불완전하다, 결핍되었다'는 시선으로 바라보면 안 된다. 병을 갖지 않은 사람이라 할지라도 마찬가지로 병에 대해서는 잠재태이다. 언제든 그 역시도 결핍과 결함을 가질 수 있는 존재라는 것을 인정해야 한다.

예수의 시선은 그러한 잠재태와 현실태를 뛰어넘어 그 원인과 결과조차도 완전히 거부하는 회복, 사회로의 온전한 통합에 있었다. 병을 앓고 있는 장모의 손을 잡아 일으키자 열이 내렸다는 것은 그녀로 하여금 이제 원래의 삶, 인간으로서의 삶, 사회적 연대와 통합이 가능한 삶의 상태로 회복시켰다는 것을 상징한다.

마찬가지로 목회자나 교회는 사회적으로 소외된 존재들을 통합하고 싸매고 연결하는 역할을 해야 한다. 하지만 현실은 성직자나 교회 공동체마저도 이분법적 사유와 신앙에 얽매여 인간을 정상과 비정상의 잣대로 재단하고 비정상이라고 판단이 되는 존재들을 소외시키고 배제시키는 일에 앞장을 서곤 한다.

예수에게 어디 그러한 이분법적 기준과 행위가 있었는가?

예수의 행위는 병자를 만진다는 자체에서 이미 율법적으로 저촉되는 일을 자행한 것이다. 어떻게 병에 걸린 환자의 몸에 손을 대는가. 그것은 오염되는 짓이다. 오염되면 정결한 사회로부터 격리, 추방을 당해야 마땅하다. 예수는 이미 위험한 '경계선'(liminality, 임계점)을 넘은 사람이다. 그 사회가 가지고 있는 정결 콤플렉스를 깨부수고 스스로 오염되는 것을 무릅쓰면서까지 사회적 터부를 부정한다.

오늘날 교회가 그러한 사회적 터부에 대해서 폭력이라고 말하는가?

성서적 관념을 마치 자신의 유일한 해석학적 편견으로 삼아 그 사회적 터부를 더 고착화되도록 만드는 것은 아닌가?

성서의 해석학적 소견을 마치 유일한 진리로 착각을 하고 사회적 터부를 정당화하는 것은 아닌가?

본질은 사회적 상황, 개인이 처한 고통에 대한 본질을 정확하게 바라보는 시각이 중요하다. 콘텍스트에 대한 정확한 이해가 없다면, 텍스트를 읽는 사람은 문자주의에 빠지기 쉽다. 문자주의에 경도된 사람이야말로 콘텍스트를 제대로 읽지 못한다. 예수가 사회적 소외자들, 사회적 터부를 짚어내는 시각은 콘텍스트의 본질을 매우 명료하게 보았기 때문에, 텍스트의 문자주의에 빠지지 않고 그 사회적 현실의 문제를 헤쳐 나갈 수 있었던 것이다.

그렇다면 오늘날 교회도 그러한 콘텍스트에 대한 이해, 즉 사회적 터부와 사회적 소외자들의 고통에 대한 이해가 얼마나 깊이 있는가. 너무 피상적이지 않은가?

그들이 결핍되고 결함이 있다는 논리에 대해서 혹 오류는 없는지 의심하고 더 깊이 그들의 심중으로 들어가라. 그리고 교회는 사회가 말하는 논리에 대해서 끊임없이 회의하고 예수의 눈높이에서 바라보려고 노력하라.

시몬의 장모는 병이 낫자마자 예수 일행의 시중을 들었다. 시중을 들었다는 말은 무엇을 뜻하는가?

그리스어 원전에는 diekonei(디에코네이)라고 기록되어 있다. 이는 제자도를 일컫는 말이기도 하다. 여성이 제자가 되었다는 암시적 표현이다.

남성중심주의 사회에서 여성의 지위는 그야말로 천하기 짝이 없었다. 하지만 성서의 저자 역시 남성이기에 그녀를 대놓고 제자가 되었다는 식으로 말하지 않는다. 드러나지 않게 그녀도 제자의 반열에 올랐다는 것을 암시하는 정도에서 그친다. 그럼에도 그녀의 섬김의 제자상이 퇴색되지 않는다. 교회이든 사회이든 식탁 공동체에서 시중드는 존재에 대해서 폄하하지 말아야 할 이유가 여기에 있다. 그들도 예수 제자단의 일원임에 틀림이 없다.

예수를 따른다는 것은 섬김에 있다. 오늘날 우리 교회가 예수를 따른다는 것을 따르기 쉽고 또 편의주의대로 해석하여 골라 따르는 것을 제자도라고 생각하는 이상한 현상을 목도한다. 하지만 제자의 1차적인 행위는 섬김에 있다는 것을 예수의 공생활 초입에서 분명하게 말하고 있지 않은가. 교회는 섬김을 받으려 하지 말고 서로 섬기는 공동체의 소임, 제자도의 삶을 실현해야 할 것이다.

사회적 통념과 사회적 억압 구조에서 해방시켜주는 행위는 많은 사람들에게 공감을 불러일으킨다. 그만큼 갈급하다는 이야기일 것이다. 마가복음사가의 이적사화를 보면 병자들이 사방에서 몰려왔다. 예수는 그들을 차별하거나 가리지 않고 돌봐주었다. 썩은 사회적인 관념, 삶을 옥죄는 사회적 억압 구조는 1세기에만 있는 것이 아니다. 오늘날 우리 사회 구조나 정치, 경제 구조에서도 고스란히 드러난다. 그와 같은 구조 속에서 살고 있는 이들에게는 거기에 적응하지 못하고, 그 기준에 미달되는 사람들에게는 비정상인이 될 수밖에 없고 낙오자, 실패자가 될 수밖에 없다.

예수는 그러한 사람들을 끌어안는다. 그 사람들의 욕구와 필요에 적극적으로 반응한다. 우리는 그것이 삶의 진리이자 신앙의 진리라고 생각한 예수, 곧 가르며 나누고 재는 사회, 그래서 그 기준에 못 미치는 사람들은 도태시키는 사회를 개혁해 나가려는 예수의 본을 받아야 한다. 오죽하면 그런 모습을 마귀도 알아보았겠는가! 교회도 그와 동일하게 사회적 약자들을 끌어안는 사랑과 측은지심이 필요하다.

예수의 여행 일정은 빠듯했다. 그러나 그는 반드시 자신의 일(엄밀한 의미에서 하나님의 일)을 하기에 앞서 새벽에 기도하는 습관을 가졌다. 예수의 사역이 바쁘고 해야 할 일이 많은 만큼 정신적 에너지를 충전해야 할 필요성을 느꼈다고 볼 수 있다.

정신적 에너지라는 표현을 썼지만, 그리스도인에게는 달리 말하면 '기도'다. 그리스도인의 바쁜 일상, 노동자로서의 삶의 상황은 녹록치 않을 수 있다. 하지만 기도하는 습관을 길러야 한다. 어떤 일보다도 일이 아닌 일, 기도하는 일을 통해서 하나님과 함께 하는 시간을 확보해야 한다.

시몬이 예수를 찾아 돌아다니다가 그를 만나 모두가 당신을 찾고 있다고 말하자, 그는 이 동네 저 동네 돌아다니며 전도를 해야 할 곳이 많다는 식으로 말씀을 하신다. 마가복음의 기록대로 그는 사람들을 두루 찾아다니셨다. 예수는 그럴수록 천천히 서둘러 전도를 하신 것이다. 그렇게 천천히 서둘러 전도를 할 수 있었던 배경에는 하나님과의 단 둘만의 시간을 가졌던 '기도'가 있었음을 현대인과 교회는 꼭 상기해야 할 것이다.

3. 죽어야 산다는 것을 모른다!(막 8:31-38)

　사람들은 죽어야만 산다는 것을 모른다. 아니 실제로 내가 매일 죽어가고 있다는 것을 잘 인식하지 못한다. 모름지기 크게 깨닫는 사람은 자신의 한계를 늘 자각하고 산다. 인간의 유한성은 돈을 벌지 못한다거나 자식 농사를 잘 못한다거나 부부의 관계를 적절하게 조절하지 못한다거나 하는 것에 있지 않다. 우리가 언젠가는 이 세계를 영원히 떠나야 할 것이라는 한계상황을 인식하는 것이다.

　예수의 수난과 죽음에 대한 예고 또한 그와 다르지 않다. 다만 자신의 한계상황은 분명히 이스라엘의 구원과 더 나아가서 인류의 구원이라는 위대한 하나님의 일을 성취하기 위한 것이 다를 뿐이다. 실존적으로 개별적인 평범한 인간의 죽음은 그저 생물학적 한계에 다다라서 죽음을 맞이하는 것이라고 단순화시킬 수 있지만, 예수의 죽음은 어쩌면 자발적 죽음이자 그 당시 체제에 굴복하지 않은 탓에 죽임을 당한 것이라고 볼 수 있다.

　예수는 그것을 잘 알고 있었다. 그래서 예수는 자신의 제자들과 함께 이스라엘 전역을 돌아다니면서 하나님의 나라 복음을 전했지만 시시각각으로 조여 오는 실존적인 죽음을 어찌하지 못할 것이라는 예감을 가졌던 것이다.

　그야말로 예수는 죽음을 향해서 나아가는 존재였다. 죽음을 통해서 자신이 살고 민족이 살 것이라는 명확한 사명을 가지고 있었다. 죽음의 의미가 달랐다. 그래서 그는 죽음으로써 산다는 것을 사실화, 현실화시켜야만 했다. 자신뿐만 아니라 제자들에게도 죽음은 곧 삶이라는 것을 깨닫게 해야만 했다. 그럼으로써 제자들도 자신의 죽음에 두려움이 없이 적극적으로 동참하기를 바랐다.

　하지만 죽음에 대한 발언과 죽음을 주지시키는 이야기에 대해서 수

제자라 하는 베드로마저도 펄쩍 뛰지 않는가!

죽음이라는 한계상황을 극복할 수 있다면 맞설 수 있어야지 순순히 죽음의 그림자에 굴복할 수 없다는 것이다. 죽음이 한계라는 베드로의 인식과 죽음이 생명이라는 예수의 인식이 충돌을 일으킨다. 급기야 예수는 베드로에게 사탄이라고 비난하면서 꾸짖는다. 수제자 베드로에게 사탄이라니, 이렇듯 죽음을 그저 인간의 한계상황이라고 단정 짓는 신앙인에게는 하나님의 생각과는 반대되는 사람이 되어버린다. 하나님의 생각을 읽을 수 있어야 하는데, 인간은 자신의 생각으로 하나님의 생각까지도 재단한다.

예수를 향한 하나님의 일은 그가 죽음으로써 생명을 살리는 데 있다. 생명을 살리기 위해서 반드시 죽음을 통하지 않으면 진짜 한계상황이라는 죽음을 이기지 못한다. 죽음의 두려움, 그 죽음의 공포는 내가 사라진다는 것 이상이다. 정신과 영혼도 이 세계에서 영원히 사라질 것이라는 불안이 인간을 죽음에 대한 공포로 몰아간다.

예수의 수난과 죽음을 말린 이유는 그의 죽음을 통해서 알게 되는 자신의 죽음과 더불어 존재에 대한 망각, 그리고 잊힘이라는 실존적 불안이었는지 모른다. 그들과 함께 3년 동안 동고동락을 했던 지도자가 사라진다는 것은 자신들의 존재가 사라진다는 것이나 다름이 없다. 아직 그들 스스로 일어설 준비가 되지 않았던 것이다.

그렇다. 사람들은 자신이 스스로 일어서지 못하면 의존할 대상이 필요한 법인데, 누군가가 조력자의 역할을 해주기를 간절히 원하는 법인데 그래야만 자신의 존재를 더불어 인정할 수 있을 텐데 그러지 못하기 때문에 불안으로 치닫게 되는 것이다.

예수는 그들에게 삶이었다. 어쩌면 삶 그 자체였다고 보는 것이 좀 더 정당한 평가일 것이다. 그러니 스승 예수의 수난과 죽음은 삶의 존립 기반 자체가 무너지는 것이다. 결국 예수의 수난과 죽음을 극구 반대하고 나선 것은 자신을 위해서라는 결론에 도달하게 된다. 자신의 존재를 위해서 예수가 죽으면 안 된다는 이기적인 마음이 사탄이라는 정체로 나타나고 말았다.

따지고 보면 예수의 수난과 죽음은 나를 위한 죽음이다. 나를 살리기 위한 죽음이다. 그러면 그것을 인간의 한계상황으로 볼 것이 아니라 삶의 가능성과 생명의 승리를 바라볼 수 있는 신앙적 혜안이 필요한 것이다.

그러나 사람은 사람의 일을 생각하지 하나님의 일을 생각하지 않는다. 수난이 되었든 죽음이 되었든 사람의 초점과 판단은 사람의 생각을 넘어서지 못한다. 오히려 그것이 인간의 신앙적 한계상황이다. 극한 상황 속에서 하나님의 일을 생각할 수 있는 사람이 진정한 신앙인이다. 그렇다고 무조건 입만 벌리면 하나님을 발언하는 사람이 되어야 한다는 것을 의미하는 게 아니다. 그것은 더 위험하다. 인간의 마음과 생각을 넘어서 하나님의 생각을 그려보는 버릇이 신앙인에게 습관이 되어야 한다.

그래야만 자신의 십자가를 지고 예수를 따를 수 있다. 신앙이 습관화-신앙적 편견이나 고집, 맹목이 아닌-가 된 사람은 인간의 마음과 생각이 아닌 하나님의 일을 떠올리기 때문에, 신앙의 고백에 따라 몸이 움직인다. 가능한 한 하나님의 일에 부합하는 인간이 되어보고자 애를 쓰는 것이다. 따라서 예수를 위해서, 그리고 복음을 위해서 죽음을 불사하는 신앙인이 될 수 있는 것이다.

예수와 복음을 위해서는 죽음을 아랑곳하지 않고 전진하는 신앙인은 그것이 삶이요, 생명이라는 것을 깨닫게 된다. 자신을 살리는 것뿐만 아니라 이웃을 살리고 세계를 살리는 사람이 된다. 수난과 죽음이 없이 삶과 생명이 새롭게 태어나지 않는다. 예수의 말은 만고의 진리이다. 예수는 자신의 수난과 죽음을 예고하면서 제자들에게 실질적인 신앙과 죽음을 교육하고 있는 셈이다.

그간에 제자들과 함께 한솥밥을 먹으며 숱한 말과 행위로 교육을 했을 것이다. 기적, 사랑, 독설, 위로, 비판 등 모든 것들이 그들에게 교육이 되었을 것이다. 그런데 그보다 더 강도가 높은 교육은 내가 죽은 후에는 너희들이 홀로 서야 한다는 이른바 홀로서기 교육이었다. 인간은 태어나서 성인이 되기까지 홀로서는 연습을 부단히 하기 마련이다. 그동안에는 부모의 그늘에서 성인이 되기 위한 여러 배려와 교육, 그리고 울타리 역할을 해주지만, 성인이 되면 홀로서야 한다.

예수는 자신의 수난과 죽음을 통해서 제자들이 어떤 삶을 살아야 하는가를 짚어주고 있는데, 베드로를 비롯한 제자들은 그것을 인식하지 못했다. 자신들의 힘으로 스승이 걸어갔던 구원의 길을 똑같이 걸어가야 한다는 사실을 잘 몰랐던 것이다. 신앙적으로 홀로 섰을 때 비로소 하나님 앞에서 당당한 개별적 신앙인으로서 결단하며 살아갈 수 있다. 징징대며 자신을 붙잡아 줄 의존 대상자를 찾지 않고 오히려 자기 스스로 사회와 세계, 그리고 인류를 구원하기 위한 헌신자로 살아갈 수 있는 것이다. 예수는 그것을 원했다. 하나님의 일은 모두가 자신의 십자가를 지고 예수가 그랬던 것처럼 목숨까지도 버릴 각오를 하면서 체제에 순응하지 않고 인류의 구원을 위해서 헌신하고 봉사하는 사람으로 사는 데 있다.

인간은 체제와 지배, 이데올로기에 그저 아무 말도 못하고 이끌려가지만, 그것은 결국 제 목숨을 지키기 위한 구실밖에 되지 않는다. 자기 목숨 하나 구하자고, 자기 입에 풀칠을 하자고 이 세계가 처한 죄악의 현실에 눈을 감는다면, 그것은 그리스도인이 아니다.

예수의 수난과 죽음, 그의 언행에 대해서 부끄럽게 여기지 않고 당당하게 세상과 맞서 싸우는 신앙인이 요구되는 시대가 아닌가!

예수는 하나님의 일을 위해서 살다가보면 인간의 한계상황에 맞닥들일 때가 있노라고 말하고 있다. 설령 그렇다 할지라도 자신처럼 하나님의 일에 충실할 수 있는가를 묻고 있다. 자신의 의식주 문제나 해결하기 위해서 살아가는 사람, 실존적인 자기 결단도 없이 그저 죽음이라는 한계상황도 존재하지 않을 것처럼 살지 말라고 종용하고 있다.

그러면서 예수는 그러한 사람의 일만 생각하고 안주하지 말고 하나님의 일을 위해서 분투할 수 있겠는가를 촉구하고 있는 것이다. 원시 그리스도교 공동체 이후에 예수를 따르고자 했던 많은 영성가들은 인간의 일이 아니라 하나님의 일을 위해서 자신을 버렸다. 말로, 행위로, 삶으로, 죽음으로 결단을 하였다.

지금 우리에게 하나님의 일은 무엇인가?

그것을 위해서 우리는 결단할 준비가 되어 있는가?

곰곰 생각해 봐야 할 일이다.

4. 몸을 낮추는 사람들(요 13:1–17, 31b–35)

그리스도교에 있어서 진정한 제자도란 무엇일까?

당연히 그리스도를 따라가는 사람, 그리스도를 닮아가는 사람을 말한다. 그것은 단순한 모방을 넘어서 우리의 삶, 우리의 실존이 그리스도화가 되는 것을 의미한다. 다시 말해서 그리스도의 제자가 된다는 것은 내가 그리스도가 된다는 말과도 같다.

내 안에 그리스도가 있다면 내가 그리스도의 화신이 되어야 한다. 만일 내가 그리스도의 화신이 되지 못한다면 내 안에 그리스도는 없는 것이나 마찬가지이다. 말과 행위, 표정과 생각, 내 속뜻, 나의 삶의 지향 등 모든 것이 그리스도와 같이, 그리스도와 같은 것이 되지 않으면 안 된다.

요한복음서 13장은 과월절, 그러니까 유대력으로 니산월 15일 이전에 예수께서 제자들에게 고별사를 말씀하시는 장면이다. 예수께서 자신이 떠날 것을 아시고 제자들을 더 극진하게 사랑하셨다고 나와 있다. 공동번역에 "극진히"는 그리스어로 에이스 텔로스(eis telos)이다. 풀이하면 '마지막 순간까지,' '능력의 한계까지'라는 뜻과 함께 '완벽하게,' '몹시'라는 부사로 사용되는 말이다. 다시 말해서 스승이신 예수 그리스도는 제자들을 자신의 죽음에 이르기까지, 완벽할 정도로 사랑하셨다는 뜻이다.

독일의 현대 영성가 안셀름 그륀 신부는 사랑을 "누군가에게 홀딱 반한 감정 이상의 것"으로 정의하고 있다. 그에 의하면 사랑을 뜻하는 아가페는 순수한 사랑, 우리에게 주어진 힘 같은 사랑, 우리가 거기서 물을 긷는 샘 같은 사랑이다.

그러므로 예수께서 제자들을 몹시도 사랑하셨다는 말은 한 없이 길어 올리는 샘과 같은 사랑이다. 퍼올리고 또 퍼올려도 마르지 않는 사랑이다. 그분은 사랑 자체이신 분이다. 이처럼 우리의 사랑도 스승이신 예수 그리스도의 모습을 진정으로 구현하는 행위이다. 우리가 사랑하지 못하고 있다면 더 사랑하도록 노력해야 하고, 우리가 사랑한다면 좀 더 사랑할 수 없는가를 고민해야 한다. 사랑이 그리스도의 실체이기 때문에 그렇다. 그 실체의 구현이 곧 내가 그리스도인이라는 것을 드러내주는 증거다.

말, 행위, 표정, 생각, 속뜻, 삶의 지향 등 그 바탕에 그리스도의 사랑이 깔려 있지 않다면 다 가짜이고 허식이며 형식에 지나지 않는다. 나의 이익과 감정에 따라서 사랑하는 듯, 사랑하지 않는 듯 하는 것이 아니라 그리스도의 사랑이 내 안에 있기 때문에 사랑이라는 의무감으로 서로 사랑할 수 있는 존재가 진정한 그리스도인이다.

그렇지 않으면 이스가리옷 유다와 같은 존재가 되는 것이다. 이스가

리옷이라는 말에는 두 가지 의미가 내포되어 있다. 그의 출신 성분이 강도였다는 것이고, 또 다른 하나는 헤브론에서 남쪽으로 20km 지점에 있는 크리욧 헤스론 사람이라는 뜻이다.

그는 예수의 제자단의 일원으로서 재정 담당자였다. 복음서에 보면 간혹 그 재정을 빼서 개인적으로 사용하기도 했다고 나온다. 그는 매우 현실적이고 실질적인 사람이었다. 계산적이었던 사람이다. 예수를 사랑해도 산술적 가치와 실리가 늘 전제되어 있었다. 제자들의 밥과 잠잘 곳을 생각해도 사랑에서 우러나온 헌신과 봉사가 아니라 늘 주판을 튕긴 사람이다.

스승이신 예수를 배반하게 된 것도 그러한 삶의 자세와 다르지 않다. 예수가 정말 로마를 전복시키고 이스라엘을 쇄신하고 재건하는 인물이 될 것이라는 확신이 있었다. 그는 예수가 그러한 힘이 있다고 확신하였기에 그분을 추종한 것뿐이었다.

그러나 굴복과 굴종과도 같은 죽음을 선택한 예수의 힘없는 행보는 견딜 수 없는 분노가 되었을 것이다. 자신의 생각, 자신의 계산, 자신의 이익, 자신의 관심, 자신의 시각으로 예수를 모신 것이다.

우리도 그러지 않는가?

예수를 믿는다는 것이, 어쩌면 교회에 다닌다는 것이, 그리스도교 신자가 된다는 것이 무슨 이익이나 관습이나 판단이나 자부심과 같은 복합적인 오직 자기 자신의 것을 위해서 계산된 몰입과 사랑, 실리적인 습관으로 되고 있는 것은 아닌지 생각해봐야 한다.

그와 같은 자신의 이익, 자신의 관심, 자신의 판단, 자신의 주장을 다 떠난 예수의 행위, 오로지 하나님 아버지의 뜻을 자신의 몸으로 구현하는 모습이 바로 세족례에서 나타난다. 그는 몸을 구부린다. 머리를 숙이고 허리를 구부리고 무릎을 꿇고 제자들의 발을 씻어준다. 상대에게 몸을 숙이는 행위는 실존적으로 타자에게 몸과 마음을 내맡김이다. 상대방에게 온전히 자신을 내어줄 수 없다면 몸을 함부로 숙일 수 없다. 몸을 구부린다는 것은 상대방에 대한 신뢰가 없다면 불가능하다. 자신의 목숨과 마음까지도 상대방에게 증여하는 것이기 때문이다.

예수는 제자들에게 자신의 뜻을 넘겨준다. 몸을 숙이면서 제자들에게 자신의 마음까지도 완전히 그들에게 양도한다. 그들의 마음으로 들어가며 그들에게 자신의 몸을 의탁한다. 이제 자신의 몸과 마음은 자신의 것이 아니라 제자들의 것이다.

여기에서 우리는 예수의 몸 숙임이 자신의 엄청난 위험임을 간파하게 된다. 몸을 숙이는 것은 자신을 상대방의 처분에 맡기는 것이다. 그가 해코지를 하든, 욕을 하든, 외면을 하든, 웃음으로 응대하든, 심지어 죽이려 하든 상대방에게 몸을 맡기는 행위이다. 우리는 교회에서, 학교에서, 직장에서, 가정에서 고개를 숙인다. 몸을 구부린다. 겸손의 상징이요 존경의 상징이다.

하지만 더 중요한 것은 '그 순간에 상대방에게 자신의 뜻과 마음을 전달하고 타자의 마음으로 들어가겠다, 타자의 마음으로 들어가려고 하는 무방비 상태이니 나를 받으라'는 뜻의 몸짓이다. 허리를 구부리는 순간 나는 없다. 머리를 숙이는 순간 내가 있어서도 안 된다. 이제 나의 마음은 타자의 것이니 말이다.

그도 그럴 것이 철학자 모리스 메를로-퐁티(Maurice Merleau-Ponty)에 의하면, 인간은 몸과 몸이 만남으로써 서로 알아차리게 된다. 타자는 몸을 통해서 나 자신을 알게 해준다. 타자의 몸이 존재함으로써, 타자의 몸을 만짐으로써 나 자신이 만져지게 되기 때문에 타자로 인해서 나는 나를 인식할 수 있는 것이다.

발을 어루만지고 씻는 행위는 제자를 만지는 것이고, 제자는 예수를 만지는 것이니 둘은 떼려야 뗄 수 없는 관계가 되는 것이다. 예수의 발 씻는 그 행위로 인해서 제자들은 예수의 마음을 받았다. 겸손으로, 사랑으로 받았다. 아니 그것이 넘칠 정도의 섬김과 사랑과 봉사와 헌신이라는 것을 단박에 알아차렸다.

이와 같이 몸과 몸이 만나고 상대방의 몸짓을 알아차리는 것에 대해서, 동물들 사이에서도 행동과 감정의 이해 방식과 교류 방법이 다르다는 것을 알게 된다. 개와 고양이가 앙앙대는 것은 서로를 이해하는 방식이 달라서라고 한다. 개가 앞발을 들면 함께 놀자는 마음 표시이지만, 고양이에겐 그게 언제든지 대들겠다는 경계 신호란다. 고양이가 귀를 뒤로 젖히는 건 심정이 사나우니 건드리면 언제든 할퀴어놓겠다는 뜻이지만, 개는 당신에게 순종하겠다는 의미란다. 그러니 오해가 싹틀 수밖에 없다.

그렇다면 교회는 어떤 언어와 몸의 상징으로 서로 마음을 전달하고 신뢰를 전달하고 있을까?

또 어떤 마음과 표정의 상징으로 생각을 전달하고 사랑을 전달하고 있을까?

혹 서로 알아차리지 못하는 언어와 몸의 상징으로 오해를 불러일으키거나 상처를 주거나 냉담을 하게 하거나 아예 교회를 나오지 못하도록 하지는 않는가?

교회의 공통된 상징은 섬김과 사랑, 봉사와 헌신이 되어야 한다.

거기에 무슨 상징이 더 필요할까?

대대로 내려오는 그리스도교 집안이라고 권력 행사를 하는 상징을 내비칠 것인가?

아니면 그리스도교는 점잖은 신앙 공동체니 그저 점잖게 타자를 맞이하는 상징체계로 일관할 것인가?

내 생각과는 영 달라서 웃음을 가식적으로 표현하면서 막연히 타자를 사랑하고 이해하고 있다고 형식적으로 보여주는 상징을 쓸 것인가?

나의 이익과 부합하지 않는다고 해서 타자를 밀어버리거나 못 마땅한 마음을 드러내는 교묘한 상징을 쓸 것인가?

도대체 한국교회는 어떤 신앙적 상징으로 따뜻하고 생기 있는 공동체를 만들어 나갈 수 있을까?

정녕 한국교회는 정이 넘치며 발랄하여 희망이 있는 예수께서 말씀하신 신앙의 상징들을 몸으로 표현할 수 없는 것일까?

원래 발을 씻는 행위는 아무리 노예라도 그 사람이 유대인일 경우에는 시킬 수 없는 굴욕적인 일로 여겨졌다. 한때 로마의 황제였던 칼리굴라는 원로들에게 자신의 발을 씻으라고 명령함으로써 일부러 굴욕감을 안겨주었다는 이야기도 있다. 물론 유대 사회에서 유대인이 아닌 종이 유대인 주인의 발을 씻어 주고, 부인이 남편의 발을 씻어주며, 아이들이 아버지의 발을 씻어주는 관행이 전혀 없었던 것은 아니다. 그런 의미에서 예수의 세족례는 사랑의 발로요 겸손과 봉사의 귀감이 된다.

발을 씻는 일이 종과 같은 천한 일이라는 것을 알게 된다면 예수께서 "너희도 서로 발을 씻어주어야 한다"는 말이 무엇을 의미하는 것인지 알게 될 것이다. 우리도 서로 종이 되어 서로 발을 씻어주어야 한다는 것이다. 섬김과 사랑, 봉사와 헌신의 삶을 살아야 한다는 것이다.

그리스도교 신자들 각자는 서로 몸을 구부려 타자에게 자신의 마음을 표현해야 한다. 허리를 굽혀 타자의 발끝까지도 내려다 볼 수 있는 겸손함이 필요하다. 마음을 내려놓고 형제를 위해서 봉사하는 자세가 있어야 한다. 타자의 피곤한 발을 보면서 그 사람의 삶의 무게가 얼마나 큰지를 이해할 수 있어야 한다. 타자의 못생긴 발을 통해 그 사람이 가진 마음의 짐이 얼마나 큰지 헤아릴 수 있어야 한다. 타자의 더러운 발을 만지면서 그 사람의 불행한 삶을 위해서 기도할 수 있어야 한다. 예수처럼 말이다.

요한은 예수의 말씀을 이렇게 기록하고 있다.

정말 잘 들어두어라. 종이 주인보다 더 나을 수 없고 파견된 사람이 파견한 사람보다 더 나을 수는 없다(요 13:16).

공동번역에서는 "정말 잘 들어두어라"라고 번역하여 옮겼지만, 실제 원어로는 아멘 아멘 레고 휘민(amen amen lego hymin), 즉 자구대로 번역하면 "진실로 진실로 내가 너희들에게 말한다"이다. 아멘을 연거푸 두 번 사용할 때는 예수께서 '진리를 천명'하고자 할 때와 '사실을 확인'할 경우이다. 그러니까 여기서는 지금 예수께서 말씀하려고 하는 것은 반드시 진리로 알아두어야 한다고 강조하고 있는 것을 볼 수 있다. 같은 구절 후반부에 언급되고 있는 파견되었다는 뜻의 그리스어 펨포(pempo)는 파견한 사람과 파견된 사람의 일치를 말한다.

그러므로 섬김과 사랑, 봉사와 헌신을 위해서 몸을 구부리는 사람은 예수와 똑같은 행위를 하는 사람이다. 예수와 똑같이 섬김과 사랑, 봉사와 헌신을 위해서 파견된 사람이 되는 것이다. 우리 모두는 예수로부터 섬김과 사랑, 봉사와 헌신을 위해서 파견된 사람들이라는 것을 명심해야 할 것이다.

오리게네스 교부는 "스승은 제자들로 하여금 자신과 같이 되어 스승인 자기를 계속 필요로 하지 않기를 바란다"는 말을 하였다. 스승을 따르는 제자는 궁극적으로 스승을 넘어설 때 스승의 가르침을 완수하게 된다.

12-17절의 말씀을 보면 우리의 스승 예수는 제자들이 자신의 삶을 본받아 사랑과 섬김의 삶을 살아야 한다고 말씀하고 계신다. 스승의 뜻만 안다고 해서 될 문제가 아니라 예수를 닮으려는 지행합일, 즉 알면 실천해야 한다는 것을 말해주고 있는 것이다.

한국교회의 신자 한 사람 한 사람이 그렇게 예수의 섬김과 봉사, 헌신과 겸손을 깨닫고 실천으로 옮기는 공동체가 되어야 한다. 교회를 섬기고 봉사하는 것이 늘 하는 사람만 하면 불만이 쌓이게 된다. 지치기도 한다. 나중에는 아예 교회에 헌신하는 일까지 등한히 하면서 급기야 냉담으로 치닫게 된다.

사랑과 섬김은 일방이 아니다. 몸과 몸이 만나면서 타자를 통해서 나를 알고 '사랑'을 나누는 신자가 되어야 한다. 몸과 몸이 만나면서 타자를 통해서 나를 알고 '섬김'을 뿜어내는 신자가 되어야 한다.

우리는 항상 먼저 내가 있기 때문에 타자가 있다고 생각한다. 나 중심주의가 팽배해 있다. 그러나 이제는 타자가 있기 때문에 내가 있다는 생각으로 바뀌어야 한다. 결국 타자를 섬기게 되면 나도 섬김을 받는 것이고 타자를 겸손하게 대하면 나도 겸손하고 존귀하게 여김을 받게 된다.

31절을 보면 예수께서 이렇게 말씀하신다.

> 이제 사람의 아들이 영광을 받게 되었고 또 사람의 아들로 말미암아 하나님께서도 영광을 받으시게 되었다(요 13:31).

여기서 영광이라는 말은 그리스어로 독사(doxa)요 히브리어로는 카보드(kabod)이다. 예수에게 영광은 하나님의 나라와 동일한 개념이다. 이는 예수의 죽음으로 거룩한 영역으로 들어 높여 하나님의 빛이 세상 안으로 들어가게 되었다는 것이다.

하나님의 빛이 세상 안으로 들어가게 된 것을 어떻게 알 수 있는가?

그것은 우리를 통해 그리스도의 사랑을 지금 여기에서 실현하는 것으로 알 수 있다. 우리의 사랑이 하나님의 빛을 알려주고 그 빛이 빛나도록 해준다는 사실이다.

예수는 고별사를 통해서 제자들에게 새로운 계명을 준다. 바로 서로 사랑하라는 것이다. 예수가 제자를 사랑한 것처럼 제자들도 서로 사랑하라는 말씀을 남긴다. 사실 이 이야기는 예수의 유언이나 다름이 없다. 예수의 제자가 된 사람들은 서로 사랑해야 한다.

교회 공동체적인 측면에서 보면 교회의 신자와 신자 사이에 사랑이 없는데 누가 누구를 사랑할 수 있으며, 그리스도인이 사랑으로 세계를 품을 수 있을까?

어불성설이다.

공동체 내의 식구들에 대해서 나 몰라라 하고 누가 교회에 안 나오는지, 누가 아파하는지, 누가 냉담을 하는지, 누가 상처를 입었는지에 대해서 관심조차 갖지 않는 신자들이 무슨 같은 공동체 내에서 예배를 드리고 공동식사를 한다고 말할 수 있을까?

모순이다.

교회 공동체 내의 식구들이 서로 사랑하지 않는 것을 보고 세상은 우리들에게서 그리스도를 볼 수 없다고 말한다. 교회 공동체 내에서 갈등하고 반목하며 질시하는 모습을 목도하고 세상은 교회로부터 등을 돌리고 만다. 거기에는 더 이상 그리스도의 사랑이 존재하고 있지 않다는 것이다.

그러므로 우리 안에 그리스도가 현존하고 있다면 서로 사랑해야 한다. 우리 안에 사랑의 그리스도가 있다는 것은 우리가 서로 사랑할 때 그것을 나타내 보여줄 수 있다. 우리가 사랑할 때 그리스도가 현존하는 것이고, 우리가 사랑할 때 그리스도가 우리 가운데 살아 계신 것이다. 반대로 우리가 반목하며 무관심하고 개인의 이익을 생각하여 타자를 멀리하고 서로 이간질할 때는 그리스도는 안 계신 것이다. 다시 말해서 우리가 사랑할 때 그리스도는 늘 우리와 함께 계시는 것이다.

그러면 그 사랑을 우리만 하면 되는 것일까?

아니다.

사랑은 점점 더 밖으로 퍼져 나가야 한다. 우리 교회가 있는 이곳을 비롯하여 우리가 살고 있는 이웃에게로, 우리가 직장생활을 하고 있는 동료에게로 그리스도의 사랑이 확대되어 나가야 한다. 우리끼리만, 그리스도인들끼리만 사랑을 하면 그것 역시 끼리끼리의 사랑이라고 비판을 받을 뿐 진정한 그리스도의 사랑이라고 자부할 수가 없다. 교회의 사랑은 이웃을 지향해야 한다. 교회가 개교회중심주의, 가족중심주의 신앙이 강하다는 말을 하곤 한다. 또 그것에 대해서 비판의 목소리도 존재하는 것이 사실이다.

그것은 무엇을 말하는 것일까?

우리 가족주의, 혹은 가족이기주의적인 신앙 공동체로서의 사랑에만 머물 수 있다는 것을 뜻한다.

사랑은 그리스도교라는 가족 공동체, 곧 '우리 교회'의식, '우리 종교'의식, '우리 교파'의식으로는 성숙, 성장할 수 없다. 그것을 넘어선 사랑이어야 교회가 더 발전하고 더 포용적인 사랑을 전할 수가 있게 된다. 그리스도의 사랑으로 이웃을 사랑해야 감화한다.

이웃을 사랑해야 하는 이유는 그것이 그리스도께서 그렇게 하셨기 때문이다. "내가 너희를 사랑한 것처럼 너희도 서로 사랑하여라"(요 13:34)라는 구절에서 "처럼"에 해당하는 그리스어는 카토스(kathos)이다. "같이"라는 뜻을 품고 있는 카토스는 사랑의 정도를 나타내는 것이 아니라 사랑을 해야 하는 그 마땅한 근거를 제시하는 말이다. 그러니까 신자들 서로가 사랑하고 더 나아가서 이웃을 사랑해야 하는 근거는 예수가 우리를 사랑했기 때문에 그렇다는 것이다.

우리가 예수를 믿은 것이 대대로 이어온 전통(교파, 종교, 교회 등)이 있는 신앙 집안이기 때문에 습관적으로 젖어 있는 신앙이 아니어야 한다. 오히려 우리가 예수를 믿은 것은, 내가 그리스도인이 된 것은 예수의 사랑을 알고 싶어 했기 때문에, 예수의 사랑을 깨달았기 때문에 이

자리에 있다고 자신 있게 고백할 수 있어야 한다.

거기에서 멈추지 말아야 한다. 이제는 믿음의 고백을 가지고 예수가 우리를 사랑한 것처럼, 있는 힘을 다해 우리를 사랑한 것처럼 서로 사랑해야 한다. 그리고 할 수만 있거든 이웃을 그리스도를 대하듯 사랑해야 한다. 이것이 그리스도께서 우리에게 당부하신 말씀이다.

특별히 35절의 말씀을 명심해야 한다.

> 너희가 서로 사랑하면 세상 사람들이 그것을 보고 너희가 내 제자라는 것을 알게 될 것이다(요 13:35).

다시 처음의 질문으로 돌아가 보자.

그리스도인에게 있어서 제자도란 무엇인가?

바로 그리스도처럼, 그리스도께서 하신 것처럼 서로 사랑하는 일로써 그를 닮아가는 것이다.

세상은 우리가 그리스도께서 하신 말씀을 잘 지키고 있는지 눈살필 것이다. 세상은 우리가 사랑하는지, 사랑하지 않는지 그 척도로서 그리스도의 제자인지, 진정한 그리스도인인지 아닌지를 가늠할 것이다. 그러므로 부디 서로 사랑하라!

안셀름 그륀 신부는 말한다. 우리에게는 사랑으로 갚아야 할 빚, 곧 사랑 체험의 빚이 있다고 말한다. 빚을 청산하지 않으면 늘 채무불이행에 대한 부담감을 지고 살 수밖에 없다. 사랑도 마찬가지이다. 그리스도로 인해서 우리 각자는 서로에게 사랑의 빚을 지고 있는 것이다.

우리는 각자 서로에게 사랑을 해야 하는 빚을 지고 있다. 한국교회 신자들 각자는 사랑의 빚이 있다. 그 빚은 오로지 사랑으로만 갚을 수 있다. 교회 공동체 신자들 서로가 표현하는 사랑, 그것을 예수는 원하고 있다. 그러므로 서로 사랑의 빚을 갚아야 한다. 이것이 그리스도께서 우리에게 말씀하고 계신 음성이다.

5. 빈 무덤의 선물 (마 27:57-66; 요 19:38-42)

고영이라는 시인의 『딸꾹질의 사이학』이라는 시집에는 "선물"이라는 시가 나온다.

> 누군가 오래된 모자를 선물로 보내왔다. 챙이 없는 벙거지 모자였다. 머리를 묻기에 적당히 좋을 만큼 예쁜 무덤이었다. 묻을까 말까 한참을 고민하다 그냥 머리를 묻기로 했다. 빈 무덤이 따뜻했다. 한겨울을 무사히 났다.

해석과 의미는 다양할 수 있어도 무덤이란 이미지는 부정적이라 피하고 싶고 외면하고도 싶어진다.
그렇다 하더라도 우리에게 적어도 무덤 하나 정도는 따뜻하게 해줄 마음이 있는 것일까?
텅 비어 있는 무덤, 그것은 저주일까?
아니면 선물일까?
해년 마다 맞이하는 성주간의 전례에서 우리는 무덤 속에 계실 예수를 생각한다. 허무하고 공허하기 그지없는 예수의 죽음 속에서 그저 침묵만이 흐르고 있는 시간을 경험하는 것이다. 그렇지만 우리는 잘 안다. 그 무덤은 텅 비어 있는 곳이라는 사실을 말이다. 숱하게 들어온 이야기들, 반복적으로 성주간의 전례를 경험한 신자들은 그것이 부활을 위한 그저 하나의 과정이라는 것을 너무나도 뻔한 사실로 받아들이고 있다.
하지만 그 빈 무덤이 항상 우리의 사건, 나 자신의 특별한 사건으로 다가오는 것일까?

　마태복음사가와 요한복음사가는 예수의 죽음 이후에 그 시신을 어떻게 장사지내는지, 어떻게 무덤에 묻히는지 상세하게 기록을 하고 있다. 그 기록을 통해서 우리는 예수의 장사 지냄과 묻힘, 그 무덤의 흔적을 좇는다는 것이 무슨 의미인지 살펴볼 필요가 있다.

　때는 해질 무렵이었을 것이다. 유대인의 관점에서 볼 때 사형을 당한 죄인의 시체가 밤새도록, 특히 안식일이 시작될 때 "나무 위에" 달려 있게 할 수는 없었다. 그래서 라바다임 소비 마을 출신의 아리마대 요셉은 빌라도에게 가서 예수의 시신을 달라고 요청한다.

　이것이 간단한 일 같지만 실상은 그렇지가 않다. 로마 형법에 따르면 사형수의 시신을 그냥 내버려두었다가 다 썩은 다음 여러 시신들을 한 구덩이에다 묻었다. 그러다보니 사형수의 시신이 새나 들짐승의 먹이가 되거나 심지어 물속에 던져버리는 경우가 종종 있었다. 다만 총독의 특별한 허락이 있거나, 혹은 친척들이 요청을 할 때에만 사형수의 시신을 묻을 수가 있었다.

　따라서 아리마대 요셉이 그럴 수 있었던 것은, 그가 유대 최고 의회 의원으로서 총독에게 접근할 수 있는 위치였기 때문이었다. 30년 4월 7일 금요일, 서산에 해가 지면서 과월절 겸 안식일 이중 축제가 시작되겠기에 그 전에 골고다의 사형수 세 사람의 시신까지 처리를 해야 했다.

　마가복음서에서 아리마대 요셉은 하나님의 나라를 열심히 기다리는 사람으로 언급된다. 그에 반해 마태복음서에는 그가 예수의 제자라고 분명히 밝히고 있다. 유대인들은 시신을 씻고 향유를 바른 다음 수의를 입혀 장례식을 치렀다. 그러나 예수는 해질 무렵이고 극형으로 처벌된 죄인인 관계로 그러한 예식을 생략한 채 서둘러 아마포로 감싸서 매장했을 것이다.

　요한복음서를 보면 니고데모가 향료인 침향과 방부제인 몰약을 백리트라, 그러니까 32kg을 가지고 왔다고 기록하고 있다. 또한 유대인들은 가능하다면 가족 무덤에 장례를 치루는 것을 매우 중요시 했지만 사형수는 예외였다. 그래서 사형수를 위해서 두 장소가 준비되었을 것이다. 한 군데는 돌에 맞아 죽었거나 불에 타 죽은 이를 위한 장소, 또 다른 한 군데는 교살을 당한 사람을 위한 장소였다. 죄수는 일반 사람들을 불명예스럽게 만들기 때문에 결코 그들 곁에 묻히는 일이 없었다.

최소한 시체를 넣을 수 있을 만큼 바위를 판 무덤에 묻고 무덤을 막기 위해 입구에 큰 돌을 굴려 넣은 것도 관습이었다. 예수를 위해서 준비된 새 무덤은 최근에 준비한 것이었다. 아리마대 요셉은 나이가 많았거나 죽을 날이 얼마 남지 않았던 것 같다. 일반적으로 무덤이 바위일 경우 암벽을 탁상형으로 혹은 선반형으로 혹은 서랍형으로 파고 시체를 그 속에 넣어두었다. 여인들은 십자가에 매달린 사람들을 매장했던 것보다 더 낫게, 즉 죄수용 무덤에 예수의 시체를 두지 말고 좀 더 그럴듯하게 예수를 매장하기를 바랐다.

특별히 마태복음 27장 62절에서 66절은 80년경에 유대인과 그리스도인들 사이에 벌어진 예수 부활에 대한 논쟁을 반영한 내용이다. 예수가 부활을 했는가 하지 않았는가를 두고 유대인과 그리스도인이 팽팽하게 맞섰다는 것을 반증하는 이야기다. 이야기인즉슨 수석 사제들과 바리새파들은 빌라도에게 가서 예수가 사흘 만에 되살아날 것이라고 말한 것을 기억한다고 말한다. 그러니 무덤을 지키는 것이 어떻겠느냐 하는 것이다.

빌라도는 경비병들을 내어준다. 그 경비병들은 성전의 치안을 유지하는 경찰들이었다는 견해와 혹은 총독이 내어 준 로마병사들이었다는 두 가지 견해가 있다. 여하튼 무덤 경비는 주전 50년에서 주후 50년 사이에 로마 황제 칙령의 과제가 되었을 만큼 중요한 일이었다. 무덤 입구는 큰 돌로 막고, 그 돌을 밧줄로 매어 돌 입구에 연하고 밧줄의 중앙 및 양끝을 초 혹은 흙으로 그 돌을 움직이지 못하게 하였다.

이러한 이야기를 토대로 생각해볼 때, 예수의 무덤은 죽음을 상징하는 것이요, 모든 것이 끝나고 더 이상의 기적은 일어나지 않을 것 같은 절망감을 갖게 한다. 우리가 잘 아는 대로 무덤은 죽음을 상징한다. 사람이 죽으면 장례 절차에 따라 무덤에 묻히게 되어 있다. 예수도 예외는 아니었다. 그는 무덤에 묻혔다. 복음서에 따르면 아리마대 요셉과 니고데모에 의해서 적절한 장례가 치러졌다.

이제 그는 정말 생명이 다 한 것일까?

무덤을 지키는 병사들 때문에라도 접근조차 할 수 없다. 이제 그는 제자들과 상봉을 할 수도 없다. 복음의 내용을 읽다가 보면 예수의 모든 역사와 기억들이 끝이 난 것처럼 보인다.

그러나 그보다 더 무섭고 염려스러운 것은 우리 스스로 '신앙의 무덤'을 만들고 있는 모습이다. 신앙의 무덤은 아무것도 기대하지 않는 것, 예수의 말씀을 기억하지 못하는 것, 예수의 말씀을 되새기지 못하는 것, 자기의 생각에 갇혀 있는 것이다. 지금 여인들과 제자들은 바로 예수의 무덤에 걸려 넘어져 있는 것이 아니라 더 근원적으로는 신앙의 무지, 신앙의 망각에 빠져 있다. 예수는 평상시 누누이 자신의 부활에 대해서 말해왔다.

그럼에도 불구하고 아무도 그것을 기억하는 이가 없었다. 아무도 그것을 기대하는 이가 없었다. 아마도 장사를 잘 지내야 한다는 급박함만이 마음을 짓누르고 있었을 것이다. 오로지 그래도 사형을 당했다는 다른 사형수보다는, 보다 나은 무덤을 만들어 드려야 한다는 일념만이 머릿속에 가득했을지 모른다.

하지만 안타까운 것은 그 과정 속에서 어느 누구도 부활에 대한 이야기를 꺼내는 이가 없었다는 것이고, 어느 누구도 예수의 말씀을 곰곰 생각해 보는 이가 없었다는 사실이다. 복음의 내용은 장사를 지내는 무거운 분위기만이 감돌뿐이다. 남아 있는 제자와 여인들은 무덤이 단지 껍데기에 불과하다는 것을 몰랐다. 아무리 유대인들이 죽은 후에 종말 때에 부활할 것이라는 신앙을 가지고 있었다 하더라도 예수가 죽은 지 사흘 만에 부활할 것이라는 생각을 하지 못했다. 빈 무덤이 될 것이라는 가능성조차도 생각하지 못했다.

수석 사제와 바리새파들이 기억을 하고 있는데, 왜 제자들과 여인들은 기억하지 못하는 것일까?

기억의 미궁에, 도저히 나올 수 없는 무덤의 미궁에 빠져 있었기 때문이다. 혹은 예수의 부활이야기를 풍문으로 들었기 때문이다. 그냥 바람결에 들리는 소리 정도로 들은 것이다. 실제의 무덤은 곧 그들의 인식의 한계, 신앙의 한계에 갇혀버린 미궁이 된 것이다. 무덤은 우리의 인식의 틀과 껍데기, 신앙의 틀과 껍데기와도 같다. 그것을 깨야 한다. 고정된 인식의 틀과 껍데기, 고착화되고 낡은 신앙의 틀과 껍데기를 벗어던져야 한다. 그래야 새로운 신앙의 생명이 탄생하고, 인식의 전환이 이루어진다.

부활절에 우리가 달걀을 삶아서 먹고 나누는 근본적인 이유가 거기에 있는 것 아닌가?

도대체 우리가 부활대축일을 고대하는 이유가 무엇인가?

'아, 우리도 죽으면 언젠가 부활을 하겠지'라는 종말론적 신앙 때문인가?

틀리지 않다. 그렇다고 완전히 맞다고 볼 수도 없다.

왜냐하면 우리가 매년 부활대축일을 기대하는 이유는 새로운 신앙의 생명을 잉태하고 그것을 확증하기 위한 것이다. '무덤은 이미 빈 무덤이었다, 하나님께서는 무덤을 빈 무덤으로 만드셨다, 예수는 이미 부활하셨다, 그리고 우리의 마음에 현존하고 계신다, 그분은 새로운 생명이요 새로운 몸이요 새로운 세계로 들어가신 분이다.' 우리도 그러한 것을 믿고 깨닫는 축일을 맞이해야 한다. 그러면서 우리도 새로운 생명으로 탄생해야 한다. 새로운 신앙으로 각오를 다져야 한다. 새로운 신앙의 눈을 떠야 한다.

교회의 전례는 참으로 아름답다. 그러나 그 아름다운 전례에만 고착이 되면 수난과 죽음, 그리고 부활축일은 전부 다 기계적인 축일, 습관적인 전례가 되고 만다. 미학적으로 얘기하면 추함이 된다. 오히려 신앙이 추해진다. 그렇게 된다면 우리는 마음의 무덤, 신앙의 무덤, 인식의 무덤에 묻혀서 영원히 헤어 나오지 못할 것이다.

그러므로 우리 스스로 빈 무덤이 되어야 한다. 실체적으로 무덤이라는 한계성은 분명히 있지만, 그 무덤을 빈 상태로 만들어야 한다. 나의 신앙의 무덤을 빈 상태로 만들어 참된 부활을 간직한 신자가 되기 위해서는 예수를 내 무덤의 주인으로 만들면 된다. 영원히 죽음의 무덤이 될 뻔한 나 자신의 마음에 예수를 모신 사람은 죽은 존재가 들어가 있는 무덤이 아니라, 매일 새롭게 태어나는 빈 무덤의 신자가 되는 것이다.

그러기 위해서는 예수의 무덤을 빈 무덤이 되게 해야 한다. 아니 예수의 무덤은 빈 무덤이라고 믿어야 한다. 그것이 신앙의 도약이고 각성이다. 예수의 무덤이 빈 무덤이 되게 하는 가장 큰 힘은 신앙의 각성, 신앙의 도약, 예수의 말씀을 체득화하는 데에 있다. 예수의 무덤을 빈 무덤으로 만드는 것은 하나님의 뜻이다. 그것은 하나님의 일이다. 빈 무덤은 예수께서 새로운 세계로 들어간다는 상징적인 의미이다.

어떤 의미에서 빈 무덤은 우리의 인식의 세계를 깨는 일이다. 무덤에 갇혀 있어서는 아무것도 보지도 듣지도 말하지도 못한다. 철학자 사르트르(Jean-Paul Sartre)가 말한 것처럼, 우리가 새로운 세계에 대한 인식, 나에 대한 인식과 깨달음을 할 수 있다면 구토를 할 수 있다. 구토는 역겨움의 표상이다. 아무것도 알지 못한다면 구토조차도 할 수 없다는 역설은 결국 존재는 무(無)라고 하는 데서 종지부를 찍는다. 인식의 무덤, 신앙의 무덤 속에 있는 우리는 살아도 산목숨이 아니다. 그냥 무이다. 없음이다.

무덤을 사랑하는 사람은 없을 것이다. 무덤을 좋아하는 이도 없을 것이다. 무덤은 존재의 사라짐이요, 존재의 끝이기 때문에, 무덤을 가까이 하지 않으려고 한다. 하지만 그리스도인은 무덤에 대해서 남다른 애정을 갖곤 한다. 그것은 그냥 무덤이 아니다. 죽은 자를 장사지낸 자의 무덤도 아니다. 깨어날 무덤, 깨어나야만 하는 무덤, 깨우침을 주어야 하는 무덤이다.

그런 의미에서 이제 그리스도인이 예수의 무덤을 빈 무덤으로 만들어야 한다. 예수의 무덤은 빈 무덤이라고 외치는 그리스도인이 되어야 한다. 마음의 무덤, 신앙의 무덤, 사랑의 무덤에서 깨어나는 신자가 되어야 한다.

그것을 우리는 복음 안에서도 찾아보게 된다. 아리마대 요셉처럼 장사를 잘 지내주는 것도 좋지만 무덤의 증인이 되는 것도 중요하다. 61절에는 장사 지낸 무덤 맞은편에 막달라 마리아와 다른 마리아가 앉아 있음이 목격된다. 예수의 무덤을 외롭고 쓸쓸하게 지키는 여인들, 어쩌면 그녀들의 가슴 속에는 예수의 부활에 대한 불꽃이 있었을는지도 모른다.

그래서였을까?

복음서에는 그 여인들이 예수의 부활을 가장 빨리 발견하고, 가장 빨리 알아차리고, 가장 빨리 알리게 된다. 어느 교회에 가보아도 여인들은 예수를 지키듯, 교회를 돌보는 이들이 많이 있다. 교회가 죽은 무덤이 아니라 산 무덤, 아니 살아 있는 교회가 되도록 노력하는 사람들이다. 교회 공동체는 예수의 무덤을 지킨 여인들처럼 교회의 부흥과 성숙을 위해서, 영성적인 민감성을 발휘하여 죽어가는 교회가 아니라 살아 있는 교회, 무덤 같은 교회가 아니라 날마다 부활하는 교회, 예수의 부활을 증언하는 교회를 일구는 여인들이 많아져야 한다.

마지막으로 그리스도인으로서의 나 자신과 한국교회는 이제 죽음의 잠에서 깨어나야 한다. 무덤을 텅 비어 있게 하고 새로운 세계로 들어가신 예수처럼, 생명의 삶으로 들어가신 그분처럼, 우리도 죽음의 잠, 죽음의 무덤에서 나와야 한다.

한국교회는 마치 예수의 부활을 알게 될 것 같은 새벽, 마치 예수가 부활하신 것을 볼 것 같은 그 어스름한 새벽, 그 새벽을 기대하는 교회로 나아가야 한다. 예수의 부활을 알아차리는 그 새벽에 우리가 일어나 그분을 맞이한다면, 우리 교회는 살아날 것이다. 한국교회는 환상이 아니라 희망을 볼 것이다. 한국교회는 안개를 헤치고 밝은 태양에 찬란한 광채로 빛날 것이다.

예수는 무덤에 안 계신다. 그의 무덤은 이미 비었다. 독일의 탁월한 신학자였지만 히틀러의 형장의 이슬로 사라진 디트리히 본회퍼(D. Bonhoeffer)는 이렇게 말한다.

> 부활한 그리스도는 자기 안에 새로운 인간성을 지니고 있다. 실로 인류는 아직 낡은 것 가운데 살고 있으나 이미 낡은 것을 넘어섰고, 죽음의 세계에 살고 있으나 이미 죽음을 넘어섰고, 죄의 세계에 살고 있으나 이미 죄를 넘어섰다. 밤은 지나가지 않았지만 이미 날은 밝아오고 있다.

주일 아침에 우리는 새로운 예수를 볼 것이다. 빈 무덤을 선물로 받는 날이 될 것이다. 또한 가까운 미래에, 아니 매일 매일 한국교회도 새로운 예수를 만나야 하며, 그럼으로써 새로운 교회로 거듭나야 한다.

> 제5장

삶으로서의 예수 기호들

1. 갈릴리를 기억하십니까?(마 28:8-15)

독일의 근대철학자 니체의 『안티 크리스트』 혹은 『반그리스도』라는 책에 이런 내용이 나온다.

> 사실 그리스도교의 역사는 예수가 십자가 위에서 죽은 이후, 그 근본에 있는 상징주의를 계속 왜곡해온 역사이다… 그리스도교는 예수의 가르침에서 점점 멀어져 미신과 주술, 엉터리 이야기를 하는 집단이 되었다.

또 다른 곳에서는 "그리스도인은 이른바 마음의 병을 앓고 있는 동물이다"라고 비판을 한다. 흔히 니체가 "신은 죽었다"는 말을 했다고 해서 그를 비난하지만, 그가 말한 저의를 잘 간취할 필요가 있다. 또한 철학자이자 작가인 시몬느 보부아르(Simone de Beauvoir)는 자신의 어린 시절을 이렇게 회고한다.

> "나에게 사상은 눈을 통한 것보다 입을 통해 더욱 밀착되어 들어

왔다. 먹는다는 것은 오로지 나의 주된 의무였다."

똑똑한 아이였던 보부아르조차도 어린이의 근본적인 먹는 욕구에서 한 치도 벗어나지 않았다. 인간은 어른이 되어서도 정신분석학적으로 구강기에 고착되어 입을 통한 쾌락에 집착하는 경향성을 종종 보곤 한다. 일종의 퇴행과도 같은 것이다. 어른이 되었으면 어른답게 말하고 행동하고 처신해야 하는 것이 마땅하지만, 자꾸 유아기로 돌아가는 것이다. 심리적 성숙과 발달이 이루어지지 않은 것이다. 니체가 비판한 것도 이와 다르지 않다.

왜 우리는 신앙의 본질, 복음의 본질을 놔두고 예수와 반대되는 말씀과 행위에 얽매이는 것일까?

그리스도인은 니체가 말하는 마음의 병을 앓고 있는 것인지도 모른다.

예수의 제자들도 부활을 경험했으면 신앙의 확신과 성숙, 그리고 결단들이 있어야 한다. 마태복음 28장에서 여인들은 부활을 경험하고 무서움과 기쁨이 교차되는 성스러운 마음으로 무덤을 떠나 달려간다.

이때 예수는 그녀들에게 "평안하라"고 인사하신다. "평안하라"는 인사말은 그리스어 kairate(카이라테)인데, 원래 의미는 "기뻐하여라"이다. 그 인사말을 듣고 여인들은 가까이 다가가 그의 두 발을 붙잡으려고 하였다. 그 당시 발을 붙잡는 것은 보통 왕이나 통치자에 대하여 복종과 경의를 표하는 것이었다.

그러므로 9절의 "붙잡다"는 그리스어로 문법상 부정과거동사인 ekraten(에크라텐)인데, '분명히 붙잡았다,' '참으로 붙잡았다'는 뜻으로서 부활하신 왕 예수, 곧 예수의 부활을 확증하면서 그에게 예를 표하는 것이라 볼 수 있다. 게다가 11-15절의 내용은 하나님께서 인간적인 모든 방해 공작을 격파하고 예수를 부활시키셨다는 논조로 일관한다.

여기서 우리는 여인들에게 말씀하신 세 가지 명령에 주목할 필요가 있다. 곧 10절에 나오는 "두려워하지 마라," "갈릴리로 가라," "전하여라"이다. 신약성서학자들은 이 말씀이 선교의 시발점이 되는 말씀이라고 입을 모은다.

"두려워하지 마라"는 명령어에 대해서 먼저 살펴봐야 한다. 그런데 우선 9절과 10절의 맥락이 자연스럽지 않다는 것을 알게 된다. 자세히 살펴보면, "두려워하지 마라"는 명령어는 예수 자신을 두려워하지 말라는 것이 아니다. 지금 그리고 앞으로의 일에 대해, 하나님의 일에 대해 두려워하지 말라는 것이다. 예수의 현존을 느끼고 또 알면서도 우리의 신앙을 괴롭히는 문제는 '나는 지금 어떤가,' '나는 앞으로 어떻게 될 것인가'이다.

다시 말해서 지금이라는 현재와 앞으로라는 미래이다.

그 시간성에 따른 인간의 유한성을 벗어날 수 있을까?

불가능하다.

현실을 떠나 한 치도 살 수 없는 인간에게 삶의 무게 앞에서는 그리스도조차도 포기하게 된다. 예수는 그러한 현실을 두려워하지 말라는 것이다.

지금 나 예수를 보고 있지 않느냐?

지금 염려하지 말라.

앞으로 나 예수를 보지 않겠느냐?

미래를 염려하지 말라는 것이다.

지금도, 앞으로도 하나님은 우리를 통해, 교회 공동체를 통해 당신 자신의 일을 하실 것이다. 우리는 그저 당신의 도구에 지나지 않을 뿐이다. 당신의 현존을 믿으며 예수의 도구로 지금, 그리고 앞으로도 우리를 도우실 것이기 때문에, 우리 삶의 크고 작은 일에 두려워할 필요가 없다.

하나님께서는 부활하신 예수를 통해서 우리에게 안정과 평안, 그리고 확신의 언어를 주시기를 원하신다. 예수의 현존과 그분을 바라봄, 그리고 사랑하는 마음으로 그저 그분과 시선을 맞추는 것, 그것이 지금 우리가 기도하는 것이다. 지금 염려할 것이 아니다. 앞으로 염려할 것이 아니다. 교회 공동체에 속한 모든 신자들 각자의 삶은 하나님의 것이기 때문이다. 무엇을 염려할 게 있겠는가. 그러므로 예수는 '내가 함께 한다는 것만을 생각하라'고 우리에게 명령하고 계신다.

두 번째 명령어로 넘어가보자.

"갈릴리로 가라."

갈릴리는 예수와 제자들이 선교를 시작했던 근거지였다. 다시 초심을 잡으려는 예수의 의도가 깔려 있다. 처음에 선교를 시작했던 곳, 그 장소에 다시 집합시켜라. 내가 너희의 마음을 가다듬게 하겠다. 내가 무엇을 하려 했는지 기억나게 해주겠다. 초심을 잃지 말고, 유대인과 이방인 할 것 없이 하나님의 나라를 전하라.

그러니까 갈릴리는 선교의 얼굴이다. 내 얼굴은 상대방이 쳐다보거나 거울을 통해서 보지 않는 이상 볼 수가 없다. 마찬가지로 갈릴리로 간다는 것은 나의 선교의 바탕을 다시 찾고 발견하고 되새기는 곳이다. 갈릴리는 예수와 활동하던 그 뜨거운 마음을 확인하는 곳이기도 하다. 이제 현존을 느끼고 체험한 제자들은 마음을 다 잡고 하나님의 나라를 알리는 역할을 수행해야 한다.

한국교회가 그러한 갈릴리와 같은 선교의 얼굴, 선교의 모델이 되어야 한다. 한국교회에서 하나님 선교의 얼굴을 찾도록 해야 한다. 제2의 갈릴리가 되어 그 열정과 열심, 그리고 열의를 보여주어야 한다.

마지막 명령어다.

"전하여라."

여인들에게 부과된 최초의 명령, 가서 제자들에게 내 말을 전하여라. 신앙의 본질, 선교의 본질을 잊고 있는 제자들에게 예수의 말을 전하는 역할을 맡은 여인들. 그 여인들은 예수 당시에 아버지와 남편의 재산쯤으로 인식되던, 인격체로 인정받지 못했던 사람들이다. 재판에서 그녀들의 증언은 채택되지 않았다. 여인들은 믿을 수 없는 존재라고 생각되었기 때문이다. 밥을 태웠거나 마실을 갔다가 아내보다 더 아리따운 여인을 발견했을 때조차도 소박의 사유가 되었던 현실 속에서 여인들의 삶은 고단했을 것이다.

그러한 여인들을 향해 남자 제자들에게 예수 자신의 말씀을 전하라고 하다니 말이 되는가.

그러나 예수는 여인들을 통해서 남자 제자들의 신앙의식을 일깨운다. 예수는 여인들을 자신의 말을 전하는 중개자 역할을 하게 한다. 예수의 말씀을 전하는 사람은 남녀고하를 따질 필요가 없다는 것을 알 수 있다. 선교 행동의 주체가 누가 되어야 하는가가 중요한 게 아니라 "전하라"고 하는 명령을 실천으로 옮길 것인가 말 것인가 하는 것만이 남아 있다.

하지만 언어는 소리가 나는 말만 있는 것이 아니다. 선교 언어는 우리의 행동 언어가 되어야 한다. 그리스도인들은 말은 안 하는데, 행동을 하는 것을 보면 참 뭔가 달라.

그가 예수를 믿어서 저런가?

그럼 나도 교회에 한 번 가봐야지. 그게 예수를 전하는 행동의 언어이다. 우리의 신앙적 행동을 통한 선교이다.

한국교회가 전하라는 예수의 말씀에 대해서 몸의 언어, 행동의 언어, 선행의 언어, 배려의 언어, 사랑의 언어 등을 통해서 응답할 수 있고, 실천할 수 있는 그러한 교회가 되어야 할 것이다.

예수의 활동무대였던 갈릴리를 기억하는가?

그분은 그곳에서 하나님의 나라 운동을 계획하시고 제자들을 만나시고 양육하셨다. 이제 부활하신 예수는 우리에게 그곳을 다시 지시하고 계신다. 두려워마라, 가라, 전하라. 예수의 현존을 인식한다면, 이제 부활을 체험한 성숙한 신자라면 이러한 명령어에 익숙해져야 한다. 또한 이 세 명령어가 한국교회의 중요한 신앙 언어가 되어야 할 것이다.

2. 유혹에의 저항(막 16:9-15)

마가복음 16장 9절-20절은 마가복음 전체의 긴 결문인 예수부활 발현사화로서 8절에서 끝을 맺는다. 오래된 그리스어 사본에는 미완의 상태로 끝나는 것으로 되어서 가장 오래된 신약성서의 사본이라고 하는 시나이 사본이나 바티칸 사본에는 이 본문들이 수록되어 있지 않다. 그 뒤 2세기경 9-20절에 해당하는 구절이 덧붙여진다. 사실상 8절에 예수의 무덤이 비어 있는 상태로, 제자들의 두려움의 상태로 결말이 나는 게 마가의 원래 본문이었던 것 같다.

그렇다면 9-15절에 해당하는 구절들이 나중에 덧붙여진 이유는 어디에 있을까?

아마도 예수의 부활에 대한 보다 더 구체적이고 확증적인 내용이 필요했을 거라 생각했기 때문일 것이다.

그러한 것을 알려주는 것이 바로 일요일 이른 아침 예수께서 부활하셔서 제일 먼저 막달라 마리아에게 나타났다는 얘기로 시작하는 데서 알 수 있다.

그런데 하고 많은 사람들 중에 여자라니?

그것도 그리스도교 전통에 의하면, 창녀로 알려진 그녀에게 나타나셨다는 것이 도무지 납득이 가지 않는다.

물론 그녀가 창녀였다는 것은 과장되고 오해에서 불러일으킨 정보라는 것이 학계의 통설이지만, 그것을 차치하더라도 예수께서 부활 후

여자에게 제일 먼저 모습을 보이셨다는 것은 무슨 의미일까?

유대사회가 여자의 말은 믿을 것이 못된다고 믿기 때문에, 여자의 법정 진술은 효과가 없는 것으로 간주할 정도로 당시 사회에서는 여자의 지위를 폄하했다. 이것을 통해서 알 수 있는 것으로 역설적으로 그렇게 여자의 말은 믿을 게 못되는데 그녀의 입을 통해서 예수가 부활했다고 기록이 되었다는 것은 그 당시 복음사가인 남자로서는 받아들이기 어려웠을 것이다.

그만큼 마가복음의 저자는 그 이야기를 빼고 싶었을 텐데, 여자의 기록을 채록했다는 것은 예수의 부활이 명백한 사실이라는 것을 반증하고 있는 것이다. 예수는 실제적이고 육체적으로 현시하셨다는 것이다. 9절에서 나타나셨다는 말은 그리스어로 에파네(ephane)이다. '보이셨다'는 말이다. 막달라 마리아가 보고 싶어 해서 보여주신 것이 아니라 당신 자신이 친히 보여주셨다는 뜻이다.

예수의 다시 사심은 우리가 보고 싶다고 해서 볼 수 있는 게 아니라는 것이다. 부활은 당신 자신을 친히 우리에게 보여주신 사건이다. 부활은 전적으로 당신 자신의 의지이다. 하지만 11절을 보면 제자들은 예수가 부활했다는 막달라 마리아의 얘기를 도무지 믿으려 하지 않는다.

게다가 죽은 자에게나 합당한 슬픔과 탄생, 애통과 울음으로 일관하는 그들의 모습은 제자들이 얼마나 예수의 부활에 대해 몰이해하였는가를 보여준다. 또 12절의 시골로 내려가는, 아마도 그곳은 엠마오(따뜻한 우물)로 추정이 되는데, 그리로 내려가는 두 제자들에게 나타나셨는데, 그것을 경험한 제자들이 다른 제자들에게 가서 이야기 하지만 역시 제자들은 믿지 않는다.

불신앙과 마음의 완고함 때문이다. 도무지 믿지 않았다는 것은 믿음이 없다는 것이다. 그것은 그리스어에서도 잘 나타나 있다. 그리스어 apistian(아피스티안)의 원형은 아스피아(apistia)인데, '믿음이 형성되지 않은,' 또는 '믿음을 강렬하게 배척하는 것'을 뜻한다.

무신앙의 상태인 제자들의 모습은 흡사 우리들의 모습이다. 우리들의 부활을 믿고, 빈 무덤을 믿고 일상이 부활이 되도록 해야 하는데 실상은 전례가 끝나면 부활의 신앙으로 살지 않는다. 날마다 우리 안에서 예수가 부활하고 있다는 것을 알아야 하는데 그러지 못하고 있다는 것이다. 죽음을 삶으로 바꿔치기 하지 못한다. 죽음을 삶으로 승화시키지 못하고 있다.

예수께서 삶을 위해서 죽으셨다는 것을 믿음으로 받아들인다면 삶을 치열하게 살아낼 수 있어야 하고 삶을 소중하게 생각하면서 그 삶을 부활의 정신으로 나누어야 한다. 예수는 우리들의 일터에서 일하고 계시고, 예수는 부활을 하셔서 우리의 가정에서 함께 하시고, 예수는 부활을 하셔서 우리의 일상에서 동행을 하고 계신다는 것을 항상 깨닫고 인식해야 한다.

제자들이 부활을 믿지 못하는 마음이 얼마나 굳어져 있으면 성서는 완고하다는 표현을 쓰고 있다. 원어로는 스크레로카르디안(sklerokardian)인데, '마음이 완악하다,' '확실한 증거를 거절하는 굳은 마음'을 의미한다. 신앙이 무감각한 상태를 뜻한다. 마음은 하나님의 말씀을 받아들이는 기관이자 그분에 대한 안테나이다.

그런데 굳게 닫힌 마음은 어떠한 말을 해도 들을 수도, 믿을 수도 없다. 너무 많이 들어서 귀가 무뎌진 탓도 있을 것이다. 이게 단지 제자들만의 이야기가 아니다. 우리들의 이야기이다. 부활에 대한 이야기를 숱하게 들어 온 우리들은 귀가 무뎌져 있다. 예수께서 부활하셨다는 설교와 교리, 그리고 공부에 대해서는 많이 들어왔기 때문에 귀는 더 이상 부활을 새로운 이야기로 들으려 하지도, 믿으려 하지도 않는다.

그렇다면 부활신앙으로 바꿔 나가기 위해서 우리가 해야 할 제일 첫 번째 과제는 마음을 부드럽게 하는 것이다. 마음을 순수하게 가져야 한다. 새로운 눈으로 세계를 바라보도록 해야 한다. 부활신앙은 예수의 몸이 새로운 존재로 탈바꿈되었다는 것인데, 그것은 곧 그의 몸과 접하는 세계는 새로운 세계가 된다는 것을 뜻한다. 부활신앙의 눈으로 보면 우리가 맞닥뜨리는 세계는 늘 새롭게 변화시키고 살아나도록 해야 하는 것이다.

예수는 자신의 부활을 믿지 못하는 믿음이 없는 제자들을 호되게 꾸짖으신다. 아마도 70년경의 마가 공동체도 그랬을 것이다. 신자들은 예수의 부활을 믿지 않았을 것이다. 마가복음서가 씌어진 게 기원후 70년경이니까, 예수가 부활하신 지 40년이 지난 것이다. 그러니 예수의 부활에 대한 신앙이 점차 무뎌졌을 것이다.

시간이 흐르면 신앙도 매너리즘에 빠지게 된다. 경계를 해야 할 태도이다. 신앙적 습관에 따른 고착화와 형식주의가 내 몸과 의식을 지배하는 순간, 새로움에 대한 두려움만 가득하게 된다. 틀을 깨는 게 두려운 것이다. 부활은 틀을 깨는 몸과 의식의 변화인데, 그것을 받아들이기가 어려운 것이다.

그러한 제자들에게 이제는 예수의 존재 변화를 바로 알고 믿기를 원하면서 명령을 하신다. 온 세상에 두루 다니며 만민에게 복음을 전하라는 것이다. '모든 사람에게'라는 번역은 그리스어로 pase te ktisei(파세 테 크티세이)인데, 정확하게 번역하면 '모든 피조물들에게'라고 해야 한다. 사람을 비롯한 모든 피조세계까지, 하나님께서 창조하신 모든 피조물들에게 복음을 전하라는 것이다. 이제 부활신앙을 행동으로 보여주라는 것이다.

그 복음의 골자는 무엇인가?

십자가와 부활이다.

부활이란 죽어서 몸이 다시 살아날 것이라는 신앙적 고백만이 아니다. 부활은 죽어가는 세계, 죽어가는 사람, 정신이 죽은 사회, 마음이 죽은 사회에 새로운 희망을 주는 것이다. 십자가는 온갖 고통 속에서 죽음을 삶으로 바꾼 장소이다. 죽어야 새로운 생명을 얻을 수 있다는 것을 전하는 명령이다. 죽지 않고 새로운 삶의 열매를 맺을 수 없는 법이다. 날마다 죽으면서 동시에 날마다 사는 부활을 맛보라는 부활의 신비를 전해야 한다.

그것은 사람들에게만 전하는 복음이 아니라, 자연을 살리는 복음, 생명을 살리는 것이어야 한다. 사람이 살고자 자연을 죽이는 것은 진정하고 완전한 복음이 아니다. 사람도 살고 자연도 사는 것이 예수가 원하는 복음의 정수이다. 부활이 자신이 죽음으로써 남을 살리는 것임을 깨닫게 하는 진리인 것처럼, 부활, 곧 다시 살아남은 모든 만물의 주인인 예수 그리스도의 의도대로 모든 피조세계도 살리는 것이어야 한다. 환경을 보전하기 위해서 나무 한 그루, 풀 한 포기, 꽃 한 송이라도 소중하게 생각할 수 있는 그리스도인이 복음을 외면하지 않는 것이다.

부활신앙은 예수로부터 주어지는 선물이다. 부활신앙을 내가 갖고 싶다고 해서 가져지는 것이 아니라 예수가 거저 주는, 무상으로 주는 선물이 내 마음에 기쁨으로 받아들여지는 것이다. 철학자 비트겐슈타인(L. Wittgenstein)은 "오직 사랑만이 부활을 믿을 수 있다. 부활을 믿는 것이 사랑이다. 구원하는 사랑은 부활까지도 믿으며, 부활을 꼭 붙들고 놓지 않는다"라고 말했다.

그러한 부활신앙의 선물, 구원을 나만 가질 수 있는가?

그 부활의 선물은 사람들의 몸을 향해서 내가 사랑으로 다가가는 것, 그러한 사람들의 마음을 향해서 말하고 위로하는 것, 그것이 모두 부활을 증거하는 나의 몸짓이다. 부활은 멀리 있지 않다. 지금도, 매일, 우리의 예배와 기도 가운데서 그분은 다시 사셔서 우리의 영혼과 마음, 정신을 새롭게 하고 계신다.

비트겐슈타인은 "영웅은 죽음을 직시한다"고 했는데, 이것을 달리

"그리스도인은 날마다 부활을 직시한다"고 말하고 싶다. 그리스도인은 매순간 사건과 사물, 그리고 사람과 자연 속에서 부활을 직시해야 할 것이다.

3. 두려움을 극복하라(요 6:16-21)

요한복음서 6장은 예수께서 물 위에 걸으신 기적을 말하고 있다. 때는 어둑어둑한 저녁에 제자들은 예수와 동행하지 않은 채 배를 타고 가버나움으로 가고 있었다. 요한복음서에는 "어둠이 이미 짙어졌는데도 그들에게 돌아오지 않으셨다"(요 6:17)고 기록하고 있다. 제자들은 그가 돌아오기만을 학수고대한 듯하다. "짙어졌다"는 표현에서 볼 수 있듯이, 밤이 완연하여 칠흑같이 어두운 상태를 의미한다고 볼 수 있다.

빛이 없는 어두움은 공포였을 것이다. 아무리 뱃일로 잔뼈가 굵은 어부가 다수를 차지하는 제자들일지라도 바다의 어두움은 흔하지 않은 경험인 것은 틀림없는 사실이다. 익숙하지 않은 어두움, 캄캄함, 낯섦, 어쩔 줄 몰라함, 당황함 등이 뒤섞인 그들의 감정이 읽혀진다.

그런데 설상가상으로 바람이 불고 바다 물결이 세차게 일어나 배가 요동을 치는 것이었다. 한치 앞도 내다보기 어려운 어둠 속에서 배가 요동을 친다는 것은 그들의 생사를 가늠하기 어려운 상황까지도 갈 수 있다는 것을 의미한다. 어두움과 예수의 부재, 그리고 거센 풍랑은 70년경의 마치 마가 교회 공동체가 그랬던 것처럼, 오늘날 스승이신 예수가 부재한 상황을 암시한다.

교회 공동체 안에 예수가 안 계신다는 것이 가당키나 한 것일까 하고 의문을 제기하는 사람이 있을 것이다. 예수가 안 계신다는 것은 제자들이 자기 자신들만을 의존했던 것처럼, 신자 자신만을 의존하고 자기 자신만을 믿는 것을 뜻한다. 교회 건물은 존재하고 있지만, 그 안에 예수가 없는 것이 우리의 현실이다. 교회가 존재하고 있지만 우리의 의식, 우리의 정신, 우리의 마음, 심지어 우리의 몸조차도 예수가 함께 하고 있지 않다는 말이다. 교회를 구성하고 있는 신자들의 의식과 정신, 마음과 몸은 철저하게 예수를 의지하고 그분을 중심으로 사고하고 판단하며 행동해야 하는데, 신자이기는 하지만 정작 예수와는 상관없이 생각하고 판단하고 말하고 행동하는 우리의 모습을 보게 된다. 그러니 세계가 어두울 수밖에 없지 않은가.

교회가 어둡고 혼란스럽고 언어와 몸짓, 눈짓의 폭력이 난무하는 것이 아닐까?

예수가 중심이 되지 않고 예수가 존재하지 않으니, 마음이 어두우며 정신이 혼란스럽고 몸은 자연스럽지 못하니 악수도 반가운 일이 아닐 것이다.

빛이 있는 교회, 마음이 밝은 교회, 웃음이 있는 교회, 정이 있는 교회, 서로 격려하는 교회, 신앙의 본질에 충실한 교회가 되려면 우리 안에 예수가 중심이 되어 존재해야 한다. 예수를 쏙 빼놓고 나의 뜻, 나의 마음, 나의 의지, 나의 생각, 나의 판단으로 일관한다면 교회 공동체는 어둠만이 존재할 것이다. 잔잔한 바다가 아니라 늘 파도가 일어나는 시끄러운 교회가 될 것이다.

한국교회의 신자들이 하나 같이 예수를 중심으로 하는 생활, 예수가 마음속에서 떠나지 않는 신앙생활을 하는 그리스도인이 되어야 한다. 교회의 일기예보가 늘 좋으냐 나쁘냐는 바로 우리 안에 예수가 존재하느냐 존재하지 않느냐에 달려 있음을 기억해야 한다.

어두운 밤은 인생과 신앙에서 험한 여정을 뜻한다. 어두움 속에서는 어두움만을 보게 된다. 빛이 있어야 사물과 세계를 다르게 볼 수 있다. 그리스도인은 빛이 되신 예수를 통해서 세계와 사물을 다르게 봐야 한다. 더 나아가서 빛이 되신 그리스도를 통해서 교회와 자신을 다르게 봐야 한다. 그런데 그리스도인들에게 있어 그러한 예수와 분리되고 예수가 없는 삶은 위험 그 자체이다.

그리스도인이 되어 예수에게 의존하지 않을 바에야 왜 그리스도인이 되었는가?

그리스도인이라면 당연히 예수와 꼭 붙어 있어야 한다. 그렇다고 이웃종교를 비방하고 비판하면서까지 나의 종교를 앞세우라는 말이 아니다. 나의 정체성이 그리스도인이라면 인생이 다 하는 그날까지 예수와 동행하는 삶을 살아야 한다는 것이다.

말은 그리스도인이라고 하면서 예수가 빠진 삶을 살고 신앙생활을 한다면 그게 어디 그리스도인이라 말할 수 있을까?

습관적으로 교회에 나오고 예배를 드리는 것만이 내가 그리스도인이라는 것을 증명해주지 않는다. 오로지 예수 곁에 내가 있을 때에, 나의 곁에 예수가 있을 때에야 비로소 그리스도인이라고 말할 수 있는 것이다.

거친 파도에 배는 중심을 찾지 못하고 요동을 치고 배 안에서 우왕좌왕하고 아우성치는 그들이 겨우 노를 저어 30스타디온(한 스타디온은 약 185m), 그러니까 약 5-6km 정도 갔을 때에 예수가 물 위를 걸어오는 것을 보았다. 배가 갈릴리 바다 한 복판에 있었다는 얘기이다. 요한복음사가는 예수가 물 위를 걸어오고(epi, 바다를 건너서) 있었다고 기록하고 있지만, 실제 어두운 상황에서 과연 제자들이 예수가 오고 있는 것을 보았을 것인가는 의문이다. 겁에 질렸다는 표현에서도 알 수 있듯이, 그들은 헛것이나 환상을 보았다고 느꼈을 것이다.

잔뜩 겁에 질려 있는 제자들을 향해 예수는 "나다(ego eimi), 두려워할 것 없다"(요 6:20)고 말씀을 하신다. 여기서 "나다"라는 말은 그리스어의 '에고 에이미'를 번역한 것으로서, 요한복음사가가 즐겨 사용하는 것인데, 예수의 신성을 나타내는 말이다. 그러니까 하나님의 아들인 나 예수이니 두려워말라는 것이다. 그제야 제자들은 예수를 배 안으로 모셔 들이고, 배는 순항을 하여 목적지에 도달하였다고 전한다.

배는 교회 공동체를 의미한다. 배는 일정한 목적지를 향해서 움직인다. 같은 배를 탄 사람들은 운명 공동체라고 말할 수 있다. 배가 목적지에 도착할 때까지 배 안에서 서로 각자에게 맡겨진 일들을 잘 해나갈 때에 순항을 할 수 있다. 조타수는 조타수대로, 요리사는 요리사대로, 항해사는 항해사대로, 자신의 역할에 충실할 수 있어야 한다.

교회의 목적지는 어디일까?

하나님 나라의 실현, 하나님의 나라에 다다를 때까지 우리 교회 공동체가 순항을 할 수 있으려면 어느 한 사람도 소외가 되거나 문제를 일으키거나 갈등이 일어나거나 해서는 안 된다. 교회는 이익 공동체나 계급 공동체가 아니다. 사심을 가지고 조직된 공동체가 아니라는 말이다.

교회는 예수 그리스도로 인해서 생겨난 운명 공동체요 신앙 공동체이다. 적어도 같은 배를 탄 운명 공동체라면 같은 목적지를 향해서 나아가기 위해서는 마음을 모으고 신앙 안에서 하나가 되어야 한다. 운명 공동체는 하나가 되어야 하고 일치를 해야 하고 뜻을 합해야 하고 힘을 보태야 한다. 한국교회는 그리스도 안에서 하나요 형제요 자매요 동료요 제자로 살아가는 교회가 되어야 한다.

그 무엇보다도 두려움 속에서 선장이신 그분의 존재를 확신하고 신앙과 믿음을 갖는 것이 중요하다. 21절이 그것을 증명해준다. 제자들은 바다 풍랑으로 인해서 요동치는 배 안에서 그들을 향해 걸어오시는 예수를 알아보고 두려움을 이겨내었다. 그가 선장이 되시고 배에 중심이 되어주실 때 모든 것이 평안해지게 된다. 교회의 선장이 되시고, 우리 인생의 선장이 되시는 예수께 내어 맡기는 순간 평안을 얻게 된다. 도저히 안 될 것 같은 상황에서 그분에게 내맡김, 방기하는 순간 그분이 우리 교회를, 우리 인생을 인도해주신다. 우리가 예수께 우리의 문제를, 우리의 교회를, 우리의 인생을 맡길 때 번뜩이는 출현으로 우리의 두려움을 해결해 주신다는 것을 요한복음사가는 기적을 통해서 말하고 있다.

20절에 뭐라고 기록하고 있는가?

에고 에이미, 메 포베이스테(ego eimi, me phobeisthe).

나다. 두려워할 것 없다(요 6:20).

이 말은 문법적으로 명령형이다. 인생에 있어서 온갖 어려움, 어두움, 고통, 고난, 시련, 환란, 암울함에서 우리에게 명령하고 계신다.

"두려워하지 말라. 내가 이제 네 인생의 배에 타고 있으니 나를 믿으라. 나를 의지하라."

교회의 여러 어려움, 갈등, 고난, 고비, 짜증, 안간힘, 아슬아슬함, 위기 속에서 우리에게 명령을 하고 계신다.

"두려워하지 말라. 내가 이제 교회의 선장이니 나를 믿으라. 나를 의지하라."

독일의 시인 횔덜린(Friedrich Hölderlin)은 "위험이 있는 그곳에, 그러나 구원의 힘도 함께 자라고 있다"는 말을 하였다. 혹여 우리의 인생이, 우리의 교회가, 우리의 이웃이, 우리의 국가가 어두움과 풍랑 속에 있다고 여긴다면 이 말을 기억하라. 그리고 요한복음사가가 전하는 예수의 말씀이 우리 한국교회에 들려주시는 말씀으로 생각하라. 그리하여 그리스도인들은 인생의 어두움, 교회의 풍랑, 삶의 질곡들을 직면하여 두려워하지 말라는 예수의 음성에 의지하고 그분과 동행하기를 바란다.

4. 실존적 종말론과 실질적인 주일 종말론(막 13:5-13)

마가복음 13장은 학자들이 사후 진술(vaticinium ex eventu)이라고 본다. 그러니까 기원후 66-70년경에 일어났던 제1차 유대독립전쟁 상황이 고스란히 담겨 있다는 것이다. 성서신학자들의 견해야 어떻든 이 본문에서 우리는 1세기 마가 공동체가 가지고 있었던 임박한 종말론에 대한 생각을 엿볼 수 있다.

마가복음사가는 말한다.

> 아무에게도 속지 않도록 조심하라. '내가 그리스도다'라고 말하는 사람들이 많을 것이다(막 13:5-6).

그러니까 종말에는 마치 구약성서의 계시공식처럼 "내가 그이다"라고 떠벌리면서 그리스도인들을 미혹할 것이라는 경고다. 이것은 1세기 당시 거짓 그리스도가 판을 쳤다는 것을 뜻한다.

또한 마가복음서 13장에는 묵시문학적인 요소들이 대거 등장한다. 전쟁, 지진, 기근이 바로 그러한 현상들인데, 그렇지만 놀라지 말라고 말한다. 그것은 진통의 시작일 뿐 세상의 끝은 아니라는 것이다.

심지어 9절에는 그리스도인이 법정에 넘겨지는 상황이 묘사된다. "끌려 갈 것이다"는 '넘겨주다'라는 파라디도나이(paradidonai)의 번역어로서 재판이나 법정 용어이다. 이 말에서 알 수 있는 것은 당시 그리스도인이 유대인들에 의해 추적을 당하였고, 배교자로 낙인이 찍힌 그들이 잡혀서 태형을 당했다는 것을 암시한다. 태형은 다른 사람들에게 위협을 가하기 위해서 40에 한 대를 감한 39대를 때린 것을 의미한다. 사도 바울도 이 매를 5번이나 맞았다고 기록하고 있다. 만일 그러한 상황이 발생한다 하더라도 그리스도인은 복음의 증인이 되어야 한다고 마가복음사가는 말해주고 있다.

그뿐이 아니다. 종말의 때에는 가정이 파탄이 난다고 말한다. 네로 황제의 박해와 관련이 된 이때에 죽임을 당한 순교자는 성령의 특별한 담지자가 된다. 성령이 함께 하지 않는다면 순교자가 될 수 없다. 종말에는 교회 공동체가 그리스도 때문에 미움을 사게 되겠지만 하나님의 보호하심을 받고 있을 것이다. 그리스도인은 환난을 당하지만 끝까지 참고 견뎌야 한다. 역경을 끝까지 참고 견뎌내는 자는 구원을 받게 될 것이기 때문이다.

이러한 1세기 종말론에 대해서 우리는 어떤 생각과 자세를 가져야 할까?

여전히 우리도 마가 공동체와 같이 예수의 재림과 세계의 종말을 고대하고 있다. 전쟁과 지진, 기근, 환경적 재앙, 인종적 갈등 등을 보면서, 또 경험하면서 '예수의 재림이 임박했구나. 어서 오십시오. 주님. 마라나 타'하고 외치는 종말을 희망하고 있는지 모르겠다.

종말은 단순히 시간성이 아니라 사건과 사건이 일어나는 것이다. 일반적으로 종말을 하나님의 때의 완성, 시간의 완성으로 본다. 틀린 말은 아니다. 하나님의 때가 오면 모든 것이 달라지고 새로워질 것이다.

그러나 시간이 흘러가면 자연스럽게 하나님의 때가 찾아오는 것이 아니다. 사건이 종말을 알게 해준다. 사건이 우리의 신앙의식을 일깨우게 된다. 그러므로 사건을 보면서 느끼는 순간 '때가 되었다, 예수가 오실 것이다, 예수가 오고 있다'하는 임박한 재림을 생각해야 한다.

예수는 곧 오신다. 아니 지금 오고 계신다. 그러나 지연이 되고 있다. 때가 된 것은 사실이다. 그러나 시간상으로 때가 된 것이 아니다. 사건이 우리에게 말해주고 있을 뿐이다. 그 상황 속에서 내가 어떻게 그리스도인으로 처신해야 할 것인가, 어떤 행동을 취할 것인가를 생각해야 한다. 이른바 실존적인 종말론이다. '나는 곧 오시고, 지금 오고 계시는 그리스도를 맞이할 신자의 삶을 살고 있는가'에 대해 반성해야 한다. 단지 '내가 그리스도와 함께 하겠구나'하며 기뻐해야 할 일이 아니라, 그러한 자격이 있는 것인지, 종말을 앞둔 신자는 자신을 신앙과 삶에 대해서 점검을 해야 한다.

> 아무에게도 속지 않도록 조심하여라. '내가 그리스도다!'하고 떠벌리는 사람들이 있을 것이다(막 13:5-6).

마가 공동체가 존재했던 당시나 지금 한국교회의 상황이나 다를 바가 없다. 온통 '내가 그리스도다, 내가 참되다, 내가 진리다, 나 이외에는 거짓이다'라고 떠들어 대는 사람들이 한 둘이 아니다. 그 상황에서 휘둘리지 않고 신앙의 중심을 잡을 수 있어야 한다. 그래서 마가는 말한다.

> 정신을 바짝 차려라(막 13:9).

'정신을 혼미하게 가지지 말아라.'
'사태를 정확하게 볼 수 있는 신앙의 눈이 필요하다.'
'그리스도인을 박해하고 심지어 죽음으로 이끌지라도 마음이 흔들려서는 안 된다'라고 마가는 우리에게 역설하고 있다.

한편 그 상황에서 오히려 과감하게 내가 그리스도인임을 증거해야 한다. 나의 그리스도인 됨을 나타내 보여야 한다. 물론 마가가 말하고 있듯이 예수의 이름 때문에 미움, 고통, 좌절, 고난, 수모를 경험하게 될 것이다. 세상이 그리스도인을 얄미워해서가 아니다. 세상이 그런 것은 그리스도인이 못된 짓을 하기 때문이 아니다.

세상이 그렇게 하는 것은 그리스도인이 나빠서도 아니다. 세상이 그리스도인을 핍박하고 박해하고 죽음으로 몰고 가는 것은 세상이 그리스도인들을 통해서 자신의 부끄러움과 죄와 몰염치와 더러움을 보기 때문이다. 그럴 정도로 그리스도인은 자신의 삶에 대해서 자신이 있어야 한다. 그리스도인이 종말의 때에 그러한 대안적인 삶을 살 수 있어야 세상이 부끄러워하는 것이다.

예수의 재림은 1세기 이후로 지금까지 지연이 되고 있다. 곧 오실 것이라는 예수의 말씀은 2천 년 동안 지연이 되고 있는 것이다. 지연이 되고 있다고 해서 오지 않는 것이 아니라 이미 우리 안에 오셨고 지금 오고 계시기 때문이다. 이미 오셨다는 것은 실존적으로 내가 그리스도를 맞아들이는 순간, 그가 나의 구주임을 고백하는 순간 그분은 나의 주인으로서 내 마음에 와 계신다는 것을 뜻하는 것이요, 지금 오고 계신다는 것은 매순간 그분의 오심을 정신을 바짝 차리고 알아차리면서 신앙을 가다듬어야 한다는 것을 말한다.

매순간 그분은 우리에게 오고 계신다. 사건과 계기를 통해서 나에게 오고 계신다. 그 순간에 나는 어떤 결단을 내려야 하는가가 중요하다. 나는 그 순간에 어떠한 신앙적인 사고와 행동을 해야 하는가가 바로 실존적으로 종말을 사는 그리스도인의 삶이다.

한국교회 공동체는 어떤 실존적인 결단들을 하고 있는가?

실존적으로 매순간 오시는 그분을 어떻게 인식하고 있는가?

'먼 미래에 오실 것이니 나는 아직 그래도 기회가 있어. 그러니 세상과 타협하고 세상의 논리에 조금 순응하면서 살아도 아직 종말을 맞이할 시간적인 여유가 있어'하고 안일하게 생각하고 있는 것은 아닌가?

하지만 종말은 지금 여기에서 이루어진다. 신앙적인 찰나의 순간에도 그분을 생각하고 삶과 행동을 바로 잡으며 마치 지금 여기에 오신 듯이 살아가는 신자의 모습이 종말을 사는 신자의 태도라 할 것이다. 다시 말하면 매순간 예수 그리스도가 망각되지 않고, 잊지 않고, 민감한 신앙적인 감각을 갖고 사는 그리스도인이 되어야 한다는 말이다.

한국교회는 현재의 종말과 미래의 종말을 위해서 무엇을 생각하고 있는가?

필자는 한국교회를 떠올리면 일요일의 종말, 주일의 종말을 본다. 아니 좀 더 정확하게 말해서 '주일의 몰락'이라 해야 할 것이다. 종말과 몰락은 다르다. 종말의 사전적 의미는 '계속된 일이나 현상의 맨 끝'을 말하는 반면에, 몰락은 '멸망하여 모조리 없어짐'을 말한다. 더군다나 그리스도교적 종말은 끝이자 새로운 세계를 뜻하지만, 몰락은 완전히 없어지는 극단의 부정적인 뜻이 강하다.

마가복음사가가 말한 것처럼, 종말의 때에 가정이 파탄난다고 했는가? 그러나 교회는 가족 중심 혹은 공동체 중심의 신앙이 해체되는 몰락의 길을 걷고 있다. 우리는 지금 희망의 종말이 아니라 희망을 고대하지 못할 정도로 모든 것들이 사라지는 몰락을 보고 있는지도 모른다. 그리스도가 이미 우리 마음에 와 있지만 그분은 떠나버려서 더 이상 현존하지 않는 상태가 되어버렸다. 지금은 그분이 아직도 오지 않는 시대라고 단정 짓고 살아가는 궁핍한 시대가 되어버렸다.

젊은이들이 떠난 교회, 젊은이들이 돌아오지 않는 교회, 덩그러니 노년의 신앙 용사들이 교회당을 지키는 공동체, 옛 향수를 느끼면서 자위하는 교회, 시대와 세대를 한탄하는 교회는 일요일의 종말, 주일의 종말을 경험하고 있는 교회의 모습이다. 예수 그리스도가 이 땅에 오실 순간을 생각한다면, 하나님께서 이 땅을 새롭게 변화시킬 종말을 생각한다면 종말에 대한 그리스도인의 책임 있는 자세가 필요하다.

젊은이들에게 희망을 주는 교회가 되어야 하고, 젊은이들과 예수 그리스도의 신앙적인 경험을 함께 나누는 교회가 되어야 한다. 주일학교의 종말, 학생회의 종말, 청년회의 종말, 급기야 신앙의 종말을 맞이한 교회는 미래의 교회의 종말이 아닌 지금 여기에서의 종말을 맞이한 것이나 다름이 없다.

'종말의 때가 올 것이다. 그때 너희들은 끝까지 참고 견뎌라.'

마가복음사가의 말로만 들을 것이 아니다.

종말의 때가 온들, 함께 끝까지 참고 견뎌낼 공동체의 구성원이 없다면, 순교할 구성원이 없다면, 그 구원이 무슨 의미가 있으며, 종말의 때가 온들 이웃에게 복음을 증거할 공동체 구성원이 없다면 이 말이 무슨 소용이 있을까?

실존적으로 주일의 종말, 일요일의 종말을 겪고 있는 우리 교회가 예수 그리스도로 인해서, 그리스도인다운 삶 때문에, 미움을 받아가면서 미래의 대안적인 종말론적 삶을 살아갈 젊은이들이 있는 것일까?

교회의 종말은 지금 여기에 와 있다. 어떻게 결단을 할 것인가?

어떻게 종말을 맞이할 것인가?

그리고 어떻게 종말을 맞이하기 전에 쓰러져 가는 교회를 다시 일으켜 세울 것인가?

한국교회는 실존적인 종말을 고민해야 함과 동시에 실질적인 종말을 같이 고민해야 할 것이다. 교회 안팎으로 우리를 현혹시키는 비본질적인 신앙과 사건들이 종말을 알려주고 있다. 마가복음사가의 말처럼, 정신을 바짝 차려야 한다. 스스로 조심해야 한다. 종말론적 신앙을 가지면서, 매순간 그분에 대해서 망각하지 않으면서 신앙의 체질을 개선하는 교회가 되지 않는다면 결단코 종말을 보지 못할 것이다. 그 종말은 지금 시작되었지만 아무도 그 종말을 깨닫고 있지 못하기 때문이다.

그러므로 다시 한 번 말하거니와 정신을 바짝 차려야 한다.

5. 예수의 이름은 나의 운명(요 14:7-14)

한 개인이든 공동체이든 정체가 무엇인가에 대한 그 정체성에 대한 질문을 하곤 한다. 학생은 학생대로, 군인은 군인대로, 공무원은 공무원대로 그 고유성질, 독특성을 갖고 있다. 일종의 그것이 갖고 있는 공통분모라고 할 수 있다.

그렇다면 우리의 ID, 그리스도인의 정체성은 그리스도를 마음에 모시고 그분을 쏙 빼닮은 삶을 살아가는 존재라고 말할 수 있을 것이다. 그리스도인은 그리스도를 알았기 때문에 그의 운명을 자신의 운명으로 받아들임으로써 그리스도인으로 살아가겠다고 결심한 사람들이다. 요한복음사가는 말한다.

> 너희가 나를 알았으니 나의 아버지도 알게 될 것이다. 이제부터 너희는 그분을 알게 되었다. 아니 이미 뵈었다(요 14:7).

철학적으로 보면, 안다는 것은 곧 인식론적인 앎이다. 그런데 안다는 것은 보는 것이다. 우리가 보게 될 때 안다고 말한다. 시지각적으로 대상을 바라보게 될 때 앎을 획득하게 되는 원리와 같다. 그래서 이미 뵈었다고 말할 수 있는 것이다.

우리는 입버릇처럼
"하나님을 보았습니다."
"하나님이 말씀하셨습니다."
"하나님이 인도하셨습니다."
"하나님이 계획하셨습니다."
"하나님이 기도에 응답하셨습니다"라고 말하곤 한다.

그렇다면 하나님이 그렇게 일하셨다는 것을 어떻게 알 수 있는 것일까?

바로 그리스도를 통해서이다.

그리스도를 알게 되면 이미 하나님을 알게 된 것이고, 그리스도를 보았다면 하나님을 본 것이다. 그래서 실상은 그리스도가 일하신 것 같지만, 그분 안에 계신 하나님께서 그리스도를 통해서 일하신 것이다. 그것을 알지 못하면 빌립처럼 우매한 질문을 하는 것이다.

'하나님을 보게 해주십시오.'

하지만 이미 그리스도를 본 사람은 하나님을 본 것이다. 그리스도는 하나님을 쏙 빼닮은 분이시다. 그분이야말로 하나님의 모습이자 하나님의 모상이다. 예수는 하나님을 맑게 맑게 보여주신 거울 같은 분이시다. 예수는 하나님의 대행자이시다. 예수는 하나님의 사절이시다.

그러니 엉뚱하게 '우리에게 보여주시고 우리를 만족시켜 주십시오'와 같은 요구를 해서는 안 된다. 그리스도를 알았다면 하나님께서 어떤 분이신지를 알게 된다. 그리스도를 보았다면 하나님이 어떤 모습인지 보게 된다.

그러므로 예수에 대한 확고한 믿음을 가진 그리스도인은 하나님을 직접 뵈지 않고도 하나님을 볼 수 있고 하나님을 알 수 있다.

왜 그럴까?

그것은 예수 안에 하나님이 거하고 하나님 안에 예수가 거하시기 때문이다.

이른바 상호 내재이다. 게다가 우리는 예수 그리스도의 표징과 이적을 통해서 아버지와 아들이 하나라는 사실을 알게 된다. 표징과 이적을 일으키는 그 사건 속에 하나님이 계시기 때문이다. 그러니 우리는 예수를 통해서 하나님께 다가갈 수 있다.

그러면 어떻게 예수를 볼 수 있는 것일까?

신앙의 눈이다.

순수한 신앙의 눈으로 예수를 바라볼 때 그분이 우리 앞에 현시하게 된다. 신앙의 눈이 흐리면 예수 아니라 어떠한 사물도 제대로 바라볼 수가 없다. 신앙의 눈을 갖게 되었을 때에 대상을 바라보는 시각이 달라진다. 다른 말로 하면 육적이고 물질적인 눈이 아니라 마음의 눈, 정신의 눈으로 가지고 바라보라는 것이다.

세상에서 사람과 사건, 그리고 관계를 판단할 때 우리의 이익의 눈과 육신의 눈, 욕망의 눈으로 바라보게 되면 대상이 그렇게밖에 보이지 않는다. 동일하게 교회 공동체 안에서도 같은 그리스도인을 바라볼 때 이익과 관심, 욕망과 질시, 증오와 계산, 음흉과 간계의 눈으로 보게 되면 관계가 흐트러진다. 공동체 구성원 안에 있는 예수를 볼 수가 없다. 예수가 보이지 않는다. 그저 사람일 뿐이고, 아무개일 뿐이지, 그 안에서 예수의 형상, 하나님의 모상을 발견하기가 어렵다. 오직 신앙의 눈으로 바라볼 때 교회 공동체와 세상의 것들이 예수의 모습으로 보이게 된다.

우리 교회 공동체는 어떤 눈으로 예수를 바라보는가?

어떤 눈으로 신자를 바라보는가?

만일 이익, 욕망, 계산, 음흉의 눈으로 바라보고 있다면, 시각을 교정해야 한다. 시선을 바꾸어야 한다. 그리고 오직 신앙의 눈, 예수의 눈으로 탈바꿈되는 교회 공동체의 모습으로 거듭나야 할 것이다.

한 가지 덧붙이자면 '믿음의 눈'으로 보아야 한다. 예수는 "내가 아버지 안에 있고 아버지께서 내 안에 계시다고 한 말을 믿어라"(요 14:11)고 말씀하신다. 믿음의 눈은 예수의 모든 말과 행동 속에는 아버지가 함께 하셨다는 것을 알게 하고 또 보게 한다. 예수의 말씀과 행동 속에서 하나님의 일하심을 보게 된다. 예수의 말씀과 행동 속에서 하나님께서 함께 하고 계신다는 것을 믿게 된다. 만일 예수의 말씀과 행동이 여전히 우리 교회에 현존하기를 원한다면 그와 같은 믿음의 눈이 필요하다.

예수 그리스도의 말씀이 선포되는 순간, 예수 그리스도의 말씀이 교회 안에 울려 퍼지는 순간, 하나님께서 말씀하시고, 하나님께서 일하시고 계시는구나 하고 믿음의 눈, 믿음의 시선, 믿음의 마음으로 바라보고 인식해야 한다.

실존주의 철학의 효시인 키에르케고르(S. Kierkegaard)는 이렇게 기도한다.

"주여, 무익한 사물에 대해서는 우리에게 흐린 눈을 주시고, 당신의 모든 진리에 대해서는 우리에게 온전히 밝은 눈을 주옵소서."

교회에서 말씀이 선포되어지는 순간, 하나님이 예수 그리스도의 말씀을 통해서 하나님을 만나게 하고 만지게 하고 하나님을 향하도록 소리를 들려주시는 것으로 믿어야 한다. 예수가 과거에만 계시는 분이 아니라 지금 여기에서 현존하고 계시다는 것을 알게 하는 것은 믿음이다. 하나님은 보이지 않지만 그분은 여전히 여기에 우리 교회에 함께 하고 계시다는 것을 알게 하는 것은 예수 그리스도의 말씀을 통해서 보고 듣고 깨달을 때이다.

요한복음사가는 성령을 통해서 예수께서 하신 일보다 더 큰 일을 하게 될 것이라고 말한다. 성령이 우리에게 오시면 우리는 하나님을 증거하고 예수를 알리는 일을 하게 된다. 성령은 그리스도인으로 하여금 예수를 알게 하심으로써 하나님을 알리는 일을 하게 하고, 제자들로 하여금 더 풍성한 열매를 맺게 하신다. 곧 성령은 예수 그리스도를 증언하는 충실한 공동체를 만들고, 예수를 통해서 세상을 구원하는 일과 하나님을 알리는 일을 하게 하신다.

지금 우리 교회에 필요한 것은 강력한 성령의 임재이다. 하나님의 영이 임재하여서, 하나님의 거룩한 정신이 함께 함으로써 하나님을 알리고 예수 그리스도를 증거하는 복음의 제자들이 되어야 한다. 성령의 힘을 통해서 그리스도를 알림으로써 인류를 쇄신하는 교회가 되어야 한다. 또한 성령의 능력은 모든 사람들이 교회로 모이도록 하는 힘을 가지고 있다. 그러므로 성령의 힘을 간구하고 성령의 힘에 의지하여 교회에 모이도록 해야 한다.

그리스도를 믿지 않는 사람들에게 우리 교회 위에 예수 그리스도께서 함께 하심을 증언하여 사람들로 하여금 모이게 하고, 냉담하여 떠난 신자들을 모이게 하고, 낙담한 신자들을 교회에 모이게 하고, 갈등이 일어나 멀어진 신자들을 모이게 하고, 상처 입은 신자들을 교회에 모이게 해야 한다.

요한복음사가는 "너희가 내 이름으로 구하는 것이면 무엇이든지 다 내가 이루어주겠다"고 기록한다. 우리가 구하는 것을 다 들어주시겠다는 약속이다. 우리가 청하는 것을 확실하게 들어주시겠다는 것이다. 우리가 예수 그리스도의 과업을 물려받아서 만백성에게 복음을 전하는 일을 감당하게 될 때 청할 것이 있을 것이다. 우리 그리스도인이 그분의 파견된 자요 그분과 결속되어 있는 자이기 때문이다.

복음을 위해서 파견된 자들은 예수의 대의와 일치하는 것은 무엇이건 다 받게 될 것이다. 예수 그리스도를 증언하는 공동체로서 나아갈 때에 필요한 것들을 청할 수 있으나, 청할 때는 반드시 하나님의 뜻에 맞는 것을 청해야 한다. 쾌락을 위해서, 이익을 위해서, 사적 욕심을 위해서 청하는 것들은 받을 수가 없다. 특히 예수 그리스도의 이름으로 청하는 것이라면, 그 이름은 예수 그리스도 자신인데, 예수 그리스도 자신과도 같은 그 이름을 가지고 그리스도인의 생활 자체를 변화시키는 힘을 남용할 수가 없기 때문이다.

예수 그리스도의 이름을 빙자하여 아무것이나 구하면 받겠거니 하는 생각을 갖지 말아야 한다. 예수 그리스도가 자신의 입에 오르내리는 것은 예수 그리스도의 운명을 짊어지겠다는 것이나 다름이 없기 때문이다. 예수 그리스도의 이름을 말하는 자는 그분의 운명을 받아들이는 사람이다. 다시 말해서 그분의 이름을 말함으로써 그분의 일하심을 통해서 하나가 되어 그분의 뜻을 이루어드리는 존재가 되겠다는 것이다.

우리가 그분에게 기도하고 간구하는 목적이 무엇인가?

사적 이익과 욕망의 바람 때문인가?

아니다.

그분의 운명과 일치가 되어 새로운 그리스도인의 역사를 살겠다는 의지 때문이다. 그분의 운명이 나의 운명이 되는 것은 결국 나의 정체성, 그리스도인으로서의 나의 정체성이 그분의 운명과 일치되는 것에 있음을 의미한다. 따라서 나의 나됨은 그분의 운명을 받아들이는 것이다. 그래서 그분의 뜻을 이루어드리는 것이다.

한국교회의 운명도 이와 같다고 본다. 복음의 증인으로서 예수 그리스도의 뜻을 이루어드리면서 풍성한 결실을 맺는 것, 그래서 새로운 역사, 새로운 교회의 역사, 새로운 삶의 역사들을 만들어가는 것이다.

한국교회의 당면 과제 중 하나는 이러한 예수 그리스도의 운명을 교회의 운명으로 받아들일 것이냐 말 것이냐이다. 그러기 위해서는 예수 안에서 말씀하시고 행동하신 하나님을 우리 교회 공동체 안에서도 동일하게 느끼고 배우고 인식하고 깨닫는 것이 필요하다. 새로운 교회의 역사를 만들어 가기 위해서 예수 그리스도의 운명을 우리 교회의 운명으로 받아들이고 그분을 통해서 하나님을 보기를 갈망해야 한다. 예수 그리스도의 사건을 통해서 하나님의 일하심이 있었듯이, 오늘날 우리 교회를 통해서 하나님의 일하심을 간절히 소망해야 한다. 그리스도께서 하신 일들을 이어받아 그 일을 하려고 애를 써야 한다.

그것이 먼저 우리가 간구하고 청하는 기도의 제목들이 되어야 한다.

'하나님, 교회를 통해서 예수 그리스도를 깊이 알게 하여 주옵소서.'

'하나님, 교회를 통해서 말씀으로 임재하시는 예수 그리스도를 깨닫게 하여 주옵소서.'

'하나님, 교회를 통해서 성체로 현존하시는 예수 그리스도를 보게 하여 주옵소서.'

'하나님, 예수의 이름을 부를 때마다 당신과 일치된 운명을 살게 하옵소서. 그리하여서 이 교회의 새로운 역사를 써내려갈 수 있도록 도와주소서.'

키에르케고르는 "죄란 하나님으로부터의 계시로 말미암아 죄가 무엇인지 해명된 후에 하나님 앞에서 절망하여 자기 자신이려고 하지 않는 것, 혹은 절망하여 자기 자신이려고 하는 것이다"라고 말했다.

인간은 하나님 앞에서 죄가 밝혀진 후에 절망하게 된다. 절망하는 것이 죄라는 것이다. 절망하여 아예 본래적인 자기 자신을 찾지도, 또 본래적인 자기 자신이 되려고도 하지 않는다는 것이다. 본래적인 자기 자신, 그리스도인에게 있어 본래적인 자기 자신은 예수 그리스도와 일치되는 것이다. 예수 안에 하나님이, 하나님 안에 예수가 상호 내재 하여서 일치된 것처럼, 우리도 우리 안에 예수가, 예수 안에 우리가 있어서 일치된 그리스도인이 되어야 한다.

그래서 만백성이 우리 그리스도인을 통해서 하나님의 모습을 볼 수 있도록 해야 하고, 우리 그리스도인을 통해서 예수 그리스도를 알 수 있도록 해야 하고, 우리 그리스도인을 통해서 예수 그리스도를 느낄 수 있도록 해야 할 것이다.

제6장

종교의 휘발성과 그리스도인의 존재론적 신앙

1. 미움과 증오의 신앙(요 15:18-21)

역사적으로 보면 모든 종교는 사랑, 자비, 평화, 정의 등 인류의 좋은 가치들을 가지고 있었고, 또한 그러한 종교들이 탄생을 하였다. 그런데 역설적으로 그와 같은 종교들이 기성종교가 되게 되면, 다른 종교들이 등장할 때에 그들을 상제(相制) 혹은 방해하면서 항상 미움과 증오, 그리고 심지어 핍박과 박해, 죽임이라는 행태로 일관해 왔다. 유대교가 그랬고, 그리스도교가 그랬고, 불교와 유교도 그랬다.

요한복음서 15장도 예수 당시 30년경의 역사와 요한공동체의 100년경의 역사가 중첩되어서 나타난다. 예수 당시에 그리스도교는 유대교의 기득권층으로부터 냉대와 죽음의 위협에 시달려야 했다. 요한공동체의 상황 역시 그리스도교가 정착되는 과정에서 유대교의 견제와 박해, 회당으로부터의 축출의 고난을 견뎌내야 했다. 18절에 나와 있는 것처럼 유대교는 그리스도인들을 미워했다. 애초에 그리스도교는 미움을 받으면서 성장을 했다.

예수는 말한다.

'너희들이 미움을 받는 것은 내가 미움을 받는 것이다.'

이 말은 예수에 대한 신앙 때문에 그리스도인이 증오를 받게 된다는 말인데, 실상은 예수가 박해를 받는다는 것이다.

왜 그랬을까?

예수는 유대교의 권력, 체제, 종교적 신념, 율법, 가치관 등을 뒤흔들었기 때문이었다.

요한공동체에 속해 있었던 제자들과 그리스도인들도 체제 전복적이었고 새로운 가치관과 신앙관을 제시하면서 유대교와 맞서는 세력으로 등장했다. 19절에서 그것을 암시해주고 있다. 하나님과 세상은 대립관계에 있는 것이다. 세상은 하나님으로부터 파견된 그리스도를 배척하고 하나님을 등졌기 때문에 그리스도인을 좋게 볼 리가 만무했다. 유대교와는 한 배를 타려야 탈 수 없는 그런 관계였던 것이다.

그렇다면 오늘날 한국교회는 어떤가?

반인권적 사회에 대해서 '아니오,' 반민주적 정치와 불의에 대해서 '아니오,' 신자유주의의 수탈적 경제에 대해서 '아니오,' 물질 중심적 가치관에 대해서 '아니오,' 반생명적 문화 흐름에 대해서 '아니오'라고 외치면서 새로운 대안적 정신을 제시하고 있는 것일까?

그러지도 못하면서 입만 열면 장자의 교회라고 목청을 돋우는 종단, 적통을 이어 받은 교회라고 힘을 주는 종단이 있다. 작지만 강한 교회, 그럼에도 사회적 영향을 끼치는 교회라고 자임하는 종단도 있다.

하지만 가톨릭에 대해서는 개혁하는 가톨릭교회(reforming catholic church)라면서 가톨릭 쪽에 좀 더 가까이 붙어 있으면서 가톨릭을 계속해서 변화시키는 교회라는 어줍지 않은 자부심을 갖고 개신교에 대해서는 우쭐함의 자폐적 폐쇄성을 가진 집단으로서 사회에 그저 미미할 정도의 영향력을 끼치고 있는 것은 아닌지 자문해 봐야 한다.

그러면서 교회는 강력한 신앙과 깊이 침잠하는 영성, 문제에 따라서는 역동적으로 움직이는 실천적 운동, 전통 속에서 묻어나오는 교육과 전례의 힘 등이 교회 공동체가 발휘하는 신앙적 색깔이 되어야 하지 않을까?

만일 예수의 정신과 신앙을 제대로 구현한다면, 한국교회는 세상으로부터 미움을 받아야 한다. 세상을 불편하게 하기 때문에 미움과 증오의 대상이 되어야 한다. 엄격한 도덕적, 윤리적 행위가 요청되는 종교 공동체의 모습이 퇴색되어서 성직자나 교회가 지탄의 대상이 되고 미움과 공격을 받는 것은 당연하다.

하지만 그보다 더 중요하게 따져봐야 할 것은 우리가 세상의 대척점에 서 있기 때문에 그들이 그리스도교를 불편하게 생각하는가 그렇지 않은가 하는 것이다. 세상을 불편하게 할 수 있는 교회여야 종교의 존재감이 있는 것이다. 예수와 생사고락을 같이 하는 그리스도인, 예수의 뜻에 부합하는 제자들이 될 때 세상이 그리스도교에 관심을 기울인다. 예수와 한뜻으로 살겠다고 다짐하고 또 그렇게 살지도 않는데, 세상이 그리스도인에 대해서 관심을 가질 필요가 없다. 세상의 삶의 잣대와 좌표, 그리고 양심의 척도가 되지 못하는 그리스도인이 옆에 없는데 세상이 어떤 일을 하든지 간에 제동을 걸어주지 않으니 불편하게 생각할 필요가 없다.

급기야 21절에 나와 있듯이 세상은 하나님에 대해서, 예수에 대해서 잘 모른다. 무지하다. 그럴 수밖에 없는 것은 그들이 진정으로 예수를 알고 하나님을 안다면, 그들도 예수 편에, 진리 편에 서 있어야 하고, 예수 안에, 진리 안에 있어야 한다. 그리스도인이 예수와 같은 팔자소관을 갖는다면 세상에 대해서 대조 공동체, 대척 공동체, 대안 공동체가 되는 것이다.

세상은 그런 공동체를 보고 불편해 하며 미워하고 박해를 한다. 그리스도가 세상과 사회에 반대되는 말과 행위를 하기 때문이다. 그리스도교의 논리와 세상의 논리가 다르기 때문이다.

교회는 그런 의미에서 세상과 사회가 추구하는 언어, 행위, 가치관, 권력, 규율, 불의 등에 대해서 반대되는 말을 하고, 그런 행위에 대해서 '아니오'라고 말하고 있는가?

그런 이유로 세상이 교회를 불편하게 생각하고 미워하고 있는가?

아니면 그런 대척적이고 대안적인 말과 행위 그 어떤 것도 없어서 세상과 사회로부터 존재감을 상실한 공동체가 된 것은 아닌가?

매일매일 우리는 예수가 겪었던 미움과 질시, 그리고 핍박과 박해를 겪어야 하는지도 모른다. 사회에 대해서 새로운 가치관을 제시하고, 교육에 대해서 새로운 교육관을 내놓고, 피폐된 정신을 아랑곳하지 않고 오직 물질과 돈, 명예, 권력 등에 치중된 삶을 사는 이들에게 복음에 입각한 비판적인 지적을 할 수 있어야 하고, 잘못된 정치적 행태에 오직 정의와 대의, 그리고 국민을 위한 정치가 되도록 부르짖을 때 그 교회가 예수와 같은 운명 공동체로 살아 있는 공동체가 되는 것이다.

어쩌면 교회는 승리의 목소리가 아니라 패자의 목소리를 내야 하는지도 모른다. 승리의 목소리는 남을 짓누르고 억압하고 폭력을 행사하면서 일궈내는 세상의 자리라면, 패자의 목소리는 그 승리자의 모습에 대해서 비판할 수 있는 자리이기 때문이다.

시인 정현종은 이런 시를 읊었다.

> 사람이 온다는 건
> 실은 어머어마한 일이다
> 그는
> 그의 과거와
> 현재와
> 그리고

그의 미래와 함께 오기 때문이다
한 사람의 일생이 오기 때문이다.

예수께서 우리에게 왔다는 것은, 예수가 지금도 우리에게 온다는 것은 정말 엄청난 일이다. 매순간 나의 감각을 깨우는 일이다. 매순간 나를 살아 있게 만드는 일이다. 매순간 나를 숨 쉬게 하는 일이다. 매순간 나를 나 되게 만드는 일이다. 매순간 나의 윤리와 도덕을 깨우는 일이다.

그래서 나는 매순간 세상이 볼 때 패자처럼 살아갈 운명인지 모른다. 세상의 시각에서 볼 때 예수처럼 세상과 반대되는 삶을 산다는 것은 패자의 삶이라고 말할 것이다. 하지만 물질적 가치, 경쟁에서 이기는 가치, 양보 없는 성취의 논리, 남을 지배하려는 권력자가 아닌 패자인 듯하나 실상은 높은 정신적 가치와 영성적 가치, 초월적 가치를 가지고 이 세상을 올곧은 삶으로 포용하려는 그리스도인의 모습이 진정한 예수의 제자라 할 것이다. 우리 그리스도인이 세상에 왔다가 떠날 때까지 해야 할 일은 세상을 어떻게 하면 고양시킬 것인가 하는 데 초점을 맞추어야 한다.

그렇다면 교회 공동체의 가치, 신앙적 풍토, 지향점을 어디에다, 또 무엇에다 두어야 할까?

100년의 교회 역사가 되어서 이제 새로운 200년으로 도약하려는 시점에 있는 교회 공동체가 지역사회와 더 나아가서 민족에 새로운 삶의 가치, 새로운 정신적 가치, 새로운 인격적 가치를 일깨워서 정말 중요한 영성적 무게감을 줄 수 있는 교회가 되어야 할 것이다. 만일 그와 같은 교회가 되고자 한다면 그마만한 새로운 좌표, 명료한 좌표를 그릴 수 있어야 한다.

'교회를 보아라. 이게 바로 대안이 될 수 있다. 이게 바로 맑은 사회의 모습이다. 이게 바로 새로운 교육의 통찰이다. 교회가 얼마나 인간을 사랑하는지 보아라. 교회가 얼마나 민주적인지 보아라' 등을 말하고 보여줌으로써 대안교회, 대척교회, 대조교회의 모습으로 나아가야 한다.

교회 공동체는 자신의 지역사회에서 얼마나 존재감이 있는가?

또 얼마나 예수처럼 살면서 미움과 질시를 받는가?

바라기는 세상이 우리를 보고 예수쟁이라고 말할 때, 그것을 자부심과 긍지로 알아들을 수 있는 신앙적 자신감과 배포가 있어야 한다. 그러기 위해서 내가 걸을 때마다 예수가 걸으시고, 내가 움직일 때마다 예수가 움직이시고, 내가 말할 때마다 예수가 말씀하시고, 내가 숨 쉴 때마다 예수가 숨을 쉬시는 시간으로 산다면 분명히 이 한국교회가 대조 공동체, 대척 공동체, 대안 공동체가 되어 진정한 예수 공동체가 될 것이다.

2. 지루해져버린 그리스도교의 사랑(요 15:9-17)

요한복음사가는 예수께서 하나님으로부터 듬뿍 받은 사랑을 제자들에게도 흠뻑 쏟으셨다고 기록하고 있다. 예수께서는 그 사랑타령을 쉴 새 없이 늘어놓으신다. 그리스도교에서는 그런 사랑을 절대적 가치 혹은 실천지침으로 인식하고 있다. '절대'라는 말은 '분리된-유일한'(ab-solu)이라는 뜻을 가지고 있다. 따라서 그리스도교의 사랑은 공동체를 유지하는 데 있어서 그 무엇보다도 구별되고 구분된, 경계를 그을 만한 유일한 규범이라는 말이다.

그런데 그러한 사랑이 언제부터인가 지루해지기 시작했다. '언제나 나의 사랑 안에 머물러 있어라'는 계명이 한갓 문자나 공언에 지나지 않는 말이 되어버렸다. 권태(langeweile)에 빠져 버린 사랑이 사회는 고사하고 교회 공동체 안에서조차도 그 본래의 효력을 나타낼 리 만무한 것이다. 그것이 빠진 세계는 증오와 분노, 갈등과 오해, 반목과 충돌만이 있을 뿐이다.

정신분석학자 프로이트(S. Freud)나 일부 철학자들은 지루함이란 의미의 상실, 상실의식이라고 풀고 있다. 그러므로 사랑이 지루해졌다는 것은 사랑의 의미가 상실되었다는 말과도 같다. 키에르케고르는, "신들은 지루했기 때문에 사람을 창조해 냈다. 아담은 혼자였기 때문에 지루했다. 그래서 이브가 만들어지게 되었다. 그 순간부터 이 세상에 지루함이 생겨났고 사람의 무리가 커지는 만큼 지루함의 크기도 따라 커졌다"고 말했고, 니체는 하나님이 이레째 되는 날부터 지루해 했다고 말하면서, 이 지루함에 대해서만큼은 신들조차 버거워하며 싸우는 보지만 번번이 지고 말았다고 강조했다. 만일 하나님조차 지루함을 이기지 못한다면 인간이라고 지루함을 극복한다는 것은 지난한 일일 수도 있다. 더군다나 이성이 아닌 감성의 영역인 사랑에 인내력을 발휘한다는 것은 더욱 어려운 일일 것이다.

설령 그렇다 하더라도 그리스도교의 사랑은 수많은 시간이 축적되어 인류의 역사와 함께 해온 감정적 개념이다. 설교와 성서공부, 그리고 교제와 친교를 통하여 학습된 그리스도인의 뇌에는 사랑이라는 말이 신앙의 유전자로 형성이 되어 있을지도 모를 일이다. 하지만 입에 올린다고 해서 전부 말이 되는 것은 아니다. 말은 맑은 정신과 말의 알맹이를 잘 실천해야 맘과 일치된 운동이 되는 것이다.

사랑이라는 말은 우리가 예수의 참된 제자가 될 때 그분의 사랑 안에 머물고 있음을 나타내게 된다. 그리스도인의 서로 사랑은 예수께서 제자들에게, 그리고 우리에게 주신 명령이다. 그 명령을 잘 이해하고 지키면 종(노예, doulos)이 아니라 벗(친구, philos)이 될 것이라고 했다. 사랑이라는 신앙 감정의 유전자를 소유한 우리는 예수와 같은 하나님 사랑의 유전자를 품게 됨으로써 그와 벗의 관계에 있게 된다. 이른바 예수의 선택과 주도권에 의한 '가치관의 대변혁'이다.

그렇게 서로 사랑으로 예수와 벗이 된 우리는 그리스도인다운 삶의 열매와 하나님의 사랑을 결실로 맺을 수 있어야 한다. 그 결실을 맺기 위해서는 전적으로 예수께 의존해야만 한다. 그렇게 될 때 하나님의 거룩한 뜻을 앞세우면서 청하는 것은 무엇이든 다 들어주시겠다고 약속을 하셨다. 예수께서 우리에게 사랑 계명에 대해서 말씀을 하신 것은 우리로 하여금 진정한 복음을 통해 삶의 완전한 의미와 구원이 무엇인지 깨닫게 된 감정과 열정의 기쁨을 누리게 하시기 위한 것이다.

독일의 탁월한 신약성서학자 루돌프 불트만(R. Bultmann)은 신앙과 사랑은 실제로 일치를 이룬다고 말했다. 만일 우리가 신앙이 있다면 사랑의 계명을 실천하는 것이 마땅한 일이다. 그럼으로써 기쁨이라는 성령의 열매를 얻게 된다.

시인 이상(李箱)은 "아무것도 생각하기 싫다. 어제까지도 죽는 것을 생각하는 것 하나만은 즐거웠다. 그러나 오늘은 그것조차도 귀찮다. 그러면 아무것도 생각하지 말고 눈 뜬 채 졸기로 하자"고 읊었다.

어쩌다 그리스도인의 사랑이 지루함의 미학이 되어버린 것일까?

무의미한 허언이 되고 만 것일까?

이제 더 이상 그리스도교의 사랑이 생각하기 싫은 기분, 지루함의 기분이 되면 안 될 것이다. 우리가 서로 사랑하지 않으면 그리스도교의 사랑도 지루함의 대명사로 바뀔 수도 있거니와 자칫하면 고루한 낱말로 전승될지 모른다. 그러므로 부디 사랑이 따분해져서 그저 들큼한 말로 들리지 않도록 서로 사랑하라. 사랑이 비루하고 단조로운 언어로 인식되지 않도록 서로 사랑하라. 이것이 그리스도께서 우리에게 당부하신 말씀이다.

3. 기투(企投)하는 그리스도인(요 16:23-28)

인간은 실존적으로 어쩔 수 없는 불안 기분, 막연한 불안 기분을 가지고 살아간다. 매순간 다가오는 예측할 수 없는 문제와 사건에 직면해서 결단하고 선택을 해야 하는 게 인간의 삶이다. 어떻게 그리스도인이 불안한 기분을 가지면서 살 수 있느냐 하고 반문을 할 수도 있지만, 실상 인간이라는 존재가 그렇게 생겨 먹었다.

필자는 오늘 잠을 자면 내일 눈을 뜰 수 있을까 하는 생각을 종종 해보고는 한다. 오늘 밥을 먹었는데, 또 내일은 밥을 먹을 수 있을까 하는 의문을 품어보게 된다. 오늘날 한국교회가 5년 뒤, 10년 뒤에는 존재할 수 있을까 하는 물음을 던지곤 한다.

무슨 말인가?

우리는 지금까지 경험적으로 살아왔으니까 또 아무 탈 없이 내일도, 앞으로도 살 것이라고 습관적으로 예측을 한다. 그러나 어느 순간 그 예측이 하나 둘씩 빗나가기 시작할 때 인간은 불안에 휩싸이게 된다. 경험적 사고의 오류이기도 하다.

그래서 그리스도인에게 기도라고 하는 신앙적·종교적 장치가 있는지 모르겠다. 실존의 불안을 신에게 맡기고 풀리지 않는 숙제를 하나님께 매달려 해결되기를 소망하는 것이다. 그래서일까! 요한복음사가는 이렇게 말한다.

> 그 날이 오면 나에게 물을 것이 하나도 없을 것이다. 정말 잘 들어두어라. 너희가 내 이름으로 아버지께 구하는 것이면 아버지께서 무엇이든지 주실 것이다(요 16:23).

여기서 "그 날"이라는 말이 23절과 26절에 두 차례에 걸쳐 나온다.

이 말은 그리스어로 '헤메라'(hemera)이다. 고대 그리스의 서사시인 헤시오도스는 전해 내려오는 신화와 전설을 바탕으로 천지의 생성으로부터 신들의 탄생 및 계보, 인간의 탄생에 이르기까지를 체계적으로 정리하였다. 그것이 『신통기』(*Theogonia*)라는 책이다. 이 책에 보면, 태초에 무한의 공간인 카오스가 있었으며 그 다음에 만물의 터전인 땅, 즉 가이아가 생겼다. 다시 카오스로부터 밤의 여신인 닉스와 암흑의 신인 에레보스가 태어났는데, 닉스와 에레보스가 관계를 가져 낮의 신 헤메라와 창공의 신 아이테르(Aither)가 태어났다고 한다. 그래서 낮의 신 헤메라가 하루(a day)를 뜻하는 말로 정착이 된 것이다.

그런 의미에서 헤메라, 곧 '그 날'은 깨어 있어야 하는 때를 일컫는다. 미래의 그 날은 요한복음서의 신학적 관점에서 보면, 예수의 종말적 재림만을 뜻하는 게 아니라 부활의 날, 성령의 강림을 뜻한다고 볼 수도 있다. 그러나 그 종말적 재림이나 부활의 날, 성령의 강림이라는 것도 결국 밝은 대낮에 깨어 있는 상태가 아니면 맞이할 수 없다. 그 날, 그 순간을 알아채지 못한다는 말이다.

하지만 신앙적으로 스스로 깨어 있는 상태, 스스로 깨인 상태라면 굳이 그리스도께 물어야 할 필요나 의심을 품을 이유가 없다. 내 안에 밝은 빛이신 그리스도가 있는 이상, 그래서 부활하신 그분과 일치되어 있는 이상, 의심은 사라지고 삶의 해답은 늘 나의 내면에서 찾을 수 있다는 것을 의미한다. 빛이신 그리스도가 나를 깨어 있도록 하고, 그 깨어 있음으로 인해서 진리 안에 있도록 하니까 어두움의 상황에 직면해도 용기를 가지고 살아갈 수 있는 것이다.

그래서 가톨릭의 현대 영성가 헨리 나웬 신부는, "기도는 삶과 죽음의 경계를 과감하게 깨뜨림으로써 우리가 두려움에 압도당하지 않고 이 세계의 한복판에 자유롭게 서 있도록 한다"고 했다.

"너희가 내 이름으로 구하는 것이면 아버지께서 무엇이든지 주실 것이다"라고 말씀하신 것은 결국 '예수의 이름에 의지하라,' '예수의 이름을 통하라,' '예수의 이름 안에 있어라'는 것 아니겠는가.

이름이 있다는 것은 그 이름에 해당하는 대상이 있다는 것이다. 다시 말해서 이름은 대상을 지칭하는 명칭이다. 더 나아가서 이름은 한병철의 철학적 표현을 빌리면, "다른 누구도 아닌 자기 자신에서 시작하는 자, 최종적인 자기 결정"을 말한다. 그러므로 '나의 이름으로'라는 말은, 나라는 존재, 즉 모든 일의 최종적인 결정권자인 예수라는 존재 안에 있으면서(en) 기도하라는 것이다. 그러니까 예수 안에 우리 자신을 기투하면(내던지면), 우리 자신의 현재를 넘어서 미래를 향해서 예수 안으로 내던지면 하나님께서 무엇이든지 다 주실 것이다.

여기에 주목을 해야 할 말이 있다. '무엇이든지'라는 표현이다. 아마도 그리스도인은 기도하면 그 기도한 대로 다 이루어졌으면 하는 게 근본적인 욕구일 것이다. 그런데 우리가 기도하는 것마다 무엇이든지 다 받으려면, 순서가 바뀌면 안 된다. 제일 먼저 예수 안에 나의 실존을 내던지는 일, 예수 안에 내가 있어야 한다. 내가 예수께 속해 있어야 한다. 그럴 때 내가 기도한 것이 이루어지고, 없었던 것이 생긴다.

달리 철학적으로 말하면 무에서부터 유로의 '창조적 변화'가 일어난다. 프랑스 실존주의 철학자 장-폴 사르트르(Jean-Paul Sartre)는 "모든 인간은 기투(企投)에 해당하는 존재입니다. 인간은 아직 없는 것으로부터 출발해서 이미 있는 것을 발명하기 때문에 창조자"라고 말했다.

우리는 기도를 함으로써, 그 기도 가운데 현재를 넘어서 미래를 향해 우리 자신을 던진다. 그 미래는 예수 안에 있는 미래로서 우리가 그분 안으로 신앙적 모험을 감행하면서, 그분 안으로 들어가는 것이다. 그럴 때 기도를 통해서 미래가 새롭게 열린다.

그런데 그러한 새로운 미래, 현실적인 고통과 좌절, 갈등과 불화가 해결되지 않는 이유가 무엇일까?

본문에 나와 있는 것처럼 아무것도 구해 본 적이 없기 때문이다(제자들이 이제까지 예수의 이름으로 기도하지 않았던 것은 예수가 아직 영광스럽게 되지 않았기 때문이다).

아니 기도는 했을 것이다. 하지만 항상 선후가 바뀌었던 것이다. 예수 안에 있어야 할 우리가, 예수 안에 있지도 않으면서 기도를 했던 것이다. 기도를 하더라도 진심과 진정, 간절함과 성심이 빠진 기도를 했는지도 모른다. 그러므로 거듭 말씀하거니와 우선 예수 안에, 그분의 이름 안에, 최종적인 결정권자인 예수의 의지 안에 거하라. 그래야 그분의 뜻을 우리가 아뢰고 그분께서 원하시는 기도를 함으로써, 우리가 그분의 뜻을 이루어 드릴 수 있을 것이다.

그리고 기도할 때는 반드시 우리의 것이라고 했던 것을 버리고 하나님의 것을 취하게 되는 기도를 드려야 한다. 그러면 그 어떤 것보다 우리 믿음의 공동체 안에 현존하시는 하나님께서 주시는 그리스도에 대한 지속적인 기쁨(부활의 기쁨, 성령의 기쁨)을 경험할 것이다.

성 아우구스티누스는 이렇게 말했다.

"당신을 위해 우리를 지어내셨기에 당신을 찬미함으로써 기쁨을 느끼나이다. 우리 마음은 당신 안에 쉴 때까지 불안하나이다."

실존적인 불안뿐만 아니라 문제가 발생하여 우리가 기도를 할 때에 하나님께서 "내가 여기에 있다"고 말씀하시는 음성을 듣기를 원한다. 하나님의 음성 안에서 우리가 쉬기를 원한다. 그분 안에서 기쁨과 평안, 그리고 평화를 얻기를 원한다.

구약성서에서 기도는 하나님의 얼굴을 찾는 것이다.

시편기자는 이렇게 노래한다.

> 야훼여, 나의 부르짖는 소리를 들어주소서./ 불쌍히 여기시어 대답하소서./ 이렇게 내 마음 그대로 아뢰옵니다./ '나를 찾으

라'말씀하셨사오니/ 야훼여, 이제 당신을 뵙고자 합니다./ 당신 얼굴을 숨기지 마소서./ 그 동안 이 종을 도와 주시었사오니/ 진노하지 마시고 물리치지 마소서./ 나의 구원자이신 하나님/ 이 몸을 저버리지 말아주소서./ 내 부모가 나를 버리는 한이 있을지라도/ 야훼께서는 나를 거두어 주실 것입니다(시 27:7-10).

요한복음사가는 예수께서 수수께끼 같은 비유로 말씀하시는 것에서 이제는 신앙적으로 계몽이 되는 때가 있을 것이라고 말한다.
그리고 예수께서 이렇게 말씀하신다.

너희는 이미 나를 사랑하고 또 내가 아버지께로부터 왔다는 것을 믿고 있다. 그래서 아버지께서는 친히 너희를 사랑하시는 것이다(요 16:27).

우리는 예수와 결합되어 있다. 그러므로 하나님께서 예수를 사랑하신 것처럼, 우리들도 하나님의 사랑을 받는 존재들이다. 우리는 예수와 떨어져 있는 존재가 아니라 그분과 연대하고 하나님과 가까운 관계가 되었다는 뜻이다. 그런 의미에서 우리는 하나님의 새로운 가족, 하나님의 식구, 예수와 삶을 나누는 존재이다.

이미 잘 알다시피 한국교회가 매우 힘든 상황이다. 100년의 역사가 문제가 아니라, 당장 타개해야 하는 교회 내외부적인 문제, 신앙적인 문제 등이 산적해 있다. 따라서 지금이 우리가 더 기도를 해야 할 시기이다. 우리의 문제를 가지고 예수 안으로 성큼 들어가야 하는 용기가 필요하다. 만사가 잘 될 때는 예수라는 존재에 대한 인식, 예수라는 존재에 대한 깨달음이 없다가, 일이 꼬이고 삶이 불안할 때는 예수의 이름이 떠오른다.

한국교회는 매순간 예수의 이름이 떠올려지고 그 이름을 입에 올리는 신앙의 성실함과 부지런함이 있었으면 좋겠다. 그 길밖에 달리 해결 수단이 있을까?

우리의 불안한 실존을 극복할 수 있는 다른 방법이 있을까?

예수의 이름을 생각하며, 예수의 존재를 기억하며, 예수와 함께 하면서 예수 안에서 기도로 힘을 얻고 하나가 되는 게 우리 교회의 급선무이다("기도는 삶의 모든 것을 하나님과의 대화와 하나님의 현존 속에 포함시키는 것이다").

헨리 나웬은 말한다.

"기도는 실로 세상에 대해 죽음으로써 우리는 하나님을 위해 살 수 있게 된다."

새로운 존재로의 변화, 애초에 예수께서 아버지의 품에 있었다는 사실, 그런 분이 잠시 동안 세상에 오셔서 우리의 구원을 위해서 죽으셨다가 다시 그 아버지의 품으로 돌아가셨다는 신앙 진술을 믿는다면 한 번쯤 그분에게 우리의 실존적 불안을 맡겨보는 것은 어떨까?

그분은 하나님 마음에 쏙 들었던 아드님이시니, 우리가 간구하는 것마다 헤아려 주시고 들어주시지 않을까?

그러나 명심해야 한다. 기도의 목적은 우리의 삶의 이익을 위한 것이 아니고 오직 하나님을 위해서 살기 위한 것임을 말이다. 그분이 우리의 기도를 들어주시는 이유는 우리 자신을 위한 것이 아니라 당신 자신을 위한 것임을 잊지 말아야 한다. 기도는 나를 위한 것이 아니라 하나님을 위한 것이다. 하나님 자신을 위해서 인간의 삶을 변화시키시는 것이다.

파스칼(B. Pascal)은, "인간의 불행은 방에 홀로 조용히 머무르지 못하는 것으로부터 시작된다"는 말을 했다.

우리 개인의 실존적인 삶이 불행해지기를 원하지 않는다면, 우리

교회가 퇴보하는 불행한 교회가 되기를 원하지 않는다면 골방에서 하나님을 만나는 시간을 늘려나가야 한다. 그러면 우리 자신뿐만 아니라 한국교회도 행복하게 될 것이다.

4. 예수 따르미의 실존(요 21:20-25)

요한복음 21장 20-25절은 베드로와 예수께서 사랑하신 익명의 제자, 이른바 애제자와의 운명에 대해서 대화체 형식으로 기록되어 있다. 내용을 피상적으로 보면 베드로를 깎아내리는 듯한 인상을 받을 수 있는데, 저자의 의도는 베드로를 폄하하려고 하는 이야기가 아닐 것이다. 오히려 예수께서 사랑하시는 제자가 수제자 베드로와 같은 반열에 있음을 말하려고 하는 것이 요한복음사가의 의도이다. 학자들에 따르면, 애제자는 요한을 말한다는 설도 있지만, 아마도 12제자에 포함되지 않은 다른 제자를 일컫는 것이라고 본다. 여하튼 오늘 본문은 예수를 추종하는 삶은 여러 가지가 있을 수 있으나, 그렇게 예수를 추종하는 삶, 참된 제자의 삶은 어떤 것이어야 하는가에 대해서 말하고 있다.

그리스도의 제자는 순교의 삶이든 아니면 자연적으로 죽음을 맞이하는 삶이든 동일하게 예수의 의도와 원의를 존중하고 순종하는 삶이어야 한다. 우리는 때로 베드로라는 이름, 애제자 요한이라는 이름을 갖기 원하는 욕망이 꿈틀거린다. 이름의 명예와 지위를 얻고 싶어 하는 것이다. 그래서 타자의 입지와 타자의 상황, 타자의 현실이 어떻게 될 것인가에 대한 궁금증이 발동하는 우리는, 동시에 그가 어떤 이름으로 살아갈 것인가에 대해서 관심을 갖는다.

우리는 이름이 선물(Geschenk)이라는 사실을 잘 모른다. 이름은 나를 지칭하는 기호가 아니다. 이름은 타자에 의해서 붙여지는 선물이다.

순교자의 이름이든, 그냥 제자로서 평범하게 살다가는 이름이든 모두가 예수가 주도권을 가지고 우리에게 주는(증여하는) 선물이다. 그러므로 우리는 예수의 추종자로 살아가는 '그리스도인'이라는 이름이면 족하다.

베드로는 애제자의 운명(Geschick)이 몹시 궁금했다. 애제자가 어떤 운명의 이름을 갖게 될지 알고 싶어 했다. 애제자가 자신의 운명처럼 죽게 될 운명인지 아닌지가 궁금했다고 요한복음사가는 말하고 있다. 하지만 누구의 운명이든, 어떠한 운명이든 결국은 예수께서 그 운명을 이끌어 가도록 자기 자신을 맡겨야 하는 것이다. 그리스도인의 운명은 하나만 있는 것이 아니다. 다양한 운명이 있을 수 있다. 그러나 한 가지 공통점은 그 운명으로 살아가는 그리스도인이라 할지라도 반드시 예수께서 이끌어가도록 자기 자신을 내맡겨야 한다는 사실이다.

그렇다고 그리스도인이 숙명론자나 운명론자라는 말은 아니다. 굳이 말한다면 예수에 의해서 이끌려 가는 운명이라고 말할 수 있을 것이다. 우리는 그리스도를 믿으면서 저마다 제자로서의 운명으로 살게 되었다. 제자로서의 운명을 살아가는 그리스도인은 자신의 운명을 개척하고 때에 따라서는 운명을 바꿔보려고 하겠지만, 더 근원적으로는 자신의 운명을 그리스도께서 이끌어갈 수 있도록 우리의 삶을 완전히 개방해야 한다. 다시 말해서 우리의 운명은 예수에게 달려 있다.

그럼에도 우리는 자신의 삶에 대해서 불평과 불만이 가득하다. 내 자신의 운명이 왜 이러냐 하는 것이다.

왜 나의 운명은 이다지도 박한가?
왜 나의 운명은 이렇게도 힘겨운가?
왜 나의 운명은 돈과는 상관없는 듯이 되어버렸나?

하지만 이러한 질문들은 모두가 나 자신이 생각하는 운명론에 지나지 않는다. 우리의 운명은 예수께서 이끌고 나가실 수 있도록 해야 한다. 운명이라는 말이 불편하다면, 우리의 인생이라고 해두자. 우리가 그리스도인 이상 우리의 인생은 예수에 의해서 결정되어지는 것이다. 그래서 우리는 예수 그리스도와 운명 공동체라고 말한다. 그러면 예수와 같은 운명으로 살아가야 하는 것이 맞는 것이다.

그러나 우리는 예수의 운명처럼 고난과 가난, 사랑과 비폭력 등으로 일관하는 삶으로부터 회피하려고 한다. 나에게 있어 부정적 어감을 갖는 단어들, 그 언어들에서 비롯되는 인생은 살기 싫어한다. 오직 맵시가 나고 멋이 있는, 뭔가 고상하고 화려한 삶을 살기만을 원한다. 하지만 그러한 삶이 전개되지 않는다고 하더라도, 우리는 그저 예수의 뜻과 의지에 순종을 해야 한다. 상황이 좋고 여유가 있으며 기회나 가능성이 있을 때에만 제자가 되는 것이 아니라 설령 최악의 경우에라도 예수의 뜻과 의지에 순종하여 영원히 그분을 추종하겠다는 결단이 필요하다. 상황이 괜찮을 때 예수를 추종하는 것은 쉽다. 반면에 상황이 어렵거나 부담이 되는 경우에는 추종을 하지 않으려고 한다. 그러나 그리스도인이라는 이름표는 상황이 좋고 나쁨을 넘어서 항상 그분과 같은 인생을 살겠다는 의미, 용기, 결단이 있을 때만이 불릴 수 있는 말이라는 것을 기억해야 한다.

그러므로 '주님 저 사람은 어떻게 될까요?'라고 물어보는 것은 중요하지 않다. 오히려 '주님 나는 어떻게 될까요?' '주님 나는 어떻게 할까요?'라는 질문으로 바꿔야 한다. '주님, 나는 신앙적으로 어떻게 되겠습니까?' '주님, 나는 학교에서, 가정에서, 교회에서, 직장에서 어떻게 할까요?' '어떻게 하는 것이 주님의 운명을 나의 운명으로 받아들이는 것일까요?' '어떻게 행동하는 것이 주님의 운명을 사는 것일까요?'하고 물어야 한다.

'주님, 우리 한국교회의 미래가 어떻게 될까요?'라고 묻는 것은 적절하지 않다. 그것은 유령적인 물음이나 다름이 없다. 유령이 무슨 역할을 할 수 있나? 유령은 자신의 운명이 정해져 있어서 환영 속에서 사는 존재이다. 추상적이고 모호하며 어쩔 수 없이 묻는 질문이 아니라 진정으로 염려하는 질문, 진심어린 질문을 해야 한다.

'주님, 제가 이 교회를 위해서 '지금' 무엇을 해야 할까요?' '주님, 제가 이 교회를 위해서 '지금 당장'해야 할 일이 무엇인가요?' '주님, 제가 '지금' 이 교회를 위해서, 더 나아가 이 세계를 위해서 어떻게 해야 주님의 운명대로 사는 것일까요?'하고 물을 수 있어야 한다.

그러니까 질문의 방향이 저 사람이 아니라 '나', 곧 내가 되어야 한다. 관심사가 이 사람의 운명, 저 사람의 운명이 아니라 바로 나의 운명이어야 한다. '나의 신앙적인 운명이 어찌 되어야 마땅한가?' '나의 삶의 운명은 나의 자의대로 만들어가야 할 것인가?' 이렇게 자문하는 우리에게 예수는 이 사람, 저 사람의 운명이 어떠하든지 상관하지 말고 나를 따르라고 말씀하신다.

나의 운명은 타자에 의해서 규정되어지거나 타자의 운명을 따라가는 운명이 아니라 예수 그리스도에 의해서 주어지는 운명이다. 곧 그분을 따르는 것만이 나의 운명이다.

예수께서는 "너는 나를 따르라"(요 21:22)하고 말씀하고 있지 않는가?

여기서 강조되고 있는 말이 "너는"(sy)이다. 다른 사람, 이 사람, 저 사람이 아니라 바로 "나"이다. 다른 사람 상관하지 말고 너는 나를 따라라, 너는 말하라, 너는 순종하라, 너는 행동하라, 너는 결단하라, 너는 생각하라, 너는 관계를 맺어라, 너는 나의 뒤를 좇아라. 너는, 너는, 너는 … 예수가 그렇게 말씀하고 계신다. 왜 이 사람은 이래? 왜, 저 사람은 저래? 다른 사람은 왜 저 모양이야?

하지만 정작 중요한 것은 그렇다면 나는 지금 어떤 그리스도인으로서 있는가 하는 것이다. 혹시 다른 사람들을 탓하면서 우두커니 서 있는 것은 아닌가? 왜, 이 교회가 이 모양이 되도록 방치하고 있는 거야? 왜, 저 사람은 예수를 입으로만 고백하고 행동은 더디다 못해 무책임한 거야? 하고 묻기는 묻되 단지 관망하고 구경꾼 노릇을 하면서 비난과 비판의 화살을 쏘아대고 있는 것이 아닌가?

하지만 정작 그 순간에 예수는 나의 결단, 나의 행동, 나의 생각을 묻고 있는 것이다. 남을 힐난하고 탓하기보다 용기 있게 그분을 따르는 것만이 그리스도인으로서 요구되는 올바른 신앙적 태도이다.

그리고 예수를 따르려거든 베드로처럼 흘끗 뒤돌아보지 말아야 한다. 우물쭈물 거리면서 예수를 따르는 둥 마는 둥 하지 말아야 한다. 우리의 미온적인 태도가 교회를 활기 있게 하지 못하고, 우리의 우유부단한 판단이 교회 성장을 더디게 하며, 우리의 자로 재는 계산적인 생각이 교회를 성숙시키지 못하는 것이다. 예수 따르미로 살고자 했다면 예수 안으로의 투신이 필요한데, 그 문턱을 넘지 못하고 넘을까 말까를 계속 고민하면서 다른 사람이 그 문턱을 넘어가면 그제야 한 발짝 내딛는 신자의 모습은 여느 때와는 다른 베드로처럼 눈치를 살피는 신앙적 처신과도 같은 것이다.

기억하라. 예수는 다른 사람의 결단이 아니라 바로 나 자신의 결단을 요구하고 있다는 것을 말이다.

오스카 헴머스타인은 이렇게 노래했다.

> 종은 누가 그걸 울리기 전에는 종이 아니다. 노래는 누가 그걸 부르기 전에는 노래가 아니다. 당신의 마음속에 있는 사랑도 한쪽으로 치워 놓아선 안 된다. 사랑은 주기 전에는 사랑이 아니니까.

대상이나 사물 그 자체, 감정의 본질적 속성이 표현되지 않으면 아무엇도 소용이 없다. 제자는 그리스도인의 본질적 속성에 속한다. 예수의 제자라고 불릴 수 있으려면 적어도 예수를 충실하게 따를 때 그에 걸맞은 평가를 받을 수 있다. 예수를 따르지 않는 자, 제자라고 불릴 수 없는 것이다. 우리가 그분을 따르기 전에는 우리 스스로 예수의 제자라고 말해서는 안 된다.

독일의 철학자 쇼펜하우어(A. Schopenhauer)는 이렇게 말했다.

> 현재를 향락하는 것, 또 이것을 인생의 목적으로 삼는 것이야말로 최고의 지혜이다. 현재만이 실재하는 것이며, 다른 모든 것은 사상의 유희에 지나지 않기 때문이다. … 우리의 삶은 끊임없이 사라져가고 있는 현재 이외에는 아무것도 줄 기반이 없고 근거도 없다.

사실 존재하고 있는 것은 현재뿐이다. 그 현재도 지금 과거 속으로 사라져 가는 현재이다. 허무적으로 들릴 수도 있으나, 현재조차도 잠시 있는 흘러가는 시간일 뿐 영원한 것이 아니다. 그런데도 우리는 그 현재라는 시간을 미래를 생각하느라, 미래를 기약하느라 충실하게 살아내지 못한다. 미래가 있다는 안도감, 기대감 때문인지는 잘 모르겠지만, 미래는 아직 오지 않은 현재이다. 늘 현재만이 있을 뿐이다.

제자로서의 삶도 미래가 아니라 바로 지금 여기에서 어떤 존재의 삶을 살 것인가가 매우 중요하다.

다시 말해서 어떤 신앙적인 이야기를 발생시킬 것인가?

어떤 신앙적인 이야기를 남길 것인가?

나는 지금 교회를 위해서, 아니 하나님의 교회를 위해서 어떤 신앙적인 이야기를 후대에게 물려줄 것인가 하는 것을 말한다. 우리 교회의 신앙적인 이야기를 지금 여기에서 새롭게 쓸 수 있어야 한다. 그것은 바로 지금 여기에서 살고 있는 교회의 기성세대들이 "너는 나를 따라라"(요 21:22)하는 예수의 음성에 진지하게 귀 기울이고 어떻게 순종하느냐에 따라서 달라진다는 것을 명심해야 할 것이다.

5. 제자의 존재 미학(마 16:21-27)

'제자'라는 말 혹은 제자라는 존재가 의미를 가지려면 적어도 '스승'이라는 존재가 필요하다. 교회 안이든 밖이든 제자라는 말이 별의미가 없는 것처럼 여겨지는 세상이 되었다. 참다운 스승을 찾아보기 어려우니 그와 같은 스승을 닮으려는 제자도 없는 법이다. 반대로 제자로 둘 만한 싹수 있는 학생을 찾기 어려워서 스승이 없는 듯이 보일 수도 있다. 제자라는 언어가 직접적으로 우리 그리스도인에게 책임 있는 행동 언어로 와 닿지 않는 것은 어쩌면 후자가 아닐까 싶다. 우리가 훌륭한 스승이신 예수를 알고 있고 믿고 있으며 신앙의 대상으로 모시고 있음에도 불구하고 그렇게 따라가지 못한다는 말이다.

어떻게 하면 그리스도교에서 제자라는 말이 상대방에게, 세상에 곧장 가닿는 말이 될 수 있을까?

더 나아가서 그리스도교의 진심, 그리스도교의 진리, 그리스도교의 진의를 전할 수 있을까?

그것은 바로 우리의 신앙과 실천의 지름길과 같은 언어, 흔한 것 같지만 우회로 같지 않은 말, 곧 '예수를 따라 걷는 그리스도인'에서 찾을 수 있을 것이다.

모름지기 제자라면 수난당하고 죽으신 예수 그리스도를 따라야 한다. 물론 여기서 제자라고 하는 것은 단지 1세기 당시의 12제자만을 일컫는 것은 아니다. 모든 그리스도인을 말하는 것이다. 그러므로 모든 그리스도인은 수난의 고초를 겪으시고 죽으신 그리스도를 따라가야 한다.

예수께서는 자신을 따르려는 사람은 누구든지 자기를 버리고 제 십자가를 지고 따라야 한다고 강력하게 말씀을 하신다. 제자가 되는 조건은 자기를 버리는 것과 고난의 십자가를 받아들이는 것이다. 자아를 버리라고 하니까 무조건 자아를 포기하라는 말로 알아듣기 십상인데, 그것이 아니라 오히려 예수를 철저하게 따름으로써 적극적으로 자아를 실현하라고 하는 것이다.

그리스도인의 자아실현은 하나님의 나라를 구현하기 위해서 고난을 승화하는 데 있으며, 십자가를 부정적인 삶의 무게로 생각하는 것이 아니라 기꺼이 져야 하는 삶의 자기 몫과 역할로 보는 것이 중요하다. 왜냐하면 그리스도교에서 십자가는 고난과 죽음의 상징이지만, 그 십자가가 있었기에 인류의 구원이 있었다는 사실을 기억해야 하기 때문이다.

구원을 얻기 위해서는 자기 자신을 고통과 고난, 그리고 죽음이라는 인간의 한계 상황에 직면해야 한다. 그것을 피하고서 안전한 구원이라고 하는 것은 있을 수가 없다. 그러므로 예수를 따를 때는 자기를 앞세우면 안 된다. 어느 종교, 어떤 철학과 사상이라도 최고의 경지는 자기 자신이 없는 상태, 어쩌면 자기라고 하는 명료한 의식으로 들어가면 들어갈수록 자기는 없다는 그 극한의 수양까지 밀고 가는 것인지 모른다.

그런 의미에서 우리가 예수를 제대로 따르지 못하는 이유는, 나라는 존재, 내가 있다는 사실, 나의 삶이 중요하다는 것, 곧 나를 중심으로 놓고 있기 때문이다. 나를 앞세우고 그 나를 인식하는 순간, 그 나는 욕망이 꿈틀거린다. 먹고 싶고, 입고 싶고, 자고 싶고, 건강하고 싶고, 명예를 가지고 싶고, 권력을 가지고 싶고, 돈을 많이 벌고 싶고 등등. '무엇 무엇을 하고 싶다'는 것에는 이미 나라는 존재의 욕망이 기준이 되는 경우가 많이 있다.

그런데 예수께서는 그 나를 중심에다 놓거나 우선으로 하지 말라고 말씀하신다. 예수를 따를 때는 그분만을 욕구해야지, 그분이 삶의 우선순위가 되어야지, 나를 위한 것이 우선순위가 되면 결국 예수를 따르는 것은 부차적인 것이 되고 만다. '예수님, 제가 누릴 수 있는 거 다 누리고 그 다음에 당신을 따르겠습니다'가 되는 것이다.

예수가 원하시는 것은 당신을 뒤좇는 제자로서의 삶을 우선순위에 두기를 원하신다.

우리가 예수의 삶을 판박이로 따르지 않을 것 같으면 왜 예수를 믿는 것일까?

전통과 가풍, 습관과 내세 때문인가?

그렇다면 번지수를 잘못 짚은 것이다.

예수는 자신을 믿으면 장땡이라는 식으로 가르치거나 말씀하시지 않았다. 그분은 자신을 믿는 자들은 반드시 자신과 같은 삶을 살기를 바라셨다. 그게 제자도이다.

오늘날 우리 그리스도교가 욕을 먹고 손가락질을 당하는 이유는 무엇인가?

바로 제자도가 퇴색되었기 때문이다.

세속적 가치에 밀려서 신앙적 가치가 뒷전이 되어 버린 시대에 예수를 따른다는 것은 그야말로 죽음조차도 넘어서야 하는 용기가 필요하다. 모든 안전장치가 없는 벼랑으로 떨어지는 것이나 다름이 없고, 물 한 방울도 없는 사막을 건너는 일이 될지도 모른다. 그렇지만 예수의 삶이 우리 자신과 세계에 빛이 되고 이정표가 될 수 있다면, 그래서 삶의 새로운 지평이 열린다면 우리가 그렇게 삶으로써 보여주어야 한다.

십자가는 추종의 십자가, 예수의 십자가 둘 다를 의미할 수 있다. 예수를 추종하다 보면, 예수처럼 그와 같은 십자가를 지고 가다 보면 우리를 죽이려고 하는 세력들이 등장할 수 있다. 그들에게 불편함, 양심의 찔림, 삶의 변화들을 초래하는 자극이 될 수밖에 없기 때문이다. 그래도 우리는 예수처럼 생각해야 하고, 말해야 하고, 행동을 해야 하는 십자가의 운명을 져야 한다.

일시적으로 목숨을 보존하려고 하는 사람은 하나님 나라에 합당하지 않다. 예수께서는 하나님 나라를 위해서 자신의 일시적인 목숨을 초개와 같이 버릴 수 있는 사람이 영원한 생명을 누릴 수 있다고 말씀하고 계신다. 예수 당시 자신을 죽이려고 하는 종교계의 인사들이 있었다. 예수와 같은 운명에 놓여 있는 제자들에게 당신은 하나님의 나라를 위해서 지금의 목숨을 아까워하지 말라고 단호하게 말씀을 하고 계시는 것이다.

예수는 살아생전 일생의 과업을 하나님 나라의 실현에다 두었다. 하나님의 공의, 하나님의 사랑, 하나님의 평화, 하나님의 평등이 실현되어 모든 사람들이 함께 더불어 살아가는 대동 공동체를 꿈꾸었다.

갈수록 사람들의 감정은 메마르며 관계는 각박하고, 경제적으로는 수탈과 부익부빈익빈 현상이 심화되는 세계, 정치적으로는 피지배자들이 억압받는 세계, 종교와 종교 간의 대립과 갈등이 깊어지는 세계, 종교는 그 본질을 망각한 채 생존의 세속적 방식에 매몰된 세계, 교육은 인간의 자율성을 억압하고 의식과 정신을 통제하려는 세계 속에서 우리 그리스도교의 하나님 나라 운동은 어떻게 전개를 해야 할까?

또 우리 교회는 어떻게 기도하며 동시에 행동을 해야 할까?

십자가는 결단코 삶의 안주, 구원의 안주나 안일함이 아니다. 십자가는 결코 우리의 안식처가 아니며 삶의 안전장치도 아니다. 십자가는 앞으로 나아가는 진보이다. 예수께서 무거운 그 십자가를 지고 골고다 언덕길을 오르셨듯이, 한 치의 물러섬이 없이 앞으로 나아갔듯이 우리도 예수를 따라 앞으로 나아가야 한다. 무릎을 꿇는 한이 있어도, 넘어지는 한이 있어도, 그 십자가를 붙잡고 일어서서 나아가야 한다. 아무도 십자가를 대신 질 수가 없다.

우리는 저마다 자신의 십자가를 지고 예수를 따라야 한다. 마태복음 16장 24절을 보면 그리스어 원문에는 '그리고'를 뜻하는 두 개의 접속사 카이(kai)를 사이에 두고 두 개의 명령문이 연결되어 있다.

"자기를 버려라"(aparnesastho, 아파르네사스토).

"자기 십자가를 지고 따라라"(akoloutheito, 아콜루테이토).

십자가를 지는 것은 청유나 권유, 바람이 아니라 바로 예수께서 우리 그리스도인들에게 말씀하시는 명령이다.

우리 교회의 신앙적 성숙도는 바로 십자가를 지고 예수를 좇는 그 명령에 순종하는가 불순종하는가에 있다고 해도 과언은 아닐 것이다. 필자는 교회가 버려라, 따라라라고 말씀하신 예수의 그 명령에 능동적으로 반응하는 공동체가 되기를 바란다. 그렇게 될 때 예수는 우리에게 더 많은 것으로 보상해 주실 것이다. 나를 포기한 대가, 십자가를 진 대가를 반드시 주시겠다고 약속하셨기 때문이다.

27절을 보면, 예수께서는 우리가 하나님 나라를 위해서 어떻게 했는가에 따라서 장차 당신이 재림을 하는 그 날에 똑같은 모양으로 대하시겠다고 하신다. 이른바 종말론적 동태보상률이다.

> 각자에게 그 행한 대로 갚아 줄 것이다(마 16:27).
> (tote apodosei/apodidomi, 갚다 hekasto, 각각의 kata ten paraxin autou, 마 16:27).

여기서 행위나 행동을 뜻하는 그리스어 프락시스는 인간의 능동적으로 참여하는 실천을 뜻한다. 나를 위해서 십자가를 지는 것이 아니고, 나를 위해서 목숨을 버리는 것이 아니라 그리스도를 위해서 십자가를 지고, 그리스도를 위해서 목숨을 버리는 그 능동적이고 적극적인 참여는 반드시 보상을 받을 것이다. 누군가가 시켜서 하는 행위가 아니라, 신앙적으로 자발적이면서 의지적인 행위를 통해서 우리의 제자됨을 보여준다면 예수께서 되갚아 주실 것이다.

십자가를 지고 예수를 따른다는 것이 우리에게 약점이자 시험인 것처럼 느껴질 수 있다. 그러나 그 약점과 시험이 되레 그리스도교의 강점이자 용기로 비춰질 수 있는 것은 바로 우리의 실천에 달려 있다. 십자가의 실천과 행위 없이는 그리스도교는 존속할 수 없거니와 교회 역시 그 수명을 보장할 수 없다는 사실을 기억해야 한다.

사진작가 강정효는 "시절 유감"이라는 글로 자신의 감정을 이렇게 표현했다.

> 봄인가 했더니만 봄이 아니다. 시대를 잘못 만났다고 한탄할 필요도 없다. 언제 어느 곳에서든 어려움은 따르기 마련이니까. 현실은 외면한다고 피할 수 있는 것도 아니다. 혹독한 고난이 있을지라도 이를 극복할 때 아름다운 내일이 다가온다. 찬바람을 이겨내 화려한 꽃망울을 터뜨리는 한라산의 진달래처럼.

그리스도를 따라가는 제자의 삶이 녹록하지는 않다. 예수와 동행한다는 것이 고난의 연속이 될 수 있다. 살아가는 삶도 어려운데 예수 때문에 신앙도 어려워야 하나 하는 생각을 할 수도 있다. 그러면 이렇게 생각해야 한다. 우리는 고난의 시련 속에서 언젠가 화려하게 피어나야 할 한 떨기 철쭉이나 진달래라고 말이다.

제7장

감성적인 예수 신앙

1. 미완의 신앙적 혁명의 언어, 중생(요 3:1-17)

요한복음 3장 1-17절에서는 그리스도인의 표징이라면 적어도 두 가지는 확실해야 한다는 것을 말해주고 있다. 하나는 물세례를 받았는가 하는 점이고, 또 다른 하나는 성령으로 거듭났는가 하는 점이다. 우리는 그것을 상징적으로 세례성사와 견진성사를 통해서 확인을 하게 된다.

하지만 우리는 그 두 가지의 성사에 대해서 매우 형식적인 의례로 생각하거나 혹은 그 의미를 간과하는 경우를 보게 된다. 세례를 통해서 우리는 이제 그리스도를 믿기 이전의 나의 모습과는 완전히 다른 새로운 삶을 결단하게 된다. 또한 세례를 통해서 새로운 신자들이 제자 된 교회 공동체의 구성원으로 들어가게 되는 것이다. 견진을 통해서는 세례를 완성하고 확인하며 그 은총을 더욱 견고하게 하여 성령을 받고 새로운 존재로 살아가겠다는 것을 다시 한 번 굳게 서약을 하게 된다. 물세례는 반드시 성령세례를 통해서 완전해지는 것인데, 그것이 견진성사의 중요한 의미이다.

그런데 우리는 니고데모와 같이 오해 아닌 오해를 하게 된다. 사실은 오해라 할 것도 없다. 그의 질문 자체는 오만방자하기 짝이 없다. 본문에 등장하는 니고데모는 나크디몬이라는 아람어 이름의 그리스식 표기이다. 적어도 그가 바리새인이라면 지식인인 것은 물론이거니와 율법에 대해서도 해박한 사람이다. 게다가 그는 유대 최고의회 쉬네드리온에 속한 자였다.

그런 그가 무엇이 부족하고 궁금하여 예수께 질문을 던진단 말인가?

통상 율법 공부가 주로 밤에 행해지고 있었는데, 그 순간 그의 뜻밖의 방문과 질문은 불손하고 함정과도 같은 것이나 다름이 없었다.

하지만 질문에 대한 예수의 응수는 명징하다. 질문에 대한 대답의 요지는 곧 마음을 고쳐먹어야 한다는 것 아닌가?

'새로 나지 않으면 하나님의 나라를 볼 수 없다.'

'새로 난다'는 우리말 번역어는 그리스어로 아노텐(anothen)이다. 이 말은 두 가지 해석이 가능하다. 하나는 천상적인 세계, 신적인 세계, 제2의 출생을 뜻하는 '처음부터' 혹은 '다시'라는 시간적인 의미와 '위로부터'라는 공간적인 의미를 내포하고 있다. 그러니까 높은 데서, 곧 하나님에게서만 받을 수 있는 근본적으로 새로운 존재 양식을 지칭하고 있는 말이다. 다시 말해서 하나님이 영을 통해서 새로 태어나지 않으면 하나님의 나라를 볼 수 없다. 하나님을 뵙지 못한다는 것이다. 하나님으로부터 나지 않으면 하나님의 나라에 들어갈 수 없다. 혹은 구원을 받을 수 없다는 것이다.

니고데모가 말하는 것은 어떻게 우리가 두 번 태어날 수 있는가, 하는 것이다. 그의 상식은 인간에게는 단 한 번밖에 탄생이 없다고 생각했다. 하지만 예수의 생각은 달랐다. 인간의 탄생은 영적으로 태어나야 비로소 완전한 탄생이라고 본 것이다. 우리가 육체적으로 어머니의 배를 빌려서 이 세상에 태어난 것도 소중하다. 하지만 신앙적으로 볼 때 더 중요한 것은 내가 하나님으로부터 태어났는가 하는 것이다. 다시 말해서 지속적으로 하나님의 말씀과 성령으로 태어나서 그 자양분으로 성장해 가고 있는가 하는 것을 자문해 보아야 한다.

그리스도인이든, 비종교인이든 자신의 선천적인 탄생에 대해서는 관심을 기울이고 그 탄생을 통한 이후의 삶을 개선하려고 노력을 한다. 하지만 정작 후천적인 탄생, 그러니까 영적인 탄생, 영적인 거듭남에 대해서는 별로 중요하게 생각하지 않는 듯하다. 선천적인 탄생은 좋은 집안, 좋은 지능, 좋은 환경 등에 따라서 사람마다 각기 다를 수 있다. 그에 반해 후천적인 탄생은 어떤 면에서는 정신적인 탄생이다. 그것이 삶에 있어서 더 중요한 척도가 되어야 한다. 하나님에 의해서 내가 새로운 마음을 갖게 되었는가, 하나님의 영에 의해서 내가 새로운 가치관을 갖게 되었는가, 하나님께서 주시는 생각을 내가 마음에 품고 있는가, 하나님께서 가리키는 행동을 내가 취하고 있는가 등등이 위로부터 오는 하나님의 힘에 의한 새로운 존재 양식으로 탈바꿈하려는 태도이다.

우리는 그럼에도 여전히 인간 본성에 흘러나오는 것에 초점을 맞추거나 현세적 존재에 만족을 하는 경향성이 있다.

왜 우리는 그리스도적 존재와 그 행동의 근원인 하나님의 힘에 의존하지 않는 것일까?

왜 보고 느끼는 감각적인 삶에만 취해 있는 것일까?

우리는 영으로 태어나 완전히 새로운 차원의 삶을 살아야 한다. 보이지 않는 세계, 본질적인 세계, 참다운 존재를 추구할 수 있어야 한다. 그것은 하나님의 영에 의해서 가능하다. 하나님의 영은 다른 세계에서 불어온다. 하나님의 영은 하나님의 나라에서 불어와서 하나님의 나라로 간다. 하나님의 기운은 바람처럼 자유롭고 신기하다. 그러한 자유로운 하나님의 영에 따라서 살아야 진정한 그리스도인의 삶을 살 수 있다.

하나님께 자기 존재의 목적을 두지 않는 그리스도인은 그리스도인이라 말할 수 없다. 그저 죽음이라는 한계상황에서 헤어 나오지 못하는 존재가 될 수밖에 없다. 하나님의 영에 따라서 사는 인간은 자신의 본성을 변화시키려고 한다. 다시 태어난다는 것은 결국 나의 본성을 바꾸는 일이다. 나의 죄악, 나의 욕망, 나의 비본래성 등을 바꾸는 것이 거듭나는 일이다.

거듭난다는 것은 다른 말로 회심이라고 말한다. 회심이라는 말은 그리스어로 '메타노이아'(metanoia)라고 한다. '메타'는 '뒤,' '나중에'라는 뜻과 함께 '변하다,' '바꾸다'라는 의미가 있다. '노이아'는 '정신,' '마음,' '생각'을 뜻하는 '누스'(nous)에서 온 말이다. 그러므로 우리가 회심했다는 것은 '정신, 마음, 생각 등이 바뀌어졌다, 변화가 되었다'는 것이다. 더 정확하게 말하면 그리스도로 인해서, 성령으로 인해서 우리가 거듭났다는 것은 이제 그리스도의 마음으로 바뀌었다는 것, 그리스도의 생각으로 바뀌었다는 것, 그리스도의 정신으로 바뀌었다는 것이다. 그러므로 위로부터 오는 하나님의 영으로 인해서 존재의 변화가 일어났다는 것은 이렇게 그리스도의 시각, 그리스도의 마음으로 탈바꿈되었다는 것이니, 우리에게도 그러한 존재 변화가 날마다 일어나야 한다.

동양의 고전 『예기』에 보면 이런 말이 나온다.

> 이른바 몸을 닦는 것은 마음을 바로잡는 데 달려 있다. 몸에 분내는 것이 있으면 마음은 바름을 얻을 수 없으며, 두려움이 있으면 바름을 얻을 수 없으며, 애호하는 것이 있으면 바름을 얻을 수 없으며, 근심 걱정이 있으면 바름을 얻을 수 없다. 마음이

있지 않으면 보아도 보이지 않으며 들어도 들리지 않으며 먹어
도 맛을 알지 못한다. 이 때문에 몸을 닦는 것은 마음을 바로잡
는 데 있다고 한 것이다.

그리스도인이 마음과 정신, 생각을 어떻게 변화시키는가에 따라서 감각 기관도 제대로 작동하기 마련이고 모든 외부 세계와의 관계도 달라진다. 그것을 동양철학에서는 '내적 주체성'이라고 한다.

그렇다면 마음, 곧 내적 주체성은 어떻게 올바르게 가질 수 있을까? 내적 주체성이 바로 서야 하는데, 우리 그리스도인은 그것이 성령을 통해서 가능하게 된다. 성령 하나님에 의해서 우리의 내적 주체성이 올바르게 설 수 있다. 그런데 우리의 마음이 있는 곳이면 하나님의 영이 있다. 그 마음은 이미 하나님의 마음으로 변화된 마음이기 때문이다. 하나님의 마음, 예수의 마음으로 변화된 사람들에게는 어디를 가든지 하나님의 현존과 함께 하는 것이다.

그러므로 하나님의 아들 예수 그리스도를 믿는 이들은 누구든지 구원을 얻었다고 말할 수 있다. 모든 그리스도인의 인구에 회자되는 구절인 요한복음서 3장 16절이 이를 증명한다.

하나님은 이 세상을 극진히 사랑하셔서 외아들을 보내주시어
그를 믿는 사람은 누구든지 멸망하지 않고 영원한 생명을 얻게
하여주셨다(요 3:16).

예수를 믿는 이들은 마음의 변화를 가질 수 있다. 구원은 마음의 해방이자 마음의 자유이며 마음의 성숙이다.

우리의 마음만이라도, 우리의 생각만이라도, 우리의 정신만이라도 어떤 것으로부터 얽매이지 않는다면 그것이 곧 우리 삶의 안전지대, 우

리 신앙의 건강함을 확보하는 것이 아니겠는가?

그래서 예수께서 말씀하고 계시는 것이다. '너희들이 물과 성령으로 거듭나지 않는다면 결단코 하나님을 볼 수 없다'고 말이다. 성령을 통하지 않고서는 마음이 감옥이 될 수 있다. 성령에 의존하지 않는 마음은 오히려 인간의 욕망의 노예, 온갖 유혹의 노예가 될 수 있다. 그래서 성령에 의해서 다시 태어나는 것이 중요하다.

그런데 다시 태어남이 우리 신앙의 실제적인 언어, 현실적인 언어, 실질적이며 적합한 언어가 왜 못 되는 것일까?

다시 태어남이라는 신앙 사건을 의미하는 말이 우리에게 낯선 언어가 되어서는 안 된다. 우리의 신앙 언어, 우리의 신앙 문법은 다시 태어남이어야 한다. 교회의 가장 기초적인 신앙 언어는 다시 태어남, 곧 '중생'이어야 한다. '중생'이라는 말은 새롭게 태어난다는 뜻의 '신생'이라고도 한다. 존 웨슬리(John Wesley) 신부는 그것을 '초기 성화'라고 표현했다. 우리가 거룩하게 되는 첫 단추라는 말이다. 그마 만큼 다시 태어남, 거듭남이라는 신앙 사건은 그리스도인이라면 반드시 경험해야 하는 획기적인 성령의 역사이다.

삼위일체란 성부와 성자와 성령이라는 신이 셋이라는 얘기가 아니라 영원한 하나, 하나의 주님이라는 교리인데, 논리적으로 이해하기 어려운 개념이다. 즉 하나님은 한 본질(una substantia)이고, 하나님은 아버지, 아들, 성령이라는 세 위격(tres personae)으로 알려지고 그 자신의 존재를 가진다는 것이다. 신적 세 위격들은 혼합됨 없이 서로가 서로에게 굳게 결합되어 있고 그들은 어떠한 혼합이나 분리 없이 서로 안에 서로 존재한다는 교리이다. 여기에서 신학적인 전문용어로 페리코레시스(perichoresis)라는 개념이 등장한다. 이는 춤추는 모양을 상징한 것인데, 춤을 출 때 두 명 혹은 그 이상이 짝을 지어 서로가 서로의 주변을 도는 모양을 말한다.

이것을 성 아우구스티누스는 성부 하나님과 성자 하나님, 성령 하나님이 상호적 침투와 상호내적 거주를 한다고 말을 했다. 삼위일체 하나님은 서로 사랑으로 하나이면서 서로 교류하시는 분이다. 삼위일체 하나님의 관계는 하나의 본질로서 서로 결합되어 있다는 데 초점이 있다.

따라서 삼위일체 하나님이 우리에게 보여주는 것은 바로 하나로 결합되어서 사랑으로 하나 되는 모습이다. 구별되지만 분명히 하나의 단일성을 띤 삼위일체 하나님처럼 우리도 개별적으로는 서로 다르나 그리스도 안에서 하나의 형제요 자매이다. 이에 우리도 성령 하나님 안에서 우리의 존재 변화를 꾀하고 성자 하나님을 닮아감으로써 성부 하나님의 뜻을 헤아리고 이루어드리는 그리스도인들이 되어야 한다.

독일의 실존철학자 칼 야스퍼스(Karl Jaspers)는 '실존해명'이라는 독특한 개념을 사용했다. 인간은 사유를 통해서 인간 존재 자체의 본질을 갖게 되는 것인데, 사유는 대상을 인식하는 것이 아니라 사유하는 사람의 존재를 밝혀 주고 실현시킨다는 것이다. 또한 인간 자신의 존재를 통하여 고정하는 모든 세계 인식을 넘어섬으로써 부유하는 상태로 나아간 뒤, 그것은 스스로의 자유에 호소하고 초월자가 불러일으키는 절대적 행위의 영역을 창조하는 것이라고 말한다.

이러한 그의 철학적 개념을 빌려서 우리의 신앙을 해석하자면, 우리가 성령 안에서, 성령으로 말미암아 살아가고자 한다면, 그리스도인의 실존을 해명해야 한다. 그리스도인의 존재와 그리스도의 신앙을 해명해야 한다. 우리 자신에 대해서 사유하고 생각하여 우리 그리스도인이라는 존재에 대해서 풀어서 밝힐 필요가 있다.

니고데모는 바로 그러한 자극제의 역할을 하였다. 니고데모가 비록 논리적으로 맞지 않은 질문을 던진 것은 사실이다. 그러나 그 물음과 의문을 통해서 우리 그리스도인의 현주소, 우리 그리스도인의 신앙적 위치를 밝히라, 아니 도대체 존재 변화를 가져오기는 했는가를 도전적으로 묻고 있는지도 모른다. 몰라서 묻는 질문이 아니라, 잘 알고 있음에도 불구하고 그리스도인의 삶이 얼마나 본질에 충실한지를 캐묻고 성찰하도록 날카롭게 파고드는 물음이다.

그가 현대인이라면 우리에게 이렇게 묻지 않았을까?
교회는 정말 세례 성사의 본질대로 살고 있는가?
교회는 정말 견진 성사의 의미대로 살고 있는가?
교회는 성령을 통해서 존재 변화를 하였는가?
교회는 성령을 통해서 매일 존재 변화를 꾀하고 있는가?
우리는 그에 대해 어떻게 답변을 할 수 있을까?

만일 니고데모와 같은 이러한 질문에 답변을 할 수 없다면, 우리에게 거듭남은 아직 완성되지 않은 신앙의 언어에 불과한 것이다. 성령을 통해서 거듭나서 궁극적으로 마음을, 정신을, 생각을 완전히 바꾸는 것은 그리스도인의 일대 신앙적 혁명이나 다름이 없는 것인데, 그것은 아직 이루어지지 않은, 거기에도 미치지 못하는 우리의 신앙상태를 대변한다고 볼 수 있다.

교회는 정말로 성령으로 거듭나서 그리스도교 공동체에 발을 내딛는 사람마다 성령의 힘을 느낄 수 있도록 해야 한다. 누구든지 교회에 속한 신자라면 성령과 함께 동행 하면서 성령께서 주시는 사랑을 베푸는 공동체가 되도록 노력해야 한다. 그리스도인이라면 성령께서 일러 주시는 언어, 성령께서 주시는 생각을 나누는 그야말로 성령께서 지배하는 공동체가 되어야 한다.

그러려면 성령에 대한 갈증과 간절함, 갈급함이 있어야 한다. 바람과도 같은 오묘한 성령의 움직임이 우리 자신과 우리 교회에 작용하기를 바라는 갈증, 그 호흡으로 살아가고 싶어 하는 갈망과 소망이 있어야 한다. 우리 자신을 고정된 채로 내버려 두는 것이 아니라 성령의 무한한 호흡으로 우리 자신을 개방해야 한다. 그래서 성령께서 스스로 우리 자신을 이끌어 가실 수 있도록, 그분의 절대적 행위에 내맡겨야 한다.

다른 사람들은 우리가 그리스도인이라면 응당 우리 안에 성령이 거하시는 것으로 생각한다. 하지만 다른 사람들이 인식하는 성령을, 정작 우리는 우리 안에 성령이 계신다는 것을 잘 알지도 의식하지도 못한다. 우리 안에 성령이 계심을 믿어야 한다. 교회 공동체 가운데 성령이 현존하고 계심을 알아차릴 수 있어야 한다. 그래서 우리 안에 계신 성령의 목소리를 들어야 한다. 우리 안에 계셔서 작용하고 계신 성령의 뜻에 따르도록 해야 한다.

동유럽의 슬로베니아 학파의 철학자이자 정신분석학자인 지젝(S. Zizek)은 "유대교는 계보의 종교이며, 가족사의 종교다. 반면 그리스도교에서 신이, 아들이 십자가에 달려 죽었을 때, 이것은 아버지(신)도 죽었음을 뜻한다. 가부장제 중심의 계보가 아예 끝장난 것이다. 따라서 성령은 가문의 역사에 잘 들어맞지 않는다. 가부장 중심의 가족과 결별한 공동체가 성령 덕분에 등장한다"는 말을 하였다.

성자 하나님의 등장과 그분의 죽음으로 성부 하나님께서 사라졌다는 말이 아니다. 성령 하나님의 새로운 도래가 싹텄으며 그에 따라서 새로운 시대와 새로운 사고방식과 새로운 삶의 형태가 전개되었다는 의미로 해석해야 한다. 지젝의 말에 대한 더 깊은 의미를 유추하는 것은 차치하고, 이제 우리는 성령의 시대에 성령을 통한, 성령에 의한 삶을 살아가야 한다. 성령의 시대에는 성령께서 들려주시는 소리를 듣고 우리도 그 목소리를 내야 한다.

성령이라는 말, 거듭남이라는 말을 우리가 몰라서 그것을 추구하지 못하는 것일까?

그것이 아니라 오히려 너무나 흔하기 때문에 간과하고 있는 것이다.

이제 우왕좌왕하지 말아야 한다. 성령에 의한 삶을 살아가면 된다. 횡설수설대지도 말아야 한다. 성령께서 말씀하시는 바를 이야기하면 된다. 헷갈려 할 필요도 없다. 성령께서 주시는 생각을 떠올리면 된다. 분주해 하지도 않아도 된다. 성령께서 우리 마음을 당신의 마음으로 바꾸어 주실 것이다. 교회 공동체 안에서 신자들끼리 해야 할 말이나 행동이 없거든, 혹은 기껏 해봐야 서툴거든 성령께서 주시는 사랑하는 말과 행동을 나누어 주도록 하자. 마치 성 삼위일체 하나님께서 사랑 그 자체로 계신 것처럼, 우리도 그렇게 살아가면 될 것이다. 하나님을 어떻게 뵐 수 있을까 고민하지 말자. 성령으로 다시 나면 될 일이다. 우리에게 말씀하신 예수의 진심 어린 마음이 교회 공동체에게 곧장 가닿고 깨닫는 음성이 되어야 할 것이다.

2. 헌신하는 교인이라야 산다(막 12:38-44)

마가복음 12장 38-44절의 내용을 얼핏 보면 헌금에 대한 이야기를 하고 있는 것이 아닌가 하는 생각을 갖게 한다. 그러나 독일의 파더본 대학교 성서신학자인 라이너 딜만은 이 본문이 헌금을 강조하는 의미를 품고 있지 않다고 주장한다.

본문은 크게 보아 38절에서 40절, 그리고 41절에서 44절 두 개의 단락으로 나뉘면서 서로 대조를 이룬다. 38절에서 40절의 본문은 율법학자(율사)들의 비신앙적인 행태들이 나온다. 그들의 외식, 가식, 편협, 위선, 명예욕, 열심 있는 척, 착취, 탐욕 등이다. 이러한 행위들은 마태복음 23장 1-39절에 더 자세히 비판적으로 나와 있다. 이 율법학자들의 탐욕은 과부들을 등쳐먹는 데서 극에 달한다. 그들은 과부들의 재산을 관리해주면서 재산의 일부를 급료로 받아 치부했다. 결국 그들은 과부와 고아들의 간청을 들어주라는 하나님의 명령(출 22:21b)을 저버린 거나 다름이 없었다.

이와 같은 처우를 받았던 과부는 두 개의 꼬리표를 달고 있다. 하나는 '가난하다'는 수식어이다. 이는 원어로 프토코스(ptochos)라고 하는데, 삶의 현장에서 겪는 구체적이고 현실적인 배고픔과 거할 곳조차 없는 고통을 나타낸다. 또 하나는 정체적으로, 현실적으로 '과부'라는 사실이다. 예나 지금이나 과부는 남편의 사랑을 상실함으로써 가정적으로나 사회적으로나 인간됨의 삶에서 소외되고 격리된 고통의 자리를 의미한다.

그런데 그 과부가 어떻게 했는가?

율법학자들의 탐욕과 착취 때문에 철저하게 사회적 약자가 되어버린 그녀가 하나님께 헌금을 드리는데 자신의 생활비 전부를 봉헌했다. 여기에서 한 가지 알아야 할 사실은, 예루살렘 성전 안에는 여자들만을 위한 성차별적인 구역이 따로 있었다는 점이다. 거기에는 나팔 모양으로 생긴 헌금함이 열세 개가 있었는데, 그 중 하나는 자유롭게 헌금을 할 수 있는 함이었다. 이 헌금은 대개 하나님만을 위해서 흠 없는 제물로 바치는 번제의 값을 지불하기 위한 것이었다. 여기에다 헌금을 하는 사람은 헌금 액수를 옆에 있는 사람이 들을 수 있을 정도로 말하고 헌금함 안에 넣었다. 이러다 보니 부자들은 큰 액수의 헌금을 함으로써(막 12:41c) 자기를 과시하는 기회로 삼을 수도 있었을 것이다.

그 날 한 과부도 헌금을 하기 위해서 기쁨과 감사의 마음을 가지고 순서를 기다리고 있었을 것이다. 드디어 과부의 차례가 되었다. 수줍지만 겸손한 마음을 가지고 다른 사람에게 들릴까 말까할 정도의 작은 목소리로 '두 렙톤입니다'하고 말했을 것이다. 그 소리를 들은 주변 사람들과 율법학자들은 여기저기서 비웃거나 깔보는 소리를 내뱉었을 것이다. 두 렙톤은 로마 동전 한 닢, 즉 '콰드란드'와 같다. 그러니까 로마 은전 한 데나리온의 1/64에 해당되는 돈이다. 오늘날의 우리나라 화폐 단위로 대충 계산을 해보았더니 어림잡아 1500원 정도밖에 안 된다. 현대 화폐 가치로 견줄 것은 못되지만, 오늘날의 한 끼 식비도 안 되는 돈이 그녀의 하루 생활비였으니 얼마나 그녀가 궁핍하게 살았는지 알 수가 있다.

그러나 잊지 말아야 한다. 그녀의 돈은 생활비 전부였다는 것을.

이것은 무엇을 말해주는가?

자신의 생활비라기보다 자신을 전부 드렸다는 말이다. 달리 표현하면 자신의 실존 전체를 하나님께 드렸다는 얘기다.

이것을 예수의 말씀이 뒷받침해주고 있다. 43절에서 예수께서는 이렇게 말씀하신다.

> 나는 분명히 말한다. 저 가난한 과부가 어느 누구보다도 더 많은 돈을 헌금궤에 넣었다(막 12:43).

> 진실히 여러분에게 말하거니와, 헌금함에 넣은 어느 누구보다도 이 가난한 과부가 더 많이 넣었습니다(막 12:43, 200주년 신약성서).

"나는 분명히 말한다," 혹은 "진실히"라는 말은 원어로 '아멘' 또는 '아멘 레고'(amen lego)이다. 풀이하면 '아멘. 나는 여러분에게 말합니다'이다. 유대인들은 예나 지금이나 남의 말에 동의한다는 뜻으로 '아멘'이라 응답한다. 그런데 예수만은 유별나게 당신 말씀 첫 머리에 "아멘," 또는 "아멘, 아멘"이라 하시는 때가 있다. 그분의 이 독창적 어법에는 당신의 말씀이야말로 참되다는 확신이 있는 것이다. 그러므로 과부의 헌금 행위는 어떤 참된 가치와 의미를 가지고 있다는 말이다.

과부의 행위는 오늘날 우리에게 참다운 헌신의 의미가 무엇인지 말해주고 있다. 헌신은 자기 자신의 안전까지도 포기하면서 전적으로 내주는 것이라고 말이다. 이러한 그리스도인의 헌신의 동기를 제공해주는 것이 바로 예수의 십자가 사건이다. 2천 년 전 온 인류의 허물과 죄과로 인해 천천히 고통을 당하면서 죽어간 예수의 십자가의 죽음에서 우리의 헌신의 동기를 발견하게 된다.

이러한 예수의 십자가 고통을 잘 묘사한 불란서 여성 작가 엘리에트 아베카시스의 글을 인용해보겠다.

> 그의 임종은 느리고 고통스러웠다. 거대한 절망의 긴 한탄처럼 그의 호흡은 꺼질 듯하면서도 길게 이어졌다. 퇴색한 머리칼과 수염, 행주처럼 쥐어 짜놓은 황폐한 육신은 고통이나 타박상, 벌어진 상처, 앙상하게 드러난 가느다란 선 같은 뼈들은 죽음을 연상시켰다. 갈기갈기 찢어져 너덜너덜한 옷이나, 해진 수의처럼 윤기 잃은 피부는 마치 풀어져 이내 더럽혀진 두루마리 같았고, 난자 당한 선 주위로 후회 속에 지우고 갈겨쓴 피 묻은 글씨가 배회하는 낡은 양피지와도 흡사했다. 못 박혀 늘어진 사지는 보랏빛 핏자국으로 얼룩져 곧 무너져 내릴 것처럼 보였다. 고통에 움츠러든 두 손목에선 피가 흘러내렸다.

그의 고통과 죽음의 두려움에 그만 움츠러든 두 손이 우리의 헌신의 동기이다. 자신의 고통스런 손으로 전 인류에게 참다운 헌신과 사랑의 의미를 드러내신 당신, 죽음의 두려움에도 불구하고 하나님께는 온전한 헌신이요, 당신의 이웃에게는 끌어안는 헌신을 보여주신 그분이 바로 우리의 헌신의 이유가 되는 것이다.

제2차 세계대전이 끝난 후, 파괴된 독일의 어느 마을에 군인들이 주둔하게 되었다. 미군들은 폭격으로 부서진 가옥들과 교회들을 수리하는 데 도와주기도 하고 또 직접 고치기도 하였다. 그런데 어느 날 교회 안에 있던 그리스도상이 땅바닥에 조각난 채 뒹구는 것을 발견하고 조각들을 찾아내고 맞추어서 제 모습을 찾게 했다. 그러나 그 그리스도상은 두 손이 없는 모습이었다. 그것은 아무리 찾아도 떨어져 나간 손 조각을 찾을 길이 없었기 때문이었다.

그런데 한 군인의 제안으로 그 그리스도상의 받침대에 다음과 같은 글이 새겨진 것이었다.

"그리스도는 손이 없으십니다. 우리가 그분의 손이 되어 드립시다."

보이지 않는 예수를 대신해서 우리가 그분의 역할을 할 수 있어야 한다.

그분을 대신해서 기쁜 마음으로 해야 하는 일, 그것이 곧 헌신이 아니던가?

주일학교, 성가대, 청소, 식당 봉사 등 모든 일들이 헌신이지만, 실상은 모든 신자들이 예수의 역할을 해야 하는 헌신자들이어야 한다. 우리 각자가 세상과 교회에서 예수의 손이 되어야 한다.

신학적으로 보면, 적어도 다음의 4가지 요소가 충족되어야 교회라 말할 수 있다. 선포나 설교를 뜻하는 케리그마(Kerygma), 교육이나 가르침을 뜻하는 디다케(Didache), 헌신과 봉사를 뜻하는 디아코니아(Diakonia), 친교나 사귐을 뜻하는 코이노니아(Koinonia)가 그것이다.

그런데 오늘날 한국교회는 코이노니아만 있는 것 같다. 친교만 강하다. 사람과의 친교를 통해 먹고 즐기는 것을 좋아한다. 먹을 때만 그리스도인인 것 같다. 물론 먹고 즐기는 의례(ritual)도 예수의 모습을 형성해 가는 것이다.

그러나 친교 혹은 성도의 사귐은 진정한 의미에서 그리스도와의 사귐, 믿음을 통해 그분을 온전히 닮아 나가려는 사귐이 선행되어야 한다. 우리가 '먹고 마실 때마다 그리스도의 영광을 위해서 그리하게 하옵소서'라고 기도한다.

정말 그런가?

우리가 그리스도와의 믿음의 사귐이 견고해질 때 그리스도와 이웃을 향한 하나님의 뜻이 무엇인지 알게 된다. 자신의 책임이 무엇인지, 자신이 담당해야 할 몫이 무엇인지 알게 된다. 참된 헌신자가 된다는 말이다.

교회의 안팎에서 많은 사람들이 한국교회의 미래를 염려한다. 그런데 염려만 할 뿐 정작 본질은 망각하고 있다. 그 본질이란 그리스도와의 믿음의 사귐이다. 그러므로 먼저 그분과 가까워지려고 해보자. 그러면 내가 교회를 위해서 무엇을 해야 할지 눈이 열릴 것이다. 예수 그리스도와 두터운 관계를 가져 보자. 그러면 내가 교회를 위해서 어떻게 헌신할 것인지를 보일 것이다. 예수 그리스도와 애틋한 관계를 가져보자. 그러면 나를 향한 교회의 책임과 몫이 무엇인지 깨달아질 것이다.

교회는 말이 너무 많다. 침묵할 줄 모른다. 침묵의 훈련이 안 되어 있다. 말이 많은 사람들일수록 비겁하고 소심하기 이를 데 없다. 말이 많은 만큼 실속도 없다. 말로써 모든 일을 다 하려고 한다. 말은 나의 마음과 생각을 밖으로 표현하는 수단이다. 다시 말해 언어는 실체의 표상이다.

그렇다면 말할 줄 알고, 말만 할 줄 아는 우리의 본래성 혹은 실체가 무엇인가?

그리스도인가?

옳다.

그러면 그리스도의 은혜는 바깥에서 오는가?

아니다.

안에서 흘러나온다. 은총, 즉 하나님의 은총, 예수의 은총은 내 안에서 온다. 내 안에 있는 성령의 은혜가 나를 나 되게 하고 헌신하도록 하는 것이다. 진정한 헌신자가 되고자 하는 그리스도인은 말하지 말고 침묵해야 한다. 외부의 소리를 차단해야 한다. 그리고 하나님의 소리에 민감해야 한다. 그러면 하나님의 소리를 듣고 있는 나 자신의 내면에서 하나님의 뜻을 발견하고 교회를 향하신 그리스도인의 헌신을 일러 주실 것이다.

과부가 얼마 안 되는 자신의 헌금을 들고 나올 때 외부의 소리, 바깥의 소리에, 다른 이들의 반응에 촉각을 곤두 세웠다면 그녀의 아름다운 헌신의 마음은 복음서에 기록조차 되지도 않았을 것이다. 하나님의 성전에 나올 때 그녀는 오로지 하나님의 현존과 그녀의 하나님 되심과 그 하나님의 한없는 사랑에 의탁하여 하나님의 사랑의 음성에 귀 기울였을 것이다. 참되고 진실한 헌신자는 남이 뭐라 하더라도 먼저 하나님의 소리에 귀 기울여야 할 것이다. 그래서 교회의 색깔, 교회의 신앙, 교회의 섬김, 교회의 헌신을 통하여 하나님께 영광을 돌리는 공동체가 되어야 할 것이다.

우리의 정체는 무엇인가?

그리스도의 헌신자들이다. 하나님의 뜻대로 부르심을 입은 세상의 헌신자들이다. 하나님의 영광을 위한 헌신자들이다. 하나님의 교회를 위한 헌신자들이다.

초대 문화부장관을 지냈고 전 이화여대 교수였던 이어령은 이런 시를 지었다.

하나님, 당신의 제단에 지금 이렇게 경건한 마음으로 떨리는 몸짓으로 기도하는 까닭은 별을 볼 수는 있어도 그것을 만들지는 못하기 때문입니다.

용서하세요, 하나님, 원컨대 아주 작고 작은 모래알만한 별 하나만이라도 만들 수 있는 힘을 주소서. 아닙니다. 절대로 아닙니다. 감히 어떻게 하늘의 별을 만들게 해달라고 기도할 수 있겠습니까?

이 가슴 속 암흑의 하늘에 반딧불만한 작은 별 하나라도 만들 수 있는 힘을 주신다면 가장 향기로운 초원에 구름처럼 희고 탐스러운 새끼 양 한 마리를 길러 모든 사람이 잠든 틈에 가난한 제단을 꾸미겠나이다.

우리가 겸손하고 소박한 제단을 꾸미기 위한 헌신자로 부족한가? 그렇다면 헌신을 종용하는 사도 바울의 헌신의 목소리를 새겨보자. 사도 바울은 로마서 8장 28절에서 이렇게 말한다.

> 하나님을 사랑하는 사람들 곧 하나님의 계획에 따라 부르심을 받은 사람들에게는 모든 일이 서로 작용해서 좋은 결과를 이룬다는 것을 우리는 압니다(롬 8:28).

> 하나님을 사랑하는 자 곧 그의 뜻대로 부르심을 입은 자들에게는 모든 것이 합력하여 선을 이루느니라(롬 8:28, 개역한글성경).

이처럼 참다운 헌신자는 먼저 뜨겁게 하나님을 사랑하는 자이다.

혹여 헌신의 완벽한 기회를 엿보고 있는가?

밭을 경작하기 위해 구름 한 점 없는 하늘을 기다리는 어리석은 농부와 다를 바 없다. 우리는 누구나 실존주의 철학자들이 말하는 원초적인 불안에 시달릴 수밖에 없다. 그러나 헌신을 시작하기 전에 우리의 두려움, 창피함, 구설수들이 사라지기를 기다린다면 우리는 결코 시작조차도 못할 것이다. 과부는 사회적으로 약자였으며, 신분상으로 보잘것 없는 천한 사람이었다. 자기에게 끼니를 때울 돈도 없으면서도 과감하게 자신의 미래를 하나님께 맡긴다.

예수도 자신이 죽을 거라는 것을 알면서도 예루살렘으로 올라가는 길을 피하지 않았다. 예수는 담대하게 사형집행관들에게 자신의 정체를 선언했다. 예수는 창자를 끊는 듯한 아픔을 느꼈으며 땀이 피가 될 정도로 자신의 고통스러운 운명을 앞에 놓고 기도하셨다. 그러나 예수는 그 상황을 돌파하셨다. 비록 예수는 두려움을 느꼈지만 그것을 대면하셨다.

그래서 페르시아의 시인이자 신비가인 루미는 이렇게 충고한다.

"두려움이 당신에게 명령하는 대로 따르지 말라."

헌신자는 태어나지 않는다. 온갖 위기와 위험 앞에 굴하지 않고 예수의 뜻을 추종하는 자가 헌신의 행동이 수반된 참 신앙인이 될 것이다. 하나님은 뻐기고 우쭐대는 신자가 아니라 겸손하고 마음에 사랑이 가득한 헌신자를 찾고 계신다.

다석 유영모의 제자인 함석헌은 생전에 "생각하는 백성이라야 산다"는 말을 입에 달고 살았다. 그러면서 다음과 같이 우리나라 사람을 질타했다.

> 한국 사람은 심각성이 부족하다. 들이 파지 못한다는 말이다. 생각하는 힘이 모자란다는 말이다. 깊은 사색이 없다. 현상 뒤에 실재를 붙잡으려고, 무상 밑에 영원을 찾으려고, 잡다 사이에 하나인 뜻을 얻으려고 들이 파는, 캄캄한 깊음의 혼돈을 타고 앉아 알을 품는 암탉처럼 들여다보고 있는, 운동하는, 생각

하는 얼이 모자란다. 그래서 시 없는 민족이요, 철학 없는 국민이요, 종교 없는 민중이다. 이것이 큰 잘못이다.

이를 빗대어 말하면, 교회는 즐겨 헌신하는 교인이 있어야 살 수 있다. 황량한 사막이라도 나무가 있으면 새가 살 수 있다. 사막 같은 교회를 걱정만 할 것이 아니라 새가 깃들여 살 수 있는 나무를 키우는 헌신자가 되어야겠다는 다짐이 있어야 한다. 또한 사막에서 나무가 자랄 수 있다는 것은 물이 있기 때문이다. 교회도 신앙을 가능하게 하고 삶에 활력을 주는 헌신의 물소리가 흘러넘치며 헌신의 향기를 발하는 공동체가 되어야 할 것이다.

3. 율법의 패러다임의 전환(마 5:33-37)

마태복음 5장 33-37절의 내용은 사람과 사람 사이의 맹세에 대해서 이야기를 하는 듯 보인다. 이를 시사하듯이 공동번역에는 단락의 제목을 "맹세하지 마라"로 붙였지만, 가톨릭 성경에 보니까 제목이 "정직하여라"로 되어 있다. 잘 아는 대로 마태복음서 5-7장까지는 '산상설교'이다. 예수께서는 제자들과 무리들에게 산에서 하나님 나라의 복음을 말씀하시면서 율법을 새로운 시각으로 풀어내셨다. 이른바 '율법의 패러다임의 전환'이라고 볼 수 있다.

패러다임(paradigm)은 어떤 한 시대 사람들의 견해나 사고를 근본적으로 규정하고 있는 범주로서의 인식의 체계, 또는 사물에 대한 이론적인 틀이나 체계를 의미하는 개념이다. 이 패러다임이라는 말은 과학철학자 토마스 쿤(Thomas S. Kuhn)이 사용한 말이기도 하다.

성숙한 과학은 하나의 패러다임에 의해 지배된다. 과학이 그 패러다임 안에서 행해지게 될 때 정당성을 확보할 수 있게 되고 과학과 비과학으로 구분되는 잣대가 되기도 한다. 뉴턴의 역학, 파동 광학, 고전적 전자기장 이론 등은 나름대로 패러다임을 구성하였기 때문에 과학의 자격을 얻었다. 만일 패러다임의 단계에 도달하지 못한다면 과학의 자격을 얻지 못하게 되는 것이다. 체계화되지 못한 과학은 미성숙한 전과학이라고 칭하게 된다.

하지만 패러다임으로 인정을 받은 정상과학이라 할지라도 새로운 경쟁적인 과학 이론이 등장하여 위기를 가져오면 과학의 혁명이 일어나고, 다시 새로운 정상과학이 들어서게 된다는 것이다.

이것을 율법을 고수하려는 유대인들과 그 율법을 새롭게 해석하고 민중들을 해방시키려는 예수와 비교를 해보면, 바로 정상과학이라 할 수 있는 패러다임을 가진 이들이 유대인이라고 할 수 있겠다. 그 율법을 뒤흔들고 새로운 신앙과 삶을 가능하게 해 줄 이론과 주장을 들고 나온 예수는 그들에게 경쟁 상대가 되면서 결국 율법의 새로운 해석을 통한 혁명이 일어난 셈이다. 일대 패러다임의 대전환이 일어난 것이다. 산상설교의 내용이 바로 패러다임의 대전환을 의미한다. "너희는 이렇게 들었으나 나는 이렇게 말한다"는 예수의 선언은 율법의 폐기가 아니라 율법의 새로운 해석이다.

복음서는 유대인들의 맹세와 언어에 대한 새로운 해석을 내놓고 계시는 예수의 모습을 잘 묘사하고 있다. 33절의 말씀은 레위기 19장 12절, 민수기 30장 3절, 신명기 23장 22절을 섞어서 인용한 말씀이다.

요지가 무엇인가?

하나님의 이름으로 거짓 맹세를 해서는 안 된다는 것이다. 좀 더 강력하게는 아예 맹세조차도 하지 말라는 말씀이다.

이유가 무엇일까?

당시 유대인들은 맹세의 효력을 높이기 위해서 하나님을 상징하는 하늘, 땅, 예루살렘을 거론하곤 했다. 예수는 바로 그것을 금지했다. 심지어 "네 머리를 두고 맹세하지 말라"고 하신다. 유대인들이 하늘, 땅, 예루살렘을 두고 맹세하는 것은 하나님을 연상케 하지만, 머리를 두고 맹세하는 일은 만일 사실이 아닐 경우에 자기 목숨을 걸겠다는 의미로 사용되었기 때문이다.

그런다고 달라질 것이 있을까?

자신의 머리가 하얗게 세는 것을 사람의 힘으로도 막을 수 없는데 말이다.

그래서 37절을 보면 예수께서 "너희는 그저 '예'할 것은 '예'하고 '아니오'할 것은 '아니오'만 하여라. 그 이상의 말은 악에서 나오는 것이다"라고 말씀하신다. 이것은 달리 직역하면, "너희의 말이 예는 예, 아니오는 아니오여야 한다. 그 이상의 것은 악에서 옮길 수 있다"이다. 악을 나타내는 그리스어 ponerou(포네루)는 중성명사로 쓰일 때는 악, 남성명사로 쓰일 경우에는 악한 자, 곧 사탄으로 번역할 수 있다. 이 문장을 그리스어로 읽어보면 "nai nai, ou ou"(나이 나이, 우 우), 뜻인즉슨 "예 예, 아니오 아니오"가 된다. 맹세를 하지 말고 자신의 입장을 분명하게 밝히라는 것이다. 다시 말해서, '너의 말은 무슨 맹세로써 강조할 필요 없이 참되어야 한다'는 것을 내포하고 있다.

맹세의 사전적인 의미는 '일정한 약속이나 목표를 꼭 실천하겠다고 다짐하는 것'이다. 과거 우리나라에서는 자신의 말과 행위 혹은 일정한 공동체가 모여서 약속과 다짐을 하기 위해서 혈서를 쓰거나 증표를 나누어 갖곤 했다. 그것은 자신의 말과 행위를 신의로서 지키겠다는 강한 의지의 표현이다. 맹세에는 반드시 말이라는 언어 매체를 이용하게 되어 있다. 사람은 언어를 사용하는 동물이다.

인간과 동물을 구분 짓는 특징 중에 하나를 바로 언어 사용능력이라고 말하지 않는가?

말은 쉬우면서도 동시에 어렵다. 말하기는 쉬워도 그 말의 진의를 파악하는 것은 어렵기 때문이다. 내가 사용하는 말과 상대방이 사용하는 말이 다를 경우에는 서로 의사소통이 안 될 뿐 아니라 심각한 오해가 발생하기도 한다.

마태복음서는 말을 사용하는 주체에 대해서 초점을 맞추고 있다. 말을 듣는 사람에 관해서 이야기를 하는 것이 아니다. 무엇보다도 말을 하는 사람이 문제이다. 그래서 말을 할 때는 정확하게 진실되게 하는 습관을 길러야 한다.

교회생활을 하다 보면 말 때문에 그야말로 빈번하게 말썽이 생긴다. 교회는 말을 많이 사용할 수밖에 없는 구조를 가지고 있다. 전례도 몸짓이라고는 하지만 사실상 언어로 표현을 한다. 설교도, 성가대도, 회의도, 식사도 전부 입으로 하는 행위들이다. 그러다보니 언어를 잘못 사용하게 되면 사달이 난다.

예수 당시에나 그 후 마태 공동체 안에서도 맹세를 함부로 하거나 혹은 말을 너무 쉽게 내뱉음으로써 문제가 발생되었을 것을 짐작해 볼 수 있다. 그러한 상황에서 예수께서는 율법의 패러다임을 바꾸고자 했을 것이다. 더 나은 삶을 위하여, 더 나은 영성을 위하여, 더 나은 신앙을 위하여, 더 나은 윤리를 위하여 패러다임을 바꾸려 했던 것이다.

교회도 말법을 바꾸어야 한다. 말본새를 바꾸어야 한다. 말 사용의 패러다임을 바꾸어야 한다. 예 예, 아니오 아니오 해야지, 그 이상을 말하면, 악에서 나오는 것이요, 악마에게서 나오는 것이다. 맹세로 우격다짐을 하듯이 말을 한다고 해서 설득이 되거나 자신의 말의 정당성을 인정받을 수 있는 것은 아니다.

그러니 애매모호하게 또는 부정직하게 말하지 말라. 맹세할 것도 없이 곧고 정직하며 참되게만 말하면 된다. 진실성이 부족한 언어를 구사하거나 형식적이거나 속에도 없는 말을 뱉는 것도 삼가야 한다. 어떤 말을 사용하느냐에 따라서 그 사람과 공동체의 의식이 건강한가 그렇지 않으면 병들어 있는가, 정신이나 사상이 올바른가 그렇지 않으면 그른가를 감지할 수 있다.

어느 작가는 "늙는 건 금지되어 있다"는 말을 하였다. 무슨 말을 사용하느냐는 결국 그 사람이 어떤 생각과 사유를 하느냐와 밀접한 관계가 있다. 늙은 말을 사용하느냐 아니면 젊은 말을 사용하느냐는 그 사람의 생각과 사유가 고루하냐 그렇지 않으냐를 판가름 짓는 기준이 될 수 있다. 그러므로 교회는 늙어가는 신앙이 되지 않도록 해야 한다. 교회가 고령화, 노령화되어 가고 있다는 말은 일찌감치 전문가들을 통해서 흘러나온 진단이다. 이미 우리가 현실적으로 실감하고 있는 것이기도 하다.

이제 늙어가는 교회가 되어버렸다. 교회가 늙다보니 교회 언어도 늙어가는 신앙 언어만이 난무하다. 젊은이들의 언어를 들을 수 없는 상황이 되었다. 그들의 목소리라도 들으면 반갑기 그지없다. 하지만 그러다보니 그들의 말은 하나의 수줍음과 기운 넘치는 의욕의 말로 들리는 것이 아니라 때에 따라서는 기존에 사용하던 노년층의 패러다임을 흔드는 도전의 말로 들릴 수도 있을 것이다. 상처가 되기도 한다. 상대방의 말 때문에 흔들릴 수도 있다. 맹세라도 해서 자신의 언어나 행위의 정당성을 전달하고 싶은 마음도 생기는 것이 사실이다. 기존의 말의 패러다임을 사용하던 사람들에게는 위기라고 할 수도 있다. 항상 경쟁관계에 있는 사람들과 새로운 패러다임을 정착시키려는 사람들 사이에는 갈등이 있을 수 있다.

그러나 새로운 패러다임은 그냥 바뀌는 것이 아니다. 설득이 있어야 한다. '말을 이러저러하게 사용합시다, 함부로 맹세하지 말고 참되고 진실되고 사랑스러운 말을 사용합시다' 하며 설득을 해야 한다. 그래서 새로운 패러다임을 정착시키고 의견의 일치를 통해서 전통을 승인하고 그 패러다임 안에서 신앙생활을 할 수 있어야 한다. 의견의 일치를 보지 못한다면 끊임없이 토론해야 한다. 이렇게 말을 사용하자, 이렇게 몸짓 언어를 사용하자라고 말하는 것은 강요가 아니라 설득이다. 하나의 패러다임을 포기하고 새로운 패러다임을 사용하는 것은 개인만 가지고 되는 것이 아니다. 공동체 전체가 합의를 하고 따라주어야 한다.

그렇다면 교회는 어떤 언어를 사용해야 할까?

막스 피카르트는 "수줍음은 말을 태곳적으로 데려간다"는 말을 했다.

무슨 말일까?

말의 존재론적 장소는 먼저 신중함과 부끄러움, 그리고 진중함이다.

'말을 하는 우리가 왜 부끄러워야 해야 하고 수줍어야 하는가, 그렇다면 도대체 무슨 말을 할 수 있을까?'라고 반문할 수 있다. 그러나 말을 사용하기 전에 수줍음이라는 순수한 마음을 갖게 되면 행동보다 말이 먼저 튀어나가는 것을 막을 수 있다. 입을 통해서 말을 내뱉는 것을 부끄럽게 여기게 되면 신중해지고, 신중해지면 진중해지고, 진중해지면 말을 삼가게 되며 실수가 적어지는 것이다. 우리의 마음은 순수한 상태에서 말을 하려고 노력을 할 것이다.

그러므로 예수께서 예는 예로, 아니오는 아니오로 말하라고 하셨듯이, 오로지 참된 말만 하려고 노력해야 한다. 말이 달라지면 교회의 분위기도 달라질 것이고, 영성적인 언어, 순수한 언어, 고마운 언어, 격려의 언어, 진실한 언어, 위로의 언어를 사용하게 되면 교회는 자연히 그 언어처럼 공동체가 변화되고 그야말로 패러다임이 전환이 될 것이다. 맹세는 자신의 말과 생각, 그리고 행위를 강조하려는 의지가 강하다. 공동체는 자신의 말과 생각, 그리고 행위를 드러내는 것보다 서로 조화를 이루는 것이 더 중요하다.

복음의 언어는 맹세에 있지 않다. 복음의 언어는 약한 것 같지만 실상은 강한 신뢰의 언어에 있다. 그러기 위해서 교회는 맹세의 강한 언어보다 약해 보이는 말, 앞에서 말한 수줍은 말, 설득하는 말, 논쟁이 아니라 토론하는 말을 통해 새로운 교회의 신앙 언어를 만들어가야 할 것이다.

4. 그리스도인은 무엇으로 사는가?(마 6:24-34)

레프 톨스토이(L. N. Tolstoy)는 『사람은 무엇으로 사는가』라는 책에서 이렇게 말한다.

> 사람들에게는 그들이 자기 자신에 대한 걱정으로 살아가는 것처럼 여겨지지만, 오로지 사랑으로만 그들이 살아간다는 것을 나는 깨달았습니다. 사랑 속에 사는 자는 하나님 안에 살고 있습니다. 하나님은 그 사람 안에 계십니다. 왜냐하면 하나님은 곧 사랑이기 때문입니다.

요지는 사람은 사랑으로 산다는 말이다. 반면에 칼 마르크스(K. Marx)는 사람은 빵으로 산다는 말을 했다.

그렇다면 그리스도인은 무엇으로 살까?

사람이 사는 데는 빵도 필요하고 사랑도 필요하다고 할 것이다. 하나는 육체의 필요요, 또 다른 하나는 인간의 정신 혹은 영혼이 있는 감정의 필요이다.

삶을 살아가면서 이와 같은 선택의 문제는 1세기 예수와 제자들에게도 중요한 문제였을 것이다. 이른바 출가 수행자들처럼 온전히 하나님 나라를 위해서 살기로 작심한 그들에게 모든 것을 재가 신도들의 자발적인 물질의 후원과 먹거리의 제공이 없다면 살아가기 어려웠다. 따라서 당시 예수 일행에게는 하루하루 먹는 것, 자는 것, 입는 것이 심각한 실존의 문제였을 것은 충분히 상상해 볼 수 있다. 복음서는 분명히 그러한 고민에 빠져서 갈등을 하는 제자들을 향해서 예수께서 하시는 말씀으로 봐야 한다.

오늘날 현대인들에게도 마찬가지다. 지금 먹고 있으면서도 그 다음에는 무엇을 먹을까?

지금 입고 있으면서도 다음에는 무엇을 입을까?

지금 살고 있는 집이 있으면서 그 다음에는 어디에서 살아야 할까?

이러한 의식주의 근본적인 문제는 계속 인간의 마음과 영혼을 괴롭힌다. 마치 인간의 삶이라는 것이 겨우 그것들을 위해서 존재하기라도 하는 것처럼, 모두가 그것들을 얻어서 누리고 만족하기 위해서 살아간다.

하지만 그럴수록 현대인들은 결핍과 갈증을 느낄 뿐이다. 먹고 있으면서도 더 먹어야 하고, 입고 있으면서도 계속 입을 것을 사야하고, 비바람을 피할 곳이 있으면서도 만족하지 못하고 더 큰 평수의 아파트, 브랜드 가치가 있는 주택을 고집한다.

신앙인이라고 예외는 아니다. 오히려 신앙인들이 한술 더 떠서 그러한 의식주의 풍요로움을 다른 사람들보다 상대적으로 잘 누리는 것이 하나님으로부터 복을 받은 것으로 착각을 하는 경우를 종종 보게 된다.

그런데 여기서 주의를 해야 할 것이 있다. 정신분석학자인 프로이트(S. Freud)는 인간의 심리적인 강박신경증(Zwangsneurose)을 말한다. 무엇인가에 반복적으로 집착하는 것은 강박신경증적 의례라는 것이다. 옷, 밥, 집 등에 대해서 강박적 생각, 강박적 충동, 강박관념에 사로잡히게 되면 그것이 곧 강박신경증이 된다. 그것들이 성취가 안 되면 불안해진다.

혹 우리 그리스도인들도 프로이트가 말한 강박신경증에 사로 잡혀 있는 것은 아닐까?

무엇을 먹을까, 무엇을 입을까, 어디에서 살아야 할까 등에 관심을 가지고 그것이 충족이 안 되면 불안해하는 심리 상태로 살아가는 것은 아닌지 하는 것이다.

그래서 기도할 때마다 '주십시오,' '주십시오'하며 계속 무엇을 달라는 청유형 기도만을 하는 유아적 신앙에 머물러 있는 것은 아닌지 눈 살펴봐야 한다. 우리가 부(자) 중독자, 탐욕과 탐식의 중독자, 권위와 권력의 중독자, 지배와 계급의 중독자가 되고 있는 것은 아닌지 신앙적인 점검이 필요하다. 그 중독이 사회적으로, 경제적으로, 정치적으로 강요된 것들이 아닌지 신앙의 눈으로 꿰뚫어 볼 수 있어야 하고, 만일 그렇다면 그 중독의 가능성들로부터 빠져나와야 한다. 다시 말해서 신앙의 구조를 바꿔야 한다. 신앙의 양식, 신앙의 관점, 신앙의 본질 등 우리가 기존에 생각했던 신앙 구조 자체를 완전히 탈바꿈해야 한다.

우리는 매순간, 매일 걱정을 매달고 산다.

그렇다고 목숨을 조금이라도 늘일 수 있는가?

'목숨'으로 번역된 그리스어 '헬리키아'는 달리 인간의 수명을 가리킨다. '조금'에 해당하는 그리스어는 '페퀴스'인데, 약 46cm의 길이를 말한다.

이 맥락에서 보면, 우리가 걱정을 한다고 해서 수명을 단 몇 시간이라도 연장할 수 있다고 자부할 수 있을까?

그런데도 우리는 왜 그렇게 걱정에 걱정을 더하며 사는지 모르겠다.

예수께서 적절하게 비유를 들어서 말씀을 하시지 않았는가?

'저 갈릴리의 들녘에 활짝 핀 나리꽃을 보아라, 그들이 옷을 만들기(길쌈)라고 하느냐? 오늘 피었다가 내일이면 사그라져 결국 아궁이의 불쏘시기로 사라질 들판의 꽃들도 하나님께서 입히시는데 하나님의 자녀들인 너희들이 웬 걱정을 그리 한단 말이냐? 내일을 걱정하지 마라. 내일 걱정은 내일이 할 것이다.'

마지막 문장을 직역하면 이렇다.
'내일이 자신을 걱정할 것이기 때문이다.'
여기서 걱정의 주체가 누구인가?
인간인가?
아니다.
내일이라는 시간이다. 먹을 걱정, 입을 걱정, 거할 걱정 등은 내일 걱정하라는 것인데, 하지만 내일이라는 시간이 다시 내일이 되면 오늘이 되는데, 오늘이 되면 인간은 또 살아가게 되고 걱정을 할 이유가 없는 것이다. 그러니까 시간으로 하여금 시간을 걱정하게 하면 될 일이다. 지금은 현재 내가 살고 있는 지금 여기, 내가 관계를 맺고 있는 지금 여기, 내가 있는 지금 여기에만 관심을 기울이면 된다. 그것이 지금 현존하는 하나님에게 시선을 두고 그분에게 관심을 가져야 올바른 삶의 태도이고 신앙인의 모습이다.
'내일이 오지도 않았는데 미리 앞질러 내일을 염려하는 우를 범하지 말라, 내가 걱정할 일이 아니라 내일이라는 존재가 걱정할 일이다.' 다시 말하면 내일은 내 소관이 아니다. 아직 오지 않은 미래인 내일은 내일이라는 시간에게 맡기면 되는 것을 우리는 그 시간마저도 오늘로 앞당겨 짐작하고 계산하고 판단하기 때문에 염려는 배가 되고 현재는 미래의 염려로 사라지게 된다. 그것은 하나님을 믿는 신앙이 아니다. 하나님을 신뢰하는 신앙태도가 아니다. 미래의 시간과 사건은 하나님의 뜻 안에 있는 것이고 오늘 우리가 하나님의 일에 집중한다면 미래는 그분에 의해서 덤으로 받는 시간이 된다.

예수께서는 '하루 고생은 그 날로 충분하다'고 했다. '고생'을 뜻하는 그리스어 '카키아'(kakia)는 '악의 문제'나 '걱정'이라는 의미를 지닌다. 그날 시달렸던 문제와 고민은 모두 그날로 정리해야지 내일로 가져가서는 안 된다는 말이다. 걱정하지 말라는 것이 그저 모든 삶에 대해서 무심하거나 무관심해야 한다는 말이 결코 아니다. 모든 근심과 걱정으로부터 해방시켜 주시는 하나님을 신뢰하라는 것이다.

그러면 우리는 어떻게 살아야 할까?

성숙한 신앙인이라면 유아적인 청유형 기도로부터 탈피해야 한다. 달라는 기도가 아니라 이제는 '하나님의 뜻이 무엇입니까? 제가 그것을 이루어드리겠습니다' 하는 기도로 바뀌어야 한다. 게다가 그리스도인은 예수께서 말씀하신 대로 먼저 하나님의 나라를 구해야 한다. 여기서 '먼저'는 시간적 선후를 나타내는 말이 아니다. 하나님 나라와 그분의 의로움을 가장 중요하게 여기라는 뜻이다. '하나님의 나라 외에 한눈을 팔지 말아라. 하나님 나라에 집중하라. 하나님의 뜻을 구하고 하나님의 의로움에 부합하여 살게 된다면 나머지는 곁들여 받게 될 것이다. 덤으로 받게 될 것이다.' 이렇게 중요도의 우선순위에서 무엇을 먼저 구하고 관심을 가져야 하는가를 명확하게 말씀을 해주고 있다. 다시 말해서 '하나님에 대한 긍정 정서를 높여라' 하는 것이다.

하나님의 나라를 중요하게 생각하고 나머지는 부차적인 것으로 여긴다는 것은 하나님에 대한 전폭적인 긍정이 아니겠는가?

그를 긍정하면 할수록 우리가 부정적으로 생각하는 의식주의 관념들은 차츰 인생에서 부차적인 것이 될 수 있을 것이다.

우리는 두 주인을 섬길 수 없다. '물질이냐 영혼이냐?' '돈이냐 정신이냐?' '재물이냐 하나님이냐?' 선택을 해야 한다. 우리의 본능은 늘 맘몬을 선택하기를 원한다. 맘몬으로 지위도, 권력도, 계급도, 명예도, 심지어 인생조차도 바꿀 수 있다는 강한 신념이 있기 때문에, 그 본능을 제어하기가 어렵다. 그래서 신앙이 본능에 의해서 꺾이고 퇴보하는 경우를 너무도 자주 목격을 한다.

맘몬을 우상시 하게 되면 맘몬과 나를 동일시하게 된다. 맘몬이 곧 나 자신인 것처럼 착각을 하게 된다. 맘몬을 자기 자신과 동일시하기 때문에 그 맘몬이 없으면 자기 자신이 없는 듯이 불안해한다. 오늘날 우리 현대인들이 그렇게 살아가고 있다. 맘몬의 렌즈를 끼고 있으니 삶의 현상들을 잘못 판단하고 정치나 경제, 교육 등을 그 맘몬의 잣대로 생각하니 국가와 사회의 모습이 뒤틀리는 것이다.

'지금 우리는 무엇으로 살아가는가?'

'맘몬인가 아니면 영혼인가?'

예수는 선택하라고 말씀하고 계신다. 현대를 살아가는 우리가 맘몬을 거부할 수는 없다. 그러나 맘몬이 우리를 지배하도록 내버려 두어서는 안 된다. 맘몬을 좇는 순간, 맘몬은 우리 삶에 상처를 남기게 될 것이고 감당하지 못할 시련, 고통, 좌절, 절망의 나락으로 떨어지고 말 것이다.

신앙은 맘몬과 거리를 두어야 한다. 예수께서 말씀하시는 저의도 맘몬을 절대적인 것으로 여기지 말라는 것이다. 맘몬에 매달릴수록 맘몬을 손에 넣어 자유롭게 될 것 같지만 실상은 맘몬으로부터 멀어지게 된다. 또한 맘몬을 사랑하게 되면 신앙도 멀어지고 사람이 수단이 된다. 그래서 예수께서는 맘몬으로 살아가지 말라는 말씀을 하고 계신다.

그리스도인은 세상과는 다른 척도, 다른 기준으로 살아가야 한다. 맘몬은 신앙조차도 수단으로 여기라고 강요한다. 맘몬은 사람을 계산하라고 가르친다. 맘몬은 정신을 하찮게 여긴다. 맘몬은 다른 사람과의 경쟁에서도 반드시 이기라고만 말한다. 맘몬은 그래서 괴물이 된다. 그

괴물의 노예가 되어서 살아가는데 우리는 행복하다고 생각한다. 당분간 맘몬이 맘몬으로 보상을 해주기 때문이다.

1993년에 〈이상문학상〉을 수상한 최수철의 『얼음의 도가니』라는 소설에 보면, 이런 내용이 나온다.

> 흔히 우리는 먼지로 돌아간다라는 말을 쓴다. 그런데 허무적인 어조를 제하고라도, 애초에 먼지와 다름없는 존재가 먼지로 돌아간다니?
> 먼지 같은 존재로 돌아간다는 말인가?
> 그렇다면 먼지 (같은) 것이 (진짜) 먼지로 돌아간다는 것이니, 정말 그렇다면, 우리는 죽어서 (진짜)가 되는 것인가?
> 먼지가 먼지로 돌아가지 않기 위해 발버둥치는 것, 심지어 먼지가 먼지이지 않기 위하여 발버둥치는 것, 그것이 먼지의 비극이다.

먼지로 돌아갈 수밖에 없는 인간의 현존재의 비극이 단지 먼지로 끝나지 않기 위해서는 삶의 구조나 신앙의 구조를 달리 해야 한다.

맘몬의 노예로 사는 것이 아니라 영원을 위한 존재, 혹은 하나님을 위한 존재, 정신을 근본으로 하는 존재로 살든가 해야 적어도 먼지의 비참한 운명으로부터 자유로울 수 있는 것은 아닐까?

그리스도인은 진정 무엇으로 살아가는 것일까?

하나님의 신뢰와 하나님의 사랑으로 먹고 산다.

하나님의 나라를 위해서, 이 땅의 정의를 위해서 헌신하게 될 때 그 하나님이 나를 먹이고 입히고 거주할 집을 주신다는 것을 신앙적인 체험을 통해서 알아야 한다. 신앙은 도전이고 모험이다. 하나님의 계획 속으로 나를 투신할 때 일어나는 놀라운 기적들이 있는데, 우리는 사람의 생각으로 그분의 계획까지도 계산을 하기 때문에 염려와 걱정으로 하루, 한 시간도 편할 여유가 없다.

하나님의 신뢰와 사랑으로 살아가는 그리스도인은 맘몬의 세계가 지배하는 것을 거부하고 하나님의 나라가 건설되기를 희망하면서 그 나라가 사람들의 의식과 삶과 가치관을 지배하기를 바라게 된다. 그러기 위해서는 그리스도인의 결단이 필요하다. '맘몬이냐 아니면 하나님이냐.' 오늘 기도 가운데 또 다른 하루의 삶에서 신앙의 우선순위를 지혜롭게 선택해야 할 것이다.

5. 낯선 행위, 낯선 구원(마 8:5-17)

이스라엘 사회에서 병이 걸렸다는 것은 죄가 있기 때문이라는 인식이 있다. 다시 말해서 병자는 죄인이다. 복음서에서는 예수의 두 가지 치유이적사화를 언급하고 있다. 한 사람은 이방인 로마 장교의 하인이 중풍병에 걸린 것을 치유한 것이요, 또 다른 하나는 베드로의 장모의 열병을 치유한 이야기다.

먼저 로마 장교의 하인이 치유되는 과정을 분석해 보자. 이야기의 주인공, 곧 이야기의 초점은 예수나 하인이 아니다. 로마 장교이다. 로마 장교를 가만히 관찰을 해보자. 그는 100명이나 데리고 있는 오늘날로 치면 중대장 정도의 장교인데, 자신이 데리고 있는 하인 하나가 몸이 아프다고 예수한테 달려왔다.

어떤 생각이 드는가?

당연히 우리는 그리스도인이니까, 치유의 힘을 갖고 계신 예수한테 와야 하는 거 아닌가 하는 상식적인 듯한 생각을 할 수 있다.

그런데 얘기는 그렇게 단순하지 않다. 로마 장교는 이방인이고, 예수는 유대인이다. 유대인과 이방인의 관계의 거리도 멀다고 볼 수 있지만, 그 당시는 유대인을 로마가 지배하고 있는 상황이니까 굳이 콧대 높은 로마의 장교가 일개 하인을 위해서 예수를 찾아간다는 것은 상상할 수 없는 일이다. 로마의 장교는 가버나움에 주둔을 하고 있던 군대의 무리 중에 한 사람이었을 것이다.

그 로마 장교의 말법을 보라. 예수를 "주님"이라고 말하고 있지 않은가?

극존칭으로 예수를 존대하는 그의 겸손한 신앙 자세를 엿볼 수 있는 대목이다. 일개 하인을 위해서 말이다. 아마도 그 하인은 자신의 가족처럼 함께 지내던 사람이었을지도 모른다. 그래도 로마의 장교라는 사람이 자신의 하인을 위해서 온 몸과 마음을 낮춰서 예수를 대우하고 있다는 것은 놀라운 일이다.

자신의 피붙이 가족도 아니고, 수하로 부리는 부하도 아닌 하인을 위한 그의 마음이 예수께 전달이 된다. 이렇듯 기적은 사소하다고 생각하는 데서 일어난다. 그저 진정한 마음과 겸손한 마음이다. 예수가 능력이 출중해서가 아니라 오히려 병을 낫고자 하는 당사자의 마음이나 그 병을 가진 자를 낫게 하겠다는 일념이 기적을 불러일으키는 경우가 많이 등장한다. 그의 겸손한 마음과 진실된 마음이 예수를 움직인다.

그가 가자고 하자, 로마 장교는 더욱 펄쩍 뛴다.

'나는 당신을 집에 모실 자격조차도 없는 사람입니다. 그러니 말씀만 하십시오. 그러면 나을 것입니다.'

이게 무슨 말인가?

보지 않고도 원격 제어 혹은 원격 현전(telepresence)하여 예수가 고칠 것을 확실하게 믿는다는 것이 아닌가?

그의 겸손도 겸손이지만, 그의 믿음 또한 나무랄 데가 없다.

어떻게 그런 말을 할 수 있다는 말인가?

'말씀만 하시면 나을 것이다.'

뱃장과 확신, 기적을 일으키는 또 다른 요인이다. 로마 장교는 전쟁이라면 일가견이 있는 사람이라지만, 이런 맹목적인 기적에의 의지와도 같은 믿음이 예수를 감탄하게 만들었다. 사람들은 그를 미쳤다고 할 것이다. 보지도, 만지지도 않고 하인을 낫게 할 것이라는 믿음이 오히려 그를 살리려는 의지가 강한 나머지 발동된 광기에 지나지 않는다고 보았을 것이다.

그러나 광기와도 같은, 맹목적인 믿음과도 같은 로마 장교의 신앙의지는 인간의 상식적인 논리를 바꾸게 한다.

우리는 로마 장교처럼 단순히 미치는 게 아니라, 제대로 미치는 신앙인, 예수에 푹 빠져 있는 믿음을 가져본 적이 있는가?

그렇다. 로마 장교의 신앙은 기적의 예감이었다. 그의 예감에 무슨 사적인 이익이 개입될 여지가 없다. 그의 머릿속에서는 오로지 중풍병 걸려서 고통을 당하는 자신의 하인을 낫게 하겠다는 일념뿐이었다. 여기서 조금 더 생각을 진전시킨다면, 로마 장교는 고통을 당하는 자를 그냥 두지 않는 풍부한 연민의 감정을 가진 사람이었을 것이다. 연민, 불쌍히 여김이 기적을 일으키는 또 다른 원동력이 된 것이다. 로마 장교는 그 기적을 능히 일으킬 수 있는 인물이 바로 예수라는 신앙의 예감, 그 신앙적인 감각이 있었다.

우리는 로마 장교와 같은 예민한 신앙 감각을 가지지 못하는 것일까?

삶을 조각조각 따지고 분석하면서 이익과 불이익을 계산하는 속된 버릇이 있기 때문은 아닐까?

이것저것 따지지 말고 남을 불쌍히 여기는 신앙의 감각과 감정을 가진다면 예수가 기적을 베풀어 줄 것이라는 신앙의 느낌이 생기지는 않을까?

약삭빠르고 그저 속된 계산을 좋아하는 유대인처럼 사는 사람은 신앙의 기적이 발생한다고 하더라도 그저 우연이라고 생각하고 자신의 공으로 돌릴 것이다. 그런 사람은 약속된 하늘나라에 발을 붙이기가 어렵다. 믿음이 궁핍하고 모든 사람들과 사건들의 배후에는 항상 예수의 움직임이 있다고 받아들이지 않는 사람에게는 기적은 고사하고 어떤 기적의 쾌락도 맛볼 수 없을 것이다.

예수는 말한다.

> 가보아라, 네가 믿는 대로 될 것이다(막 8:13).

성경은 그러면서 다음과 같이 기록하고 있다.

> 바로 그 시간에 그 하인의 병이 나았다(막 8:13).

삶을 통째로 보는 눈을 가졌던 이방인 로마 장교는 오히려 예수마저 자유롭게 하였다. 그를 자신의 의지대로 좌지우지 한 것이 아니라, 자신의 믿음에 따라서 기적이 일어날 수 있도록 상황을 만드는 적극적인 통찰력을 가진 인물이었다. 우리는 기적이 일어나기를 바라는 순간에 그 기적을 일으키는 존재인 하나님, 혹은 예수마저도 나의 것으로 소유하여서 그 상황을 바꾸려고 한다.

하지만 로마 장교는 달랐다. '말씀만 하시면 나을 것이다. 당신이 직접 가지 않아도 낫게 할 것이다.' 기적을 일으키는 조건은 내게 있다. 내가 그러한 상황, 즉 의지, 믿음을 전제로 해야만 기적이 일어난다. 예수를 마술이나 요술을 부리는 존재로, 자판기와도 같은 존재로 만드는 순간, 그분을 우리의 의지대로 움직이는 것이다.

그러나 로마 장교의 말을 살펴보라. 그가 했던 것은 그저 예수께 자신이 처한 상황, 병자가 처한 상황을 보고만 했을 뿐이다. 예수를 쥐락 펴락해서 어떻게든 목적 달성을 하겠다는 것이 아니다. 그는 예수를 선하고 자유로운 존재로, 사랑스러운 존재로 알고 있었기에 환상이 될 뻔한 일도, 평범한 일상이 될 뻔한 일도 위대한 기적으로 이끄는 매개자 역할을 한 것이다. 기적은 그렇게 즉각적으로 일어난다. 순식간에 하나님이 개입하고 하찮은 시간도 특별한 시간과 사건이 되어 우리 앞에 나타난다. 신앙의 감각을 가진 사람들에게는 바로 그 순간, 즉시, 곧 바로 내가 발을 딛고 앞으로 나아가는 순간, 기적이 일어나고 있다는 것을 직감하게 되는 것이다.

니체의 말을 인용한다면, "오직 가상 속에서만 스스로를 구원할 줄 아는 가장 고통 받는 자, 가장 대립적인 자, 가장 모순적인 자의 영원히 변전하고 영원히 새로운 환영인 세계는 매 순간 성취된 신의 구원"이 되는 것이다.

두 번째 치유이적사화를 보자. 베드로의 장모가 열병으로 누워 있었다. 아마도 예수 일행의 활동 근거지가 가버나움이었으니까, 같은 마을에서 일어난 이야기일 것이다. 이번에 이야기의 초점은 이중적이다. 한 사람은 당연히 예수이고, 또 다른 한 사람은 장모이다. 유대인들에게 병자와 접촉한다는 것은 오염되는 것이고, 부정하게 되는 것이다.

그런데 예수는 덥석 그녀의 손을 붙잡았다. 유대인들의 율법적 금기를 무시하고 약자를 우선적으로 배려하는 예수의 모습은 가히 강심장을 가진 사람답다. 율법 사회에서 병자와 접촉을 한다는 것은 그 사회에서 가장 고통을 받고 있는 사람에게 다가간다는 말이다.

우리가 그리스도인이라면, 이러한 예수의 행위를 본받아야 한다. 사회적 약자를 돌보고 설령 사회적 금기라 하더라도 정의와 사랑을 위해서 봉사와 헌신을 아끼지 않을 수 있는 존재가 되어야 한다. 모든 위험과 사회적 금기에 저항하는 것은 고사하고 사회적 약자에 대해서 적대적으로, 거짓으로만 대하지 않았으면 좋겠다.

우리는 예수와는 달리 사회적 약자에 대해서 "적대적인 침묵"(니체)으로 일관하지는 않는가?

사회적 약자에 대해서 도덕적이라고 여기는 것이 되레 반도덕적이라는 것을 간파하고, 그것을 거부하고 부정할 수 있어야 한다. 그 당시 율법은 유대인의 도덕과도 같은 지배 수단이요, 삶의 총체였을 것이다. 그러나 예수는 그것이 얼마나 반도덕적인가를 간취했다. 그래서 저항을 한 것이다.

예수처럼 오늘날 한국교회도 사회적 약자의 손을 잡아 일으킬 수 있는 교회, 그리스도인이 되어야 한다. 예수처럼 병자, 장애자, 사회적 약자, 어린이, 노약자 등을 유죄판결을 내리지 않고 돌보는 교회, 그리고 신자가 되어야 한다. 하나님의 신실성은 그들을 향하고 있다. 하나님의 자비하심은 그들과 함께 하고 있다는 것을 기억해야 한다. 그렇지 않으면 사람들은 그리스도교를 향해서 구토를 하게 될 것이다.

니체의 말을 한 번 더 인용해보겠다.

"그리스도교는 처음부터, 본질적으로, 그리고 근본적으로 삶에 대한 삶의 구토와 권태였다."

니체를 우리가 함부로 비판하기에 앞서, 왜 그가 그리스도교를 그렇게 혹독하게 비판하는가를 깨달아야 한다.

약자에 대해서 배려해야 하는 교회, 예수의 말씀대로 살아야 하는 우리가 그 본질대로 살지 못하니까 결국 구토 증세와 권태를 느끼게 하는 종교로 전락한 것이 아닌가?

> 제8장

탈종교의 종교론자 예수

1. 상식의 불통, 상식의 범죄, 형식주의의 장난(마 9:14-17)

전통이란 무엇일까?

전통이라는 우리말에 해당하는 영어는 tradition이다. 이 말은 라틴어 tradere에서 온 말로서, '전달하다,' '전하다,' '넘겨주다'라는 뜻을 가지고 있다.

사람들은 이렇게 세대에서 세대로 넘겨주거나 전하는 과거의 전통에 얽매여서 자신이 서 있는 자리에서 한 발짝도 떼지 못하는 경우를 종종 보게 된다. 그래서 전통과 현대는 늘 갈등 관계일 수밖에 없다. 현재를 살아가는 사람들은 과거의 전통이라는 산물 속에서 자신의 삶과 정신, 그리고 인생의 모든 것들이 형성되어 왔으니, 쉽게 전통을 버릴 수 없다. 전통을 버린다는 것 자체가 자신이 사라지는 것을 의미하기도 하고 과거의 삶을 부정하는 것으로 여길 수 있으니 말이다.

유대인들의 경우도 예외는 아니다. 어쩌면 일찍이 조선조 500년 동안 유교를 통치이념으로 삼았던 우리 민족만큼이나 전통이라는 관념과 행위에 사로 잡혀 있는 사람들이라고 볼 수 있다. 율법을 근간으로 자신의 정체성과 권력을 향유하고 백성을 지배했던 바리새파 계층에게는 더한 일이었을 것이다.

그 전통에 대해서 정면으로 반기를 든 사람이 예수라는 인물이었다. 복음서를 보니 바리새파 사람들은 단식을 신앙이 좀 있다는 것의 표지로 삼았던 모양이다. 유대인들은 월요일과 목요일에 정기적으로 단식을 하였고, 원시 그리스도교 공동체에서는 수요일과 금요일에 단식을 하였다. 음식을 끊고 하나님을 생각하며 기도를 하는 것이 뭐가 나쁜가 할 수도 있다.

하지만 그것이 자신의 신앙을 드러내거나 신앙이 좀 있다는 척도로 삼는다면 문제가 달라진다. 다시 말해서 형식으로 치우치기 쉬울 수 있다. 처음에는 전통적인 유대 신앙에 입각해서 단식을 마음을 다해 하겠지만, 차츰 단식을 하면서 그것을 사람들에게 보이기 위한, 내가 신앙이 있다는, 내가 단식을 하고 있다는 보이기식 신앙이 될 수 있다.

우리가 바리새파를 단적으로 뭐라고 칭하는가?

형식주의, 외식주의라고 하지 않는가?

괜히 그러한 꼬리표가 붙는 게 아니다. 그들이 신앙의 본질이나 내용보다 형식을 중시했다는 단면이기도 하다. 물론 형식은 내용을 잘 담아내는 그릇과도 같은 중요한 기능을 한다. 그릇이 있어야 내용과 질료를 담아낸다. 당연하다. 그런데 그릇만 강조하다 보면 내용보다 외형적인 그릇에 신경을 더 써서 내용이 변질이 되거나 왜곡되는 경우가 있다.

그릇은 내용과 질료를 전달하는 도구에 불과하다. 형식, 곧 그릇을 앞세우면 그 그릇에 담는 내용과 질료는 뒷전이 된다. 물론 좋은 그릇이 있다면 거기에 걸맞은 내용과 질료를 담아 낼 수 있기 때문에, 그릇이 훨씬 중요하다고 생각하는 사람이 있을 것이다. 그릇의 차별화라고 말이다.

그런데 거기에 문제가 있다. 형식의 차별화 때문에 유대인들이 더 형식주의로 간 것이다. 자꾸 더 거룩하고 경건하고 깨끗한 것을 담아내 겠다는 일념이 그릇에만 신경을 쓴 것이다.

그 대표적인 것이 무엇인가?

율법이다. 율법은 내용이나 질료라기보다 그릇이나 신앙 형식에 가깝다.

유대인의 신앙 정신, 하나님에 대한 신앙적인 마음을 표현하기 위한 극도의 세분화된 것들이 율법으로 나타난 것이 아닌가?

오늘날에도 마찬가지다. 이스라엘에 여행을 갔다가 온 사람들의 얘기를 들어보면 유대인들이 안식일이 되기 전에 가장 먼저 해놓는 일이 두루마리 화장지를 적당한 길이로 잘라 놓는 일이란다.

왜 그럴까?

안식일이 되면 어떠한 노동도 하면 안 된다는 율법 조항이 있기 때문이다. 화장지를 뜯는 것조차도 노동에 해당되는 것이다.

우스갯소리로 들리지 않는가?

그렇지만 유대인들에게는 안식일에 노동을 하지 말라는 율법의 형식이 중요한 것이다.

안식일에 노동을 하지 말라는 근본적인 내용, 본질은 무엇인가?

오직 하나님만을 생각하라이다. 주인이 쉬면 종도 쉬게 되고, 인간이 쉬게 되면 자연도 쉬게 된다. 그 취지는 참 좋은 것이다. 그런데 그러다 보니 정작 안식일 때문에 인간다운 일, 반드시 해야 할 일들을 못하게 되는 경우가 비일비재하기 때문에 예수는 율법에 대해서 반기를 든 것이다.

바리새파와 같이 형식적인, 전통적인 관념에 사로잡히면 오히려 하나님의 정신과 마음을 잘 드러내고 또 그분의 뜻에 부합하는 삶을 살 것 같지만 사실은 정반대의 역설에 직면하고 만다. 하나님을 잃어버리는 것이다. 율법이라는 형식 때문에 하나님이 보이지 않게 되는 역설이 발생한다.

　복음서(예수 이야기)에서 놓치지 말아야 할 대목은 그런 딴죽을 바로 요한의 제자들이 걸었다는 점이다. 아마도 세례자 요한과의 갈등 관계를 반영하는 듯하다. 예수가 세례자 요한으로부터 세례를 받은 경력과 한때 그와 함께 세례 운동을 펼치기도 했던 터라, 예수가 하나님 나라 운동을 전개할 때 세례자 요한을 따르던 무리들 중 일부는 예수를 따랐을 것이다. 세례자 요한의 힘은 약해졌을 것이고 그것은 세례자 요한이 죽은 이후에 더 심해졌을 것이다. 금욕주의를 몸소 실천했던 세례자 요한과 그 무리 일행은 예수의 신앙 형식이 맘에 들 리가 없었을 것이다. 비록 바리새파 사람들과 뜻은 같지 않아도 적어도 신앙의 형식으로서 단식이라고 하는 것은 바로 거룩함과 경건함의 상징으로 보았을 것이다.

　하지만 예수는 낙관적이었다. 굳이 명랑하고 즐거운 신앙의 흐름 속에 있을 때는 단식이라는 것이 필요치 않다는 논리였다. 예수와 같이 있는데 무리들이 머리를 싸매고 단식을 하면서 뼈 마른 표정을 지으면서 있어야 할 이유가 없었다. 단식은 단식을 해야 할 분명한 명분이 있을 때 단식을 한다는 것이다. 단식은 슬픔과 비통과 고통을 담아내어 자신을 극한적 환경으로 몰고 가면서 하나님과의 관계를 정립하고 신앙으로 씨름을 하는 것이다. 다시 말해서 단식은 기쁠 때 하는 것이 아니라 슬픔과 고통이 있을 때 하나님께 매달리고 자신의 신앙을 곧추 세우는 역할을 한다. 일종의 결단이나 결사적인 상황이 요구될 때 취하는 곡기를 끊는 극단적인 방식이다. 그러니 시도 때도 없이 단식을 하는 게 아니다.

　예수는 세례자 요한이 생각하는 신앙 형식도 뛰어넘고자 했다. 아마도 이스라엘을 구원하기 위해서는 세례자 요한이 외치는 세례 운동만 가지고서는 안 된다고 생각했을 것이다. 그의 노선이 하나님 나라

운동으로 정해진 이유가 거기에 있다.

그런데 복음서를 보면 세례자 요한을 따르는 제자들이 바리새파의 신앙 형식을 꼬투리잡고 있잖은가? 왜 과거의 신앙 형식을 지키지 않고 있느냐 하는 것이다. 전통을 잘 지키는 것, 그것이 거룩한 신앙인의 도리라고 착각을 했을 수도 있다. 하지만 예수는 자꾸 전통과 관습을 강조하면서 새로운 신앙 형식과 내용을 받아들이지 않으면 안 된다는 것을 말하고 있다. 우리의 신앙이라는 것도 그렇다. 자꾸 과거의 신앙 양태, 과거의 전례 형식, 과거의 목회적 틀만이 옳다고 생각하여, 그것만을 고집한다면 변화나 발전을 기대하기가 어렵다.

오늘날 젊은이들은 새로운 포도주이고, 새로운 가죽 부대다. 그들은 자신들만의 새로운 틀을 원하고 있다. 새로운 가죽 부대가 필요한데 우리는 자꾸 낡은 가죽 부대를 가지고 이렇게 저렇게 깁고만 있다. 그러다가 언젠가 새로운 포도주가 담기는 날에 그 기운 낡디 낡은 가죽 부대는 터지고 말 것이다. 변화를 못 따라가는 교회는 변화를 원하는 젊은이들을 수용하지 못하고 결국 세대 간의 갈등만 증폭되다가 낡은 가죽 부대만 남지 않겠는가.

공자는 군자불기(君子不器)라는 말을 했다. '군자는 고정된 그릇이 아니다.' '군자는 그릇처럼 고정된 존재가 아니다'라고 해석을 한다. 거룩한 신앙인을 지향하면서 왜 우리는 특정한 그릇을 고집하는지 모르겠다. 그릇의 유연성을 갖고 있는 게 사실 그리스도교의 장점이다. 아니 좀 더 근원적으로 보면 예수는 변화 가능한 그릇을 가지고 계신다. 그분은 어느 신앙의 내용이나 생각이나 질료를 넣어도 그 내용과 생각이나 질료에 따라서 언제든지 그릇을 변화시켜 나가실 수 있는 분이다. 큰 그릇이며 용도 변경이 가능한 그릇, 심지어 깨지는 것조차 두려워하지 않는 대범한 그릇을 가지고 계신 분이다. 옹졸한 분이거나 일정한 틀을 가지고 남을 재단하거나 하는 분이 아니라 그 그릇을 가능한 한 하나님의 마음처럼 모든 것들을 담아내기를 바라는 것뿐이다.

그런데 어느 순간 우리에게 예수와 같은 그릇이 사라지고 고착화된 신앙 양태들을 만들어내면서 기준에 맞춰서 신앙생활을 하고 판단하는 버릇이 생겼다.

이제 내 신앙의 그릇은 어떤가를 점검할 필요가 있다. 내 신앙의 형식은 낡은 것인가, 날마다 새로워지려고 하는 새 부대인가를 스스로 성찰해야 한다. 교회 내에 새로운 신앙 형식을 가지고 있는 이들을 자신의 신앙 형식으로 담아내지 못하면서 오히려 그 신앙 형식을 비난하고 거부하고 있는 것은 아닌가.

다양한 신앙 형식이 공존한다는 것은 그만큼 공동체가 건강하다는 증거이다. 다양한 신앙태도, 다양한 마음, 다양한 생각, 다양한 판단들이 존재하더라도 예수 그리스도라는 그릇 안에 모아지면 훌륭한 신앙 형식이 탄생한다. 예수 그리스도의 신앙, 예수 그리스도가 가진 생각, 그분의 뜻은 고루하지 않고 늘 새로운 신앙과 새로운 미래를 지향하기 때문이다.

우리는 종종 '새롭다'는 말 표현을 사용하곤 한다. 부담스러운 용어이다. 새롭다고 하는 것은 과거의 것, 이전의 것과는 뭔가 확실하게 다를 때 말할 수 있는 누가 봐도 객관적인 변화가 드러난 상황을 일컫는 말이다. 그러니 '새롭다'라고 말하는 순간 과거의 것과는 완전히 구별되면서 더 이상 옛 것에 연연할 필요가 없이 그 새로운 것에 의해서 모든 것들이 달라지게 된다.

어쩌면 그것은 과거의 것을 주장하는 사람들에게는 자극과 위협이 될 수 있다. 새로운 것이 구태와 전통, 그리고 과거의 습관과 유전들을 사장시킨다고 생각하기 때문이다. 교회 공동체도 예외는 아니다. 새로운 것이 많은 사람들에게 신앙적으로 유익을 가져온다면 그 새로운 것을 두려움이나 위협, 위기라고 받아들이지 말고 오히려 공동체가 발전할 수 있는 신앙적 자극으로 받아들여야 한다. 다시 말해서 새로움이 위협이나 거부감이나 견제가 아니라 우리 신앙에 새로운 자극(Anregen)이 되어야 한다는 말이다.

과거의 형식을 가지고 있는 사람들은 새로운 형식, 새로운 그릇을 가지고 있는 사람들을 어떻게 수용할 것인가를 고민해야 한다. 과거의 것도 처음에는 공동체 안에서 상식으로 받아들여지지 않는 불통의 형식이었을 것이다. 그러나 시간이 지나면서 과거의 것은 어느 덧 새로운 것에 직면하여 새로운 그릇이 신앙의 상식이 되도록 해야 하는 용기와 결단이 필요하게 되는 것이다.

이제부터 따져 물어야 한다.

너의 신앙의 질료가 무엇이냐?

너의 신앙 내용이 무엇이냐?

우리가 낡은 가죽이지만, 낡은 그릇이지만 새로운 틀로 너희의 신앙 질료를 담을 수 있도록 해주겠다 하는 포용력이 있어야 한다. 새로운 틀은 우리에게 새로운 도전이요 자극이다. 새로운 틀은 발전과 성숙을 가져오며 성장을 하게 만드는 요인이 될 것이다.

구소련에서 활동을 했던 탁월한 시인 보리스 빠스쩨르나끄(Boris Pasternak)는 이런 시를 읊었다.

> 나이를 먹은 사람들이라면 그런대로 제 나름의 구실이 있으리라. 따질 것도 없이, 따질 것도 없이 네 구실은 우스꽝스럽고, 번개 치는 날이면 눈과 잔디가 라일락 빛이 되며 지평선에는 촉촉한 물푸레나무 향기가 감돌고 있다네.

과거의 삶의 형식들도 제 나름대로의 이유가 다 있었을 것이다. 그래서 그 과거가 현재의 삶의 형식들을 있게 만들었을 것이다. 하지만 여전히 과거의 삶의 형식과 신앙의 형식이 향기를 발하지 못한다면 새로운 변화, 새로운 인식, 새로운 행동이 필요한 법이다.

한국교회는 새로운 가죽 부대를 두려워하지 말고 적극적으로 수용할 수 있는 마음 자세가 필요하다. 새로운 가죽 부대, 즉 새로운 신앙 세대, 젊은이들의 신앙 형식을 기꺼운 마음을 가지고 그것이 교회의 상식이 되도록 만들어 주어야 한다. 만일 우리가 예수의 가르침에 따르지 않고 여전히 율법적인 낡은 사고방식의 신앙을 고집하고 있다면, 그것을 넘어서 예수의 가르침을 늘 새롭게 받아들일 수 있어야 할 것이다.

또한 예수의 가르침도 아닌데도 불구하고 마치 자신의 신앙 관념이 제일 우선이고 새로운 것이라고 착각하는 사람이 있다면, 예수의 가르침에 조명을 받아서 자신의 신앙 형식, 자신의 신앙의 그릇을 바꿀 수 있어야 한다. 교회가 예수의 가르침을 날마다 새로운 가죽 부대로 받아들일 수 있는가 없는가에 따라서 그 운명이 달라질 것이다. 따라서 교회는 새로운 운명의 역사, 새로운 신앙 형식을 중단 없이 써나가야 한다.

2. 예수 실존의 삶과 인정투쟁(마 10:24-33)

우리에게 예수는 누구인가?
하나님의 아들인가?
구원자인가?
생명을 주시는 분인가?
행복을 주는 사람인가?
언젠가 다시 오실 재림의 주님이신가?
우리가 인정하는 교리나 신앙고백으로 보면 다 긍정하는 말이다. 2

천 년 동안 교회는 예수를 그렇게 고백해 왔다. 그 이외에 달리 우리는 예수를 스승이라고 부른다. 2천 년 전 예수께서 친히 제자들을 모으시고 가르치신 것처럼, 그 가르침을 받는 제자의 반열에 우리도 함께 참여할 수 있는 길이 열린 것이다. 현재를 살아가는 우리 또한 예수를 따르는 제자로서의 삶을 살아야 마땅한 일이기 때문이다.

그런데 예수를 스승으로 모신 우리에게 매우 역설적인 말씀을 하신다. 제자가 스승보다 종이 주인보다 더 높을 수 없다는 것이다. 반면에 제자가 스승만큼 자라면, 종이 주인만큼 자라면 그것으로 족하다고 말씀을 하신다. 옛말에 청출어람 청어람(靑出於藍 靑於藍)이라는 말이 있다. 푸른색은 쪽빛에서 나왔지만 쪽빛보다 더 푸르다는 뜻이다. 제자가 스승을 뛰어넘을 때 쓰는 말이다. 그러나 우리 그리스도인이 스승이신 예수보다 더 뛰어날 수는 없다. 예수도 그것을 잘 말해주고 있다. 제자가 스승의 반열에 오를 수 있을 정도만 되도 족하다는 것이다.

그분을 닮아나가다 보면 어느 새 우리도 예수 정도의 인격, 예수 정도의 사랑, 예수 정도의 믿음을 가지게 된다는 것 아닐까?

하지만 예수를 폄하하고 낮잡아 보며 오히려 그를 욕되게 한다면 우리의 수준은 마찬가지로 바닥을 치게 된다.

예수를 존경하고 따르고 신뢰하며 그를 삶과 신앙의 모범으로 해서 살아가려는 의지가 없는데 어떻게 예수와 같은 수준의 신앙인이 될 수 있을까?

그렇다고 예수와 동일하게 되어야 한다는 말이 아니다. 그럴 수도 없을 것이다. 다만 그렇게 되려고 노력하는 것이 중요하다.

사도 바울은 고린도교인들에게 이렇게 말했다.

> 내가 그리스도를 본받은 것처럼 여러분은 나를 본받으십시오 (고전 11:1).

사도 바울은 그리스도를 본받기 위해서 매진하다 보니 어느 덧 자기 안에 그리스도의 모습이 자리 잡고 있다는 것을 알게 되었다. 그와 같은 신앙의 자신감이 고린도교인들에게 보인 것이다. 오늘날 그리스도를 본받기는커녕 예수를 욕되게 하는 그리스도인들이 많이 있다. 예수를 믿는 자로서 그 안에 예수의 모습이 보이지 않기 때문이다. 다른 것이 예수를 욕하는 것이 아니라, 바로 예수처럼 살아가지 않는 것이 예수를 욕하는 것이다. 다른 사람들이 나를 통해서 예수를 볼 수 있어야 하는데, 그러지 못하게 될 때 예수를 욕 먹이는 것이다. 아예 내가 그를 욕하는 것이나 다름이 없다.

설령 사람들이 예수를 욕하고 교회를 인정하지 않는다 하더라도 우리가 예수의 신비를 간직하고 있으면 된다. 예수의 비밀을 우리가 품고 있으면서, 사람들이 그리스도인 안에서 탄생하는 예수를 보도록 하면 된다. 예수는, 비밀은 드러나게 마련이라고 말씀하고 계신다. 감추고 싶어도 드러나는 것이 예수의 신비이다. 저마다 그리스도인에게는 예수의 신비가 있음에도 불구하고 그것을 잘 드러내지 못하고 있다. 그것은 신앙의 진지함, 예수에 대한 무게감, 예수 실존을 살려고 하는 의지가 부족하기 때문이다.

그렇다면 이제는 예수를 알고 있는 진중함과 예수 실존을 몸 전체로 살아내는 외침이 필요하다. 크게 외치라고 하는 것은 선언이자, 자신감에서 우러나오는 확신에 찬 논리와 변증일 수 있다. 정말 우리가 예수에 대해서 그러한 자부심이 있는가. 스승에 대해서 자랑스럽게 떠벌리고 싶은 마음이 샘솟듯이 솟아나서 말하고 싶은 신앙적 충동이 있는가. 예수 실존을 살아내려면 그것들이 우리에게 절실하게 요구된다. 예수가 살며시 다가오고 불확실한 듯이 찾아와서 말을 건네더라도 우리의 민감한 영적 감수성을 통해 그의 말씀을 확실성을 가지고 받아들이고 세상에 외칠 수 있어야 한다.

예수가 가상이 아니라 정말로 현실이고 진실이라는 것을 알려주어야 한다. 그것은 거듭 말하지만 예수 실존을 나의 몸 전체로 살아내지 않으면 소리-말로 외친다고 하는 것은 헛수고가 될 것이다. 외침은 소리-말로 지르는 것이 아니라 몸-말로 하는 것이어야 한다.

지금까지 그리스도인이 예수의 실존을 산다고 하면서도 소리-말로만 떠들면서 살았다. 그 속에서는 몸-말로 예수를 구현해 내는 그리스도인의 모습을 볼 수 없었다. 그래서 사람들은 등을 돌리고 예수에게 신비가 없다고, 교회에는 더 이상의 성스러움이 없다고 단정 짓고 말았다. 세상에는 수많은 외침들, 소리-말이 존재한다. 너무 많아서 어떤 소리-말이 진실이고 무엇을 들어야 하는지 선택을 할 수조차 없게 되었다. 소리-말이 많다 보니 우왕좌왕 갈피를 못 잡고 웬만한 소리-말에는 귀를 기울이지 않는다.

이런 와중에 그리스도인들조차도 아무런 의미도 없는 소리-말을 지껄이고 있는 것을 볼 수 있다. 세상에 많은 소리-말에 그저 하나 더 보태는 정도밖에 안 되는, 아무런 존재감도 없는 소리-말을 하고 있는 것이다. 사람들은 시끄럽게 떠들어 대는 한갓 소리-말에 지나지 않는 외침을 듣고 싶어 하는 것이 아니라, 진정성이 있고 예수의 참 실존을 드러내는 몸-말을 보고 싶어 한다는 것을 알아야 한다. 예수가 참으로 그리스도인들의 스승이라는 것을 알아보는 표지는 그리스도인들이 제자로서의 몸-말을 살 때에 비로소 알아본다는 것을 기억해야 한다.

사람들은 지금 육체적이고 물질적인 데에 경도되어 있다. 그래서 육체적인 것이 전부인 양 살아가고 그것이 사라지면 자신의 전부가 없어지는 것으로 생각한다. 가시적인 것에 중심을 두고 오히려 보이지 않는 영혼이 죽어가는 것에 대해서는 별로 중요하게 생각하지 않는다. 어차피 눈에 보이지 않으니 육체적인 것, 물질적인 것, 가시적인 것 말고는 삶의 가치나 목적으로 여길 것이 없다고 보기 때문이다. 자신이 물질이 되어버린 것이다.

그러니 자신의 육체를 보존하는 일과 그 육체를 둘러 싼 모든 것들이 인간의 삶의 목표가 된다. 영혼은 죽어도 상관이 없다. 육체가 항상 먼저가 되기 때문이다. 그런 의미에서 현대인들에게 육체는 천국이요, 영혼은 지옥이다.

하지만 예수는 육체와 영혼 그 둘을 나누지 않는다. 육체와 영혼은 하나이기 때문이다. 예수는 인간을 이분법적으로 생각하지 않는다. 육체와 영혼 둘 다 소중한 것이고, 그 둘이 온전해야 인간이라 본다. 그렇기 때문에 예수는 하나만이 아니라 둘 다 죽이는 존재를 두려워하라고 말씀하시고 계시는 것이다. 하나만 죽는다고 해서 인간이 죽는 것이 아니다. 육체 안에 영혼이 깃들어 있고, 영혼은 육체를 움직이는 실체라고 볼 수 있다.

인간에게는 어느 하나가 죽으면 사람이라고 말할 수 없다. 그러므로 육체와 영혼 둘 다를 멸망시킬 수 있는 분, 그 하나님(초월적 존재)을 두려워할 수 있어야 한다. 단지 물질적 가치로서 외부적 환경, 돈이나 권력에 의해서 내 육체가 죽어가는 것보다 나의 생명을 아울러서 지배하고 다스리는 하나님을 경외하는 것이 그리스도인의 올바른 신앙 자세라고 말할 수 있다.

그렇다고 벌벌 떨 것까지는 없다. 왜냐하면 하나님은 대자대비하신 분이기 때문이다. 하찮은 미물도 당신의 명령과 허락이 없으면 함부로 생명을 앗아갈 수 없으며 나의 일거수일투족을 모두 헤아리고 계신 분이기 때문이다. 예수 안에 있고, 예수의 실존을 몸-말로 살아가려는 그리스도인은 하나님께서 보호해 주신다는 것을 신앙으로 받아들여야 한다.

그 보호하심과 인도하심의 근거가 무엇인가?

제자, 곧 그리스도인이 예수를 인정하고 증언하는 데 있다.

영어 성경에 보니까 번역이 흥미롭다.

If you tell others that you belong to me, I will tell my Father in heaven that you are my followers(Matthew 10:32, CEV; Contemporary English Version).

즉 직역하면 이렇다.
"네가 다른 사람들에게 내게 속해 있다고 말한다면, 하늘에 계신 아버지께 네가 나의 추종자(제자)라고 말할 것이다."
무슨 말일까?
당연히 그리스도인이라면 예수에게 속해 있다고 봐야 하는 거 아니냐고 할 것이다. 마땅히 그리스도인의 소속은 예수에게 있는 것이다.
그러나 과연 그런가?
그리스도인이 예수에게 속해 있다면 예수의 정체성을 가지고 있어야 한다. 예수와 같은 색깔, 예수와 같은 정신, 예수와 같은 생각, 예수와 같은 행동, 예수와 같은 말을 사용해야 예수에게 속해 있다고 말할 수 있다. 공동번역에 나오는 번역어처럼 '안다고 증언한다'는 것은 피상적인 말이 아니다. 안다는 것 자체가 뼛속 깊이 예수로 무장되어 있어서 자신의 삶으로, 다시 말해서 예수의 실존을 삶으로 나타내 보일 때 가능한 말이다.
시인 박두진은 "당신의 눈에 부딪칠 때"라는 시에서 이렇게 말한다.

아무데서나
당신의 눈에 부딪칠 때
아직도 못다 올린
새 깃발을 위하여

피 흘려 넘어져도
달려가게 하소서.

시인 조병화는 "고독하다는 것은"이라는 시에서 역시 이렇게 감성을 담아 표현한다.

삶이 남아 있다는 것은
아직도 나에게 그리움이 남아 있다는 거다
그리움이 남아 있다는 것은
보이지 않는 곳에
아직도 너를 가지고 있다는 거다.

이제 이렇게 자문해 보아야 한다.
'정말 내 안에 예수를 가지고 있는가?'
'나는 보이는 곳이든 보이지 않는 곳이든 예수를 나의 실존으로 여기고 그를 위해서 내달릴 수 있는 그리스도인가?'
예수를 물건을 소유하듯 그렇게 가져야 한다는 말이 아니다. 그의 뜻과 그의 사랑과 그의 의지와 그의 삶의 자세를 품어 완전히 내 안에 살아 있도록 해야 한다는 말이다. 볼테르는 "과잉은 매우 필수적인 것"이라는 역설적인 말을 했다. 우리 안에서 예수가 흘러넘치기를, 예수의 마음이 넘실대야 한다.
마지막으로 함석헌의 시 한 편을 음미해보자.

"그 사람을 가졌는가"

함석헌

만리길 나서는 길
처자를 내맡기며
맘놓고 갈 만한 사람
그 사람을 그대는 가졌는가

온 세상 다 나를 버려
마음이 외로울 때에도
'저 맘이야'하고 믿어지는
그 사람을 그대는 가졌는가

탔던 배 꺼지는 시간
구명대 서로 사양하며
'너만은 제발 살아다오'할
그 사람을 그대는 가졌는가

불의의 사형장에서
"다 죽여도 너의 세상 빛을 위해 저만은 살려두거라"일러줄
그 사람을 그대는 가졌는가

잊지 못할 이 세상을 놓고 떠나려 할 때
"저 하나 있으니"하며
빙긋이 웃고 눈을 감을
그 사람을 그대는 가졌는가

온 세상의 찬성보다도
"아니"하고 가만히 머리 흔들 그 한 얼굴 생각에
알뜰한 유혹을 물리치게 되는
그 사람을 그대는 가졌는가

3. 늙어버린 유대교에 저항하는 예수 (마 12:14-21)

"우리는 단번에 더럽게 늙어버리고 만다."

소설가 루이-페르디낭 쎌린느(Louis-Ferdinand Celine)의 『밤끝으로의 여행』에 나오는 한 구절이다.

이제 늙어간다는 것은 자연스러운 인간 존재의 현상이라기보다 노후를 걱정해야 하고, 치매를 두려워해야 하는 인생의 끝자락을 향한 원치 않는 시간을 경험하는 것이다. 그러니 더럽게가 아니라 순간적으로 찾아오는 나이듦이라고 하더라도 깨끗하고 고결함을 간직할 수 있어야 한다.

종교는 어떤가?

종교도 역사가 깊어질수록 그 종교가 갖고 있는 본질을 잘 존속시키면서 그것을 드러내려고 애를 쓰는가?

종교의 일도 사람이 하는 일이고 또 조직을 통해서 종교라고 하는 체제를 유지한다. 물론 그리스도교의 경우 종교의 형식을 통해서 하나님께서 일하신다는 말을 하곤 한다. 그렇지만 하나님은 결국 인간이나 조직 안에 현존하시기 때문에 인간의 행위가 어떠한가에 따라서 그 종교가 늙었구나, 그 종교가 썩었구나, 그 종교가 늘 젊음을 유지하려고 애를 쓰는구나 하는 평가를 들을 수 있다.

1세기 당시 유대교 안에는 몇 개의 종파가 있었다. 바리새파, 사두개파, 에세네파, 젤롯파. 크게 나누어 이렇게 네 개의 종파가 각각의 특징을 가지고 존재하고 있었다. 그중에서 바리새파가 가장 율법적인 종파였다.

율법이 나쁜 것만은 아니다. 어느 체제이건 질서를 유지하고 자신의 정체성을 견고히 하기 위해서는 법과 규칙을 만들어 그 범주 안에서 모든 것들을 판단한다. 율법은 좀 독특한데, 그것은 율법이라는 것을 통해서 하나님과 얼마나 가깝게 밀착된 삶을 살아가려고 하는가를 통제하고 강제하는 성격을 띠고 있다. 쉽게 말하면 율법을 통해서 하나님께 다가가려고 하는 것이다.

문제는 율법 밖으로 벗어나면 죄가 된다. 율법의 범주 안에 있어야 구원을 얻을 수 있다. 또한 율법을 잘 알고 해석할 수 있는 집단 엘리트들은 그 율법을 잘 모르는 사람을 지배하려는 속성을 가지고 있다. 오늘날 변호사, 검사, 판사 등 법을 잘 아는 사람들이 정치, 경제계에 진출해 있으면서 백성을 지배하는 것도 마찬가지다.

율법학자들, 바리새파들이 볼 때에 예수는 율법의 파괴자, 율법의 훼손자처럼 비춰졌을 것이다. 안식일에 사람의 병을 고쳐주다니 있을 수 없는 일이다. 안식일에는 노동이 금지되어 있는데, 오직 하나님만을 생각할 수 있고 그날은 그분만을 위해서 시공간이 존재하는 것인데 감히 병자를 고치는 노동을 하다니 건방을 떤다고 생각을 했을 것이다. 율법을 통해서 밥을 먹고 사는 바리새파 같은 지배계층에게는 예수를 눈엣 가시처럼 여겼을 것은 뻔하다. 그러니 그를 어떻게 죽일까 계속 비밀회의를 했던 것이다.

늙었다고 해서 다 그런 것은 아니지만 늦게 되면 생각이 굳어진다. 고집스러워지고 아집이 강해진다. 자신의 경험을 토대로 남을 판단하는 일이 점점 더 많아진다. 다른 사람을 수용하기도 어려워진다. 노인 자신의 삶의 경험이 지혜가 되는 것도 부인할 수는 없다. 하지만 지혜가 되려면 젊은이들을 이해하고 포용하려는 넉넉함이 동시에 필요하다. 자신의 잣대가 절대적이라고 생각하면 젊은이들의 언행은 다 악이 되어버린다.

바리새파가 말하는 것도 어쩌면 그러한 늙어버림의 종교 현상이 아닐까 싶다. 삶을 살리기 위한 종교나 율법이 아니라 오히려 삶을 죽이고 사람을 불편하게 만드는 종교 해석을 내놓으니 종교가 족쇄나 다름이 없었을 것이다.

예수는 인간과 삶을 살리는 게 하나님의 뜻이라고 생각했다. 안식일의 주인이 사람이라는 것, 사람이 빠진 안식일이 무슨 소용인가를 간파한 것이다. 삶을 삶답게 만들고 인간을 온전하게 회복시켜 주는 게 하나님이 원하시는 안식일의 진정한 의미라고 본 것이다.

또한 예수는 하나님을 섬기려고 하는 사람이 어떠한 상태에 있는가를 결코 간과하지 않았다. 하나님을 위한 존재, 하나님을 위해서 시간을 투자하고 물질을 봉헌하고 몸으로 하나님의 존재를 인정해야 하는 그들이 어떠한 몸과 정신을 가지고 있는지를 유심히 살펴보았다. 그리고 그들이 정말 하나님을 위한 존재로서 살아갈 수 있는 필요와 조건들에 어려움은 없는지 세심하게 관찰했다.

이미 병자가 되어버린 존재들이 유대인들의 정상적인 공동체에서 하나님께 예배를 드리고 함께 공평한 삶을 나누는 기회를 갖기는 어렵다. 유대인들은 그들을 철저하게 배척하고 소외시켰을 것이다. 하나님께 근접할 기회조차 박탈당할 위기에 처한 그들이 자칫 구원 반열에서 멀어질 수도 있었다. 예수는 더 본질적으로 그들이 하나님의 백성, 하나님의 구원의 영역에서 배제되어서는 안 된다고 믿었다. 그런 의미에서 보면 그들의 치유는 하나님으로부터 구원을 받을 수 있도록 길을 열어주는 것이요, 하나님의 백성으로 살아갈 수 있도록 힘을 주는 것이다.

예수는 수많은 병자를 치료하시고서는 아무에게도 자신에 대해서 발설해서는 안 된다고 말씀하셨다. 왜 그랬을까?

민중을 위해서 율법에 저항하고 구원을 베푸시는 분이 고난과 죽음을 두려워해서일까?

아니다. 예수에게 그깟 고난과 죽음이 대수가 아니었다.

그러면 무엇이었을까?

자신이 하는 일은 그저 하나님의 일하심을 나타내는 매개자라는 것을 알았기 때문이었다. 하나님의 마음을 치유 이적을 통해서 백성들에게 전달하고, 백성들이 하나님의 마음을 잘 깨닫게 하여 하나님은 사랑과 자비, 그리고 긍휼을 베푸시는 분이라는 것을 알게 하는 것뿐이지 자신의 이적을 드러내는 것이 목적이 아니었다.

　다시 말해서 예수는 자신을 드러내는 분이 아니었다. 사실은 욕망의 덩어리라 할 수 있는 '나'라고 하는 것이 없이 오로지 하나님으로만 충일한 분이었다. 나를 벗어난 분이다. 욕망적인 나를 극복하고 하나님을 지향하게 될 때 나 아닌 다른 사람의 근원적인 고통과 근원적인 슬픔과 근원적인 좌절과 근원적인 절망과 근원적인 고난이 보이고 내가 그들을 향해 어떻게 반응할 것인가를 알게 된다.

　그러므로 성숙한 신앙인, 지금보다 좀 더 나은 신앙인이 되고자 한다면 '나'를 앞세우지 말아야 한다. '나'의 기분이 중요한 것이 아니라 '너'의 기분이 더 중요하다. '너'의 기분이 어떠냐? '너'의 처지가 어떠냐?를 묻고 거기에 적절하게 응대하려고 했던 예수를 기억해야 한다.

　지금 교회는 어느 잣대와 기준으로 사람들을 대하고 있는가?

　예수와 같이 진정으로 모든 사람을 하나님의 백성으로 생각하고 있는가?

　아니면 자신의 신앙의 척도, 신앙적 편견, 습관적 시각으로 바라보고 있는 것은 아닌가?

　어쩌면 개신교나 가톨릭, 동방정교회, 성공회의 어느 시선도 절대적일 수가 없을 것이다. 개신교가 완전한 하나님의 교회는 아니다. 다만 완전을 지향하려고 노력하는 종단 중 하나이다. 개신교의 역사도 1,500년, 아니 좀 더 거슬러 올라가면 초대교회의 역사적 전통을 가지고 있으니 2천 년의 역사를 고스란히 간직한 교회라고 할 것이다. 역사가 그러하니 개신교도 고루하고 고집스러운 자기 틀이 있어서 그저 늙어가는 종단일지도 모른다. 자칫 모든 종교도 그렇게 보일 수가 있다. 그러니 개신교의 틀도 예수의 신앙과 시선보다 위에 있거나 앞설 수는 없다. 다만 예수의 시선으로 사람들을 바라봐야 한다. 그들이 하나님의 백성이 되기에 부족한 것이 무엇이 있는가, 나의 손길과 나의 도움이 필요한 것들이 무엇이 있을까 긍휼히 여기는 마음을 가지고 대해야 한다.

우리의 틀로 사람들을 마비시키면 안 된다. 그들을 자유롭게 하고 삶과 영혼을 자유롭게 할 수 있는 것은 오직 예수의 그윽한 시선이라는 것을 기억해야 한다. 우리 자신이 그러한 시선과 인식이 없다면 우리 스스로도 아직 구원을 받아야 하는 나약한 존재인지 모른다. 내가 교회에 다니는 이유는 밤과 같은 인생의 터널을 예수를 통해서 빠져나와 새롭고 찬란한 빛을 보기 위한 것이다. 그 밤은 온갖 위선, 거짓, 비열함, 더러운 수렁, 부유물이 뒤섞여 있는 아수라장이다.

오죽하면 어느 시인은 "우리의 삶은 하나의 여로/ 한겨울 그리고 캄캄한 밤에, 한 가닥 빛도 없는 하늘에서/ 우리의 길을 찾아 헤매노라"(스위스 민병대의 노래, 1739년)고 노래했겠는가. 그러한 인생의 밤으로부터 탈출을 감행할 때에 우리에게 힘을 주고 빛으로 안내해주시는 분이 바로 예수라는 사실을 잊지 말아야 한다. 그 밤을 우리만 만나는 것은 아니다. 모든 인간이 그와 같은 어두운 밤을 만나는 것이니 함께 그곳에서 빠져나올 수 있도록 서로 도와야 한다. 아직도 우리는 어두운 밤을 다 빠져나오지 못했다. 그러므로 너무 자만하지 말고 그나마 교회 공동체 안에서 예수의 맛을 본 우리들이 그들과 더불어 인생의 기나긴 밤에서 헤어 나오도록 안내해 주어야 한다.

마태복음사가는 예수 안에서 이사야의 예언이 성취되었음을 본다. 그는 하나님께서 맘에 들어 하는 사람이었으며 정의를 행하는 인물이었다고 말한다. 고루하고 낡아서 자라려고 하는 사람들의 이성과 신앙을 좀 먹는 유대교의 율법에 대해서 '아니오'라고 말하는 예수는 분명 하나님의 마음을 잘 읽었던 사람이다. 약하고 순하고 억압받는 사람들을 위해서 하나님의 정의(공정, 올바름, 공의, 심판, mishpat, krisis)를 설파했던 예수는 하나님께서 선택한 종(ebed, doulos, pais)이었다.

그는 이미 상해서 더 이상 쓸모가 없을 것 같은 갈대, 곧 기가 꺾인 군중, 연약한 영혼도 긍휼과 사랑의 마음을 가지고 돌보는 분이었다. 더 나아가서 그는 율법에 취약하여 율법적 삶에 대해서 어떻게 살아야 할지 모르는 사람들에게 희망이 되신 분이었다. 신앙의 자유로움과 해방을 가져다 준 분이시니 당연히 이방인들에게 빛이 되었을 것이다. 예수처럼 하나님께서 사랑하시는 이는 자신의 신앙과 신념을 고집하면서 남을 속박하거나 함부로 재단하는 사람들을 위해서 맞서고 변호해 주는 사람이다.

예수에 대해서 너무나도 잘 알면서 우리는 예수처럼 살지 않는다. 그러면서 그리스도인이라고 말한다.

왜 우리는 그리스도인으로서 예수처럼 훈련하고 연습하지 않는 것일까?

필자의 자성에, '무슨 소리냐? 교회에서 기도도 하고 성서 공부도 하면서 신앙 훈련을 하지 않느냐?'고 강변할 사람도 있을 것이다.

하지만 실전에 투입되어 삶에 녹아들지 않는 신앙은 소용이 없다. 마태복음사가가 예수에게서 이사야의 예언이 성취된 것으로 본 것은 바로 예수 안에서 하나님의 모습을 보았기 때문이다. 예수 안에서 율법을 넘어서서 하나님의 백성을 사랑하는 하나님의 새로운 법칙을 보았다는 것이다. 우리가 예수와 같이 살아가는 훈련과 연습이 덜 되었다는 것은 우리가 아직도 하나님의 새로운 삶의 법칙들, 새로운 신앙의 법칙들이 덜 체득되었다는 말과도 같다. 하나님의 긍휼과 사랑, 자비와 정의로 사람을 자유롭게 만들어주는 신앙인이 아니라면, 우리는 그리스도인이라고 자부할 수 없다. 신앙의 미숙아인 셈이다.

늙어가면서 생각이 고착화되고 아집이 강해지는 것도 문제이지만 정신이 성숙되지 못한 미숙아도 문제이다. 1세기 예수 당시 유대교의 지배 계층은 늙고 낡은 사고방식을 가지고 사람들을 구속했다. 그런데 그 사고방식, 행동을 규정짓는 율법의 근본정신은 곧 하나님의 자비와 사랑, 긍휼과 정의라는 것을 잘 깨닫지 못한 것은 늙고 낡은 사고방식 만큼이나 미숙한 것이었다.

혹 우리도 지금의 종교로, 종교적 교리로, 내가 생각하는 신앙 관념으로 남을 재단하거나 헐뜯는 일은 없는가?

이제는 예수의 말씀을 깊이 묵상하면서 순수하게 그를 관조하되 하나님의 자비와 긍휼, 정의와 사랑으로 내가 아닌 너, 그리고 그들을 향해 다가가야 한다.

4. 예수의 권력, 섬김 (마 20:20-28)

권력과 지배, 그리고 명예에 대한 욕심과 욕망은 인류가 진보를 하더라도 예나 지금이나 조금도 변하지 않았다. 예수 이야기만 보더라도 잘 알 수가 있다. 예수가 크게 출세를 하여 이스라엘을 심판하는 자리에 있게 되면 그 권력 옆에 어떻게든 붙어 있기를 바라는 제자들의 마음이 표출된다. 그것도 자신의 어머니를 내세워 자리 청탁을 하고 있는 것이다. 그 자리는 권력의 실권을 발휘하는 위치이자 예수 다음 가는 명예로운 지위이다.

그와 같은 자리이니 두 아들을 둔 어머니가 나서서 자리를 청탁하는 것이 아닐까?

더욱이 세베대의 두 아들들의 어머니는 예수의 이모 살로메였다(마 27:56; 막 15:40 참조). 그렇다면 친족 관계를 내세워 자리를 청탁하는 셈이 되는 것이다. 그것을 본 다른 제자들은 몹시 불쾌했다(aganakteo). 제자들의 기분이 상했을 것은 뻔한 일이다.

'주의 나라가 서게 되면 예수의 좌우에 아들들을 앉게 해달라'는 청탁은 잘못되었다기보다 곡해를 해서 생긴 일이다. 일반적인 사람들이 생각하는 권력은 다른 사람 위에 있고 싶어 하는 권력, 남을 짓누르려는 권력, 군림하려는 권력이다.

하지만 예수가 생각하고 있는 자리는 세속의 권력을 뜻하지 않는다. 예수가 마음에 품고 있는 권력이란 역설적으로 고난의 자리, 고통의 자리, 급기야 죽음의 자리이다. 예수의 권력 이념은 기본적으로 시련을 당하는 자리라는 것이다. 많은 사람들을 위해서 헌신해야 하고 봉사해야 하는 자리, 그곳은 자기 자신을 위한 자리, 자기의 부와 명예를 위한 자리가 아니다. 권력을 갖고 싶어 해서 그 권력에 대한 동경이 크면 클수록 타자, 즉 다른 사람을 변화시키고 자기 의지대로 움직이려는 욕망이 강할 수밖에 없다. 그러나 예수의 권력은 그 무엇보다도 자기 자신의 변화이자, 자기 자신의 인식을 바꾸는 것, 타자에 대한 시선을 전환하는 것을 의미한다.

그런데 신앙의 눈으로 보면 '권력 위에 권력'이 있다. 예수는 그것을 '섬김'이라고 말한다. 한병철에 따르면, 권력은 남을 내리 누르는 지배의 속성을 감출 수가 없다. 권력을 잡은 주체가 타자의 이성을 움직이고 권력자의 이성으로 동화하기 때문에 그렇다. 그것이 권력이 갖는 권력이성 혹은 권력의 힘이라고 볼 수 있다. 그렇지만 실상 권력은 그 권력을 받아들이는 타자가 없이는 아무 소용도 없다. 타자가 있기 때문에 권력이 작용하는 것이다.

예수는 권력의 지향점인 타자를 섬김의 대상으로 보고 있다. 타자를 지배하는 것이 아니라 오히려 봉사하고 섬기는 데에 있다는 것, 권력을 가진 높은 자가 되고자 한다면 되레 섬겨야 한다는 것이다. 그것이 권력보다 더 큰 권력이다. 예수가 말하는 신앙인의 권력, 예수가 지칭하는 그리스도인의 권력은 섬김이다. 결코 남을 억압하고 지배하고 강제하는 데 있지 않다.

예수가 권력의 자리란 고난, 고통, 죽음을 수반하는 것이라고 제자들에게 말했을 때, 그들은 알아듣지 못했다. 권력을 남을 복종시켜 그 위에서 지배하는 힘으로만 여겼던 제자들에게는 그 말이 무슨 말인지 알 까닭이 없었던 것이다.

권력은 소유하거나 획득하는 게 아니라 포기이다. 타자를 위해서 자기 자신을 완전히 내어 놓겠다는 의지가 없다면 진정한 의미에서 권력이 아니라는 것이다. 자기 자신을 포기해야만 자기 자신 안에서 타자의 어려움과 아픔, 고통 등의 경중을 공평하고 균형감 있게 저울질 할 수 있다. 또한 권력을 가지고자 하는 자가 자기 자신을 포기해야만 타자를 위해서 헌신할 수 있다. 마태복음사가가 봤을 때, 예수가 가진 힘은 바로 만인을 위해서 자기 자신을 포기한 헌신이었다.

그런 사실을 깨달았을까?

일설에 의하면 나중에 요한의 형 야고보는 기원후 44년경 헤로데 아그리파스 1세 치세 때 처형을 당한다. 순교의 잔을 마신 것이다. 반면에 요한은 파트모스섬에 갇혀 고생했지만 자연사를 한다.

지두 크리슈나무르티(Jiddu Krishnamurti)는 "끊임없이 자신을 비우기에 언제나 새로우며/ 무엇이 되려고 한 적이 없기에/ 없음이라고 불리며… 겸손은 한없이 낮으며"라고 노래했다.

교회와 세속적인 권력도 이와 다르지 않다. 교회에도 자기 자신을 드러내고 싶어 하는 신자들이 많이 있다. 정치에서의 권력은 더 말할 나위도 없이 지배와 통제, 군림과 복종이라는 속성을 다 갖추고 있다.

그렇지만 예수의 논리는 명료하다.

'섬기는 자가 다스린다.' '요직의 자리를 차지하고자 하는 자는 섬겨라' 혹은 '섬기는 자가 섬김을 받는 자리를 차지한다'는 것이다.

섬기는 사람이 오히려 자리가 높아진다는 논리는 예수의 논리가 아니고는 납득이 되지 않는다. 예수의 신앙 논리는 거꾸로 논리이다. 밑바닥에 있어야 높아질 수 있다는 논리는 세상의 논리와 다르다. 그것이 곧 신앙의 논리이고 신자의 삶의 논리여야 한다. 그렇다고 밑바닥에 있어야 하거나 섬겨야 한다는 것이 비굴함을 뜻하지 않는다. 자기 자신이 없는 상태, 불합리한 서열에 대한 문제에서도 마음이 동하지 않는 초연함이 있어야 한다.

예수는 그저 사람이라면 무엇이 되려고, 권력을 쟁취하려고 하기보다 한없는 겸손의 자리에 있어야 한다는 것을 가르쳐 주고 있다.

예수의 극단적인 낮은 자리의 표상은 무엇인가?

28절에 나오는 "몸값을 치르러"이다. 이 말은 전쟁으로 노예나 포로가 된 이들이 구속에서 풀려나 자유롭게 되기 위하여 지출하는 속전을 가리킨다. 예수는 자신을 최후의 상태로까지 몰고 가면서 자신의 섬김이 인류의 해방이라는 것을 말한다. 인간의 권력도 힘겹게 살아가는 사람들을 위해서 베푸는 해방에 초점을 두어야 한다.

교회에서 일정한 자리를 갖고 있다는 것은 신자들을 대표해서 예수의 마음을 가지고 신자들의 삶을 자유롭게 하고 이끄는 것이 되지 않으면 안 된다. 위정자들의 권력은 백성들의 아픔과 고통, 힘겨움에 대해서 해방시키려고 하는 게 아니라면 진정한 권력을 쥔 자들의 모습이 아니다. 권력자가 되거나 일정한 자리를 갖게 되면 자꾸 대우를 받고 싶어 하고 섬김을 받으려고 한다. 하지만 권력자는 그러한 자리가 아니다. 권력자는 많은 사람들을 섬기기 위해서 존재하는 신의 대리자일 뿐이다.

신의 대리자는 정치의 진리, 더 나아가서 신앙의 진리를 백성들을 통해서 펼치려고 한다. 일반적인 권력자는 자신의 입지를 위해서 거짓말을 밥 먹듯이 하지만, 신의 대리자로 자청하는 권력자는 백성을 위해서 예수의 삶을 모방하면서 섬김의 삶을 다하려고 한다. 또한 예수를 통해서 구원받았던 것처럼 섬김을 통해서 타자를 구원으로 이끌려고 한다. 그것이 섬김의 진리이고 권력의 진리이다.

교회나 국가의 권력은 폭력의 모방이나 상하수직적 위계질서를 통한 우쭐함과 과시 혹은 힘의 표출이 아니다. 권력도 진리의 표현이어야 한다. 감춰진 예수 그리스도라는 존재와 본질을 관계적 방식, 즉 섬김의 방식으로 표현해내야 하는 탈은폐이다. 잊힌 예수의 섬김을 우리의 신앙 기억으로 다시 떠올려 삶으로 살아내야 할 탈망각이다. 신자 공동체가 수직적인 권력 집단이 아니라 수평적인 구조를 가지고 있는 신앙의 실재적 현상이라면 권력은 봉사의 도구여야 한다.

예수가 헌신과 봉사, 그리고 섬김을 지속적으로 강조하고 있는 것은 교회 내에서는 서로 섬김만 있을 뿐이지 누가 누구를 지배하는 것은 생각할 수조차 없기 때문이다. 공동체 구성원 모두가 섬길 때 교회가 힘을 가지게 된다. 모두가 봉사를 할 때 교회는 세속적인 권력보다 위에 있는 형이상학적 권력을 갖게 된다.

예수가 교회 안에서 객관적으로 현존하고 있다는 것을 알 수 있는 길은 바로 섬김의 힘에서 분출된다. 예수가 눈앞에 보이는 존재로 인식하도록 만드는 것은 우리가 서로 섬김의 도를 다하고 있을 때라는 것이다. 언어와 행위로서 섬길 때 예수는 각 신자 속에서 나타나게 된다. 섬김은 우리가 얼마나 많은 신앙의 잠재력, 신앙의 권력을 가지고 있는가를 나타내주는 척도가 된다. 인간과 인간, 하나님과 인간을 연결해주는 거룩한 신앙 행위는 섬김이다. 그러므로 권력의 본성은 섬김이기 때문에 권력을 가지려면 섬김의 권력을 가질 뿐이다.

한국교회가 세계 그 어디에서도 유래를 찾아볼 수 없을 만큼 큰 성장을 이루었다고 자부심을 갖는다. 하지만 사회와 국가가 그만큼 성숙하게 변화되지 못했다고 하는 것은 모두가 자리다툼만 할 뿐 섬김에 대한 변화가 한 치도 일어나지 않았기 때문이다. 한국의 정치와 경제가 급속도로 변화를 하였다고 하지만 정작 지배와 군림만 있을 뿐 섬김이 없다면 섬김이라는 형이상학적 언어를 하찮게 여겼다는 것과 전혀 다르지 않는다.

그러므로 우리가 변하지 않았다고 하는 것은 실제로 우리 안에 섬김이 없다는 것이다. 심지어 교회라는 것이 존재하는 것일까? 국가라는 것이 존재해봐야 무슨 소용이 있을까? 하고 의문을 품는 것은 섬김이라는 언어가 무색하리만치 교회와 국가는 권력 다툼만 있을 뿐이지 그 본질, 그 본성인 섬김의 실체를 구현하고 있지 못하기 때문이다.

섬김의 언어는 그냥 입에 올리기 쉬운 종교의 언어가 아니다. 그것은 단순히 약하디 약한 굴종의 언어도 아니다. 섬김의 언어는 자기 과시의 언어도 아니다. 섬김의 언어는 예수 안에서 하나님을 본 사람들이 그렇게 살아보려고 하는 그리스도인의 힘의 언어이다. 무색하기 짝이 없는 언어가 아니라 세상이 알지 못하는 힘이 그리스도인에게 있다는 강한 설득의 언어이다.

이제 교회도 국가도 섬김의 권력을 펼칠 때가 되었다. 국가는 백성을 하늘처럼 섬기는 정치를 구현해야 할 것이고, 교회는 세상과는 다른 가장 낮은 자리에 있는 것을 즐겨하는 삶을 살아야 할 것이다. 섬김은 예수의 권력이다. 그는 사람을 섬김으로 지배한다. 그는 스스로 자신의 섬김으로 또 다른 사람을 섬길 것을 강제한다.

그래서 그가 우리 그리스도인에게 유일하게 주는 권력이 있다면 섬김의 권력을 양도하고 공인한 예수의 권력, 예수의 섬김의 힘이라 할 것이다. 그런 의미에서 섬김이야말로 이 시대에, 이 교회에 꼭 필요한 그리스도인의 힘이요, 그리스도인의 권력이 되어야 한다. 예수께서 만인을 위해서 섬기기 위해서 이 땅에 오셨다고 말씀하셨는데, 그 섬김의 자리가 곧 그리스도인이 추구해야 할 자리, 권력의 자리임을 명심하고 교회 안팎에서 섬김의 도를 실천해야 할 것이다.

5. 신앙의 보상 논리와 신앙의 비만증 (마 19:27-30)

그리스도인이 예수를 따르는 데 무슨 보상 같은 걸 생각할 수 있을까?

예수를 믿고 그분을 추종하는 데 보상을 기대하는 것이 낯선 것처럼 느끼는 그리스도인이 있을 것이다. 반대로 세상의 가치를 버리고 예수를 좇는 것을 낙으로 삼는다면 당연히 그에 대한 마땅한 결과가 있어야 한다고 생각하는 그리스도인이 있을 것이다.

이와 마찬가지로 예수 시대나 1세기 당시 예수를 믿는 무리들에게도 같은 고민이 있었다. 수제자 베드로가 나서서 예수에게 물어보는 질문이 그것을 나타낸다. 온갖 고생을 마다하고 당신을 따르고 있는데 그에 상응하는 대가가 있는가를 묻고 있는 것이다. 그는 예수에게 이렇게 말을 한다.

"우리가 당신을 따를 때 모든 것을 버렸습니다."

아마도 그것은 거짓이 아니었을 것이다. 재산과 식솔까지도 버리고 예수를 좇았으니 그들의 말은 틀림이 없는 것이다. 그들의 실존적인 현주소를 잘 알게 해주는 대목이다. 그들은 예수와 동행하면서 고통과 기쁨과 슬픔과 아픔과 좌절을 맛본 사람들이다. 신앙의 대증요법을 쓴 사람들이 결코 아니다. 예수에게 모든 것을 걸었던 사람들이었다. 신앙의 다이어트를 한 사람들, 예수를 위해서 자신의 몸과 마음을 내던졌던 사람들, 예수를 위해서 자신의 미래를 모험한 사람들이라고 말할 수 있다. 그러니 그들은 예수를 따르는 대가가 도대체 무엇인가에 대해서 물어볼 자격이 있다.

하지만 오늘날 그리스도인은 어떤가?

우리도 예수에게 "주님, 우리가 주님을 따랐으니 보상을 좀 해주십시오"라고 자신 있게 말할 수 있을까?

그럴 깜냥도 안 된다.

우리가 예수의 제자들처럼 신앙의 단순함과 순수함(diet), 신앙의 이상을 위해서 예수에게 목숨을 걸었던 적이 있었나?

오히려 지금 그리스도인은 '신앙의 비만증'에 걸려 있다. 신앙도 정보로 인식하여 너무 많은 것을 알고 있고, 매우 좋은 지식과 영성을 접하고 있다.

하지만 정작 우리가 아는 만큼 예수를 위해서 몸과 마음을 불살랐던 적이 있는가?

우리는 지나칠 정도로 신앙의 비만에 걸려 있는 게 틀림없다. 너무 많은 것을 가지고 있고, 누리고 있고 향유하고 있다. 그런 우리들이 신앙의 비만으로 인해서 온갖 신앙적인 병이라는 병은 다 걸려 있다.

신앙의 동맥경화증, 신앙의 당뇨병, 신앙의 협심증 등은 있는데 예수를 따르면서 생기는 신앙의 평균, 신앙의 중도, 신앙의 단순함은 왜 없는 것일까?

신앙의 단순함이 결코 신앙의 경박함을 말하는 것은 아니다. 신앙의 진지함이 없다는 말이 아니다. 신앙의 단순함 속에는 너무 신앙이 진지하기 때문에 신앙의 비만증에 걸릴 염려가 없는 것이다.

신앙의 진지함과 순수함을 가지고 예수를 좇았던 그들을 향해 예수는 확신을 주면서 말을 한다.

> 너희는 나를 따랐으니 새 세상이 와서 사람의 아들이 영광스러운 옥좌에 앉을 때에 너희도 열두 옥좌에 앉아 이스라엘 열두 지파를 심판하게 될 것이다(마 19:28).

"새 세상이 오면"이라고 번역된 말을 직역하면 "모든 것의 재생 때에"이다. 유대교 묵시문학에서 유래한 이 말은 현세가 끝날 때와 인류와 우주가 새롭게 태어남을 가리킨다. 모든 것이 뒤바뀌고 뒤엎어지는 이때는 새로운 가치 체계를 정립하는 심판과 함께 시작된다. 예수는 당신께서 수행하실 그런 세상 심판에 열두 제자들도 참여시키겠다고 약속하는 것이다. 제자들이 사람의 아들이 겪어야 할 수난을 똑같이 감당했을 때에 부활 뒤의 영광 또한 함께 누린다는 것을 기약하고 있다.

앞에서 말한 것처럼 제자들은 예수의 수난에 적극적으로 참여했다. 예수는 그들에게 종말에 있을 심판의 때에 심판자로서의 역할을 함께 수행하게 될 것이라고 말한다. 신앙의 비만에 빠지지 않고 오로지 예수를 향한 신앙의 진중함, 신앙의 진솔함으로 일관했던 그들에게 심판자로서의 보상, 예수와 더불어 나란히 자리를 같이 할 수 있는 영광을 허락하신 것이다. 예수는 자리에 연연하지 않았던 그들에게 자리를 주신다고 말씀하신다. 제자들은 더 이상 다른 사람들 아래에 있는 노예나 종이 아니라 다른 사람들을 판단할 수 있는 지위가 생기는 것이다. 판결의 기준은 적어도 자신들처럼 살았던 사람들에게는 관대할 것이고, 그렇지 않은 사람들에게는 혹독한 죄의 결과가 기다리고 있을 것이다.

이전에는 판단을 받거나 그들을 힐난하는 목소리를 들어야 했지만, 이제는 다른 사람들에게 유죄와 무죄 선고를 내릴 수 있는 신분이 되었다. 예수의 보상은 그런 것이다. 나를 좇아서 사는 사람들에게는 세상에서 말하는 것과는 다른 신분과 질서를 부여하겠다고 하는 것이다. 그는 체제를 전복한다. 습관과 편견을 바꿔버린다. 당신을 신뢰하고 따르는 사람에게는 철저하게 자신의 사람으로 품으려고 한다는 것을 엿볼 수 있다.

우리는 보상을 바란다. '예수를 믿었으니까 하늘나라에 가야 한다, 예수를 따랐으니까 복을 누려야 한다, 예수에게 기도를 했으니까 사업과 자녀가 잘 되어야 한다 등등.' 그런데 그것은 신앙에 있어서 매우 부차적인 것들이다. 아니 그러한 것들이 신앙의 비만증을 만드는 요인이 된다. 예수를 따르는 데에는 사실 모든 것들을 버려야 한다. 보상을 받으려면 모든 것을 포기해야만 한다. 지금 갖고 있고 지금 누리고 있으면서 미래 어느 날 예수로부터 보상을 받는다는 것 자체가 이미 신앙의 비만증, 신앙의 과체중에 빠져 있는 것이다.

29절이 이를 증명해준다.

> 나를 따르려고 제 집이나 형제나 자매나 부모나 자식이나 토지를 버린 사람은 백 배의 상을 받을 것이며, 또 영원한 생명을 얻을 것이다(마 19:29).

"부모나 자식이나 토지를 버린 사람은"이라는 구절에 대해서 어떤 사본에는 "부모나" 다음에 "아내나"라는 말이 들어가 있다. 현실적으로 부모도, 아내도 포기한다는 것은 가족관계, 혈연관계까지도 완전히 포기한다는 말이다. 예수를 좇으려고 결단하고 모든 것들을 포기한 이들에게는 백 배의 상을 받는다고 했다. 여기에서 백 배란, 지금과는 비교할 수 없이 훌륭하다는 뜻을 말한다. 지금과는 어떤 것과도 비교해서 뒤떨어지지 않는 훌륭한 것으로 갚아줄 것이라는 말씀이다.

하지만 포기하지 않고 새로운 지위와 신분, 그리고 위치를 얻을 수 있는 길은 없다. 우리는 포기하지 않으면서 보상받으려고 한다. 신앙은 그저 물끄러미 무대를 바라보는 관객이 되거나 관망을 해서는 얻을 수 있는 것이 없다. 신앙은 치열한 삶의 무대에서 이루어지는 결단이고 투신이다. 예수가 바라는 것 또한 그것이다. '나를 위해서 삶의 장에서 이루어지는 구체적인 사건과 관계들 속에서 포기하는 바가 있더냐, 그것이 무엇인지 내보여라, 나는 세상과 이질감이 있는 삶을 원한다, 삶의 충동에서 빚어지는 포기, 보상을 받기 위한 계산적인 포기가 아니라 나를 위해서 진정성을 가진, 그렇게 포기하는 삶을 원한다'는 것이다.

30절은 성서해석학적 용어로 '단절어,' 즉 '유행어'라고 한다. 요지는 종말에는 서열이 뒤집힌다는 뜻이다. 하나님의 나라가 오면 지금의 부자들과 모든 것을 버린 제자들의 팔자가 뒤바뀐다는 것이다. 종말이 오면 지금 부자로서 신앙의 비만증에 걸려 있는 사람들은 꼴지가 되고 신앙의 무게와 진지함, 그리고 예수를 위한 단순하고 순수한 신앙을 가졌던 사람들이 첫째가 될 것이라는 서열의 전복을 말하고 있다. 위치 이동, 서열의 이동이다.

철학자 장-폴 사르트르의 소설인 『벽』이라는 작품에는 이런 말이 나온다.

> 인간이란, 위에서 내려다보아야 한다. 나는 불을 끄고 창가에 몸을 기댔다. 그들은 위로부터 자신이 관찰될 수 있다고는 전혀 생각하지 않았다. … 그들은 짙은 색과 화려한 천으로 그들의 어깨와 머리를 보호하는 것을 게을리 한다. 인간의 커다란 적인 굽어보는 전망과 맞서 싸울 줄도 모른다. … 인간에 대한 나의 우월성은 정확히 무엇일까? 위치의 우월성, 바로 그뿐이다.

예수가 말하고 있는 서열의 전복은, 사르트르가 말한 것처럼 아래에서 위가 아니라 위에서 아래로 내려다 볼 일이 생기는 것이다.

서열이 바뀌게 되면 생각하는 것과 보는 것이 달라진다. 맨 꼴찌에 있어서 마치 노예와도 같았던 자기 자신이 첫째가 된다는 것은 이제 그러한 위치에 있는 사람으로서 생각하고 보아야 한다는 것을 의미한다. 밑에서 위를 바라보는 것은 물리적으로도, 심리적으로도 피곤하고 어려운 일이다. 그에 반해 위에서 아래를 내려다본다는 것은 그만큼의 자유로움과 멀리, 그리고 넓게 볼 수 있는 시야가 확보된다. 그래서 서열의 전복은 종이 아니라 주인이 되어서, 노예가 아니라 군주가 되어서 아래를 내려다보게 되는 질서의 대전환이다.

유대 사회나 우리나라처럼 신분의 질서를 중시하는 사회일수록 그 신분이 누리는 명예나 지위, 그리고 사유의 범위는 그 신분의 영역, 위치와 비례한다. 그러므로 첫째와 꼴찌의 수없는 서열의 질서 안에는 수많은 시선과 사유의 한계와 범위가 정해져 있다고 볼 수 있다. 자신의 신분 서열은 곧 삶의 한계, 사유의 한계, 그리고 신앙의 한계일 수 있다. 그러다보니 본질을 바로 보지 못하고 왜곡하고 곡해할 수밖에 없는 것이다.

서열의 전복은 이렇듯 왜곡된 채 사람과 사물을 쳐다보는 시선을 거두고 이제는 똑바로 세상을 바라볼 수 있는 눈이 생기는 것이다. 종말에는 직접적으로 서열의 이동이 있을 것이다. 종말에는 세상을 바라보는 시선의 이동이 있을 것이다. 신앙의 비만증에 걸려서 신앙의 온갖 질병에서 헤어 나오지 못하는 사람에게는 자신의 위치밖에는 보이지 않는다. 자신만이 절대적이고 자신의 이익만이 우선인 사람은 시선의 전환을 바꾸지 못한다. 예수에 대한 경외심이 있다면 자신의 위치, 지위, 자리를 바라보는 시선에서 예수를 바라보는 시선과 위치, 그리고 타자를 바라보는 시선과 위치가 왜곡되면 안 된다. 좀 더 높은 시선을 가지고 아래를 내려다 볼 수 있는 시선이 필요한 것이다.

예수는 우리가 당신을 따르게 될 경우 종말론적인 약속을 하셨다. 지금보다 비교할 수 없는 훌륭한 것으로 채워주시겠다는 것과 서열을 전복하여 참 그리스도인의 위치, 자리, 신분을 바꿔주시겠다는 것이다. 이제 그리스도인이 해야 할 일은 자신이 진정으로 예수를 좇고 있는지 신앙을 점검해봐야 한다. 신앙의 비만증으로 눈마저 내려 앉아 자신의 위치도 제대로 못 보면서 오직 신앙의 보상만을 바라는 사람이 아닌가 반성을 해야 한다.

　예수께서 약속하신 보상은 모든 것을 포기한 사람에게만 해당되는 것이다. 포기하지도 않으면서 변신을 꾀하는 그리스도인은 억지로 보상을 해달라고 생떼를 쓰고 고집을 부리는 사람이나 다름이 없다. 신앙의 비만증은 무섭다. 현기증과 어지럼증, 그리고 우울증과 자살까지도 동반할 수 있다. 자기 포기는 무서운 신앙의 비만증을 예방하는 길이요, 예수의 보상을 받을 수 있는 좋은 지름길이다. 만일 우리가 예수 추종자라면 시선을 어디다 두어야 하는가 모두가 생각해봐야 할 것이다.

제3부 존재의 알지 못하는 은유적 언어들

제9장 신앙에 비평을 가한 예수

1. 예수의 아우라와 낯선 두려움(마 17:14-20)
2. 마그니피카트(Magnificat), 그 놀라움(눅 1:46-55)
3. 금을 긋는 사람들(막 10:17-27)
4. 여성인권 운동가 예수, 예외조항을 폐지하다!(마 19:1-12)
5. 용서와 애도(이해)의 미학(마 18:21-35)

제10장 신앙의 이질성과 종교적 사유

1. 위선적이고 속물적인 그리스도인(마 23:1-12)
2. 죽음의 죽음, 민중을 깨우는 죽음(마 14:1-12)
3. 사람을 통해서 하나님께로!(눅 6:1-5)
4. 비트겐슈타인의 호소(눅 6:43-49)
5. 고백을 따라 사는 삶(막 8:27-38)

제11장 신앙의 역설적 확신과 침묵

1. 즐거운 십자가?(마 16:24-27)
2. 구원의 공식(마 25:31-40)
3. 오캄의 면도칼과 섣부른 실체 판단(눅 10:17-24)
4. 임시적이고 잠정적 행복을 넘어(눅 11:27-28)
5. 자신의 내면을 통해 반응하는 구원(막 10:17-31)

제12장 신앙의 공백인 보편적 단독성

1. 내면의 영혼을 살피라!(눅 12:8-12)
2. 실존적인 회개와 하나님의 현존(눅 13:1-9)
3. 믿음의 목소리(막 10:46-52)
4. 신앙의 자리(눅 14:7-11)
5. 다시 실패하라, 더 잘 실패하라(눅 16:9-15)

제13장 종교인의 실존과 정신의 승인

1. 신앙의 허영심과 진심(막 12:38-44)
2. 기도의 집(눅 18:1-8)
3. 하나님 앞에 살아 있는 자(눅 20:27-40)
4. 은폐성의 위험한 탈은폐성(요 18:33-37)
5. 종말론적인 기도의 파토스(눅 21:34-36)

제14장 신앙의 새로운 테크놀로지

1. 소수자의 우선적 선택과 보편구원(마 9:35-38; 10:1-8)
2. 존재의 상실과 빈곤 시대(마 17:10-13)
3. 세례자 요한의 신앙적 지향성: 목소리에도 기쁨이 있다(눅 3:7-18)
4. 그리스도인의 존재 근거(마 16:24-27)
5. 그리스도인의 실존적인 방향 전환(마 23:34-39)

제3부

존재의 알지 못하는 은유적 언어들

제9장

신앙에 비평을 가한 예수

1. 예수의 아우라와 낯선 두려움 (마 17:14-20)

　복음서의 맥락을 살펴보면, 어떤 사람이 예수 앞에서 나와서 무릎을 꿇는다. 그가 아버지인지 아니면 어머니인지 분명하지 않다. 하지만 그 사람은 자신의 아들의 병 치료를 위해서 간절하고도 애절하게 자비를 구한다. "제 아들을 불쌍히 여겨주십시오," "제 아들에게 연민을 가져주십시오"하고 간질병에 걸린 자신의 아이를 위해 예수께 간청을 하고 있다.

　그는 이미 예수의 제자들에게도 호소를 했었다. 그런데 소용이 없었다. 제자들은 그 병을 고치지 못했던 것이다. 그도 그럴 것이 그 아이는 간질병의 상태가 심해서 불에도 뛰어들고 물에도 빠지기도 한다. 그의 행동이 낯설고 두려웠을 것이다.

　프로이트의 정신분석에서는 치료란 상담자와 내담자의 '말의 교환'을 통해서 이루어진다. 내담자는 말을 통해서 자신의 사밀한 고백과 무의식을 드러내게 되어 있다. 프로이트가 말하듯이, "말은 감동을 불러일으키고 인간이 서로 영향을 주고받는 보편적인 수단"이다. 설령 그렇다고 하더라도 제자들은 그 환자와 말로서 소통하기에는 역부족이었을 것이다. 간질병 환자와 아니 좀 더 정확하게는 간질병 환자가 갖고 있는 내면적이고 심층적인 마음의 상태에 근접하기 위한 언어의 구사가 어려웠을 것이다.

그러니 간질병을 걸린 아이를 고치지 못한 까닭에 대해 단순히 제자들이 간질병을 고칠 능력이 없었기 때문이라고 단정 짓는다면 싱거운 분석이다. 고대인들에게 간질병(seleniazomai, 셀레니아조마이)은 달(the moon)의 신 셀레네와 연관해서 찼다가 일그러지는 달의 현상에 영향을 받아 발작하는 질병으로 여겼다. 현대 의학에서는 그것을 뇌전증(epilepsy)이라고 하는데, 뇌졸중, 선천기형, 두부외상, 뇌염, 뇌종양, 퇴행성 뇌병증, 유전, 미숙아, 분만 전후의 손상 등으로 인해서 생긴다고 한다. 그렇게 뇌에 문제가 생긴 사람들은 언어적 소통 능력이 현저하게 떨어진다고 볼 수 있다.

그런 환자와 말의 교환을 통해서 치료를 할 수 있다는 것은 매우 탁월한 능력이다. 표면적으로 나타난 것은 뇌전증이라는 병이지만, 심리적으로는 무의식으로까지 내려가야 하는 것이다. 따라서 제자들을 굳이 비판하자면 그들은 환자의 표면적인 상태만 본 것이지, 심층적인 상태를 보지 못한 것이다. 뇌전증의 전형적인 현상에만 집착했을 뿐이지 그가 가진 왜곡된 무의식의 마음까지는 다다르지 못했다.

마태복음사가는 그것을 예수의 입을 빌려서 그들이 믿음이 없고 게다가 삐뚤어진 마음을 갖고 있기 때문이라고 말한다. 신앙을 갖는데 왜 그렇게 완고하고 고집이 세서 받아들이지 않느냐 하는 것이다. 삐뚤어진 신앙은 왜곡되고 자신 없는 언어와 행동을 낳는다.

신앙은 부드러우면서 유연할 수 있어야 한다. 타자의 상처와 아픔, 그리고 고통과 질병을 이해하기 위해서는 자신의 고루하고 고집 센 신앙을 피해야 한다. 신앙이 타자를 품을 수 있어야 하는데, 타자를 품지 못할 때 타자의 표층만 보고서 간단하게 그를 정죄하기 쉽다. 그런 의미에서 타자를 수용할 수 있을 만큼 나의 신앙은 정말 유연한가, 나의 신앙은 고착화되지 않았나 하는 생각을 해보야 한다.

제자들이 신앙을 가졌다고는 하지만 그들의 신앙은 하나님을 자신들의 시선대로, 자신들의 사고대로, 자신들의 경험대로 받아들였을지 모른다. 신앙의 한계는 곧 자신이 무한한 하나님의 그 초월성을 유한한 것으로 잘못 인식할 때 발생한다.

반면에 신앙의 무한한 확장은 내 마음의 그릇이 그분을 얼마만큼 받아들일 수 있는가 하는 이성과 감정의 영역의 확장과도 같다. 그렇게 유연하고 포용적인 신앙심을 가지게 될 때 그러한 신앙의 눈으로 타자를 바라보게 되는 것이다.

또한 예수는 삐뚤어진 세대, 신앙이 고루하고 완고한 세대의 믿음이 없는 현실을 개탄하신다. 그 이유는 예수가 수난의 길을 가신 뒤에는 제자들이 홀로서기를 해야 하는데도 주체적이고 독립적인 신앙을 갖기에는 여전히 유아적인 신앙을 갖고 있기 때문이다. 완고하고 고집이 센 신앙을 가지고 있음으로 해서 자신 이외에 그 누구도 받아들이기 어려운 신앙인이라면 자기 마음 안에 타자를 품을 수 없다는 것은 명백한 사실이다.

신앙은 하나님을 품을 수 있을 만큼의 넉넉한 그릇과 비례한다. 그만큼의 여유로운 그릇이 형성되어서 하나님을 품은 맘으로 타자를 끌어안을 수 있어야 나와 타자와의 관계적이고 유기적인 삶을 살아가게 되는 것이다. 설령 예수가 이 땅에 안 계신다고 하더라도, 예수가 더 이상 제자들을 계도할 수 없다고 할지라도 타자를 품고 넉넉한 신앙으로 서로 함께 살아갈 수 있는 세상을 만든다면 예수는 바로 그것이 하나님 나라의 공동체라고 생각했을 것이다.

홀로 설 수 있는 신앙은 내 안에 하나님이 거하실 수 있는 자리를 만들고, 더불어 타자와 함께 그 하나님을 경험할 수 있는 신앙이다. 예수가 늘 곁에 있어서 우리에게 인식시켜 주는 신앙이 아니라 스스로 하나님의 현존을 인식할 수 있는 신앙이 필요하다. 나 혼자 홀로 선다는 것은 하나님의 눈을 가지고 타자와 함께 선다는 것을 의미한다. 그렇기 때문에 뇌전증을 가진 환자를 돌본다는 것은 결국 하나님의 현존 능력으로 타자를 돌보게 된다는 것을 뜻한다.

우리에게 그와 같은 홀로서기의 신앙을 갖고 있는 것일까?

하나님의 눈으로 약자를 보고 하나님의 손길을 그들에게 펼칠 수 있는 우리가 되고 있는 것일까?

예수는 제자들의 신앙 없음을 보시고 뇌전증 걸린 아이를 데려 오라고 말씀하신다. 그리고 마귀를 호령하신다. 마귀를 호령했다는 것은 인간의 그림자가 무엇인가를 간파했다는 것이다. 인간이라는 존재를 옥죄는 실체인 마귀를 예수는 바로 보았다. 마귀는 누구에게나 두렵고 낯선 존재이다. 그러나 그 마귀라고 하는 것은 사람이라는 존재의 그림자에 지나지 않는다. 그림자는 없음의 있음이다. 없으면서 있는 존재이다. 실재의 존재가 있을 때 그 실재에 의해서 생겼다 사라졌다 하는 것이다. 예수가 먼저 본 것은 간질병 걸린 그 아이를 힘들게 하는 실체가 무엇인지를 얼른 파악을 했다.

예수는 사람을 괴롭히는 실체와 본질을 먼저 본 것이다. 그것들은 심리, 조건, 환경, 관계 등이 될 수 있다. 우리도 타자를 힘들게 하거나 어려움에 빠뜨리는 것이 무엇인지를 알아차리는 것이 중요하다. 그것을 해결해 주는 혜안이 필요한데, 우리는 그 사람의 피상적인 것만을 바라본다.

그도 그럴 것이 우리는 깊이도 없는 부박한 삶을 살고 있다. 우리는 세계의 근원, 삶의 근원까지도 내려가지 못하고 있다. 우리 자신이 그러다보니 이웃인 약자의 깊이와 부피를 헤아리지 못한다. 그 사람이 가진 낯선 가상, 낯선 그림자에 압도당해서 본질을 보지 못하고 있다. 우리도 제자들처럼 없음의 있음의 존재에 두려운 낯선 감정을 느낀다. 그 실체를 꿰뚫어보면 공허하고 밑바닥이 없는 검은 그림자에 지나지 않는데도 우리는 두려움을 느끼고 근접하지도 못한다.

뇌전증을 걸린 주체는 그저 주체의 그림자를 가지고 있을 뿐이다. 마귀에 걸렸다는 것은 그 당시 그런 병에 걸린 존재는 귀신에 들렸다는 인식이 있었기 때문인데, 실상은 주체의 그림자, 두려운 낯선(unheimlich) 힘을 일컫는 것이다.

프로이트는 "가장 강렬하게 두려운 낯섦의 감정을 불러일으키는 것은 죽음, 시체, 죽은 자의 생환이나 귀신과 유령 등에 관련된 것"이라고 말한다. 두렵고 낯선 감정, 두렵고 낯선 사건, 두렵고 낯선 대상은 독립적이지 못한 자기감정이다. 그 존재는 그림자이다. 없음의 있음이다. 없음의 있음이기 때문에 두려워하게 된다. 하지만 정작 보아야 하는 것은 더 근본적으로 환자인 주체, 환자의 고통의 본질이다.

그런데 우리는 무엇을 보는 것일까?

혹시 두려운 낯선 그림자가 아닌가?

그것은 공허하다. 그것은 밑바닥이 없는 공허에 지나지 않는다. 그러니 그보다 고함을 지르고 비명을 지르며 아파하는 환자, 주체의 존재, 그 고통의 본질을 보아야 한다.

우리가 개인과 공동체를 치유하기 위해서는 예수와 같은 아우라(Aura), 즉 영적 기운이 있어야 한다. 제자들이 그 아우라를 가지기를 바라셨던 것처럼, 오늘날 우리도 그것을 가지기를 바라고 계신다. 호통은 아이가 아프게 된 그 실체 혹은 본질을 향해 꿰뚫고 들어가는 목소리이다. 호통을 쳤다는 그 존재는 제자들이 낯선 두려움으로 여겼던 그림자와 맞대면하고 맞닥뜨리면서, 그 아이의 무의식 속에 있는 아픔을 끄집어낸 것이다. 호통의 목소리는 그 아이가 갖고 있는 아픔의 본질과 대화하는 말의 교환이다.

아픔과 고통, 그리고 당혹스런 마음의 공간에 치유의 말, 치유의 소리, 치유의 언어가 파고 들어가 그의 심층의식을 회복시켰다. 예수가 지닌 아우라는 사람이 처한 마음의 본질을 읽어내어 그것을 목소리, 자비와 긍휼의 목소리로 건드릴 수 있었던 데에 있다. 이것은 예수가 그 사람이 갖고 있는 어려움을 알아차리는 능력과 직관력도 출중하지만, 대화의 능력, 말의 힘, 그리고 목소리의 권위도 예사롭지 않았다는 것을 나타낸다.

앞에서 치료는 상담자와 내담자의 말의 교환이라고 했다. 치료는 무의식 속에 있는 상징과 이미지에 대한 말의 사용과 말의 의미를 어떻게 길어 올리느냐에 따라 달라진다. 사람은 말을 사용한다. 너무 습관적으로 말을 사용한다고 해서 말이 주는 능력을 간과해서는 안 된다.

특히 그리스도인은 말과 목소리를 타자를 일으키는 데 사용할 수 있어야 한다. 죽이는 말, 상처를 주는 말이 아니라 살리는 말, 싸매는 말이 사회와 교회 공동체를 유지한다는 것을 명심해야 한다.

예수는 제자들의 믿음 없음을 나무란다. 겨자씨만한 믿음만 있으면 되는 것을 그것도 지니지 못했다고 말이다. 겨자씨는 세상에서 가장 작은 씨앗인데, 제자들의 약한 믿음은 그보다 못한 모습으로 비교된다. 믿음은 불가능한 가능성이다. 믿음은 불가능한 것 같지만 모든 것을 가능하게 만드는 힘이다.

그것의 기본은 무엇인가?

기도다. 불가능할 것 같지만, 도저히 이루어질 수 없는 상황이지만 그것을 역전시키며 반전시키고 호전시키는 것은 기도밖에 없다는 것을 예수는 깨우쳐 주고 있다.

믿음과 기도는 모두 저 깊은 마음에서 우러나오는 하나님의 언어를 내뱉고 고백하는 행위이다. 믿음과 기도는 우리 안에 타자를 생각하는,

약자를 배려하는 하나님의 신령한 말이 있다는 것을 확신하는 것이다. 믿음을 고백하고 기도를 하는 것도 나의 언어가 아니라 하나님의 언어로 하는 것이기 때문이다. 그러므로 우리가 믿음만 있다면, 하나님을 신뢰하는 마음만 있다면 당신의 언어로 세계를 치유하고 사람을 살리는 일쯤은 유도 아닐 것이다.

우리의 깊은 마음에 하나님의 언어, 하나님의 말을 꽁꽁 숨길 것이 아니라 할 수 있는 대로 타자에게 말해주어야 하고, 타자에게 다가가 주어야 한다. 하나님의 마음이 담긴 긍휼의 언어, 하나님의 애틋함이 녹아 있는 자비의 말, 그것이 우리의 아우라, 곧 영적 기운, 그리스도인의 독특한 기운이 되어야 할 것이다.

2. 마그니피카트(Magnificat), 그 놀라움(눅 1:46-55)

마리아 찬가 혹은 마리아의 송가는 누가복음이 기록된 90년경 이전부터 예루살렘 모교회에서 부르던 노래였다. 마리아의 노래는 본디 예루살렘 교회의 가난한 이들이 하나님의 구원(예수 사건)을 기린 노래 가운데 하나였을 것이다. 추측컨대 그리스도인은 이 노래를 히브리어 혹은 아람어로 불렀을 것이다. 가난하고 미천한 여인으로부터 예수가 탄생할 것이라는 예고는 놀라운 이야기였을 게 틀림없다. 한 아기의 탄생도 놀랍고 축복을 받을 일이거든 인류를 구원할 아기가 탄생한다는 것은 더 놀라운 일일 것이다.

마리아는 그 기이하고 놀라운 일에 대해서 노래를 한다.

> 내 영혼이 주님을 찬양하며 내 구세주 하나님을 생각하는 기쁨에 이 마음 설렙니다(눅 1:46-47).

라틴어로는 "Magnificat anima mea Dominum"("내 영혼이 주님을 찬양합니다")로 시작한다. 이 노래의 첫 단어를 딴 것이 '마그니피카트'(찬양하다, 찬미하다)이다. 이 노래는 오랜 전통을 가진 교회의 성무일과(聖務日課, Divine Office, Officium Divinum) 저녁기도에 나온다. 그도 그럴 것이 아이를 잉태하게 된 힘은 하나님이시기 때문에 그분을 높이는 것은 당연한 일이다. 그분이 아이에 대해서 어떠한 놀라운 일을 계획하고 있는지를 생각하면 마음이 기쁠 수밖에 없다. 47절에 "설렌다"고 번역을 했는데, 그리스어로 보면 '에갈리아센'(egalliasen, agalliao)으로서 '기뻐 날뛰었다'는 뜻이다.

노래의 초점과 내용은 아이에게 맞추어 있지 않다. 오직 하나님만을 말하고 있다. 하나님께서 미천한 여인에게 인류 구원의 씨앗인 아이를 갖게 하셨다는 것이다. 마리아의 신앙의 관점을 통해서 우리는 새로운 사실을 알게 된다. 일반적으로 아이를 갖게 되면 아이의 건강 상태, 아이의 계획, 아이의 성별 등에 관심을 갖게 된다. 그런데 마리아는 아이의 그러한 소소한 것들보다 하나님을 찬양하고 그 일을 행하신 분을 생각하게 된다는 것이다. 아이의 생명과 아이의 일생은 하나님께 있다는 것을 마리아는 고백하고 있는 것을 엿볼 수 있다.

우리가 정말 놀랍고 신기하게 생각해야 할 점이 여기에 있다. 낮고 천한 여인에게 찾아오셔서 인류를 구원할 아기를 갖도록 해주셨다는 것이다. 그렇게 자신을 돌아보셨다는 것, 하나님의 계획안에 자신을 염두에 두셨다는 것에 대해서 마리아는 하나님을 높일 수밖에 없었던 것이다.

비천한 인간에게 새로운 생명을 약속하신 존재를 기억한다는 것은 신앙인의 당연한 태도일 것이다. 그럼에도 불구하고 우리가 아기에 대해서 갖는 관점이 혹 아기 자신인지 아니면 아기를 갖게 하고 낳게 하신 하나님이신지를 살펴보아야 한다. 만일 하나님께서 우리에게 생명을 잉태하게 하고 낳도록 하셨다면 그 아이의 인생은 하나님의 것이다. 그것은 우리의 것이 아니다.

게다가 우리 자신을 생각해보면 아이를 갖는 것은 매우 신기하고 놀라운 일이다. 아이를 갖지 못한 사람들의 어려움들을 생각해보면 아이를 갖게 된 것은 거의 기적에 가까운 일이다. 그러므로 신앙적인 인식에서 보면 아이를 갖는 것은 나의 계획이나 능력이 아니라 하나님께서 하신 일이다. 그것은 하나님을 찬양할 일이고 앞으로 하나님께서 아이를 위해서 행하실 일에 대해서 설렘을 갖고 기도해야 할 것이다.

그런 의미에서 신앙의 시작은 '놀라움'이다. 하나님에 대해서 놀라움을 갖는 순간 우리 주변에서 벌어지는 모든 일상적인 사건에 대해서 경이로운 시선으로 바라보게 된다.

고대 그리스 철학자 아리스토텔레스(Aristoteles)는 "사람들이 철학을 하게 된 원인은 다름 아닌 놀라움이었다. 사람들은 처음에는 낯선 것을 보고 놀랐다. 그런데 점점 놀라움의 대상이 확대되었다. 그래서 달고 태양의 변화에 대해 묻게 되고 결국엔 만물의 근원에 대해서까지 물음을 던지게 되었다"고 말했다.

놀라움은 철학과 지식 탐구의 동력이라는 말이다. 오늘날 사람들은 놀라움이 없는 시대에 살고 있다. 웬만한 일에 대해서는 놀라지 않는다. 그만큼 세상에 놀라운 일들이 많이 벌어지고 있기 때문인지 모르겠다. 그러다보니 사람들은 더 이상 아무것도 알려고 하지 않는다. 아니 알고 싶지 않더라도 알게 되는 것이 오늘날의 문명의 모습이다. 정보와 지식, 심지어 신앙이 노출되어 있어서 접근하고 싶으면 알게 되고, 접근하지 않더라도 접근하도록 유도하는 게 지금의 현실이다.

그러므로 사람들은 놀라움이 없다. 그것은 신앙인에게도 마찬가지이다. 사소한 것 하나에도 하나님께서 하신 일이라고 생각하고 그렇게 고백했던 사람들이 이제는 더 강도가 센 사건이 발생되지 않는 한 놀라지 않는다. 작은 것에도 놀라움과 경이로움을 표현해내고 고백하는 사람은 신앙이 성장하게 된다.

마리아는 자신의 잉태가 하나님께서 자신을 돌보셨고 그래서 만백성이 복되다고 칭송하게 될 텐데, 그것은 하나님께서 큰일을 해주신 것이라고 고백한다. 잉태는 하나님께서 여인에게 베푸신 일들 중에 크고 엄청난 일이다.

사람들은 더 이상 그녀를 석녀로 낙인찍을 필요가 없는 것이고, 그 아이의 계획을 생각해보면 하나님의 놀라우신 계획안에서 인류를 구원하게 될 일이니 그보다 더 큰 일이 어디에 있겠는가?

그 자체로 존재하는 것도 놀라운 일인데 아이를 갖는 어머니가 될 수 있는 일은 복을 받은 것이다. 이제 그녀는 인류의 구원자를 낳은 어머니, 즉 테오토코스(theotochos)로서 칭송을 받을 것이다.

하나님은 당신을 두려워하는 이들에게는 자비, 곧 동정(eleos)을 베푸신다. 하나님에 대한 경외감과 두려움은 내가 그분 앞에서 어떻게 살 것인가를 생각하지 않을 수가 없다. 하나님에 대한 두려움은 나의 신앙의 신실함을 갖게 만드는 감정이다. 초월자나 보이지 않는 실재에 대해서 두려움을 상실한 사회, 보이지 않는 이에 대해서 감각을 잃어버리고 두려움을 가볍게 지나치는 사람들, 보이지 않는 이에 대해서 애써 두려움을 외면하려는 사람들에게는 삶을 바로 잡을 수 있는 가능성이 없어진다. 두려워해야 할 이름에 대해서 의식하는 사람들의 삶은 다르다. 그는 유가철학에서 말하는 '신독'(愼獨), 곧 '홀로 있는 데서도 삼간다,' '남이 보지 않는 곳에 혼자 있을 때에도 도리에 어긋나지 않도록 조심하여 말과 행동을 삼간다'는 그 삶을 견지한다.

그렇게 될 때 하나님께서는 당신을 두려워하는 이들에게 자비를 베푸신다. 마리아는 자비라는 말을 입에 올린다.

자비, 우리는 얼마나 자비로운 하나님을 기억하고 있는가?

얼마나 그분을 회상하고 경험(체험, Erfahrung/ Erleben)하고 있는가?

마리아는 대대로 자비를 베푸신 하나님을 기억하고 회상한다. 그녀를 돌보시고, 돌아보시는 하나님, 그녀에게 시선을 주시는 하나님, 그녀에게 자신의 손을 펼치시는 하나님을 떠올리고 있는 것이다. 그녀는 처녀임에도 불구하고 아이를 갖게 되었으니 원망을 할 수도 있고 운명을 탓할 수도 있었겠지만 그러지 않았다. 처녀의 몸으로 잉태를 하였으나 그 운명을 오히려 자비라 표현을 하였다. 신앙의 개념을 바꾼 것이다. 자신의 신앙을 성찰하고 있다.

이것은 자칫 공동체로부터 죽임을 당할 수도 있는 상황을 새로운 신앙의 도약과 기회로 삼았음을 읽을 수 있다. 그녀는 신앙의 언어와 용어, 그리고 개념을 다르게 사용함으로써 자신의 신앙을 한층 더 고양시킨다. 비운이나 저주라고 표현할 수 있는 것을 자비라고 달리 바꿔 말할 수 있다는 것은 그녀의 대단한 신앙의 깊이를 엿보게 된다.

우리가 신앙생활을 하면서 매우 일상적이고 평범한 사건에 대해서도 신앙의 이해를 달리하는 용어나 개념을 사용한다는 것은 자신이 그만큼 성찰적이고 성숙한 신앙인이 될 수 있는 여지가 생긴다는 것을 의미한다.

그렇다면 교회 공동체는 어떤 신앙 언어를 사용하고 있는가?

좀 더 성숙하고 심성 깊은 언어를 사용하고 있는가?

고백적인 언어를 좀 더 신앙인답게 사용하고 입 밖에 내보려고 노력이라도 하고 있는가?

유감스럽지만 그런 말은 귀에 들리지 않는다.

신앙을 끌어올리는 언어, 신앙고백적인 언어, 적어도 신앙의 이상을 담아내는 언어, 하나님을 생각하고 있다고 여길 수 있는 상투적인 언어라도 사용해야 신앙 공동체에서 벌어지는 일상적인 사건이 하나님의 영역 안에 있다는 고백 공동체의 모습을 형성할 수 있지 않을까?

교회는 하나님을 기억하고 회상하며 자신들이 체험했던 하나님을 고백하는 아름답고 기품이 있는 언어를 사용함으로써 신앙의 위상을 더 높여나가야 한다. 제발 고드름장아찌와 같이 말이나 행동이 싱거운 신앙인이 되지 않아야 한다.

마리아는 아무에게나 자비를 베푸시는 하나님을 고백하지 않는다. 하나님을 두려워하는 이들에게 자비를 베푸시는 그 하나님을 말하는 것이다. 하나님의 동정을 받으려거든 그분을 두려워해야 신앙의 구조가 선다는 것을 말해주고 있다.

하나님을 두려워하지 않는 교만한 사람은 당신께서 흩어버리신다. 이것은 곡식을 흩어버리듯이 사방에 존재 가치도 남지 않도록 없애버리는 것을 뜻한다. 교만한 자는 흔적도 이름도 남지 않는다. 교만한 자는 자신의 일부도 찾지 못할 것이다. 그뿐만 아니다. 하나님의 역설은 권세, 권력, 힘이 있다고 하는 이들을 낮추신다. "내치시고"(눅 1:52)의 그리스어는 '카테이렌'(katheilen)으로서 '추락하다,' '떨어지다'는 뜻을 갖고 있다. 힘을 갖고 있는 자들을 아래로 떨어뜨린다는 뜻이다. 하나님은 당신의 뜻에 합당하지 않고 두려워하지 않는 이들에게는 가차 없이 자리에서 밀어내신다.

반면에 보잘 것 없는 이들(낮은 이들, tapeinous)은 높은 자리로 올리신다. 신앙은 우리가 생각하는 것과 반대다. 하나님은 힘 있는 사람들을 아래로 내려오게 하시고, 힘이 없는 이들을 올려 주신다. 신앙의 논리는 세상에서 말하는 논리와 반대다.

그런데도 우리는 교회 공동체 안에서조차도 윗자리에 앉기를 바라고 위에서 밑에 있는 사람들이 있는 듯이 군림하고 지시하려고 한다. 자리란 교회 일을 하기 위해서 편의상 만들어 놓은 직분들이다. 그게 곧 권력이나 권세로 이어질 수는 없는 것이다. 하지만 우리는 직책의 이름을 자신의 정체성으로 생각하고 힘을 휘두른다.

적어도 영성이 있는 사람이라면 그것은 섬기기 위해서 존재한다고 생각해야 한다. 영성이 있는 사람은 외려 그 이름이 자신의 신앙의 사족이라고 생각하고 거부할 수 있어야 한다. 하나님은 그 자리에 영원히 있게 하시는 분이 아니시다. 언젠가 명령하던 자신이 순종하는 자리로 앉게 될 날이 있을 것이다. 하지만 늘 낮은 데서 섬기기를 즐겨하던 사람은 어느 이름을 갖든지 간에 그와 상관없이 늘 섬기기 때문에 자리에 연연하지 않을 것이다. 지금 자신이 섬기는 자리에 있는지 섬김을 받는 자리에 있는지 성찰해봐야 한다. 그러지 않는다면 영원히 눈먼 신앙의 불구자가 될 수도 있다.

또 다른 반대 논리가 등장한다. 배고픈 사람은 좋은 것으로 배불리시고 부요한 사람은 빈손으로 돌려보내신다는 것이다. 그분은 무상으로 은혜를 베푸신다. 없는 사람은 부족하니 하나님의 무상의 은혜를 입어야 하고, 이미 있는 사람들은 부족할 것이 없으니 하나님의 은혜를 입었던 것을 나누어야 한다.

부자들을 빈손으로 돌려보내신 이유는 그 손이 가난한 자들을 위한 베풂의 손이 되어야 한다는 것을 뜻한다. 부자들은 부족한 것이 없으니 하나님께서 더 이상 줄 것이 없는 것이 아니라, 그들에게 주어야 할 몫을 가난한 자들에게 돌려주어야 한다는 계산법일 것이다. 하나님은 부자와 가난한 자들에게 어떻게 더해야 하고, 어떻게 나누어야 하는지를 잘 알고 계신다. 부자라면 지금 만족스러운 빈손이 되는 것도 은총으로 받아들이고 그 손으로 가난한 이들을 도울 수 있는 자비의 손이 되어야 한다. 가난한 자라면 자신의 배에 음식물이 그득하게 차게 된 것이 그 누군가의 익명의 나눔을 펼친 덕분임을 감사해야 한다.

하지만 거기에는 부자이든 가난한 자이든 모두 하나님의 거저 받은 은혜를 입은 '무상의 계산법'이 깔려 있다는 것을 기억해야 한다. 아무것도 없었던 내게 절대 빈곤에 허덕이지 않고, 내게 갖고 먹고 자도록 하신 것도 하나님의 무상의 은총이요, 내가 이룬 것도, 내가 가진 것도 다 하나님의 무상의 은총이기 때문이다.

하나님은 신실하신 분이시다. 이제 하나님께서는 당신께서 약속하신 것들을 잊지 않고 이스라엘을 구원하시기로 작정하셨다. 그 약속은 이스라엘 조상 대대로 이어질 것인데 후손들에게까지도 영원토록 베푸실 것이다. 하나님의 신실함과 구원의 약속을 사유하고 고백하는 것조차도 이미 은총이다.

신앙의 빈곤과 결핍에 빠지지 않고 칼 야스퍼스(K. Jaspers)가 말한 인간이(내가) "신에게 관련된 존재"로서 여전히 인정받고 살아갈 수 있다는 것은 그야말로 놀라운 은총이다. 하나님께서 자신의 약속과 구원을 지키시기 위해서 내 주변에서 맴돌고 계신다는 것은 내가 가능적 구원을 넘어 현실적 구원을 향해 나아가고 있다는 것이고, 가능적 신앙인에서 현실적 신앙인으로 붙잡아 주신다는 것이다.

마리아의 송가에는 '나'는 없다. 지금의 '나'를 있게 만든 하나님만이 있을 뿐이다. 우리도 마리아의 신앙적 시선을 따라감으로써 나를 나 되게 하신 하나님의 놀라우신 일을 노래해야 할 것이다.

3. 금을 긋는 사람들(막 10:17-27)

어느 교회의 목사님께서 주일학교 어린이들에게 물으셨다.
"어린이 여러분, 모두 천국에 가고 싶지 않으셔요?"
그랬더니 다들 좋아하고 떠들어대는데, 키가 제일 작은 한 어린이가 시무룩해 있는 것이었다. 목사님이 그 꼬마에게 물었다.
"왜, 무슨 일이 있니?"
그 꼬마가 아주 난처하다는 듯이 이렇게 대답하는 것이었다.

"목사님, 저는 오늘 천국에 갈 수 없어요. 왜냐면요, 엄마가요, 예배가 끝나면요, 즉시 집으로 돌아오라고 했어요."

우스갯소리 같지만 아마도 그리스도인이라면 영원한 생명을 얻는 것, 더 구체적으로는 하나님 나라라는 이상은 어린 아이부터 시작해서 어른에 이르기까지 최대의 관심사가 아닌가 싶다.

최초의 복음서 마가복음 10장에는 한 사람이 당당하게 예수를 찾아와 자신 있게 물었다. 영원한 생명을 얻으려면 어떻게 해야 하느냐, 계명이라는 계명은 다 내가 지켰는데 영원한 생명을 얻을 수 있지 않느냐는 것이다. 그러나 예수는 그 사람이 한 가지 부족한 것이 있으니 가지고 있는 재산을 모두 팔아서 가난한 사람에게 주라는 것이다. 그리고 와서 자신을 따르라고 말씀하셨다. 그 말을 들은 그는 슬픔에 잠겨 근심하면서 물러갔다. 이유인즉슨 많은 재산을 가지고 있었기 때문이다.

원래 사람이란 재산이 많아지고 배가 부르면 그 다음에는 그 상태를 영원히 누리며 살고 싶어 하는 심리가 있다. 아마도 예수 앞에 나타난 그 사람도 그런 마음을 갖고 있었을 것이다. 19절에 나와 있는 십계명은 5계명부터 9계명까지만 열거되어 있는데, 그 중 5계명은 맨 나중으로 두었다.

이러한 십계명을 토대로 만들어진 율법을 가짓수로 세면 613가지나 되는데 무슨 수로 다 지킨단 말인가?

그렇지만 그는 소년 시절부터 다 지켜왔다고 말한다. 유대인 남자들이 12세부터 율법을 배운다는 것을 감안하면 그는 12살부터 십계명을 지켜왔다는 얘기가 된다. 아무튼 성서는 그 사람이 예수의 말대로 했는지 아니면 예수의 말씀을 따르지 않고 자신의 생활을 고집했는지는 말하고 있지 않다. 다만 슬픔에 잠겨 근심하면서 갔다는 마가의 설명이 예수의 말을 따르지 않았을 가능성을 뒷받침해 주고 있을 뿐이다.

영원한 생명을 소유하려는 인간의 욕망을 반영하듯이 이야기에서는 한 사람이 계명을 다 지킨 것만으로도 그것을 얻고 싶어 했다. 그러나 예수는 영원한 생명을 얻는 방법에 대해서 전혀 다른 길을 알려주고 있다. 그것은 가지고 있는 '재산'을 다 팔아서 가난한 사람들에게 주라고 하는 것이었다. 그리고 와서 자신을 따르라고 말씀하신다. 여기서 '가난한 사람들'을 뜻하는 그리스어는 '프토코이'(ptochoi)이고, 히브리어로는 '아나윔'(anawim)인데 정말 물질적으로는 아무것도 가진 것이 없어서 오직 하나님만을 의지할 수밖에 없는 사람들을 가리킨다.

이런 상황에서 도대체 어떻게 영원한 생명을 얻는다는 것일까?

도대체 예수의 의중은 무엇이었을까?

십계명은 분명히 하나님과 인간, 인간과 인간의 관계를 나타내주는 규범, 질서, 법이다. 그러나 예수가 볼 때 그것을 전부 다 표현해주는 척도와 행동은 바로 가난한 자들을 위해 주라는 것에서 나타난다. 여기 '가난한 자에게 주라'에서 '주다'는 동사는 영어에 'give'이지 '나누다'라는 표현의 'share'가 아니다. 내 것이라고 여기는 재산을 가난한 타자에게 무상으로 증여하는 것이다. 그리고 나서 예수를 따르라는 것이다. '그리고 나서'라는 표현(뉘앙스)은 앞의 전제들을 다 이룬 후에 최종적으로라는 말과 바꿀 수 있다. 즉 예수를 추종하기 전에 무소유적 삶의 결단이 있어야 한다는 것이다.

영원한 생명, 곧 하나님 나라에 들어갈 수 있는 가장 우선되는 원칙은 가난한 자들에게 물질, 재산, 부를 전부 주는 것에서 그치는 것이 아니라 예수를 추종하는 데까지 가야 영원한 생명을 얻을 수 있다. 물질이 사람, 정신, 신앙, 삶을 규정하기 때문에 하나님 나라와는 짝을 할 수 없다는 것이다.

현대인들은 너무 많은 것을 소유하려는 데 문제가 있다. 대부분 사람들이 가난하고 비참하게 살고 있다면, 어떤 사회도 번창하는 사회, 행복한 사회는 아니라고 한 아담 스미스(Adam Smith)의 말을 생각해봐야 한다.

최근 유럽에서 벌어지고 있는 그리스 사태도 가난한 국가나 개인을 외면하고 지나치게 일부 부유한 국가나 부유층이 자본을 독점하고 소유한 데서 빚어진 현상이 아니겠는가?

프로이트의 정신분석학을 빗대서 말한다면 인간이 돈이라는 페티시즘, 돈이라는 물건에 집착, 돈에 대한 변태적 심리에 빠져있기 때문이다. 우리가 그것을 행복이라고 말할 수 없는 충분한 이유가 여기에 있다.

소유한 것을 (가난한) 타자에게 주고 타자인 그가 다시 타자인 내게 증여한다면 물질은 상호주관적으로 공유하는 것이고 오히려 더 풍족해질 수도 있다. 우리는 두 마리의 토끼를 좇을 수가 없다. 영원한 생명을 얻기 위한 이중적 조건들 중, 즉 재물을 팔아 가난한 자들에게 주고 예수를 좇던가 아니면 재물 때문에 슬퍼하며 근심하여 주저하는 자가 되든가 선택을 할 수밖에 없다.

기원후 70년경 마가 공동체에도 소유만 하고 가난한 사람들에게 베풀 줄 모르는 부자들이 있었음에 틀림이 없다. 그래서 마가복음사가는 죽음과 박해에 직면한 교회 공동체 구성원들에게 영원한 생명을 얻으려면 재산을 팔아 가난한 자들에게 주고 무소유(無所有)가 되어 온전히 예수를 추종하라고 권고하고 있는 것이다.

그리스도인에게 있어 신앙은 무엇을 지향하는가?

한마디로 예수 추종이다. 그분의 뜻에 순종하고 따르는 것이다. 마가복음사가는 거기에 문제가 되는 것이 물질이니까 오히려 갈등하지 말고 다 버리고 예수만 따르라는 것이다. 부자인 사람은 자신이 땅에서 이미 받을 복을 다 받았으니까 하늘에서는 보물을 기대하지 말라고까지 덧붙인다.

왜 마가복음사가는 영원한 생명과 재산(부)을 대비시켰을까?

좀 더 값어치 있고 균형이 맞는 그럴듯한 것과 비교할 수도 있는데 말이다. 그것은 아마도 재산이 많은 사람, 부자인 사람이 영원한 생명을 얻기가 그만큼 힘들다는 뜻이리라. 재산이 많은 사람, 부자인 사람은 순수한 경제적인 활동을 했든, 아니면 이자놀이를 했든 간에 남을 어렵고 힘들게 하고 착취하고 억압해서 이윤을 창출함으로써 부자가 되기 때문이다.

중남미나 가난한 아시아 국가들, 그 외 제3세계 국가들이 가난한 삶을 살아가는 이유는 그들에 대한 자본주의 경제의 착취 때문이다. 미국이 예수를 잘 믿어서 부자 나라가 된 것이 아니다. 물질의 페티시즘에 빠져 있는 전형적인 국가의 모습을 반영한다.

우리나라의 스포츠인들 중에 골프만 배워서 수십 억대의 재산을 모은 사람들이 있는데 그 이면에는 골프선수들에게 지급되는 모회사의 광고비가 연간 66억 원이나 된다.

그 돈은 도대체 누구에게서 나오는 것이며, 포드회사에서는 그들에게 144억을 주겠다는데 그 돈은 결국 누구의 주머니에서 나오는 것인가?

소비자, 곧 서민들의 돈이다.

또한 그 넓은 골프장을 유지하기 위해서는 독한 농약을 살포하게 되는데 비오는 날이면 그 농약이 씻겨 내려가 인근의 하천을 더욱 오염시켜 사람들이 마실 수 없게 만드는 것 아닌가?

그리고 보면 순수 스포츠는 없고 돈과 관계된 상업스포츠만 난무하는 자본의 횡포가 있을 뿐이다. 이런 사례들을 성서적으로 해석해보면, 마가복음사가가 영원한 생명과 재산을 대비시킨 이유는 바로 양심, 정의, 긍휼, 배려, 관용에 문제가 있는 사람은 영원한 생명을 얻을 수 없다는 얘기를 하고 싶은 것인지도 모른다.

19절에 보면 마태복음서와 누가복음서에는 나와 있지 않은 "손해

끼치지 말라" 혹은 "남을 속이지 말라"라는 계명이 하나 더 첨가되어 있다. "남을 속이지 말라"는 말은 십계명에 없는 것이다. 이것은 신명기 24장 14절과 집회서 4장 1절에서 따온 것으로서 가난한 사람들에게 정당한 임금을 제때에 지불하지 않아 그를 곤경에 빠뜨리지 말라는 것이다.

왜 마가복음사가는 마태와 누가에는 없는 계명 하나를 더 첨가했을까?

그 이유는 마가복음사가의 가난한 자들에 대한 지대한 관심 때문이었을 것이다. 21절에서 예수는 재물을 가난한 사람에게 주라고 말씀하셨다. 그러나 22절에서 그 사람은 재물이 많았기 때문에 슬픈 기색을 띠고 근심하여 갔다고 했다. 여기서 재산은 그리스어로 '크테마'(ktema)라고 하는데 '땅,' '농장,' '전토'를 말하는 것이니 이 사람은 부동산을 소유한 사람이었을 것이다.

도대체 오늘을 사는 우리들에게 재산이라는 것이 무엇이기에 영원한 생명을 얻을 수 있는 그 기회 앞에서 주저해야만 하는 것일까?

미국의 유명한 저술가이자 강연가이며 목사인 노만 빈센트 필이라는 분이 있다. 언젠가 쉰두 살 된 남자가 그분에게 상담을 하러 왔던 이야기이다. 그는 완전히 절망하고 있는 듯 했다. 평생 동안 쌓아온 탑이 완전히 무너져 버렸다고 한탄했다. 희망마저도, 새 출발을 하기에도 나이가 너무 많다고 하면서 인생의 어두운 그림자와 절망을 토로했다. 그래서 노만 빈센트 필은 그 사람에게 남아 있는 재산이 뭐 없나 적어 보자고 했다. 하지만 그 사람은 아무것도 없다고 대답했다. 좌우간 적어 보자고 했다.

"부인은 살아 계시지요?"

"제 아내는 훌륭합니다. 결혼을 한지 30년이 지났지만 아무리 고생스러워도 불평 한마디 하지 않습니다."

"자식은 어떤가요?"

"셋인데 모두 영리해요. 두 번째 재산이 나왔군요."

"그럼 친구도 있습니까?"

"훌륭하고 의리 있는 친구가 몇 사람 있어요. 도와주겠다고들 하지만, 그 친구들이 무엇을 하겠습니까?"

"하여간 세 번째 재산입니다."

"당신은 이제껏 나쁜 일을 한 적이 있습니까?"

"저는 정직합니다. 늘 바른 일을 하려고 노력해 왔습니다."

"건강은 어떠신가요?"

"걱정 없어요."

"자, 그러면 이제 우리가 적은 항목을 모두 모아 봅시다."

1. 훌륭한 아내
2. 세 명의 자랑스러운 자식들
3. 의리 있고 도와주겠다는 친구들
4. 정직
5. 좋은 건강

노만 만 빈센트 필 목사는 이 쪽지를 테이블 맞은쪽에 있는 그에게 주었다.

"여길 보세요. 선생은 아직도 여기 적힌 많은 재산을 가지고 있지 않습니까?"

그는 부끄러운 듯이 웃으며 말했다.

"저는 그런 것은 전혀 생각지 못했습니다. 그런 식으로 따져 본 적이 없어요. 그러고 보니 형편이 그렇게 나쁜 것만이 아니군요."

나에게는 가난한 사람들에게 줄만한 재산도 나눌만한 재산도 없을 정도로 가난한데 무얼 희사하겠느냐고 하는 사람들에게 생각거리를 던져주는 이야기가 아닐 수 없다.

기원후 3세기경 로마 황제의 직속 관청이 로마교회의 부제 라우렌시오에게 교회의 재산(보물)을 다 내놓으라고 명령을 하자, 라우렌시오는 관리에게 날짜를 정해 주면서 그 날짜에 오면 교회 재산을 양도하겠다고 했다. 관리들이 정한 날짜에 오자 라우렌시오는 그들을 어느 방으로 안내하면서 "교회의 재산이 바로 여기 있소!"하고 외쳤다. 그래서 관리들이 그 안을 들여다보니 금은보화는 고사하고 거지, 불구자, 가난한 사람들로 꽉 차 있는 것이었다.

우리가 가진 재산(보물)은 누구를 위한 것일까?

진정한 재산이란 무엇일까?

우리 각자에게 물어보아야 할 질문이다.

또한 왜 예수는 그것을 가난한 사람들에게 주고 당신을 좇으라고 했을까에 대한 복음서의 해답을 행동으로 옮길 것인가 말 것인가는 이제 우리 각자의 몫이다.

논어(論語)에 보면 공자(孔子)의 제자 염구(冉求)가 이런 말을 했다고 전해온다.

"선생님의 도(道)를 좋아하지 않는 것은 아닙니다만, 힘이 부족합니다."

이에 공자께서 말했다.

"힘이 부족한 사람은 중도에서 그만두지만 지금 자네는 금을 긋고 있는 것일세"

우리는 같은 시각을 동일하게 신앙 척도에다 적용해 볼 수 있지 않을까?

예수는 자신의 재산을 다 팔아서 가난한 사람들에게 주고 그러고 나서 자신을 좇으라고 하셨다. 그런데 우리는 거기까지는 하고 싶지도 않고, 가고 싶지도 않아서 능력의 부족이나 불안을 탓하고 스스로를 합리화시키는 금을 긋고 있지나 않는가. 어둠과 두려움, 그리고 불안 속에서, 머리로는 이해하지 못해도 주께 맡김으로써 기쁨을 간직할 수 있을 때 비로소 우리는 주님의 참된 제자가 될 수 있을 것이다. 재산 때문에 예수를 추종하고 하나님 나라에 들어가는 것조차도 주저하는 것을 보면 재물이란 인간의 구원을 어렵게 하는 것 같다.

오죽하면 낙타가 바늘귀를 통과하는 것이 더 쉽다고 말씀을 하셨을까?

낙타(카멜로스, kamelos)는 팔레스타인 토양에서 제일 큰 짐승이고, 바늘귀는 제일 작은 구멍이었다. 상상만 해보아도 낙타가 바늘귀를 빠져나가는 것은 있을 수 없는 일이다. 그런데 재물을 가지고 있으면 하늘나라에 들어가는 것이 그보다 더 힘들다고 한다.

그렇다면 누가 구원을 얻을 수 있을까?

하나님만이 구원하실 수 있다. 가난한 자의 구원도, 부자의 구원도 모두 하나님의 손에 달려 있다.

그러나 누가 더 하나님 나라에 가까이 근접하여 다가갈 수 있을까?

재물을 가볍게 한 사람이라는 것이 마가복음서에서 알려주고 있는 신앙의 해답이다. 다시 말해서 재물의 페티시즘에서 빠져나오라는 것이다.

옛말에 안빈낙도(安貧樂道)라는 말이 있다. 거기서 더 나아가 빈궁낙도(貧窮樂道)라고도 한다. 지독한 가난 속에 도(진리)를 아는 즐거움이 있다는 것이다. 우리의 신앙의 조상들처럼 신앙 때문에 손해를 보고 재물을 쌓아놓지 못해서 위험과 긴장을 경험할 때에도 예수를 따르는 기쁨, 하나님을 섬기는 기쁨을 간직할 수 있는 헌신이 우리 안에 깊이 뿌리내려야 한다. 더불어 신앙에서 정작 중요한 것이 예수를 따르는 것과 영원한 생명을 얻는 것이라면 지금 우리가 무엇을 취하고 무엇을 버려야 할 것인지를 선택해야 할 것이다. 그 선택이 곧 우리의 구원을 결정한다는 것을 반드시 기억해야 한다.

4. 여성인권 운동가 예수, 예외조항을 폐지하다!(마 19:1-12)

인도 무슬림에서는 남편이 한자리에서 '탈라크'를 세 번 외치면 그걸로 이혼이 성립된다고 한다. '탈라크'는 아랍어로 '이혼'이라는 뜻이다. 가정법원에 갈 것도 없이 이러한 '트리플 탈라크'라는 일방적인 통보로 부부의 인연이 끝나는 것이다. 그러나 이슬람 최고 경전인 꾸란에는 '트리플 탈라크'를 명시한 조항이 없다. 꾸란은 오히려 "아내와 이혼하고자 하는 이는 넉달을 기다려야 하느니라"(제2장 226조)고 규정해 일종의 금욕과 숙려 기간을 강제하고 있고 있다. 많은 이슬람 국가들은 한동안 꾸란이 아닌 관습법과 강력한 가부장제에 의거해 '트리플 탈라크'를 인정해왔다.

1세기 이스라엘 여성들의 삶과 지위도 이와 다를 바가 없었다. 그들의 부부생활을 들여다보면 '과연 그들이 인간일 수 있을까?' 하는 의문을 갖게 만들 정도로 형편이 없었다. 여성에게는 인격체라기보다 남성들의 전유물로서 재산이나 소유물에 지나지 않았다. 결혼을 하기 전에는 아버지에게 종속된 존재였고, 결혼한 후에는 남편의 재산처럼 사유화된 존재였다.

그러니 그녀들에게 무슨 주체적인 삶이 있었겠는가?

다시 말하면 그녀들에게는 인간으로서의 권리, 즉 인권이란 찾아보려야 찾아볼 수가 없다. 마태복음 19장에서는 율법을 매우 잘 아는 바리새파들이 등장하여 예수에게 여성과의 이혼 문제에 대해서 슬그머니 질문을 던진다. 당연히 그들은 남성들이었다. 남성들 중에서도 학식이 있는 사람들이었다.

그들이 이혼과 관련된 율법을 잘 몰라서 예수에게 질문을 했을까?

그렇지 않았을 것이다. 예수의 사견을 듣고 싶어서 그런 것이다. 겸손하게 물어본 것이 아니다. 아마도 예수가 여성, 어린이, 병자, 세리 등 그 당시 죄인이라고 규정된 사람들과 교제하기를 좋아했으니 그가 여성에 대해서 어떤 입장을 가지고 있는지 곤란하고 난처하도록 만들기 위해서 덫을 놓는 것이다.

예수의 생각은 단호하다. 한 치의 물러섬도 없이 두 남녀가 결혼을 하면 갈라설 수 없다고 말씀을 하신다. 자신들의 의사에 따라서 갈라설 수 없다는 뜻도 있지만, 누구도 결혼한 부부를 갈라놓을 수 없다는 뜻도 담겨 있다. 부부는 창조주 하나님께서 맺어준 사이니 이제 둘이 아니라 한 몸, 한 사람이다. 결혼이란 '한 몸이 되는 것이다'라는 논리는 결혼이 갖고 있는 진정성이자 하나님의 뜻이다. 그러니 한 몸을 이룬 부부는 같은 뜻, 같은 맘을 가지고 거울을 바라보듯 서로를 쳐다보며 보듬고 살아가야 하는 것이 마땅한 일이다.

하지만 예수의 논리는 바리새파들에게 원하는 답이 아니었다. 남성들은 더 난감한 질문을 던진다.

"모세는 '아내를 버리려 할 때에는 이혼장을 써주어라'라고 말하지 않았습니까?"

이혼장에 관한 이야기는 신명기 24장 1절에 나온다. 남자들은 자신들의 논리를 대변해 줄 최고의 예언자요 지도자인 모세를 들먹인다. 모세의 논리는 부부가 살다보면 이혼이 불가피하다는 것을 말해주는 것이 아니냐는 그들 나름대로의 저의가 깔려 있는 것이다. 모세는 가장 존경을 받는 인물이니 예수로서도 더 이상 주장할 근거가 없지 않을까 생각했을 것이다. 예수가 설마 그러한 권위를 뛰어넘은 논리로 판시할 수 있을까 의심을 품었을 것이다.

예수의 답변이 다시 이어진다. 그것은 처음부터 모세가 그랬던 것은 아니라고 말한다. 이혼장을 써주라고 했던 것은 남자들인 너희들이 완고하고 멋대로 이혼을 하려고 고집을 부리니까 어쩔 수 없이 여성들을 보호하기 위해서 그런 거 아니냐고 항변을 한다. 예수의 논리는 원래부터 이혼장을 써주라고 모세가 율법을 만들었던 것이 아니라는 것이다. 쓸데없이 이혼장이 등장하게 된 배경에는 남자들의 잘못이 있었기 때문이다.

오히려 이혼장은 이혼을 기정사실화하는 문서이다. 이혼을 하고 싶다면, 이혼장을 얼마든지 써줄 수 있게 된다. 결국 모세조차도 이혼하고 싶어 하는 남자들의 그 속내와 고집을 꺾지 못하고 궁여지책으로 이혼장을 써주라는 율법을 만들었다는 것이다. 그러니까 이혼장은 남자들을 위한 것이지, 여성들을 위한 것이 아니다. 이혼을 제기할 수 있는 자격은 남자에게만 있었기 때문이다. 예수 시대에 발견된 이혼장을 보면, 남자들이 여성들을 마음대로 소박할 수 있었다.

여성들은 바느질을 못해도 소박 사유가 된다. 힐렐학파는 요리를 잘 못하거나 태워도, 아내보다 더 아리따운 여인을 만나게 되도 이혼 사유가 된다고 했다. 지금으로서는 얼토당토않은 일이라고 생각할 수 있지만 그 당시에는 그런 율법이 있었다. 그러니 여성들은 오금이 저리지 않는 날이 하루도 없었을 것이다. 그날 밥을 태웠다고 타박을 놓거나, 마실을 나갔던 남편이 돌아와 뜬금없이 알지도 못하는 다른 여인 이야기를 꺼내는 날에는 밤잠을 설쳤을 법하다. 남편은 이혼을 결심한 순간 이혼장을 작성하여 부인에게 들려주려고 애를 썼을 것이다.

샴마이학파는 간음한 외에는 아내를 소박해서는 안 된다고 못 박았다. 간음을 뜻하는 그리스어는 포르네이아(porneia)인데, 이른바 불륜이다. 부적절한 일체의 성적 행동이나 친족 간의 금지된 결혼을 하는 경우를 말하는 것이다.

여하튼 불행인지 다행인지 그래도 이혼장을 손에 넣은 여인은 다른 남자에게 시집이라도 갈 수 있지만, 이혼장이 없는 여인은 평생 남의 집 밭에서 떨어지는 곡식 낟알이나 주워 먹고 사는 신세를 면치 못한다. 더 극단적으로는 창녀가 되는 길밖에 달리 다른 방법이 없었다.

그러므로 이혼을 당한 여인에게 이혼장은 그만큼 중요한 것이었다. 이혼을 당한 여성들의 목숨줄이나 다름이 없었다.

9절을 보면 그럼에도 "음행한 연고 이외에"라는 단서 조항이 보인다. 사실 이 말은 마태 공동체의 실상을 반영한 말이다. 예수는 '이혼 절대 불가설'을 말한 분이다. "음행한 연고 이외에"라는 말은 마태 공동체가 로마나 그리스의 성문화와 결혼 풍습에 영향을 받아서 교회 안에서도 이혼하는 사례가 많아지기 시작했음을 반영한다. 그러니 예수의 이혼절대 불가설이 씨알이 먹히지 않았던 것이다. 할 수 없이 궁여지책으로 그렇다면 부인이 음행을 하였다면 이혼을 해도 좋다는 마태복음사가의 판단이 들어가 있는 것이다.

우리가 알아두어야 할 것은, 부부는 어떠한 일이 있더라도 절대로 이혼하는 일이 있으면 안 된다는 것이 예수의 원래 생각이자 주장이라는 것이다. 이런 의미에서 예수는 약자들의 대변자요 여성들의 인권을 보호하였던 인물로 비쳐진다. 여성들의 삶이 남자로부터 유린당하는 것을 지켜볼 수 없었던 것이다. 예수는 모세의 율법도 뛰어넘어 여성을 위한 인권을 강력하게 주장하신다. 그는 모세보다도 뛰어난 인물이다. 모세는 남자들의 고집과 그들의 성화에 못 이겨 이혼장을 써주라는 율법을 반포하였지만, 예수는 이혼장이 문제가 아니라 아예 이혼을 하면 안 된다는 '여성인권보호설'을 말씀하고 계신다.

우리나라의 성 풍속도나 결혼 풍속도가 많이 달라졌다. 2천 년 전의 복음서의 잣대가 오늘날에는 전혀 무색하리만치 이혼율도 많아지고 있다. 이런 상황이 과연 좋은 것인가를 짚어봐야 한다. 여성과 자녀에게 이혼을 통한 불이익은 없는가. 남자들에 의해서 이루어지는 성의 교환과 성적 유희의 수단으로 전락을 하고 있는 것이라면 여전히 여성은 자신의 주체적인 결혼생활을 한다고 볼 수 없다.

물론 남자들만의 문제는 아니다. 여성들에게도 동일한 책임이 주어진다. 여성들 역시도 성에 대한 관념이 많이 달라졌기 때문이다. 한 사람의 남자, 한 사람의 여자와 결혼을 해서 평생을 한 몸이 되어 해로하는 세대가 아니다. 그렇다고 해서 이혼이 정당화될 수는 없다. 어떤 형태로든 이혼이라는 것은 또 다른 남성과 여성을 만나는 기회를 갖게 된다. 혹은 평생을 혼자 살기도 할 것이다.

성의 자유로움은 그만큼 책임이 뒤따른다. 책임이 담보되지 않은 결혼생활도 용납될 수 없지만 이혼 역시 반드시 책임감을 가져야 한다. 이혼을 하기 위해서 사유를 따지기 시작하고 명분을 찾는다면 이혼을 하지 않을 부부가 없을 것이다. 이혼이 너무 쉽다 보니 또 이혼을 대수롭지 않게 생각하는 사회가 되다 보니 이혼 이후의 책임에 대해서 전혀 생각하지 않는다.

결혼은 하나님께서 한 사람의 여성과 한 사람의 남성을 맺어서 한 몸이 되라고 하신 성스러운 행위, 곧 성사(sacramentum)이다. 한 몸이 된 부부를 갈라서게 하지 말라는 예수의 말이 절대적 가치를 가져야만 한 여성과 한 남성이 만나는 것을 소중하게 생각하게 된다. 성서의 가치가 고루한 말이 아니다. 예수는 시대착오적인 말을 하고 있는 것이 아니라 서로가 서로에게 반드시 상처와 고통이 되지 않는 부부생활을 말하고 있다. 거기에는 인내와 화해, 양보와 사랑, 이해와 타협 등 부부라는 작은 공동체로서의 의사소통이 이루어지는 평등한 여성과 남성의 관계를 함축하고 있다.

여성과 남성은 두 인격체가 만나서 가족 공동체를 이룬 집단이다. 상하수직적인 종속 관계가 존재하지 않는다. 부부는 성은 다르나 서로 연결되어 있고 평등한 인격체요 사랑의 인격체로서 서로를 격려하는 한 몸이다. 한 몸인 부부가 어느 한 쪽이라도 문제가 생긴다면 몸 전체가 문제가 생기는 것이다. 한 마음인 부부가 어느 한 쪽이라도 불편하면 몸 전체가 불편한 것이다.

예수는 여성과 남성이 한 몸으로 살아가는 데 있어 예외 조항을 두신 적이 없다. 어느 누구도 예외 없이 하나님께서 맺어준 부부로서 한 몸으로 이루고 살아가야 한다는 것을 명백히 말씀하신다. 유대 사회에서 "만일 음행한 연고 외에" 혹은 "만일 무엇을 했을 경우"라는 예외 조항이라고 단서를 달아 놓고 여성의 신분과 인권을 구속하는 것들에 대해서 철폐하시고 약자인 여성이 보호를 받아야 한다고 말씀하신다. 여성을 옭아매는 예외 조항의 폐지, 여성의 삶을 지속하지 못하도록 만드는 예외 조항들을 전복시킨 분이 바로 예수다. 그러면서 동시에 여성과 남성은 모두 예외 없이 동일한 인격체라는 것을 인식시킨 분이다.

예수는 유대 사회가 여성들에게 안겨준 무거운 종교의 짐을 벗긴 분이다. 종교가 인간에게 자유로움과 해방을 가져다주고 궁극적으로는 구원으로 안내해 주는 역할을 해야 하는데, 종종 인간에게 감당할 수 없는 율법의 멍에를 주기도 한다.

예수는 그러한 종교의 짐을 넘어서 새로운 존재로의 변화로 초대하신다. 새로운 부부의 이미지, 부부는 이렇게 살아야 한다는 전복적인 규범을 제시하신다. 여성의 인권은 보호받아야 한다는 예수의 철학은 시대를 앞서가신 이혼개혁법이라고 볼 수 있다. 더 이상 여성은 남성의 소유물이 아니다. 남성에 의해서 고유한 삶이 결정되는 존재도 아니다. 여성은 하나님에 의해서 창조된 존엄한 존재이며 동시에 구원의 가능성에서도 배제될 수 없는 자유로운 존재이다. 그러므로 여성 안에서 하나님의 현존을 보며, 하나님의 목소리를 들을 수 있어야 한다.

마지막으로 예수의 이혼 절대불가설에 나타난 정신을 가지고 결혼생활을 유지할 수 있는 방법이 무엇일까?

부부는 각자에게 희생을 바쳐야 하는 배당된 몫(suum cuique, 각자에게 그의 몫)이 있는 것은 아닐까?

그 배당된 몫은 무엇일까?

바로 사랑이다. 사랑도 주고받는 교환관계로 이루어지는 행위를 통해서만 획득되는 상호 희생이다. 따라서 한 여성과 한 남성으로 만나서 부부로서 살아가는 그리스도인들은 한 몸이 되기 이전에 주어진 사랑이라는 선물을 나누어야 한다. 사랑으로 희생하고 사랑을 교환해야 한다. 그것이 영원히 한 몸을 이루는 보험 장치이다. 작은 신앙 공동체인 부부의 관계를 끝까지 이어가는 안전장치이다.

5. 용서와 애도(이해)의 미학(마 18:21-35)

사람이 살다보면 다른 사람이 자기에게 잘못을 했건 아니면 오해로 다른 사람과 척을 져서 용서를 해야 하거나 구해야 하는 상황이 종종 발생한다. 마태복음 18장은 내가 타자를 용서하지 않으면 반대로 내가 타자에게 용서를 구할 수 없다는 대원칙을 이야기해주고 있다. 교회 공동체 안에서 신앙생활을 하다보면 이러저러한 갈등이 일어나고 또 감정이 상하기도 한다. 그럴 때마다 용서하기가 참 어렵다. 감정의 골이 패이고 그 심연이 깊어질수록 그 사람과의 관계는 더욱 멀어질 뿐만 아니라 아예 평생을 등지고 살아가는 모습을 볼 수 있다.

교회 공동체와 삶에서 벌어지는 인간관계 속에서 도대체 얼마나 용서를 해야 하는가에 대한 베드로의 질문은 바로 오늘을 살아가는 우리들의 물음이기도 하다. 예수의 대답은 간단명료하다. 끝없이 용서하라는 것이다. 일곱 번 씩 일흔 번이라고 하는 것은 단순히 숫자적인 횟수의 문제가 아니다. 완전하게 끝임없이 용서하라는 표현이다.

왜 그래야 할까?

타자는 나에게 있어 얼굴이기 때문이다.

인간의 고통, 기쁨, 슬픔을 표현해내는 얼굴은 더 이상 사랑하지 않으면 안 되는 인격체를 나타내는 말이다. 얼굴은 타자의 주체적 표상이다. 얼굴은 타자 자신이 약자라는 것을 드러내는 상징이다. 타자는 나에게 무한히 다가오는 환대해야 할 대상으로서의 약자라는 말이다. 그는 내가 용서하지 않으면 영원히 죄인인 채로 살아가야 한다. 내가 용서하지 않으면 그의 삶은 죄인인 모양새로 멈춰버린 존재로 있어야 한다.

한 발짝도 앞으로 나아가지 못하는 정체된 인간의 모습으로 살아가야 하는 그에게 나는 마음의 빗장을 열고 그를 사랑으로 맞아들여야 한다. 내가 그에게 다가가지 않는데 그가 내게 다가오기를 바랄 수 없다. 그는 용서받아야 할 죄인인 채로 거기에 머물러 있기 때문이다. 그러므로 그에게 다가가야 한다. 그리고 안아 주어야 한다. 억압된 감정들이 무너져 내리고 부채로 남겨두었던 무거운 마음들이 녹아내릴 것이다.

나아가 용서를 하려거든 셈을 하지 말아야 한다. 이것저것 따지는 것이 아니라 무조건 용서를 해주는 것이다.

비유에서 나오듯이 용서를 해주는 사람이 어느 만큼은 놔두고 어느 만큼은 갚으라고 말하던가?

아니다. 모두, 완전히, 말끔히 용서를 하는 것이다. 용서를 해야 할 억압의 잔존물이 남지 않도록 용서를 해야 한다.

우리가 용서의 경험이 없어서 용서를 못하는 것이 아니다. 용서를 받은 경험을 망각했기 때문이다. 하나님으로부터 무한히 용서를 받았다고 하는 사실을 잊고 살기 때문에 타자가 잘못을 하면 자꾸 계산하는 버릇이 생기는 것이다.

하나님은 우리가 잘못을 해도 계산하지 않는데, 왜 우리가 타자의 잘못에 대해서 계산을 해야 하는 것일까?

용서의 신앙은 결단코 계산하지 않는다. 잘못을 한 치부책도, 용서를 한 영수증이나 횟수도 다 필요가 없다. 오로지 내가 용서를 하는 당위성은 하나님으로부터 내가 용서를 받았기 때문이다.

거기에는 무슨 신뢰나 담보가 있어서도 아니다. 그냥 무상이다. 측은히 여기는 마음뿐이다. 용서를 구하는 이에게 마음 씀씀이는 불쌍히 여기는 마음이면 족하다. 용서는 바로 타자를 불쌍히 여기는 마음에서 나온다. 하나님께서 우리를 긍휼히 여기셨듯이 우리도 타자를 긍휼히 여기고, 하나님께서 우리를 사랑하셨듯이 우리도 타자를 사랑하면 된다.

니체의 『비극의 탄생』이라는 책에는 이런 글귀가 있다.

"최상의 것은 그대가 도저히 성취할 수 없는 것이네. 태어나지 않는 것, 존재하지 않는 것, 무로 존재하는 것이 바로 그것이네."

최상의 용서는 아예 타자의 잘못이 존재하지 않는 것처럼, 무로 여기는 것이다. 아예 기억도, 회상도 하지 않는 것이다. 태어나지 않은 듯이, 애초에 용서라고 하는 언어가 존재하지 않는 듯이 그 무의 상태로 타자를 인정해주고 포용하는 것이 진정한 용서라고 볼 수 있다.

우리가 용서를 하지 않으면 타자를 억압하는 것이나 다름이 없다. 타자를 자신의 감정의 힘으로 억누르면서 동시에 자신도 감정을 억압하고 있는 것이다.

프로이트는 "마치 외부에서 어떤 거센 저항이 일어난 것처럼, 외부에서 아무리 강한 충격을 주어도 떠오르지 않는 회상하기 힘든 망각이 있다. 이런 종류의 망각을 심리학에서는 억압이라고 부른다"고 말했다.

억압의 잔존물이 언젠가는 다시 우리의 의식으로 작용을 하게 될 테고, 그것이 나쁜 결과를 초래할 수도 있다는 것을 기억해야 한다. 억압의 잔존물이 저주가 될지도, 악이 될지도, 살인이 될지도, 고통이 될지도 아무도 모른다. 심지어 용서를 받아야 할 당사자도 자신에게 어떠한 억압의 잔존물이 남아 있는지 모를 것이다.

하나님은 우리에게 남겨진 용서받아야 할 억압의 잔존물을 진심으로 탕감해 주었다. 무한한 우리의 죄가 잔존물로 남아 있어서 그것을 억압하고 또 억압함으로써 내 안에서 엄청난 죄악을 키워나가고 있는 나를 용서해주셨다. 그러니 나는 더 이상 나 자신을 억압할 필요가 없다. 나는 자유로운 존재가 되었기 때문이다. 억압의 잔존물은 더 이상 나에게 영향을 끼치지 않을 것이다. 당신의 은총으로 나를 용서하였고 나는 그것으로부터 영원히 해방을 받았으니 말이다.

복음서에서는 그것을 일만 달란트 빚을 진 사람으로 묘사를 하고 있다. 달란트는 로마 금돈의 명칭으로서, 한 달란트는 육천 데나리온, 이백 세겔이다. 한 데나리온이 노동자 하루 품삯이라는 것을 감안하면, 노동자가 20년 가까이 일해야 벌 수 있는 금액으로서, 어쩌면 평생을 갚을 수 없는 빚을 완전히 청산을 해준 셈이다.

우리도 이와 같은 그리스도인이 되어야 하는 것이 아닌가?

그리스도인이라는 말이 무색할 정도로 나에 대해서는 한없이 관대하고 남에 대해서는 엄격한 잣대를 들이댄다. 나는 용서를 구해야 할 것도, 용서를 구해야 할 정도로 잘못을 저지르지 않았다고 생각한다. 하지만 타자가 잘못을 저질렀을 경우에는 가차 없이 억압을 하려든다. 타자로 하여금 스스로 억압의 잔존물에서 헤어 나오지 못하도록 만든다. 사실 내가 그렇게 타자를 억압하고 있다고 생각하지 않는다. 그저 타자가 잘못했으니 그 잘못에 대해서 대가를 치러야 한다고 생각하는 것이다. 자기 안에 더 큰 잘못의 대가를 이미 하나님이 사해 주셨다는 것을 까마득하게 잊고 타자에게서만 대가를 받아내야 한다는 둔감한 신앙을 가지고 있는 것이다. 내가 그의 삶을 살고 있더라고 그렇게 할 수 있을까?

역지사지(易地思之)라는 말이 있다. 영어로는 '이해'라는 뜻의 'understanding'이라는 말도 있다.

철학자 임마누엘 칸트(I. Kant)도 철학의 세 가지 규칙을 열거하면서, "다른 사람의 입장에서 생각해 보라"는 말을 했다. 한마디로 남의 처지에 있어 보는 것이다. 그럴 때 용서가 될 수 있다.

35절에 보면 형제를 용서하지 않으면 하나님께서 우리를 용서하신 것을 다시 거두시고 제대로 셈을 하시겠다고 하신다. 교회 공동체 안에서는 모두가 동료이고 형제자매이다. 좋은 말이다. 같은 밥을 먹으며 신앙과 삶을 나누는 교우라고 한다. 귀한 교제 공동체이다. 거기에서 서로 신앙과 삶을 관조하면서 동료애와 형제애를 나누는 것은 신앙의 아름다움이다.

그것을 신앙의 미학이라고 표현할 수 있을까?

그런데 한 번의 잘못 혹은 반복적인 잘못을 저지른다고 해서 용서할 수 없다고 한다면 신앙의 심미성이 사라진다. 때에 따라서는 갈등과 반목, 질시와 오해가 서로의 감정을 상하게 만들고 용서를 해야 하고 용서를 받아야 하는 상황을 만들기도 한다.

하지만 용서가 잘못으로 인한 의지나 적이 아니고 잘못이 용서의 필연적인 원인이 아니다. 그저 하나님이 아니고서는 잘못과 용서의 관계를 판단할 수 없는 신앙생활의 현상일 뿐이다. 다만 잘못을 저지른 사람의 신음을 외면하지 말아야 한다. 의욕적으로 하나님을 동경하듯 그를 용서해야 하는 책무를 다해야 한다.

우리가 용서의 삶을 살게 될 때 진정으로 용서하시는 하나님을 만나게 된다. 용서는 교회 공동체의 새로운 관계를 창조하며 새로운 종교 경험, 하나님의 경험을 하게 한다. 하나님은 나의 용서로 말미암아 용서의 기분을 알게 하시고 용서의 근원이 되시는 하나님을 느끼게 된다. 용서는 나의 용서가 아니라 하나님의 용서이다. 내가 용서를 하더라도 나의 근원이 되시는 하나님께서 나를 통해서 당신의 용서를 나타내시는 것이다.

용서는 종교적인 용어가 아니다. 그것은 모든 사람들에게 통용이 되는 보편적인 용어다. 하지만 더 이상 사용될 필요가 없는 언어가 되어 사라져야 할 말인지도 모른다. 왜냐하면 용서는 잘못을 저지르는 사람과 잘못을 지적하고 다시 저질렀던 사람으로부터 어떠한 형태로라도 대가를 받아야 하는 주종의 관계가 되기 때문이다. 하지만 하나님은 그런 주종의 관계를 없애셨다. 아예 잘잘못을 따지지도 않기로 하셨다. 그러므로 이 땅에 용서라는 말이 없어지는 것이 가장 이상적인 교회 공동체, 사회 공동체의 모습일 수도 있다.

용서를 받겠다는 이기적인 생각도, 감정도, 욕망도 없는 교회 공동체는 무한한 용서를 끝까지 밀고 나갈 때 용서라는 말조차도 사라지게 되는 것이다. 무한한 용서는 잘못이 발생할 때마다 자꾸 용서하라는 말보다 잘못을 생각하지 말라는 극단적인 신앙상태로까지 비춰질 수 있다. 무한한 용서를 잘못 생각하면 공동체에서 잘못이 발생할 때마다, 잘못이 반복될 때마다 용서를 하라고 해석할 수 있다. 하지만 그 말은 잘못의 무화(無化)이다. 잘못을 아예 없애버리는 것이다.

예수는 잘못을 따지지 않는 공동체가 더 건강하고 이상적인 공동체라는 말을 하고 있다.

모두가 불완전한 사람들인데 잘못을 했을 때마다 누군가 그것이 잘못이라고 낙인을 찍고 규정하는 주체가 있을 터인데, 그가 누구라는 말인가?

불익과 불쾌와 분노의 감정을 가진 주체인가?

그럴 수 없다. 하나님 앞에서는 누구도 잘못을 규정할 수 있는 자격이 없다.

그러므로 용서의 무화, 잘못의 무화를 실행해야 한다. 교회는 그래야 한다. 적어도 예수를 믿고 따르는 공동체에서는 용서를 인식하지 않아도 되는 교회, 잘못을 따질 필요도 없이 너그러운 교회가 되어야 한다.

교회 공동체의 신앙의 현주소는 어디인가?

잘잘못만을 따지는 교회인가?

아니면 하나님이 우리를 용서하셨듯이 동료와 형제자매를 한없이 용서하는 교회인가?

더 나아가서 잘못과 용서조차도 무화시키려고 애를 쓰는 교회인가?

용서는 상투적인 미사여구가 아니다. 용서는 나와 너, 그리고 우리를 구원하는 진리 공동체와 신앙인의 실존적 태도이다. 그러므로 다시 한 번 강조하거니와 하나님께서 우리를 용서하신 것을 기억하고 그처럼 우리도 동료와 형제자매를 무한히 용서해야 한다. 그것이 예수가 바라는 깊은 뜻이다.

> 제10장

신앙의 이질성과 종교적 사유

1. 위선적이고 속물적인 그리스도인(마 23:1-12)

신앙의 본질과 알맹이를 잘 간직한다고 하는 것이 매우 어려운 일인가 보다. 물론 알맹이를 알맹이답게 만들어주는 그릇 혹은 형식도 중요하다. 하지만 그릇과 형식을 너무 강조하다보면 정작 알맹이가 무엇인지도 모른 채 그릇이나 형식이 곧 알맹이인 것처럼 착각을 하게 된다. 처음에는 사람들이 본질과 알맹이를 어떻게 할까 고민을 했을 것이다. 말로서 되뇌기도 하고, 노래로도 표현을 하고, 글로도 남겼을 것이다.

시간이 지나면서 그 요소들이 좀 더 세련된 형태로 드러난 것이 예배나 미사이다. 성직자의 모습도 화려해지고 복식도 복잡해졌다. 그것으로 계층과 계급을 가르는 기준이 되기도 한다. 내용은 온데간데없고 형식화만 진행된다. 형식이 주가 되어 내용은 아예 기억조차 하지도 못하는 매너리즘에 빠지고 만다. 신앙의 역동성은 사라지고 고집스러운 잔재만이 남아서 그것을 붙잡으면 마치 신앙 전체를 갖게 되는 것처럼 생각하기도 한다.

텍스트에 나타난 율법학자나 바리새파가 바로 그런 부류층이다. 그들은 내용보다는 형식, 형식보다는 가식, 가식보다는 위선에 가까웠던 사람들이다.

오죽하면 예수는 "그들이 말하는 바는 다 실행하고 지켜라. '그러나' 그들의 행실은 본받지 마라. 그들은 말만 하고 실행하지는 않는다"고 말했을까?

여기서 그들이 말하는 것이란 곧 율법을 가리킨다. 그 율법은 다 몸소 실천으로 옮기고 지키라는 것이다. 그런 의미에서 보면 예수는 율법 폐기론자가 아니다. 하나님의 정신이 어려 있고 그분의 뜻과 의지가 담겨 있는 율법은 실천하고 지켜야 한다. 하지만 문제는 율법을 말로만 떠들어 댄다면 그것은 위선자에 지나지 않는다. 실천이 없고 행동이 없으니 말이다.

우리의 신앙에 빗댄다면 하나님의 말씀을 잘 알아도, 또 말로는 잘 말해도 몸으로 실천하는 것은 느리고, 느리다 못해 아예 행동으로 옮기지 못하는 사람이나 다름이 없다. 그래도 그것은 양반이다. 입을 열어도 신앙 없는 말만 하고, 말을 해도 신앙 언어를 전혀 사용하지 못하는 신자도 있기 때문이다.

성직자가 되었건 아니면 평신도 지도자가 되었건 가르치는 입장에 서 있는 사람이 주의를 해야 할 것은 언행일치이다. 하나님의 말씀을 전하는 사람은 말과 행동이 일치를 해야 하고, 신자들을 지도해야 하는 위치에 있는 신자 역시 그에 준하는 말과 행동이 있어서 모범이 되어야 한다. 그런데 신앙 현실과 교회 현실은 그렇지 못하다. 가르침으로 사람들에게 부담을 지을 뿐 자신의 신앙 언어와 신앙 행위는 늘 밑바닥인 경우를 종종 본다.

제의를 입었다고 해서 다 성직자가 아니요, 중직이 되었다고 해서 다 대표자가 될 수 없다. 하나님의 말씀이 지속적으로 내면에 있으면서 하나님의 현존을 보여줄 수 있는 사람이 성직자요, 중직이 되는 것이다. 다시 말해서 하나님의 말씀을 수호하고 행동으로 보여주어야 하는 사람들은 모두가 하나님의 말씀에 젖은 사유를 할 수 있어야 하고, 가능한 한 신앙의 언어와 명칭들을 사용하고, 신앙의 시선으로 사물과 현상을 다르게 볼 수 있는 눈이 있어야 한다.

신앙의 위선자는 이것을 할 수 없다. 그는 형식적으로 꾸미는 것을 좋아하고 자신의 형식과 그릇에 맞는 것만이 진실이고 진리라고 생각하기 때문이다. 사실은 그의 눈이 위선의 눈으로 바뀌어 있다는 것을 까마득하게 잊고 있는 것이다. 위선의 눈은 위선의 행동을 낳는다. 위선의 시선으로 사물과 현상, 사건을 보기 때문에 자신도 모르는 사이에 위선의 행동이 나올 수밖에 없는 것이다. 또한 위선은 자신의 시선이 전부 다라고 생각한다. 시선의 빈곤함이다.

신앙의 위선자는 시선의 빈곤만 가지고 있는 게 아니다. 신앙 행위에 있어서도 습관적으로 빈곤함을 드러낸다. 그 마음이 빈천한지 행위까지도 빈천한 것이다. 그것은 새로운 신앙을 갖는 것에 대해서 장애가 된다. 하나님의 말씀에 대해서 새로운 말을 하고, 새로운 해석을 낳고, 새로운 실천을 낳아야 성장하게 되는데, 늘 언행이 습관적으로 빈천한 사람은 발전이 없다. 정작 자신은 빈천한지도 모르는 게 가식이요 위선이 된다. 하나님의 말씀은 원본적이고 생생하게 살아 있는 말인데 그 원본적인 것을 알고 있다고 자부할 때, 그 원본적인 것을 따르지 않을 때 위선이 생긴다.

율법학자들과 바리새파들은 하나님의 말씀을 잘 몰라서 말은 그럴 듯하게 하고 행동은 엉망이 된 것일까?

아니다. 그 원본적인 하나님의 말씀을 지나칠 정도로 잘 안다고 자부하고 가르쳐들기만 했기 때문이다.

왜 위선자들은 어디를 가든지 윗자리나 높은 자리에 앉기를 좋아하며 대접받으려 하고 인사를 못 받아서 안달을 하는 것일까?

하나님의 말씀이라는 원본적인 신앙 근거를 그저 흉내 내기를 좋아하기 때문이다.

니체는 말한다.

"위대한 인간들을 찾아봤지만 그들의 이상을 흉내 내는 사람들밖에는 발견하지 못했네."

위선은 흉내 내는 것으로 그칠 뿐이다. 흉내를 낸다는 것은 원본에 가깝다는 것을 의미하지 않는다. 오히려 원본을 훼손하는 것이다. 원본을 따라가기 어려우니 그들의 신앙은 흉내를 낼 뿐 본질과는 거리가 먼 위선으로 나타날 수밖에 없다.

우리도 하나님의 말씀을 흉내 내는 것은 아닐까?

흉내를 내고 싶어서 자리를 탐하고 인사를 받으려고 위선의 시선을 던지는 것은 아닐까?

교회생활의 문제나 신앙생활의 문제가 바로 여기에 있다. 위선을 위선으로 여기지 않고 흉내를 흉내로 보지 못하는 것이 교회의 진실성을 떨어뜨린다. 가식적이고 위선적인 신자들이 흉내를 내고 있다는 판단들은 오래 전부터 있어 왔다. 원본적인 하나님의 말씀을 선별적으로 믿고 그저 신자입네 흉내를 내는 그리스도인을 보고서 사람들은 진정성과 진실성이 없다고 손가락질하는 것이다.

왜 더 깊은 신앙, 더 본질적인 신앙으로 들어가지 못하는 것일까?

왜 다들 가르쳐들려고만 하는 것일까?

예외 없이 비우려는 의지가 필요하다. 비워내서 하나님 당신의 말씀과 음성을 내면화하고 그것을 기반으로 살아보려고 노력을 해야 한다. 그리스도인에게 스승은 예수 그리스도이다. 그리스도인에게 아버지는 하나님이신 아버지이다. 그 외 모든 신자들은 모두 형제요 자매일 뿐이다. 동료이다. 수평선상에서 모두가 하나님께 나아가는 신앙인에 불과하다. 서로의 신앙을 격려하고 나누는 평등한 존재들이다.

예수는 강조한다.

"너희 중에 으뜸가는 사람은 섬기는 사람이다."

교회는 모두가 서로 섬기는 사람들이어야 한다. 서로 존중하는 사람들이어야 한다. 서로 사랑하는 사람들이어야 한다. 필요에 의해서, 위선으로 섬기는 것이 아니라 그가 나에게 으뜸이 되는 존재, 다시 말해서 하나님께서 으뜸으로 세워 놓으셨기 때문에 섬기는 것이다. 그가 윗자리에 있기 때문에 섬기고 그가 연약한 어린이이기 때문에 섬김의 대상이 안 되는 것이 아니다. 남녀노소 상하좌우 할 것이 모두가 섬김의 대상들이다.

그렇다면 교회는 섬김의 공동체인가?

한 사람 한 사람을 소중하게 생각하며 섬기려고 애를 쓰고 있는가?

교회는 섬김을 받으려고 하는 사람은 많은데 섬기려고 하는 사람은 드물다. 때에 따라서는 거만한 말투를 사용함으로써 상대를 제압하고 자신의 생각을 관철시키려는 사람이 있다. 말 속에 묻어나는 위선을 감당하기 어려울 텐데도 불구하고 습관화된 고질적인 언어와 목소리로 섬김을 받으려는 사람들이 있다.

거드름을 피우는 신자도 있다. 교회 공동체가 무슨 사회 집단이나 위계적 질서를 나타내는 이익집단처럼 사람을 대하는 경우가 있다. 신앙과 아무 관련이 없는 말과 행위는 신앙 공동체를 바닥으로 추락하게 만든다. 예수의 신앙 논리는 항상 반대인데, 우리는 되레 그 신앙 논리와 상반된 언행을 구사한다.

우리는 완전하게 그리스도인이 아니다. 우리는 부분적으로만 그리스도인이다. 왜냐하면 아직도 우리는 우리의 원본적인 진리를 망각하고 있기 때문이다. 니체는 속물적인 신자, 속물적인 그리스도교를 비판했다. 우리가 원본적인 하나님의 말씀을 체화하지 못한다면, 그래서 신앙 언어나 행위가 그리스도인답지 못하다면 속물이라는 비판을 면할 길이 없다.

조금 전에 이야기한 바와 같이 사회적인 이익집단과 다를 바가 무엇인가?

형식으로 사람들에게 보이기를 좋아하고 자리에 연연하며 높임말을 듣기를 바라는 종교는 속물의 형태를 벗어날 수 없다.

그러므로 이제부터는 신앙의 내면을 살찌워야 한다. 신앙의 내적 측면, 마음의 신앙에 초점을 맞추려고 노력해야 한다. 외형은 신앙의 내면을 성숙시키면 자연스럽게 드러나는 법이다. 그러니 일부러 꾸미려고 하지 않아도 된다. 하나님께서 은총과 영광스러운 삶에서 하나님 자신(Godself)을 우리의 영혼에게 주신 것을 믿는다면 항상 살펴야 하는 것은 우리 자신의 영혼의 상태이다.

정명공주의 정치적 이야기를 그린 〈화정〉이라는 드라마의 주제곡인 박정현의 "가슴에 사는 사람"이라는 노랫말에는 이런 가사가 등장한다.

> 가슴에 살고 있는 사람 오직 한 사람
> 그대였다고 나는 오직 그대라고
> 많고 많은 별들 속에 있어도
> 눈을 감아도 언제라도 그대를
> 마음속에 찾을 수 있다고
> 마음속에 느낄 수 있다고.

의미는 다를 수 있지만 마찬가지로 하나님 자신이 우리 영혼에서 자라고 있는 것인지, 하나님 자신을 속이고 있는 것은 아닌지, 위선적인 나의 신앙이 영혼 안에 있는 하나님 자신을 욕되게 하는 것은 아닌지 물음을 던져봐야 한다. 영혼 안에 있는 하나님 자신과 깊이 사귀고 하나님의 영의 지배 아래에 있는 신자는 굳이 꾸미거나 모양새를 신자인 척하지 않아도 하나님 자신의 영의 능력이 우리를 감싸게 된다.

헛되고 거짓된 신앙으로 교회를 왔다 갔다 하지 말아야 한다. 언젠가 그러한 신앙이 우리 자신의 바깥에 있는 타인들에게 그리스도인으로서의 아무런 감동도 불러일으키지 못할 것이다.

그리스도인으로서의 감동과 감화가 없는 신앙생활이 무슨 유익이 있겠는가?

마음의 부담과 그저 사교 집단인 것처럼 이 교회를 생각하는 것밖에 더 되겠는가?

내 마음 안에서 하나님 자신을 느끼고 그것을 말하지 않아도 흘러 넘쳐서 이웃과 자녀에게 영향을 끼치게 될 때 사방이 하나님 자신으로 충만하게 된다. 설교의 말이나 읊조리고 겉을 꾸민다고 해서 내 주변이 환하게 하나님의 빛으로 드러나지 않는다. 신앙생활에서 무슨 말을 하느냐도 중요하지만 그에 못지않게 말을 어떻게, 어떤 모양으로 내 몸으로 보여주느냐 하는 것도 중요하다.

그렇지 않으면 니체가 말했듯이, "콘서트홀이나 극장이 돈을 내는 모든 사람에게 약속하는 그 시원찮은 이기적 감동에 몸을 맡기는 것"에 지나지 않을 것이다.

사람들은 그리스도인에게서 그리스도의 향기를 맡기를 원한다. 거기에는 무슨 고상한 척하는 신앙적인 언어를 듣기를 원하는 것이 아니다. 가식적인 높임말을 사용할 때 낯설게 느끼는 무슨 독특한 정체성적인 직위나 신분을 보기를 원하는 것이 아니다. 습관적인 인사로 서로 공동체 구성원임을 확인하는 음성과 표정과 눈빛을 보고자 하는 것도 아니다. 그저 그리스도교의 원본적인 말씀을 잘 지키려고 하는 철저함이 있는가, 그것을 행동으로 옮기려고 하는 민감하고 감성적이면서 정직한 신앙 감각을 가지고 있는가를 확인하고 싶어 한다.

우리는 어떤 신앙인이 되고 싶은가?

수십 년 신앙생활을 했어도 여전히 겉꾸림에 지나지 않는 신자가 되고 싶은가?

아니면 신앙의 속 알맹이가 튼실하여 누가 봐도 내 속에 하나님 자신이 자리하고 있다는 것을 알게 하는 신자가 되고 싶은가?

이러한 신앙의 근본 존재, 근본 정체성에 대한 질문에 답을 찾아나가는 그리스도인이 되어야 할 것이다.

2. 죽음의 죽음, 민중을 깨우는 죽음(마 14:1-12)

사람은 죽음을 향해 가는 존재이다.

마르틴 하이데거(M. Heidegger)도 인간은 "죽음을 향한 존재"(Sein zum Tode)라고 했다.

인간은 태어나자마자 불행하게도 죽음을 향해서 첫 발을 뗀 것이나 다름이 없다. 그러므로 사는 것이 곧 죽음의 과정인 셈이다. 섣부르게 죽음에 대해서 이야기를 한다고 해서 기분이 나쁠 것도 없다. 우리는 모두 하루하루 죽음을 준비하고 또 어떻게 죽음을 잘 맞이할 것인가 하는 것이 숙제이다.

하지만 이왕 죽음을 향해서 가는 존재라면, 또 삶과 죽음이 동전의 양면이고 어찌 보면 삶이라는 커다란 영역 안에 죽음이라는 것이 있다면 좀 더 의미 있는 삶을 살아야 하지 않을까?

달리 말하면 좀 더 의미 있는 죽음을 죽을 수 있어야 한다는 것이다.

그렇다면 죽음을 어떻게 살아갈 것인가?

신앙적으로 진지하게 물어봐야 한다.

마태복음서에 기록된 세례자 요한은 삶이 아니라 죽음을 살다간 인물이다. 그는 매일 실존적인 죽음의 위기 앞에서 자신에게 맡겨진 하나님의 일을 해나간 사람이다. 그 시대에 꼭 필요했던 예언자, 민중의 고통이 무엇인지 알면서 그 고통으로부터 해방될 수 있도록 마음의 정화를 위해서 노력했던 인물로 기억되고 있다. 세례자 요한은 예수가 활동하기 전, 예수의 스승으로서 일찌감치 민중의 회개를 부르짖으며 회개의 세례를 베풀었다.

하지만 민중을 계도하는 것은 쉬운 일만은 아니다. 민중이 깨어나 봉기할 것을 두려워하는 기득권층에게는 눈엣가시였을 것이다. 그뿐만이 아니다. 그는 사람들을 모으고 설득할 수 있는 언변력과 호소력이 있었다. 로마에서 보기에도 그는 위험한 인물이었다. 혹 그가 사람들을 규합해서 저항 운동을 전개한다면 정치적인 부담이 클 수밖에 없었으니 말이다.

복음서에 씌어진 내용은 어쩌면 매우 지엽적이고 미화된 이야기일 수 있다. 그러나 복음서 이면의 내용은 좀 더 역사적이고 사실적이다. 그는 정치적으로 위협을 가할 수 있는 인물이기에 반드시 처단을 해야 할 대상이었다는 것이 성서학자들의 보다 더 현실적인 해석이다. 우리는 그의 죽음이 기득권층과 지배계층에 의한 죽음이라고 단정 지을 수 있다. 그는 민중의 편에 서서 민중을 위해서 설교를 하고 행동을 하다가 죽었다. 대의나 명분, 그리고 의미가 있었던 죽음임에 틀림이 없다.

여기에서 우리는 질문을 하게 된다.

'우리는 어떤 죽음을 죽을 것인가?'

'어떤 죽음을 맞이할 것인가?'

우리는 어떻게든 삶을 연장해보려고 하는 시대에 살고 있다. 정확하게 말해서 죽지 않으려고 하는 시대에 살고 있다는 표현이 맞을 것이다. 그러다 보니 세례자 요한과 같은 죽음을 생각한다는 것은 사치나 다름이 없다. 대의를 위해서, 약자를 위해서, 민중을 위해서 물불을 가리지 않는 의로운 죽음을 생각할 정도로 치열하게 살아가는 공적인 사람을 찾아보기가 어렵다.

그야말로 정의로운 죽음, 대의를 위한 죽음, 민중을 위한 죽음, 약자를 위한 죽음이 필요한 시대이다. 그러한 죽음을 죽으려면 그러한 사람들을 위해서 정말 살아야 한다. 민중을 위해서, 약자를 위해서, 고통을 받고 있고 억눌려 있는 사람들을 위해서 살아야 세례자 요한의 죽음처럼 헛되지 않은 죽음이 될 수 있다.

우리의 삶에서 언젠가부터 대의나 명분, 민중과 약자, 정의라는 말이 사라지고 퇴색되기 시작했다. 오직 나 한 사람, 우리 가족만 잘 먹고 잘 살면 되지라는 소시민적인 삶으로 전락한 지 오래되었다. 물론 삶이 각박하고 힘이 드니까 움츠러들고 맘이 약해지는 것이 사실이다. 하지만 삶이 그렇게 될 수밖에 없는 사회구조적인 문제에 눈을 감고서는 이 세계가 더 이상 나아질 수가 없는 것은 자명하다.

그러니 큰 뜻을 위해서 나보다 못한 사람들을 위해서 산다는 좀 더 차원 높은 삶의 가치를 위해서 희생하는 삶은 찾아보기가 점점 더 어려워지는 것이다. 어쩌면 세계가, 국가가, 자본이 사람들을 그렇게 만들어가고 있는 것 같다. 더 이상 항거할 수 없고 저항할 수 없는 힘없는 노동자, 일개 소시민으로 살아간다면 그들에게 좋은 일일 것이다.

세례자 요한은 민족의 현실을 직시했고 민중의 고통과 억압받는 모습을 개혁해보려고 혼신의 힘을 다했다. 그는 금욕적인 인물이었다. 낙타 털옷을 입고 메뚜기와 들꿀을 먹으며 이스라엘 백성을 깨우치려고 했다. 세례자 요한처럼 금욕적인 삶을 살아야 한다는 것을 말하려 하는 것은 아니다. 중요한 것은 내가 그럴 위치가 되어 있다고 했을 때 민중을 깨우는 역할을 해야 한다는 것이다.

하나님으로부터 구원을 받은 우리가 해야 할 일이 무엇인가?

우리는 구원을 받았으니 이제 더 이상 할 일은 없고 교회만 열심히 다니고 개인의 영성을 위해서 노력을 하면 되는 것일까?

하나님에 의해서 구원받은 사람, 혹은 영적으로 깨우친 사람이라면 민중을 깨우고 역사를 바로 세우는 일을 할 수 있어야 한다. 우리나라의 선교 초기 역사를 보면 그리스도교가 이 땅에서 민족의 현실을 외면하지 않았고 민중을 일깨우려고 얼마나 정성을 쏟았는지 잘 알 수가 있다. 교회는 할 말을 해야 하고, 할 일을 해야 한다. 민중을 깨어야 하고 민족정신을 함양하는 역할을 해야 한다. 교회가 정신적으로 영적으로 앞서 있다면 더욱 그런 일을 해야 한다.

죽음을 잘 맞이하고 죽음을 잘 산다고 하는 것은 결국 어떠한 환경이 오더라도 자신이 해야 할 몫을 하다가 죽을 수 있어야 한다는 말이다. 세례자 요한이 죽을 각오로 민중을 계도하고 신앙의 각성을 촉구한 것은 아닐 수도 있다.

하지만 늘 죽음은 지척이었다. 민중을 깨어나게 하는 것은 기득권층에게는 늘 위험이다. 밑바닥에 있는 사람들이 우매해야 다스리기 쉽고 통제하기가 용이한데, 신앙적으로, 정신적으로, 영적으로 깨어나게 되면 그런 일은 어려워지는 법이다. 그러므로 민중을 깨우치는 사람은 지배계층의 표적의 대상이다. 언제 고통을 당할지 언제 죽임을 당할지 알 수가 없다. 그렇지만 교회는 민중을 깨우치는 일을 게을리 하거나 그만 둘 수 없다. 죽음으로 인생을 마감한다 할지라도 교회는 백성을 깨우쳐야 한다.

지금 우리는 정신이 혼미해지고 퇴보하는 세계에 살고 있다. 시간이 갈수록 그것은 더욱 심해질 것이다. 사고하고 깊이 사물을 관조하는 능력이 자꾸 떨어지고 있다. 이러한 현상은 교회도 예외는 아니다. 큰일이다. 영적인 퇴조(退潮)와 함께 정신적으로도 성숙되는 것이 정체된 상태가 지속되고 있는 상황이다.

이런 교회가 사회를 계도하고 백성을 올바른 길로 인도한다는 것은 어려운 일이다. 적어도 종교가 사회의식을 바꿔 나가던 때가 있었다. 종교의 정신적 수준이 높아서 민중의 생각을 끌어올리던 시대가 있었다.

그런데 지금은 그러한 역할을 하지 못하고 있다. 오히려 도덕적, 정신적, 영성적으로 뒤처지고 있는 모습을 볼 수 있다. 그러다 보니 종교를 두려워하지 않는 정부, 종교의 발언을 흘려버리는 시민들, 자본에 대한 종교의 비판을 우습게 여기는 지금이 아닌가 싶다.

다시 종교 스스로 백성을 깨우칠 만큼의 정신적 성숙을 꾀해야 한다. 영성적 진보를 일구어야 한다. 그래서 시대가 두려워하고 세계와 국가가 경계하며 자본이 자신들의 불의를 고쳐나갈 수 있도록 해야 한다.

세례자 요한의 영성과 정신의 기반은 광야의 영성에서 왔을 것이다. 그는 광야에서 하나님과의 만남과 대면을 통해서 정신과 영성을 가다듬었다. 광야가 그를 있게 했고 그곳에서 들려오는 하나님의 음성에 즉각적으로 반응했다. 그리스도인들에게도 영성적으로 광야가 필요하다. 광야는 그리스도인의 신앙을 단련시킨다. 광야는 오직 하나님만을 의지하고 그분만을 대면하도록 만든다. 그리스도인이라면 누구에게나 신앙의 광야가 필요하다. 홀로 있어서 하나님만을 만나려는 자기 고독을 즐길 수 있는 그리스도인이 되어야 한다.

오늘날 사람들은 신앙적으로, 정신적으로 고독해지려는 것에 대해서 주저한다. 매체가 발달하면 할수록, 문명이 발달하면 할수록 사람들은 더 고독해지기 때문에 그 고독을 무서워한다. 그래서 홀로 있거나 고독해지려고 하지 않는다. 더 많은 사람들과의 관계, 더 복잡하고 빠른 인간관계를 원하게 된다. 많은 사람들이 고독을 참지 못하고 도시의 소음 속으로, 사람들의 인파속으로, 빠르고 매혹적인 매체 속으로 빨려 들어간다.

하지만 그리스도교는 고독의 종교이다. 신앙의 광야에서도 홀로 있는 것을 즐기고 기뻐할 수 있는 종교이다. 세례자 요한이 그랬고, 예수도 그랬으며 후대의 사막교부들과 훌륭한 영성가들도 하나님을 만나기 위해서 광야에 머물렀다. 신앙의 광야에서 고독할수록 하나님과의 대면이 더 뚜렷하게 다가온다. 하나님의 음성이 더 또렷하게 들린다. 고독해야 자신의 내면을 들여다보고 그 속에 거하시는 하나님을 제대로 만나게 된다. 세례자 요한은 백성들에게 외치는 광야의 소리였고, 그 소리는 단순히 카랑카랑한 사람의 소리가 아니라 하나님의 소리였다. 그 배경에는 광야에서 고독을 통한 하나님과의 만남이 있었기 때문이다.

하나님과의 만남은 어떤 상황이 와도 두려움이 없다. 하나님과의 만남은 죽음도 불사하게 된다. 그리스도인은 세례자 요한처럼 죽음으로 죽음을 이기는 신앙이 있어야 한다. 정신과 영혼, 영성을 죽이려고 하는 사람들에게 죽음을 넘어서게 되면 새로운 세계가 있다는 것을 알게 해주어야 한다.

내면이 고독한 그리스도인은 죽음을 고독하게 만든다. 고독을 통해서 하나님을 자기 자신의 주인으로 모신 그리스도인은 자신을 죽이려는 죽음조차도 곁에 있지 않게 한다. 죽음을 소외시키고 죽음을 넘어서 마치 죽음이 없는 듯이 치열하게 죽음의 문화와 죽음의 정신, 죽음의 권력과 싸우게 된다. 고독을 즐긴다거나 고독 속에 있다고 해서 우리가 격리된다거나 소외된다는 것을 의미하지 않는다. 고독을 통해서 자신을 더 강하게 만드는 것이고 고독 속에 거하시는 하나님을 맞대면하기 때문에 나는 혼자 있는 것이 아니라 그분과 함께 있다. 그분과 함께 있는 고독한 광야사람은 궁극적으로는 죽음과도 친구가 된다.

그래서 고독 속에서 하나님 자신을 깨달은 사람은 내면에서 영성의 깊이와 정신의 풍요로움을 맛보게 된다. 더불어 고독을 즐겨하는 자는 그 깨달음을 자신만이 간직할 게 아니라 죽음과 고통을 경험하고 있는 사람들과 나누어야 한다는 책임의식을 느끼게 된다.

2천 년 전 어느 날 세례자 요한도 그와 같은 생각을 하고 삶의 피로감, 정치경제적 피로감에 시달리는 자신의 민족과 백성들에게 설교를 하고 회개와 위로와 격려의 세례를 베풀었을 것이다. 죽음을 불사하고서 말이다.

세례자 요한에게서 배울 수 있는 신앙의 교훈은 무엇인가?

우리도 신앙적으로 깨우치고 하나님의 음성을 들었다면 사람들에게 영성적으로, 정신적으로 계몽을 해야 한다는 사실이다.

설령 기득권자들이 우리를 싫어해서 죽임이라는 극단적인 방법으로 정신과 영혼을 말살하려고 한다 하더라도, 우리도 광야에서 외치는 목소리가 되어야 할 것이다. 죽음을 각오한 목소리는 또 다른 민중의 영혼을 살리는 죽음의 죽음이 될 것이기 때문이다.

3. 사람을 통해서 하나님께로!(눅 6:1-5)

고등종교일수록 신에 대한 관념은 매우 체계적이다. 유대교나 그리스도교 역시 마찬가지다. 신 혹은 초월적인 신이 인간을 지배하거나 그 신에게 인간이 경배해야 한다는 신앙을 가진 종교는 인간보다는 그 신이 우선이 되는 경우가 많다. 하지만 너무 신을 앞세우면 신앙은 있어 보일지 모르지만, 정작 사랑하고 배려해야 하는 인간은 보이지 않는다. 그리스도교에서 하나님께서 육화를 하셨다고 하는 신앙은 초월적 존재인 하나님이 인간에게 물질적인 존재로 변하셨다는 것이다. 그것은 곧 인간의 구원을 위해서, 좀 더 나아가서 우주적 구원을 위해서 그런 것이다.

하지만 텍스트를 보면 유대교가 율법을 통해서 하나님을 섬기기 위해서 노력한 것이 종국에는 인간을 어떻게 구속하는가를 엿볼 수 있다. 하나님을 우선으로 하고, 하나님을 중심으로 사고하고 행동해야 구원이 있고 신앙이 있다는 그 일념이 인간을 얼마나 힘들게 할 수 있는가를 잘 드러내 주고 있다.

미쉬나(Mishnah, shabbat 7:2)에 보면 안식일에는 하지 말아야 하는 율법 조항들이 하나둘이 아니다. 그것을 대강 열거를 해보면 다음과 같다.

> 바느질, (밭)가는 일, 농작물을 거두어들이는 일, 곡식 단을 묶는 일, 타작, 곡식 등을 까부는 일, 곡식이나 거두어들인 것들 가운데서 좋은 것과 버릴 것을 고르는 일, 곡식 등을 가는 일, 체질, 반죽, 빵을 굽는 일, 양털 깎는 일, 양털을 빼는 일, 양털을 치는 일, 양털에 물들이는 일, 실을 잣는 일, (실 따위를) 엮는 일, 두 개의 고리를 만드는 일, 두 개의 실을 엮는 일, 두 개의 실을 푸는 일, 묶는 일, 푸는 일, 두 조각을 꿰매는 일, 두 조각을 꿰매기 위해 찢는 일, 사슴을 덫으로 잡는 일과 도살하는 일, 사슴의 거죽을 벗기는 일, 사슴 거죽에 소금을 치는 일, 사슴 가죽을 가공하는 일, 사슴 가죽을 반반하게 만드는 일, 사슴 가죽을 자르는 일, 두 글자를 쓰는 일, 두 글자를 쓰기 위해 두 글자를 지우는 일, (건물을) 짓는 일을 하거나 부수는 일, 불을 끄거나 켜는 일, 망치질, 물건을 한 곳에서 다른 곳으로 옮기는 일.

그러므로 바리새파 사람들이 이런 율법적인 조항들에 근거해서 보았을 때, 예수의 제자들이 배가 고파서 그랬든지 아니면 그냥 심심해서 벼이삭을 자르고 비벼서 먹었는지는 정확하게는 알 수는 없어도 그것 자체가 노동 행위에 해당이 된다는 것이었다. 누가복음사가의 기록에 의하면, 제자들은 배가 몹시 고팠던 것으로 보인다. 그래서 벼이삭이라도 먹어보려는 심산으로 그것을 잘라서 비볐을 것이다.

바리새파의 비판에 대해서 예수의 논증은 다윗의 사례를 들고 있다. 그는 사제들밖에 먹을 수 없는 빵을 자신도 먹고 같이 있는 사람들에게 먹도록 해주었다는 것이다. 그 다음 말이 압권이다.

> 사람의 아들이 바로 안식일의 주인이다(눅 6:5).

인자(son of man), 곧 사람의 아들이라고 표현을 했지만, 그것은 예수 자신을 지칭하는 말이라기보다 일반적인 사람, 즉 3인칭 대명사를 나타내는 말이다.

안식일이라는 율법적인 제도보다 사람이 더 중요하다는 예수의 변론은 파격적인 발언이다. 안식일은 하나님을 위해서 있다는 고정 관념을 가지고 있던 유대인들에게는 이단시비가 붙을 만한 이야기가 분명했다. 안식일은 하나님을 위해서 존재하는 거룩한 날로서, 그래서 온갖 율법으로 하지 말아야 할 조항들을 만들어 놓은 것인데, 사람을 위해서 존재한다고 하니 일대의 대전환이라 할 수 있다. 마치 하나님 중심에서 사람 중심으로 관점이 이동한 듯하다.

하지만 안식일이라는 시공간은 하나님을 위해서 존재한다는 대원칙이 흔들린 것은 아니다. 안식일의 근본적인 원칙은 쉼이다. 하나님을 위해서 쉬는 것이다. 하나님을 위해서 쉰다는 것은 사람이 쉬어야 하나님도 쉬게 되는 것이다. 하나님을 위해서 쉰다는 것은 아무 일도 하지 말라는 금기사항이 아니라 더 적극적으로 생명적인 일을 위해서는 생각을 열어놔야 한다는 것을 뜻한다. 하나님을 위한다고 하면서 하나님께서 사랑하시는 인간 자신을 억압하는 것은 본래의 안식일의 취지와 맞지 않다.

하나님은 인간을 통해서 나타나신다. 인간 안에 하나님이 함께 하신다면 인간이라는 존재는 매우 중요한 안식일의 초점이 되어야 할 대상이다. 인간이 움직이고 생각하는 것이 잘못되면 하나님에 대한 인식과 행위가 달라진다. 그러므로 먼저 예배의 주체요 쉼의 주체인 인간이 어떠한 상태인지를 알아야 한다. 사람을 소중하게 생각할 수 있어야 하나님을 향한 올바른 행위가 가능해진다는 것이다.

예수가 사람의 아들이 안식일의 주인이라고 말한 것에는 안식일이라는 시공간으로부터의 해방, 시공간을 넘어서 계신 하나님을 보여주시기 위해서이다. 안식일의 초점이 하나님이 아니라는 것이다.

프로이트는 '반복강박'(Wiederholungszwang; repetition automatism)이라는 개념을 사용한다. 사람들이 이상한 무의식적인 충동에 이끌려서 특정한 행위를 반복한다는 것이다. 자칫하면 우리의 주일 예배도 '반복강박'으로 비춰질 수 있다. 우리의 의례, 의식(儀式)은 무의식의 죄의식을 덜어내는 반복강박이 아니다. 사실 복음서의 이야기는 시공간의 성화와 인간의 연민 사이의 갈등을 내포하고 있는 것을 볼 수 있다.

유대교에서는 안식일이란 하나님 자신을 위해서 존재하는 것으로 인식했다. 그렇기 때문에 시간과 공간은 철저하게 구별되고 거룩하게 되어야 하는 것이 마땅하다. 사람과 동물, 그리고 노동이라는 것의 어떤 행위는 잠시 하나님을 위해서 중지가 되어야 한다. 일상의 시간과 공간은 하나님을 위해서 성스러워져야 한다. 여기서 하나님을 강조하고 그분에게 초점을 두어야 하는 것이 당연한 일이지만, 초월적 존재를 지나치게 염두를 하다보면 그 열심과 열정적인 신앙으로 인해서 사람을 제대로 보지 못하게 된다.

바리새파 사람들은 사람이 가진 아픔과 고통, 그리고 필요가 보이지 않았다. 종교가 사람을 못 본 것이다. 종교가 가진 교리와 조직, 그리고 체계에 갇히게 되면 정작 세심하게 바라봐야 할 사람이 보이지 않는다. 교리나 조직, 체계를 가지고 인간에게 적용하려고 하니까 사람을 오히려 그것들에 맞추려고 하는 이상한 일이 벌어진다. 종교적 교리나 잣대, 그리고 관습과 습관 등으로 사람을 보는 폐단이 생기는 것이다.

우리 종단의 색깔이 이러니까 반드시 우리의 조직에 들어오는 사람은 같은 색깔을 가지고 있어야 한다는 생각을 하게 되면 고통스러워진다. 오늘 예수의 선언은 바로 그러한 것을 뛰어넘으라는 것이다. 율법적인 범주로 사람을 재단하는 것이 과연 하나님께서 원하시는 것이냐 하면 그렇지 않다는 것이다.

하나님의 초점은 사람에게 있다. 그 사람이 가진 고통이 무엇이냐, 그 사람이 겪는 삶의 애환이 도대체 무엇이냐, 그 사람이 지금 어떠한 삶의 질고를 지고 있느냐 등등 하나님의 관심은 사람에게 있다. 하나님 자신을 위해서 인간들이 제정해놓은 법적 제도가 문제가 아니다. 그것은 하나님을 위한다고 하면서 만든 인위적인 제도일 뿐이다.

그러한 인위성을 하나님이 과연 원하시는 것일까?

우리 그리스도인도 생각을 바꿔야 한다. 안식일, 바꿔 말해서 주일은 누구를 위해서 존재하는 것인가?

바로 '그 사람'을 위해서 존재한다. 바로 그 사람이란 연민을 느끼게 하는 사람, 하나님의 특별한 관심을 필요로 하는 바로 그 사람, 하나님의 사랑과 자비 안에 있어야 할 그 사람을 위해서 존재한다는 것이다. 기계보다도 사람을, 건물보다도 사람을, 주일이라는 시공간에 사람을 생각하고 배려할 수 있는 그리스도인이 되어야 한다. 하나님을 빙자해서 사람을 먼저 고려하지 않는다면 신앙과 아무런 관련이 없다.

주일에 우리도 하나님의 시선과 생각 안에 머물러 있어야 한다. 교회 공동체가 신자들 개개인이 모여서 하나님께 예배를 드리고 그분을 높여드리는 것은, 공동체성이 담보되지 않으면 소용이 없다. 개개인의 신자들의 마음이 하나가 되고 서로 살피면서 주일의 참다운 의미를 되새길 뿐만 아니라 기쁨과 찬양, 그리고 일치된 생각을 하나님께 드린다면 더할 나위 없이 훌륭한 예배가 될 것이다. 하나님이 빠진 예배를 드리는 것도 문제이지만 바로 내 옆에 있는 사람에 대한 관심, 사랑, 그리고 연민이 없이 예배로 나아간다는 것도 큰 문제가 아닐 수 없다.

주일은 그리스도인의 생각과 마음, 그리고 정신과 사랑, 긍휼과 자비가 모아지는 날이다. 주일에 모아진 그리스도인의 삶의 신앙들이 중심이 되어서 일주일을 그 신앙의 바탕 위에서 살아가게 되는 것이다. 마치 유대인들에게 안식일을 위해서 나머지 평일이 존재하는 것과 같은 이치다. 유대교의 안식일이라는 기표는 월요일과 다르고, 화요일과 다르다. 안식일을 다르게 인식하고 차별화하고 구별하기 위해서 율법에 그 형식과 내용을 명시하였다.

하지만 그러한 강화가 사람들을 구속하면서 불편하게 하였다. 정작 달라져야 하는 것은 시공간의 성화가 아니라 다시 사람에 대한 인식, 사람에 대한 생각, 사람에 대한 태도가 새로워져야 한다.

왜 주일에 사람이 주인이 되어야 할까?

서로 엉뚱한(ent) 자리(stellung)에 있던 사람들, 왜곡된(entstellung) 사람들이, 서로 다른 기표의 소유자들이 하나님 앞에서 평등한 자리, 사랑의 자리를 차지하기 때문이다.

하나님은 그러한 사람들을 통해서 자신을 드러내시는 분이다. 사람들을 향한 그윽한 시선을 견지한 사람들이 모여서 예배를 드리는 그 사람들을 통해서 하나님께로 나아가는 것이다. 그러므로 하나님을 생각하는 것만큼 교회 공동체 안에 더불어 있는 사람들을 생각해야 한다. 그 사람이 가진 생각을 소중하게 여기고, 그 사람이 가진 삶의 가치를 나누고, 그 사람이 가진 기쁨과 슬픔을 함께 나누면서 주일을 보낸다면 그 신앙 가운데 하나님께서 현존하실 것이다.

하나님을 빙자하여 형식적이고 표면적인 관계를 지향하고 있다면 이제는 달라져야 한다. 사람의 안으로 들어가 서로를 배려하며 사랑하는 예배 공동체를 만들어 가야 한다. 사람의 관계가 늘 순수할 수만은 없다. 하지만 가식적인 것도 좋은 것은 아니다. 껍데기를 벗어던지고 가능한 한 순수한 신앙과 내면, 그리고 삶의 심층에서 만나려고 한다면 그 순수한 신앙 안에 하나님께서 드러나고 예배 공동체가 하나님을 향해 나아가고 있다는 아름다운 감동을 느끼게 될 것이다.

주일에 신자들끼리 해서는 안 될 일에 대해서 시시비비만을 가리고 따지면서 부정적인 시선으로 타인을 보려고 한다면 자칫 그/그녀를 정죄하게 된다. 해서는 안 될 일을 찾는 것이 아니라 꼭 해야 할 일들을 찾으면서 서로가 그 일을 해나가려고 할 때에 기쁨이 있고 보람이 있게 된다.

'주일에 교회가 해야 할 일이 무엇인가?' '타자를 위해서 해야 할 일이 무엇인가? 하나님을 위해서 해야 할 일이 무엇인가?' 등등을 생각하면서 좀 더 신앙인으로서의 의무론적 태도를 지향한다면 사람이 귀중하고 그 사람 안에서 하나님의 모습을 보게 될 것이다.

그렇게 한 사람, 한 사람을 귀중하게 생각할 수 있는 교회가 되어야 한다. 하나님의 마음으로 끌어안으려고 노력하는 신자가 되어야 한다. 사람이 없는 교회 공동체가 하나님으로 나아갈 수 없으며, 텅 빈 교회가 하나님을 기억할 수 없을 것이다. 하나님을 기억하는 공동체가 되려면 사람을 귀하게, 하나님을 모시듯 대해야 한다.

주일의 참된 의미는 하나님을 모시고 신앙을 다잡는 것이기도 하지만, 그것은 필연적으로 내 옆의 사람, 이웃을 동반하지 않으면 하나님을 모신다고 말할 수가 없다. 사람의 눈빛, 사람의 말과 소리, 사람의 몸짓, 사람의 표정, 사람의 마음속에 하나님의 관심사, 하나님의 일, 하나님의 목적이 있다는 사실을 잊지 말아야 한다. 주일은 다른 날과 달리 더욱 그래야 한다.

4. 비트겐슈타인의 호소 (눅 6:43-49)

모든 일에는 원인이 없는 결과가 있을 수 없다. 결과를 보면 왜 그런 결과를 가져올 수밖에 없었는지 그 원인을 추론하게 된다. 그러다보면 바로 그 원인 때문에 나타난 결과라는 것을 알 수가 있는 것이다. 나무와 열매의 관계도 그렇다. 좋은 열매를 맺으려면 반드시 좋은 나무여야만 한다. 좋은 나무에서만 좋은 열매를 맺을 수 있는 것은 어쩌면 너무나 당연한 이치다.

신앙에서도 마찬가지다. 신앙의 좋은 열매를 맺고 싶다면 내가 좋은 신앙의 나무가 되어야 한다. 나무는 햇빛, 공기, 물, 흙 등의 알맞은 환경 속에서 자라나게 되는데, 그런 외부적인 조건을 가능케 하는 존재를 우리는 초월적 존재라고 한다. 내가 건실한 나무가 되고 좋은 열매를 맺으려면 그 외부적인 조건에 전적으로 의존해야 한다. 아무리 내가 좋은 나무가 되려고 한다 해도 외부적인 환경이 수반되지 않으면 나무가 성장할 수도 또 때에 맞추어 좋은 열매를 맺을 수 없는 것이다.

외부적 조건과 환경을 어떻게 내 것으로 만드는가에 따라서 나의 신앙이 달라진다. 나무는 이동을 할 수 있는 존재가 아니기 때문에 무조건 수동적인 자세로 햇빛, 공기, 물, 흙이라는 환경에 놓여 있어야만 한다. 나무의 수동적이고 수용적인 자세가 우리의 신앙 자세가 되어야 한다. 하나님으로부터 오는 은총과 선물, 그리고 사랑을 머금은 나무가 될 때 그에 상응하는 좋은 열매를 맺게 된다.

그렇다고 능동적인 신앙인이 되지 말라는 말이 아니다. 수동적이고 수용적인 자세의 신앙이란 하나님으로부터 오는 모든 에너지들을 편견 없이, 무조건적으로 받아들이게 된다는 것을 뜻한다. 좋은 나무의 운명은 자신이 처해 있는 상황을 온 몸으로 받아들이고 대처하면서 하늘을 향해 가지를 뻗는 것이며, 동시에 땅 속으로 깊게 뿌리를 내리는 것이다. 좋은 나무, 곧 좋은 신앙의 운명은 하나님을 향해서 나아가는 태도와 하나님 앞에서 무릎을 꿇는 태도가 겸비되어야 한다.

위로는 하나님을 향한 자세와 아래로는 만백성과 함께 사랑을 나누려는 그 열망의 몸부림이 있을 때 신앙의 열매는 자동적으로 튼실하게 맺을 수밖에 없다. 작열하는 태양을 향해 나뭇가지를 뻗어 올리는 것처럼 하나님을 향한 사랑의 심장으로 나아가는 신자에게는 분명히 좋은 신앙의 열매를 맺을 수 있을 것이다. 좋은 나무가 되기 위해서 노력하는 것만으로 충분하지 않다. 좋은 나무는 자기만 독식하는 나무가 아니다. 좋은 나무는 땅 속 깊이 뿌리를 내려서 그 수액으로 모든 가지를 살리려는 그 본능에 있다.

신앙적 본능이라는 것도 동일하다. 좋은 열매를 맺게 하려면 자신의 몸을 통해서 수액을 골고루 나누어 줄 때 가지가지마다 좋은 열매를 맺게 된다. 우리가 신앙의 열매를 맺게 하려면 반드시 이 두 가지를 기억해야 한다. 하나님을 향한 신앙의 열정과 교회 공동체 구성원, 더 나아가서 이웃들과 함께 나누는 신앙의 선물이 우리 자신으로 하여금 훌륭한 신앙의 열매를 맺게 하는 근본적 신앙태도라는 것을 알아야 한다.

또한 마찬가지로 마음속에 품은 것이 그 무엇이건 간에 할 수 있거든 선한 마음을 품도록 해야 한다. 선하지 않은 사람이 선한 마음을 품을 수 없다. 동일한 논리로 악한 사람이 악한 마음을 품게 된다. 누가복음사가는 선한 사람과 악한 사람의 근본 속성이 마음에서 탄생시키는 결과물이 다르다는 것을 분명하게 말한다. 선한 내면을 갖고 있다고 해서 선한 사람이 되는 것이 아니라 이미 그 자체로 선한 사람만이 선한 내면을 드러낼 수 있다는 것이다. 반대로 악한 내면을 갖고 있어서 악한 사람이 되는 것이 아니라 이미 그 자체로 악한 사람이기 때문에 악한 내면을 드러낸다는 것이다.

왜 그러면 누가복음사가는 마음이 먼저라고 말하지 않았을까?

그것은 이미 그 사람의 행실을 보면 그가 근본적으로 선한 내면을 가지고 있는지, 악한 내면을 가지고 있는지를 알 수 있기 때문이다. 선한 사람은 항상 그 그릇에다 선한 마음을 담는다. 반면에 악한 사람은 항상 그 그릇에다 악한 마음을 담는다. 그로인해 그 그릇에서 넘치는 것을 보면 그 사람의 내면과 외면이 어떠하다는 것을 알 수 있게 되는 것이다.

그러므로 그리스도인의 마음가짐도 중요하지만 몸가짐도 중요하다. 신앙생활을 하는 데 몸가짐과 몸짓을 보면 그 사람이 선한 사람인지 악한 사람인지를 알 수 있다. 누가복음사가의 말대로 마음속에 가득한 것이 입 밖으로 나오기 때문에 그 사람의 외형만 보아도 그 사람의 신앙적인 마음이나 마음의 상태를 짐작할 수 있게 되는 것이다. 그런 의미에서 마음 못지않게 몸짓, 말본새도 중요하다. 거기에도 마음이 담겨 있기 때문이다.

우리 신앙인의 몸짓과 말본새는 어떠한가?

선한 사람으로서의 신앙태도를 갖추고 살아가려고 하는 것인가?

아니면 그저 무의식적인 의식의 표현으로 표정을 짓고 말을 하고 몸짓 언어를 하고 있는 것일까?

사람들은 그 사람이 진실한지 아닌지 바로 그 신앙적인 외양에서도 판별하게 된다. 그러므로 먼저 선한 그릇이 되도록 애를 써야 한다. 신앙적으로 선한 그릇이 되는 것이 어떤 것인지 고민하면서 살아가도록 해야 한다.

사람들은 말하기 좋아하고 또 판단하기를 제멋대로 판단을 한다. 자기 좋을 대로, 자기식으로 판단을 하고 규정을 한다. 누구를 위한 판단이며 누구를 위한 말인가. 정말 타자를 위한 것인가, 아니면 자신의 이익과 부합 혹은 상충되기 때문에 그러는 것인가. 정확히 알 수가 없다.

"말할 수 없는 것에 대해서는 침묵하라"(What we cannot speak about we must pass over in silence; Woven man nicht sprechen kann, darüber mußman schweigen).

철학자 비트겐슈타인(L. Wittgenstein)은 자신의 전기(前期) 사상이 함축되어 있는 저서 『철학적 탐구』에서 위와 같이 말했다.

말을 조롱한 것인가?

아니면 말의 의미를 정확히 하라는 것인가?

그것도 아니면 아예 알지도 못하면 입 다물고 잠자코 있으라는 것인가?

입이 달렸다고 다 말을 할 수 있는 것은 아니다. 할 말과 하지 말아야 할 말을 구분해야 한다. 인간이 인간인 이유는 이성에 입각해서 소리-말만 아니라 뜻-말도 잘 사용하기 때문일 것이다. 침묵은 비겁한 것이 아니라 오히려 용기이다. 말을 할 수 있음에도 불구하고 말을 하지 않을 수 있는 용기, 더 나아가서 해야 할 말만 할 수 있는 용기는 침묵이라는 말과 말 '사이,' 소리와 소리 '사이'의 짧고 긴 흐름, 곧 공기의 파장을 구분, 구별할 수 있는 것이다.

감각 가능한 세계의 사실들에 대해 말해주지 못하는 말들이 있을 수 있고, 신비적인 것 또한 말로서 표현한다는 것은 불가능하다. 언어 밖에 있는 것을 표현해내는 것은 아무 의미가 없는 말(뜻이 통하지 않는 말, nonsense)에 불과한 것이 되고 만다. 그 신비적인 것은 그냥 보여주고 있을 뿐이다. 종교적인 말, 종교인이 사용한 말 역시 난센스다. 하지만 무의미한 말(meaningless)은 아니다. '죽은 후에 인간은 어떻게 되는가?' '나는 누구인가?' 하는 형이상학적 물음들은 의미가 있는 말이다. 이러한 물음들은 세계 밖의 신비로운 영역에 속하기 때문이다. 이것이 난센스라고 말하는 이유는 이 물음이 세계와 대응하지 않기 때문이다. 다만 무의미한 것은 '3+5=파란색'과 같은 명제이다.

종교적인 말, 신앙적인 말은 경험 바깥의 말, 언어 한계 바깥의 말이다. 따라서 종교적 언어와 그것이 지시하고 있는 사실 세계 사이에는 뜻이 통하지 않는다. 일치하지 않는다는 말이다. 비트겐슈타인이 말하고자 하는 것은, 세계 바깥의 영역을 묘사하는 언어란 대응관계를 찾을 수 없기 때문에 당찮은 말이라고 한 것이다. 세계를 언어로 그려낼 수 있어야 하는데 그 범위 바깥에 있는 것은 결국 아무 의미가 없는 것이다.

대응 관계를 찾을 수 없는 언어란 세계 속에 있느냐 아니면 세계 바깥에 있느냐에만 해당되지 않는다. 그것은 인간의 말 속에서도 전혀 대응하지 않는 헛소리, 그림을 그릴 수 없는 허상의 언어를 사용하여 사람을 혼란스럽게 만든다. 언어 밖에 있는 사건들을 마치 언어로 표현해낼 수 있는 것처럼 말하는 사람들이 있다. 언어 밖에 있는 세계를 그려내듯이 말하는 사람들은 뜬구름을 잡는 것이나 다름이 없다.

누가복음사가는 말로만 떠들어대고 정작 신앙적 실천이 없는 신앙인을 비판한다. 말끝마다 '하나님,' '주님,' '예수님'하고 입버릇처럼 말하면서 예수의 말은 실천하지 않는 신앙인은 진정한 신앙인이 아니다. 예수의 말을 듣고 깨달을 뿐만 아니라 삶으로 옮기는 사람만이 전혀 쓰러지지 않는 삶과 신앙의 집을 세우게 되는 것이다. 신앙인의 삶은 예수의 말씀에 의해서 조명을 받도록 해야 한다.

그런데 예수의 말은 온데간데없고 신앙에 대한 자의적 해석과 임의적 해석, 심지어 자기식대로의 해석으로 아전인수식으로 끄잡아 들인다. 마치 예수의 말은 하는데 예수의 의도와는 전혀 다른 해석과 그에 따른 삶을 살게 되니 말씀과 삶이 서로 유리될 수밖에 없다. 예수의 말씀과 그 생생한 예수라는 인물과의 일치를 꾀하는 신자가 되어야 한다.

말은 아름답게 사용하면 참으로 미학적이다.

왜 말이라고 했을까?

자칫 아무렇게나 내뱉게 되면 책임질 수 없는 허공에 흩어지고 마는 언어가 되기 때문이 아닐까?

세상에는 수많은 언어들, 말들이 존재한다. 필자도 지금 말을 사용하면서 글을 쓰고 있다. 이 중에는 귀담아 들어야 할 말과 그렇지 않은 말이 있을 것이다. 복음서의 내용을 해석된 언어로 이야기를 하고 있는데 그 의미가 발생하는 언어가 될 때 허언이 되지 않을 것이다.

하지만 또 하나의 말을 퍼뜨리면서 존재를 변화시키지 못하는 언어가 된다면 예수라는 존재 발생의 언어는 힘을 잃게 된다. 예수라는 존재의 힘, 그 존재로 살아갈 수 있는 것은 근본적으로 말의 깨달음에 있다. 만일 예수라는 존재 발생의 언어가 마음에 와 닿고 그곳에 말이 정착하게 된다면 그 말은 그냥 말이 아니라 '말-씀,' 즉 말을 내 인생에서 실천으로 사용해야 하는 의지와 책임이 생기는 것이다.

하지만 예수 존재의 힘을 발생시키는 말을 마음에 새기고 실천으로 밀고 가지 않으면 아름다운 미학적 언어가 아니라 추한 미학적 언어가 되고 만다. 예수의 힘을 상실하는 언어가 되기 때문에 추한 언어로 전락하고 마는 것이다.

그리스도인들은 자신의 삶이 예수의 말씀에 뿌리를 내릴 뿐만 아니라 예수 존재의 힘을 발생시키는 언어를 말하면서 그 바탕 위에서 흔들림 없는 삶을 살아나가야 한다. 그러면서 동시에 제발 내가 하는 말이 예수 존재를 발생시키는 말인지 아니면 시정잡배의 말인지를 구분하면서 책임적 언어를 사용하여야 할 것이다.

5. 고백을 따르는 사는 삶(막 8:27-38)

마가복음서 8장은 베드로의 고백과 예수의 첫 번째 수난 예고에 대한 말씀이 연결되어 있다. 고백은 일반적으로 사적 고백을 일컬을 수 있지만 공적 고백이라는 게 있다. 말이 발설되는 데 다른 사람이나 공동체와 아무런 관련이 없는 사밀한 고백이 있지만, 한편 다른 사람을 염두에 둔 발언, 즉 반드시 책임을 지고 공공성을 위한 발언을 해야 할 때가 있다.

예수는 제자들에게 묻는다.

> 사람들이 나를 누구라고 하더냐?(막 8:27)

이 질문에는 예수가 무엇으로 불리기를 바라는 욕망이 있어서 묻는 것이 아니다. 이것은 원시 그리스도교 공동체의 물음이다.

'예수는 어떤 존재인가?' '예수를 어떻게 불러야 하는가?' '그의 정체는 무엇인가?' 하는 질문에 대한 답을 찾아나가는 과거 그리스도교 공동체의 모습을 엿볼 수 있다. 사람들은 그를 두고 세례자 요한, 엘리야, 아니면 예언자 중 한 사람으로 생각했다. 아마도 그 이외에 다른 답변을 하기가 애매했을 것이다.

그때 베드로의 입에서 뜻밖의 얘기가 나온다.

> 선생님은 그리스도이십니다(막 8:29).

이 말은 이스라엘이 그렇게도 기다리던 메시아(Messiah)라는 말이다. 그는 예수 안에서 메시아를 보았다. 예수 안에서 메시아의 현존을 보았다. 베드로는 바로 그렇게 예수를 불렀다. 아니 원시 그리스도교 공동체는 예수를 메시아로 불렀음을 방증하는 것이다. 그리스도교 공동체는 메시아를 따르는 삶을 살았다. 그것은 베드로의 고백대로 살았다는 말이 된다.

베드로의 고백은 단지 사적 고백이 아니라, 교회 공동체 전체의 공적 고백인 셈이다. 개인의 입에서 나온 것 같지만 실상은 교회 공동체 전체의 신앙고백이 담긴 말이다.

"그분은 그리스도이시다."

말로만 했던 것이 아니라 이제는 고백을 삶으로 엮어가야 하는 것임을 교회 공동체가 몰랐을 리 없다.

그리스도인도 교회 공동체 안에서 고백을 한다. 사밀한 고백이 있을 수 있다. 행여나 남이 알새라 죄를 지은 것은 그저 하나님 앞에서 조용조용 말을 하면서 고백을 하기도 한다. 한편으로 공적인 고백을 하면서 공동체 전체의 정체성을 나타내는 말을 하기도 한다. 사도신경 같은 것도 일종의 공동체의 고백이다. 문제는 우리가 그 고백대로 살아가느냐 하는 데 있다. 신앙고백은 그렇게 살겠다는 표현이다. 그렇지 않다면 그 고백은 아무 소용이 없는 소리에 지나지 않는 것이다.

공적 고백을 사적 고백으로 착각을 일으키는 경우에는 신앙의 번지수를 잘못 짚을 수도 있다. 베드로의 고백은 잘 난체 하는 고백이 아니었을 것인데, 금방 예수의 갈 길에 대한 이야기를 듣고서는 자신의 고백을 철회하는 것을 볼 수 있다. 고백은 나를 향한, 나를 위한 고백이 아니라 타인을 향한 고백이고 타인을 위한 고백이다.

예수를 향한 고백은 자기 욕망의 투사가 아니다. 고백은 예감(豫感)이다. 고백은 상대에 대해서 미리 느낀 것을 그를 위해서 말하며 그대로 실행에 옮기겠다는 뜻을 담고 있다. 그러므로 고백은 철회될 수가 없다. 고백대로 살아야 하기 때문이다.

우리는 그리스도를 향해서, 그분을 위해서 어떤 고백을 하는가?

우리에게 신앙적인 고백이 있는가?

그저 예식서 혹은 전례문에 나오는 말들을 읊조리며 예배를 드렸고, 할 말을 다했다고 생각하는 것은 아닌가?

우리의 신앙고백이 어떤 형태로 이루어져야 하는가를 다음 단락에서 말해주고 있다.

> 나를 따르려는 사람은 누구든지 자기를 버리고 제 십자가를 지고 따라야 한다(막 8:34).

예수를 향해서 고백을 발언한 사람은 이미 그분을 따르겠다는 자기 의지의 표현이다. 그렇다면 그 고백에 자기 자신은 없다. 이제는 그분의 의지만이 나의 의지가 되는 것이다. 그분의 의지만을 따르는 것이 고백대로 사는 신자의 모습이다. 그리스도인의 원형은 예수 따르미로 살아가는 것이고, 그것은 신앙고백에 기초하고 있음을 알 수 있다.

따른다는 것은 더 이상 나의 의지가 아니다. 그분에게 했던 고백을 신앙의 이상으로 삼고 살아가는 것이기 때문에 모든 여건과 환경 속에서도 고백을 내려놓을 수가 없다. 자기 십자가는 각 개인이 지고 있는 삶의 무게로 해석할 수도 있지만, 그것은 앞 단락과의 관계에서 보면 나의 신앙고백에 의한 신앙적인 무게를 어떻게 견뎌낼 것인가를 말하는 것이다.

우리는 저마다 예수를 향해서 고백했던 신앙의 무게를 지고 충실하게 따라야 한다. 고백 따로 삶 따로가 아니다. 그것은 예배 안에서, 신앙생활에서 아무런 의미가 없다. 거기에는 무슨 신앙적인 성장과 성숙을 기대할 수가 없다. 고백을 내면화하고 그 고백을 신앙의 무게로 느끼면서 한 걸음 한 걸음 그분과 함께 나아갈 때 우리가 남김 신앙의 발자국이 모든 사람들에게 귀감이 될 것이며, 우리의 고백이 참되며 의미가 있다는 사실을 알게 될 것이다. 고백에 따른 신앙의 무게도 없이 그저 가벼운 마음으로 교회를 왔다 갔다 하는 것은 매우 안일한 신앙생활을 하는 것이다. 하지만 복음서 어디에도 예수는 편리하고 간편한 신앙생활을 말한 적이 없다.

　마가복음사가의 기록에 "나 때문에 또 복음 때문에 목숨을 잃는"경우를 말하고 있는 것이 이를 증명한다. 예수를 향해 고백했던 신앙의 무게를 감당하는 것은 급기야 자신의 목숨을 내놓아야 하는 상황이 발생된다는 것이다. 고백의 책임감, 고백의 무게, 고백의 성심을 생각해보면, 지금까지 우리의 고백이 얼마나 하찮았는가를 생각해보게 된다. 매주일, 또는 매일 고백을 하지만 그 고백에 대해서 단 한 번도 진지하게 생각해 보지 못한 그리스도인이 있다면 이제라도 고백의 무게를 실감할 수 있어야 한다.

　예수를 향한 고백이 나의 목숨을 내놓아야 하는 것이라면 단지 신앙생활이 교양을 쌓기 위해서라거나 혹은 그저 하늘나라에 가기 위한 것이 아님을 깨닫게 된다. 지금 여기에서 예수를 따르는 자로 살아간다는 것은 그의 삶 전체를 나의 삶으로 탈바꿈하여 완전히 닮아나간다는 것을 의미한다. 그러니 고백을 부담스럽게 여겨야 한다. 아니 천천히 곱씹으면서 그 고백을 나의 신앙의 자극제요 신앙인으로서의 존재의 짐으로 받아들일 수 있어야 한다.

　그런데 역설이 발생한다. 생명을 내놓을 각오로 사는 자는 오히려 생명을 얻게 된다는 말이 그것이다. 예수를 향한 고백을 끝까지 밀고 나가는 사람에게는 그에 상응하는 생명을 우리에게 주실 것이다. 이해할 수 없어도 고백에 책임을 지며 그 무게를 감당하기 위해서 당신의 말씀의 바탕 위에서 그 말씀을 신뢰하며 나아가는 신자들에게는 날마다 새로운 생명을 주실 것이다. 한 순간의 생존을 위해서 고백을 타협하거나 신앙으로 인해서 상처받지 않기 위해서 안주하려는 사람에게는 생명은 없다.

　세례성사 때의 고백, 죄의 고백, 사도신경의 고백, 아멘이라는 고백 등 수많은 고백이 말로만 끝난다면 우리의 신앙행동에 무슨 생산성이 있을까?

그러므로 그리스도인은 예수의 말을 부끄럽고 짐스럽게 여기지 말아야 한다.

그분이 말씀하시지 않는가?

"나와 내 말을 부끄럽게 여기면 나도 너희를 부끄럽게 여길 것이다."

예수의 말씀은 치욕이나 수치가 아니다. 우리가 마땅히 고백하고 따라야 할 신앙의 준칙(격률, maxim)이요 진리다. 고백을 남발하는 것도 문제이지만 고백의 무게를 짐스럽게 여겨서 고백을 하지 않는다면 그 또한 신앙인의 올바른 자세는 아닐 것이다. 신앙고백의 무게를 묵묵히 지고 갈 수 있는 그리스도인이 되어야 할 것이다. 신앙고백을 주문처럼 외우지 말고, 예수를 향한 고백을 망상가처럼 말하지 말며, 오직 고백 안에 숨겨진 예수의 지혜, 신앙의 지혜를 발견할 수 있어야 한다. 고백이 이끄는, 또한 고백이 밀고 가는 삶 안에 예수의 놀라운 생명과 예수의 낙천적인 정신이 자리 잡고 있음을 결코 간과하지 말아야 할 것이다.

제11장

신앙의 역설적 확신과 침묵

1. 즐거운 십자가? (마 16:24-27)

프리드리히 니체는 이런 말을 했다.

"평지에 머물지 말라! 너무 높이 오르지도 말라! 세상이 가장 아름답게 보이는 곳은 중간 높이에서니까."

하지만 신앙에 어정쩡한 중간이라는 것이 존재하는 것일까?

'세상은 우리에게 중간쯤 하면 된다, 너무 앞서거나 너무 처지거나 하지 말라, 가만 있으면 중간이나 간다' 등등으로 중간지대를 합리화하고 처세술의 한 방편으로 삼는다. 그러나 신앙에는 타협이 없다. 신앙에는 중간지대가 없다. 오직 예수를 따를 것인가 말 것인가 하는 선택지 중 하나만을 골라야 한다. 예수가 자신을 따르고자 하는 우리에게 제시하고 있는 것은 자기 자신을 버릴 것과 자기 십자가를 지고 따를 것 두 가지다.

자기 자신이 가진 것들이 많으면 많을수록 예수를 온전히 따라가기가 어렵다. 갈등이 많을 수밖에 없다. 아예 안 가진 사람이라면 모를까, 예수를 따라가기 위해서는 가진 것을 내려놓아야 한다. 예수를 따를 때

사적 명예, 사적 권력, 사적 부유함 등은 다 사족에 지나지 않는다. 그런 것을 가볍게 할 때 예수를 좇아가는 삶에서 갈등과 번민이 없다.

예수를 따를 때는 마음 또한 더 이상 내 것이 아니다. 마음조차도 예수를 위해서 내려놓아야 한다. 완전한 마음가짐을 가지고 예수를 따라가야 하는데, 여전히 내 마음으로 예수를 좇으려고 한다면 예수의 마음과 내 마음이 충돌을 일으킬 수밖에 없다. 예수가 생각하는 마음에 일치를 하며 그를 좇으려면 내 마음도 내려놔야 하는 것이다.

사실 마음이라는 것이 어디 있는가?

마음은 시시각각으로 변하는데 그것을 마음이라고 붙잡고 있으면서 내 마음대로 한다고 말을 한다. 마음은 없다. 있다면 욕망이 도사리고 있는 그것에 관심을 쏟고 있는 나 자신이 있을 뿐이다. 우리는 그러한 욕망을 마음이라고 한다. 예수는 변화무쌍하고 마음이라고 착각하고 있는 그 마음조차도 내려놓고 자신을 좇으라고 말하고 있다. 그러므로 그분을 좇으려면 마음이란 존재하지도 않는다는 강한 신념이 있어야 한다.

니체의 다른 말을 하나 더 인용해보겠다.

"나는 옹졸한 영혼이 밉다. 거기에는 선도, 악도 들어설 자리가 없다."

살다보면 나의 십자가를 질 것인가 아니면 벗어던질 것인가 하는 고민이 한두 번이 아닐 것이다. 때에 따라서는 옹졸한 마음으로 졌다 말았다 하는 우리를 발견할 수 있다. 십자가를 선이라고 여긴다면 져야 마땅한 일이다. 설령 그것이 악의 관념을 갖게 하더라도 져야 할 일이다. 십자가가 고통과 고난, 그리고 죽음으로서 나를 몰아간다고 해도 그리스도인이라면 마땅히 지고 가야 할 나의 존재의 무게다. 그것을 단순히 선이라고 생각해서 지고, 악이라고 생각해서 지지 말아야 한다고 생각해야 할 신앙의 무게가 아니다. 십자가는 선도 악도 아닌 예수 그리스도의 삶의 무게다. 예수 그리스도가 살아가면서 자신의 생애 동안 보여주신 삶의 무게가 그 십자가 전체에 담겨 있다.

마찬가지로 그리스도인도 예수처럼 자신이 감당해야 할 삶의 무게를 지고 가야 한다. 삶의 무게, 삶의 책임마저 덜어내고 예수를 좇으라고 말하지 않는다. 십자가를 충동적으로 지고 갈 수도 있다. 예수의 고난과 죽음을 나도 겪게 되면 그것이 곧 구원이 될 수 있겠다는 신앙심 때문에 그럴 수도 있다. 하지만 그렇게 되면 십자가가 자신에게 선이 될 수 있지만 그 의도는 이미 악이 되고 만다. 십자가는 바로 그러한 악에 대한 의심이다. 삶은 무겁고 힘겨우며 고통스럽게 여기는 악을 의심하는 것이다. 십자가를 지고 가는 이에게는 삶의 무게만을 느껴질 뿐 그 순간에 부정할 수 있는 마음의 틈새도 없다.

십자가는 결코 악이 아니다. 그것을 부정하면서 삶의 무게를 천천히 지고 가는 것이다. 십자가라는 삶의 무게를 지는 것을 무슨 수집이나 축적으로 생각하면 안 된다. 그것을 지게 되면 구원을 따 놓은 당상으로 생각할 수 있지만 십자가는 그저 예수가 겪은 삶의 무게를 우리도 함께 동참한다는 것이 될 수 있다.

십자가는 그렇기 때문에 모든 나의 생각과 편견을 해체하도록 한다. 십자가를 생각하면, 그리고 십자가를 통해서 내가 삶의 무게를 짊어지고 나갈 때 나는 나의 생각과 편견으로 감당하는 것이 아니라는 것을 알게 된다. 그것은 아무런 의미가 없다. 십자가는 그분의 삶의 무게에서 나타난 의미와 그가 추구하고자 했던 삶의 방향성들을 어떻게 나도 똑같이 느끼면서 그것을 붙잡고 갈 것인가와 밀접한 연관성이 있다.

예수의 삶의 무게를 나도 동일하게 경험하고 그것을 지고 갈 때 십자가는 나에게 구원의 힘이 되는 것이다. 그분의 삶에 동화되어서 내 삶이 완전히 바뀌고 그분의 삶의 무게를 지고 가면서 나와 사회를 변화시키는 주역이 되고 있기 때문이다.

　예수가 경험한 삶의 무게, 곧 십자가를 지고 가는 삶은 죽음을 겪게 될 수도 있다. 예수는 삶의 이상, 하나님 나라를 위한 삶, 하나님이 꿈꾸는 세계를 만들기 위해서 '다른' 삶의 무게를 지며 살았다. 다르게 살려고 하는 사람에게는 죽음이라는 위협이 늘 도사린다. 신앙의 타협이 없기 때문이다. 현실은 그렇지 않지만 그 현실을 넘어서 새로운 세계가 있다는 것을 말하면서 그 방향으로 삶을 그려주는 사람에 대해서는 사회가 불편하게 여길 수밖에 없다.

　세계는 안정과 안주를 원하기 때문에 새로운 삶, 새로운 이상을 그리는 사람을 반가워하지 않는다. 예수처럼 다른 삶의 무게, 다른 삶의 세계, 다른 사유의 세계를 개척하기를 원하는 사람이 많지 않은 것은 이 때문이다. 그리스도인 자신도 불편하고 세계도 그리스도인을 증오할 수 있으니 그냥 본능에 충실한 사람으로 전락하게 된다.

　다른 삶의 무게, 다른 삶의 세계를 지향하는 사람은 비록 죽을지라도 살게 된다는 역설을 예수는 말하고 있는데, 아마도 그것은 다른 삶의 세계를 꿈꿨던 그리스도인의 과정이 결코 헛된 일이 아니고 반드시 족적을 남기게 된다는 의미일 것이다. 죽음이 목전에 온다고 하더라도 세계를 향해서 다른 삶의 세계를 일러주고, 그들에게 다른 삶의 무게를 짊어질 것을 종용한다면 사회는 반드시 달라질 것이다.

　우리 사회나 국가, 그리고 세계의 역사만 보아도 그렇게 다른 삶의 세계를 가리키면서 자신이 스스로 삶의 무게를 당당하게 지고 갔던 사람들이 역사의 큰 획을 그었으며 그들을 통해서 새로운 삶의 가능성들을 깨닫게 되었던 것을 알 수 있다. 예수가 그랬다. 많은 성인들과 철학자들이 그랬다. 종교적 사상가들이 그랬다. 우리도 다른 삶의 무게, 다른 삶의 세계, 다른 이상 세계를 그려줄 수 있는 그리스도인이 되기를 희망한다. 죽지 않고 우리가 존재한다는 것은 바로 세계를 생산하고 창조하는 데 있다고 예수는 말하고 있는 것이다.

예수는 세상의 종말에는 행한 대로 갚아줄 것이라고 약속하신다.

그 행함이란 무엇일까?

나의 목표로 여겼던, 나의 지평으로 여겼던, 나의 힘으로 여겼던 모든 것들, 마음을 비우고 오직 예수를 따랐는가 하는 데서 결정될 것이다. 나의 마음을 예수의 마음과 일치시켜서 능동적으로 예수의 십자가, 곧 그분의 삶의 무게를 적극적으로 짊어짐으로써 예수처럼 새로운 삶의 세계를 만들고 사람들의 정신을 다르게 변화시켜 나가는 일을 한다면 그것이 예수를 위한 일이다.

세계는 사람들을 그렇게 바뀌도록 하는 우리를 고운 시선으로 보지 않을 것이고 결국 우리 자신의 목숨을 위협할 것이다. 그럼에도 우리는 다른 삶의 무게, 다른 삶의 세계, 다른 영혼의 세계를 그려줄 수 있는 사람들이 되어야 한다. 십자가를 진다는 것은 그렇게 능동적으로 삶을 발전시켜나가는 것이다.

다시 니체의 말을 꺼내본다.

"우리는 우리가 살 수 있는 세계를 머릿속에 만들어왔다… 삶은 논증이 아니다."

십자가를 지고 살아가는 그리스도인의 삶은 단순히 관념 속에 있거나 이론적으로 증명될 수 있는 것이 아니다. 구체적인 삶으로, 그리스도께서 짊어지신 삶의 무게와 동일한 무게로 우리도 살아보려고 하는 그 현실과 노력 속에 나타나는 매우 실증적인 삶이다. 그리스도인은 정신적으로, 삶의 성숙도면에서, 타자에 대한 사유와 배려의 차원에서 무능함과 퇴보의 퇴보를 거듭하고 있는 이 세계에 다른 삶의 무게, 다른 삶의 세계를 그려줄 수 있어야 할 것이다.

2. 구원의 공식(마 25:31-40)

마태복음 25장은 최후의 심판에 관해서 말하고 있다. 최후의 심판 때의 모습은 누가 어느 자리에 앉느냐와도 밀접한 연관이 있는 듯하다. 어떤 사람은 사람의 아들의 오른편에 앉아 칭송을 받을 것이며, 어떤 사람은 사람의 아들의 왼편에 앉아서 책망을 받을 것이다. 물론 이것은 다분히 인류학적 측면에서 봐야 하는 구절이다. 인류학에서는 오른편은 좋고 선하며 옳은 쪽이고, 왼편은 나쁘고 악하며 불의한 쪽을 일컫는다. 이것은 우리나라에서도 마찬가지다. 왼손잡이가 오른손잡이에 비해서 차별을 받는 우편향적 사고 방식과 태도가 바로 이러한 관념을 반영한다. 중요한 것은 임금의 오른편에 앉아 있는 사람들이 어떤 행위를 했길래 그 자리를 차지할 수 있었느냐 하는 것이다.

그들의 행위를 분석해보니까 그들은 약자들에 대해서 한없는 보살핌의 봉사를 한 것으로 나온다. 나그네에게, 감옥에 갇힌 이들에게, 사회적 약자들에 대한 배려와 헌신을 아끼지 않았던 것이다. 그들을 위해서 헌신하고 봉사했던 것이 예수를 위해서, 또는 예수에게 했던 것과 다르지 않다는 것을 말해주고 있다. 종말에는 다른 것이 아니라 바로 그렇게 사회적으로 약하고 없이 살고 병이 든 이들에게 헌신적으로 베푼 것이 상이 된다는 말이다. 종말에 우리가 구원을 받기 위해서 노력하고 신앙생활을 한다는 신자가 많이 있을 것이다. 자신이 구원의 자리를 차지했으면 하는 사람이 대부분의 신자들의 욕망일 것이다.

하지만 예수는 구원의 자리, 상을 받는 자리라는 것이 단지 믿음생활만 잘 하면 된다는 것이 아니라, 사회적 약자들에 대해서 봉사해야 그러한 자격이 있다는 것을 명시적으로 말해주고 있다. 다시 말해서 믿음은 곧 행위를 통해서 완성된다는 것을 마태복음사가는 우리에게 가르쳐 주고 있다는 말이다. 교회생활에서 믿음만 있으면 다 되는 것으로 아는 우리에게 믿음에 부합하는 봉사와 헌신의 자리, 약자의 눈높이와 그들의 울부짖는 소리에 적극적으로 응답하는 신자가 참된 신자라고 강조하고 있다.

왜 그럴까?

그들이 곧 예수의 관심사였고 그렇기 때문에 그들을 위해서 한 행위는 곧 예수에게 한 행위가 되기 때문이다.

예수는 떠나가시고 우리 곁에 머물러 있지 않아서 우리가 눈으로 볼 수 없지만 우리 곁에는 눈으로 볼 수 있는 또 다른 예수가 있으니 그들이 곧 사회적 약자이다. 평상시에 우리 자신이, 그리고 교회가 그러한 사회적 약자들을 위해서 헌신하고 봉사한 흔적과 목소리와 행위와 마음의 베풂이 없었다면 우리는 예수를 몰라보고 있는지 모른다. 예수의 관심사와는 딴판으로 움직이고 있는 것이고 예수가 원하는 리듬과는 다른 리듬으로 신앙의 춤을 추고 있으면서 착각을 하고 있는 것이다.

왜 우리는 교회 공동체를 떠나면 도대체가 사회적 약자에 대해서 눈을 감는 것일까?

기도, 찬양, 예배, 교육, 회의, 친교 등 교회 안에서 이루어지는 일들은 잘 하는 것 같은데, 왜 그것이 예수의 관심사와는 잘 부합되지 않는 것일까?

왜 우리는 자꾸만 오른편이 아니라 왼편의 자리로 가는 듯한 인상을 받고 있는 것일까?

도대체 교회는 어디로 가는 것일까?

오른편인가? 왼편인가? 그리스도인은 어느 편에 서기를 원하는가? 또 어느 편에 서 있는가?

가톨릭 신학자 한스 큉은 교회의 근원에 대해서 이렇게 말한다.

교회의 근원은 그러므로 단순히 부활 전의 예수의 의도와 사명에만 있는 것이 아니다. 그리스도 사건 전체, 즉 예수이 탄생과 활동과 제자 선택에서부터 예수의 죽음과 부활 및 그 부활의 증인 등에 대한 성령의 부여에 이르기까지, 예수 그리스도의 행동 전체에 있다.

그러면서 이렇게 덧붙인다.

"교회가 할 일은 영적 봉사(diakonia)다. 영적, 현세적 권력의 제국이 아니라 종의 모습으로 봉사의 나라가 될 은총을 받은 교회다. 즉 인간을 섬겨 하나님을 섬기고 하나님을 섬겨 인간을 섬길 교회다."

교회의 본질 중에 하나는 예수 전 생애를 담아내며 교회 공동체 구성원이 하나 같이 그분의 생애를 이야기 삼아 그대로 이 땅에 구현시켜 보려고 노력하는 것이다. 다시 말해서 교회, 곧 하나님의 백성이 봉사를 위해서 존재했는가가 관건이다. 교회생활의 진정성은 사회적 약자들을 위한 교회가 될 때 교회로서의 역할을 잘 감당하고 있다고 말할 수 있다.

교회가 성장하면 무엇을 할 것이고, 우리가 예배를 잘 드렸다고 하는 것은 무엇을 뜻하는 것이며, 찬양을 통해서 마음속에 기쁨이 생겼다는 것은 누구를 위한 것이어야 할까?

예수의 또 다른 예수인 사회적 약자들을 위한 봉사와 헌신의 에너지가 발생했다는 것을 뜻하는 것은 아닐까?

예배를 드리면 "나가서 복음을 전하고, 나가서 사랑을 전하는 신자"가 되어야 한다. 예배의 전례에서도 그와 같이 나타나고 있는데도 불구하고 우리는 그것을 외면하고 실행에 옮기지 않다. 교회의 신앙적 이상은 먼 훗날 여전히 이 공동체 내에서 선조들의 신앙을 잘 이어받아 예배를 드리는 후손들이 존속하기를 바라며, 건축과 기념을 통하여 또 다른 미래를 준비해야 하는 것도 있을 것이다.

하지만 예수가 꿈꾼 이상은 건축이나 건물, 사건에 대한 기념이 아니라 사람에 대한 기억, 그것도 사회적 약자에 대한 기억과 관심, 그리고 사랑이라는 사실을 잊지 말아야 한다. 그 사회적 약자들이 하나님 나라의 백성이요, 하나님께서 사랑하시는 백성이기에 예수의 관심사와 일치하여 그들을 위한 교회가 될 수 있도록 해야 한다. 달리 사회선교를 부르짖는 것이 아니다. 그것은 교회를 확장시키기 위한 수단이 아니다. 사회선교는 곧 사회적 약자에 대한 사랑을 실현하기 위한 중요한 관심축이다.

지금 교회는 그 역동성을 잃어버렸다. 잘 먹고 살고 있는데도 더 잘 먹고 살기 위해서, 그래서 먹고 사는 데 바빠서 사회적 약자에 대한 사랑의 시선을 보내고 관심을 갖고 그들을 위한 헌신과 봉사를 하기에 우리는 너무 바쁘고 게다가 관심 밖이다.

그렇게 되면 될수록 우리는 마태복음사가가 말하고 있는 것처럼 왼쪽의 자리로 갈 수밖에 없다. 왼편은 자리가 적다. 오른편이 자리가 많다. 많은 자리를 두고 왜 우리는 왼편으로만 기울고 있는지 모르겠다. 교회생활을 충실히 하고 그리고 우리가 구원의 자리에 있기를 원한다면 지금이라도 우리는 사회적 약자에 대해서 예수를 대하듯이 그들에 대한 헌신과 봉사를 아끼지 말아야 할 것이다.

안으로 움츠러들고 교회 안에만 시선을 둘수록 신자들은 작아진다. 그것이 곧 쇠퇴나 저하를 가지고 오는 길이다. 밖으로 시선을 돌려 사회적 약자를 끌어안을 때 하나님의 나라는 무한히 확장되고 예수와 동일한 몸짓을 취함으로써 종말의 때에 그분으로부터 칭찬을 들을 수 있는 신자들이 될 것이다.

하나님께서 원하시는 뜻과 정신은 신앙의 본질적인 정신인 사회적 약자를 지향하는 것이다. 우리가 그들을 향해 관심을 갖고 모든 삶의 질곡으로부터 자유롭게 하려면 우리 자신의 신앙의 몸이 가벼워져야 한다. 신앙의 몸이 가벼워진다는 것은 가능한 한 계산하지 않고 예수의 일이라면 발 벗고 나서는 순수한 신자를 의미한다.

그러므로 그리스도인은 지금의 신앙생활의 중력을 이겨내야 한다. 자꾸 자기만 생각하고 자신이 속한 교회의 안위만을 추구하려는 관성을 극복해야 한다. 시대적인 교회 사명이 무엇인지 분명하게 깨닫고 교회가 나아가야 할 방향을 사람을 생각하며 사람을 귀중하게 여기고, 사람이 곧 예수라는 인식하에 신앙의 미덕을 다르게 설정해야 한다.

우리가 구원의 자리에 가까이 가고 오른편에 근접한 신앙생활을 하는 공식은 간단하다. 사회적 약자들을 예수 대하듯 하고 그들을 섬기며 봉사하는 것이다.

그들이 그리스도인이 아니라서 우리가 주저하고 있는가?

예수는 그들이 그리스도인이든 아니든 구분하지 않고 모두를 받아들이신다. 사회적 약자들을 편들어 주는 교회와 신자, 사회적 약자들을 영원한 이방인으로 방치하지 않고 함께 동일하게 구원받은 신분으로 대하는 것은 예수가 꿈꾸는 신앙적 이상이라고 믿는다. 예수가 알려주는 구원의 공식과 올바른 신앙이 바로 이것이다.

그럼에도 구원의 공식, 오른편에 있을 수 있는 공식을 무시하고 계속 왼편으로 가는 공식에만 신앙의 초점을 맞출 것인가?

선택은 우리 각자의 몫이다.

3. 오캄의 면도칼과 섣부른 실체 판단(눅 10:17-24)

그리스도인은 모두가 예수의 제자들이다. 예수의 제자들은 예수의 힘을 덧입고 세상의 온갖 악의 힘을 이길 수 있으며 또한 그것들을 굴복시킬 권세까지도 받았다.

그럼에도 불구하고 우리가 세속의 힘을 이기지 못하고 숱하게 넘어지고 또 심지어 정복을 당하는 이유가 무엇일까?

응당 제자들이라면 그러한 권세, 즉 힘을 부여받았으므로 삶과 신앙은 그리스도의 군사로서 승리를 하면서 힘있게 살아가야 하는 것이 마땅한 일일 것이다. 하지만 지금 우리는 그렇지 못하다. 세상에서 살면서 찢기고 상처를 입어 불행한 삶을 살아가고 있다.

우리가 예수의 권세를 믿지 못해서 일까?

아니면 지극히 평화주의자이기 때문에 그럴까?

우리의 의식과 신앙, 발언과 행동 그 어떤 면에서나 악이라는 대상과 싸우면 지게 되는 것은 그분의 힘과 논리, 그분의 방식과 철학이 아닌 나의 논리와 판단을 너무 잘 믿기 때문이다.

그들과 싸울 때는 다른 방식으로 싸워야 한다. 그들의 논리가 아니라 예수의 논리, 그들의 힘이 아니라 예수의 힘, 그들의 시선이 아니라 예수의 시선으로 싸워야 한다. 다시 말해서 예수를 의지하는 그리스도인이 되어야 한다. 매순간 예수를 의존하는 그리스도인이 그들의 어떤 정당성에도 굴하지 않고 신앙의 선한 싸움을 할 수 있다. 숨겨져 있지 않고 있는 그대로 드러난 바로 그 진리(aletheia)를 위해서 투쟁하는 그리스도인은 결코 악한 정신에 의해서 지배당하지 않는다는 강한 신앙을 가져야 할 필요가 있다. 악한 정신에 맞서거나 물러서는 것이 아니라 악한 정신을 적극적으로 대면하면서 그러한 영향력을 오히려 예수의 정신으로 탈바꿈시키는 능력이 요구되기 때문이다.

그렇게 악한 정신에 대하여 선한 정신 혹은 예수의 정신으로 저항하려는 그리스도인은 하나님에 의해서 기억되는 존재가 된다. 예수는 하나님에 의해서 기억되는 것을 더 기뻐하라고 가르친다. 하나님에 의해서 기억되는 존재는 악한 힘을 이기는 능력이 있어서가 아니다. 하나님의 마음에 각인되어 자신의 이름이 기억되는 것은 악한 힘이 넘볼 수 없는 예수 이름의 가치를 지니고 있기 때문이다. 예수 이름에 걸맞은 그리스도인이 되는 존재만이 악한 힘과 악한 정신을 이길 수 있다.

그러하기에 예수는 자신의 이름에 부합하여 그 이름에 의존하는 그리스도인이야말로 하나님에 의해서 기억될 것이라고 생각하고 있는 것이다. 예수 이름을 자신의 이름으로 간직하고 그 이름에의 충동으로, 그 이름에의 완성으로 살아가는 그리스도인만이 하나님에 의해서 기억되는 것이다.

여러분은 하나님의 기억 속에 있는 사람들인가?

하나님의 마음에 각인된 사람들인가?

누군가에 의해서 자신의 이름이 기억되고 그 마음에 새겨져 있다는 것은 좋은 일이다. 때로는 이름도, 얼굴도 기억나지 않는 사람이 있다. 기억은 곧 사랑과 관심의 자극에 의해서 주어진다. 내가 그/그녀를 얼마나 사랑하고 관심을 갖느냐가 다시 나에 대한 기억으로 되돌아온다.

신앙도 마찬가지다. 내가 얼마나 하나님에 대해서 강력한 감정을 가지고 있는가에 따라서 기억의 강도가 달라진다. 그분에 대한 염원, 그분의 순수한 정신을 닮기를 바라는 마음, 그분의 영향 아래에 있기를 바라는 태도를 통하여 우리의 이름이 기억되어야 할 것이다.

하나님께서 원하시는 뜻은 바로 똑똑한 사람에 의한 전략적인 머리가 아니라 순수한 마음을 가진 사람에게 나타내 보이신다. 하나님께서는 그리스도인이 전략가가 되기를 바라시지 않는다. 오직 순수한 마음과 하나님의 지혜에 바탕을 두기를 원하신다. 어린이들이 어른들의 지혜를 통하여 자신의 마음을 표현하고 행동을 하듯이, 그리스도인은 하나님이 나타내 보이시는 지혜를 삼아 살아가기를 바라신다. 아무리 악한 힘을 대적할 수 있는 능력이 있다 하더라도 그것은 하나님의 지략에서 나온 것이 아니라면 한갓 인간의 전략이요 자칫 실패를 경험할 수도 있다.

악한 정신이 동일한 인간의 전략으로 세상을 지배하려고 할 때 그리스도인은 그럴수록 순수한 마음과 신앙을 견지하면서 당신이 계시하려는 뜻이 무엇인지 식별할 수 있어야 한다. 거기에는 물론 섣부른 판단은 금물이다. 늘 악한 힘과 정신이 작용하는 것은 아닌데도 그리스도인은 늘 적대적인 증오와 악에 대한 격정적인 감정을 가지고 그 실체와 맞서 싸우려고만 한다. 보이지 않는 힘에 대해서 함부로 낙인을 찍고 발언을 하는 것은 경험으로 관찰할 수 없는 수많은 실체를 적으로 간주하는 것밖에 되지 않는다(그것을 면도칼로 잘라낼 필요가 있다). 그럴수록 신앙의 신중을 기하면서 하나님의 의지를 기다리는 인내가 있어야 한다.

그러나 그러한 계시는 아무에게나 보이는 것이 아니다. 하나님 아버지가 누구인지, 예수가 누구인지 알도록 택한 사람에게만 보인다. 선택을 받는 사람만이 알 수가 있고 볼 수가 있다. 그래서 선택을 받았다는 것은 행복한 일이다. 하나님 아버지를 알 수 있고 예수를 알 수 있도록 보여주시기 때문이다. 또한 지금 보고 있기 때문이다. 보고 있다는 것은 더 이상 예수가 나와 상관이 없는 존재가 아니라는 것을 말해준다.

그분은 나와 관계를 맺고 있는 분이다. 적어도 그분은 나에게 관심을 보이는 분이다. 나를 죄인이나 배설물로 여기는 것이 아니라 사랑의 대상으로 인식하는 것이다. 보이는 것은 관심에서 비롯되는 것이다. 관심을 갖지 않으면 보이지 않는다. 무심결에 보이는 것은 보이는 것이 아니라 지나치는 것이다. 그것은 관심이 아니다. 관심을 가질 때 보이게 된다. 관심을 갖고 예의주시할 때 보이게 된다.

그러므로 내가 하나님으로부터 선택을 받았다는 것을 어떻게 알 수 있는 것일까?

내가 그분의 이름에 관심을 갖고 마음에 떠올릴 때 똑같이 그분도 나의 이름을 기억해준다면 나는 그분을 본 것이나 다름이 없다.

그분은 단지 이름에 지나지 않는 존재가 아니라, 상상에나 존재하는 분이 아니라 구체적으로 우리의 삶 속에 나타나는 분이시다. 우리의 기억은 불명확하고 희미하지만 그분의 기억은 명료하다. 내가 그분을 기억한다는 것은 그분이 나를 기억하는 것과 같이 동일한 기억으로 존재한다.

우리는 그분을 보고 듣고 할 수 있다. 수많은 사건을 그냥 무심코 지나지 않는다면 사건과 사건, 사물과 사물, 사람과 사람 속에서 그분을 듣고 볼 수가 있다. 따라서 그분이 보이지 않거나 보여주지 않는 것이 아니라 내가 보지 않는 것이다. 보려고 들으려고 관심의 대상으로 그분에 대한 신앙의 열정을 갖게 된다면 보고 들을 수 있다. 허상이 아니라 실제로 말이다.

오늘날 악의 힘과 정신을 극복하기 위해서 대단한 능력이 필요한 것이 아니다. 그분의 가르침대로 순수한 영혼을 가지려고 하면 된다. 순수한 영혼을 간직한 사람들의 관심사는 세속의 관심사와는 다를 수밖에 없다. 그 사람 안에는 하나님에 대한 관심으로 꽉 차 있다.

그렇다고 하나님에 대해서 중독이 되었다거나 종교에 중독이 되었다는 말이 아니다. 하나님에 대한 즐거움과 열정, 영원에 대한 갈망으로 늘 초월적인 삶을 살아가는 것을 뜻한다. 그러한 그리스도인의 이름은 하나님에 의해서 각인이 되는 것이다. 내가 하나님의 이름을 가지려는 욕구가 강하면 강할수록 그분도 우리의 이름을 기억하게 될 것이다.

그러므로 이제는 순수한 영혼을 통해 하나님에 대한 강력한 인식에 도달하려고 노력해야 한다. 그 인식은 보고 듣는 것이다. 숱한 사건들 속에서도 때를 놓치지 말고 가능한 한 하나님을 경험하려고 해야 한다. 그렇게 될 때 신앙이 낭비되거나 소비되는 것이 아니라, 탈진되거나 소진되는 것이 아니라 눈이 환하게 밝아지고 귀는 영혼의 목소리로 맑아질 것이다.

악한 정신은 맞서고 굴복시키는 것이 아니라 나의 영혼의 맑은 울림으로 선한 정신으로 바꿔나가는 것이라는 것을 명심해야 한다. 그렇게 될 때 그리스도인은 하나님의 영원한 기억의 존재, 그 어디로도 추락하지 않는 영혼이 될 것이다.

4. 임시적이고 잠정적 행복을 넘어(눅 11:27-28)

니체는 "나의 행복-그것은 사람들을 행복하게 하는 것. 모든 행복은 사람들을 행복하게 하기를 원한다!"고 했다.

사람들을 행복하게 하는 것이 궁극적인 행복이라는 의미인데, 과연 우리는 어떤 행복을 추구하고 있는가?

개인의 행복, 그 중에서도 건강이나 부유, 그리고 자녀를 통한 행복을 갈구하고 있지 않은가?

요즈음 시중에 나와 있는 대부분의 도서들이 어떻게 인간의 행복을 성취할 것인가, 행복감을 누릴 것인가에 집중되어 있다. 그만큼 우리 사회가 행복하지 못하다는 반증이기도 하다. 심지어 우리보다 경제적 환경이 좋지 못한 부탄보다도 행복지수가 떨어지니 말이다. 그러므로 니체가 시사하는 바 행복은 사람들을 행복하게 하는 것이라는 데에 주목할 필요가 있다.

타인을 행복하게 하면 내가 행복할 수 있다는 논리인데, 과연 우리의 행복은 나 중심인가 아니면 타자 중심인가를 생각해봐야 한다. 누가복음 11장은 예수의 말씀과 행업에 대해서 보고 들었던 사람들 중에 한 여인이 '당신 같은 사람을 낳은 어머니는 얼마나 행복하겠느냐'하고 소리쳤다. 새로운 율법의 해석을 통해서 이스라엘 백성들을 자유롭게 해주었고, 병든 사람들에게 치유의 이적을 베풀어 주었으며, 가난한 사람들에게 배불리 먹여주었을 뿐만 아니라 계층과 계급 간의 차별을 넘어서는 대범함을 보여준 인물이니 다르기는 다른 사람이라고 생각했을 것이다. 그러니 억눌리고 고통 받는 유대인들은 그를 통해서 행복감을 맛보았다고 해도 과언은 아닐 것이다.

예수는 타인의 행복을 위해서 존재하는 사람이 된 것이다. 더 나아가서 그를 낳은 어머니 마리아는 예수를 통해서 많은 사람들을 행복하게 만든 사람으로 칭송을 받았다. 작가 보르헤스도 "행복은 그 자체가 목표"라고 했다. 사람들에게는 행복이 궁극적인 종착지이다. 살아가면서 모두가 행복해지고 싶어 한다. 어떤 일을 할 때도, 음식을 먹을 때도, 옷을 입을 때도, 잠을 잘 때도 모든 일상이 다 행복이라는 목표에 초점이 맞춰져 있다. 하지만 그리스도인의 행복은 달라야 한다. 나 개인의 행복을 추구하고 그것을 목표로 삼고 성취하기 위해서 달려가기보다는 타인의 행복을 위해서 존재하는 신앙인이 되어야 한다.

타인의 행복을 위해서 존재한다고 해서 나 개인의 행복은 만끽하면 안 된다는 말이 아니다. 타인의 행복은 곧 나의 행복이고, 타인이 행복할 때 내가 행복할 수 있다는 신앙의 역설을 말하는 것이다.

우리는 지금까지 타인의 행복보다는 그리스도인인 내가 어떻게 하나님으로부터 행복을 얻을 것인가에 대해서 관심을 갖고 기도하지 않았는가?

나의 관심사가 우선이었지, 타인의 관심사에 대해서는 항상 뒷전이었다. 조금 과장된 표현을 써서 타인의 관심사는 아예 생각조차도 하지 않았다. 공동체 안에서도 타인의 관심사에 대해서 인식하기는 했어도 진정성과 진실성을 가지고 다른 신자의 마음을 헤아리고 그 행복을 빌어주었다고 자부할 수 없을 것이다. 하물며 비종교인에 대해서는 두말할 필요가 없을 것이다.

하지만 우리가 이제부터라도 타인의 행복을 위해서 존재해야 하는 것은 당연하다. 왜냐하면 그리스도 자신이 타인의 행복을 위해서 존재했으니까 우리도 그리 해야 한다. 그분의 어머니 마리아도 아들 예수가 타인의 행복을 위해서 존재하도록 낳고 길렀으니 그녀 또한 타인의 행복을 위해서 아들을 봉헌한 것이나 다름이 없다.

복음서는 우리에게 타인의 행복을 위해서 존재해야 함께 더불어 행복할 수 있다는 진리를 알려주고 있는데, 우리는 왜 실천을 하지 못하는 것일까?

주체할 수 없는 삶의 욕망이 우리를 압도하기 때문이다.

삶은 살만한 가치가 있는 것은 당연하다. 그러나 그 삶은 누구에게나 살만한 가치가 있어야 한다. 다시 말해서 그리스도인뿐만 아니라 비종교인조차도 행복하게 삶을 살만한 가치를 지닌 사람들이다. 그들을 행복하게 해준다면 우리도 행복할 수 있다. 아니 사회 공동체 전체가 행복할 수 있다.

행복을 단순히 나 개인의 욕망의 차원으로만 보지 말아야 할 이유가 여기에 있다. 교회도 사회 공동체의 한 부분이다. 그리스도인도 사회 공동체의 구성원이다. 사회 공동체 전체의 행복을 위해서 그리스도인 한 사람 한 사람이 타인의 행복을 위해서 존재한다면 사회 공동체는 그만큼 풍요로운 행복을 함께 맛보게 되는 것이다.

그러므로 이제부터라도 타인의 행복을 위해서 사는 그리스도인이 되어야 한다. 타인을 배려하고 사랑하며 타인을 염려해주는 타인을 위한 정신을 지향한다면 반드시 그 행복은 타인의 것으로만 되지 않고 더불어 나의 행복이 될 수 있다는 것을 실증적으로 보여줄 수 있도록 해야 한다. 예수가 그렇게 살았으니 우리도 그러한 삶을 사는 것이 마땅한 일이다.

그렇다면 타인을 행복하게 하기 위해서는 우리 안에 행복의 원천 혹은 에너지가 있어야 하는데, 그 행복한 신앙의 문법은 무엇일까?

하나님의 말씀이다. 더 정확하게는 말씀의 준수에 있다.

예수는 하나님의 말씀을 듣고 그 말씀을 지키는 사람이 행복하다고 대답한다. 말씀을 지킨다는 것이 말씀대로 산다는 것을 뜻한다. 우리가 만일 말씀대로 살지 못한다면 행복은 임시적이고 잠정적이다. 완전한 행복에 이르지 못할 것이라는 말이다. 말씀이 우리를 행복하게 한다. 말씀이 우리를 행복하게 하는 이유는 하나님의 말씀은 결단코 공허한 말이 아니기 때문이다. 허투루, 쓸데없는 말이 아니라 그 말씀을 지키는 우리로 하여금 지금의 현실보다 더 높은 세계로 인도하는 삶과 시선을 갖게 된다는 것을 알아야 한다.

하나님의 말씀은 우리를 지옥과도 같은 삶을 이기는 힘을 갖게 한다. 그래서 좀 더 이상적인 세계를 그리며 그것을 현실화시키며 하나님의 현실이 되도록 노력하게 만든다. 그러다보면 어느덧 하나님의 말씀이 우리의 삶의 지향점이 되어 그것을 따라 살아가는 모든 그리스도인들에게 참된 기쁨과 행복, 그리고 평안을 누리게 해준다.

그러므로 그리스도인은 말씀에의 충동, 말씀에의 의지가 있어야 한다. 하나님의 말씀을 들으려고 할 뿐만 아니라 그것을 지키려고 하는 의지, 욕망, 충동, 열의, 열정 등이 있게 되면 그분의 말씀이 단지 우리를 유혹하는 것이 아니라 말씀을 성취하도록 하시려고 한다는 것을 깨닫게 된다. 때로는 행복과 불행이 마음 자세에 따라 달라진다고 말들을 하곤 한다.

맞는 말이다. 그 마음 자세라는 것이 그저 공허한 갈망이 아니라 말씀에 의해서 체화된, 말씀이 이미 마음을 지배하여 하나님의 의지로 변화된 내실이 있는 갈망이 되기 때문에 그렇다. 하나님의 말씀은 마치 섬세한 혀와 같아서 우리의 이런저런 삶의 모양들과 삶의 이곳저곳을 개입하셔서 형편을 알아차리신다. 우리의 불행을 행복으로 바꾸려고 하고 당신의 말씀을 통하여 이 현실을 하나님의 세계가 실현되도록 하시려는 의도를 갖고 계신다.

그래서 그리스도인은 하나님의 말씀과 연결되어 사는, 당신의 말씀에 매혹되어 사는 사람들이 되어야 한다. 그렇지 않으면 자칫 우리는 임시적 존재, 잠정적 존재에 지나지 않을 것이다. 반면에 하나님의 말씀으로 행복의 완성을 누리는 존재는 온전한 존재, 하나님의 사람으로 살아가게 된다.

하나님이 안 계시면 행복도 있을 수 없다. 같은 맥락에서 말씀이 우리 곁을 떠나게 되면 행복도 떠나게 된다. 우리로 하여금 행복을 약속해 줄 그 어떤 말도 다 공허하지만, 하나님의 말씀은 당신 자신이기 때문에 하나님의 말씀을 중심에 놓으려는 사람에게는 행복에 부합하는 사건이 발생할 수밖에 없다.

그러나 행복을 목적으로 삼지 말아야 한다. 우리가 목적으로 삼아야 할 대상은 하나님이요 하나님의 말씀이다. 행복의 근원과 바탕이 되는 하나님의 말씀이 우리의 행복의 배경이 된다는 사실을 잊으면 안 된다.

이제는 하나님의 말씀을 단순히 패러디하는 수준을 벗어나야 한다. 하나님의 말씀을 내 자신의 영혼과 정신, 그리고 육체를 보존하는 양식으로 삼아서 그분과 일치된 삶을 살아야 한다. 그러기 위해서 하나님의 말씀을 끊임없이 갈망하고 자신의 행복의 근거로 삼을 수 있어야 한다.

그러므로 하나님의 말씀을 읽어야 한다. 하나님의 말씀을 깊이 묵상하고 관상해야 한다. 하나님의 말씀이 우리를 떠나지 않도록 해야 한다. 그렇게 할 때 말씀으로 계신 하나님께서 우리를 떠나지 않게 된다.

궁극적으로 그리스도인의 행복은 하나님이 우리와 영원히 같이 계시는 것이 아닌가?

　하나님의 말씀을 쉼 없이 사모해야 한다. 하나님의 말씀에 애정을 품어야 한다. 그러면 그 하나님의 말씀이 나 자신과 이웃의 행복한 삶을 촉진할 것이다.

5. 자신의 내면을 통해 반응하는 구원(막 10:17-31)

　영원한 생명에 대한 갈망을 갖고 있는 한 사람이 예수께 찾아왔다. 그는 영원한 생명을 얻는 방법을 알고자 했다. 가만히 보니 그는 어려서부터 율법을 잘 지켜왔던 사람이었다. 율법의 소리, 율법의 형식, 율법의 타율에 반응을 하며 살아왔던 것이다. 자신의 내면에서 들려오는 초월자의 소리가 아니라 타율의 목소리, 인위적인 목소리에 귀를 기울이며 그것을 내면화하면서 살아왔다고 볼 수 있다. 타율이라고 하더라도 그 정도는 그나마 잘 한 일인지도 모른다. 자율과 타율의 신앙의 경계에서 그나마 타율의 목소리를 통해서라도 자신의 신앙을 유지해 왔으니 다행이라고 할 수 있다. 하지만 이제 예수는 그에게 영원한 생명을 얻기 위해서 자율의 결단, 자신의 내면에서 울리는 초월적 존재의 목소리에 의해서 삶의 결단이 이루어져야 할 것을 이야기한다.

　그것은 자신이 소유하고 있는 재산을 팔아서 가난한 자들에게 주라는 것이다. 소유하고 있는 재산이 자신의 신앙을 타율로 만들 수 있다. 물질에 의존하는 존재가 자유로운 신앙인이 될 수 없는 법이다. 물질로부터 초연해질 때 자율적인 신앙인이 될 수 있다. 차라리 굶주리는 영혼, 가난한 영혼이 되어야 자신이 소유하고 있는 실체가 무엇인지도 발견할 수 있고, 게다가 그 공허해진 영혼에 비로소 초월자, 내면의 목소리가 자리를 잡을 수가 있을 것이라는 예수의 판단이다.

영혼의 자유로움을 얻지 못한다면 영원한 생명도 의미가 없다. 영혼의 자유로움을 얻을 수 있어야 영원한 생명에 다가갈 수 있는 것이다. 다시 말해서 영혼이 가벼워져야 한다는 말이다. 영혼이 무거운 상태에서는 맑은 정신과 깨끗한 시선으로 사물을 바라볼 수도 없거니와 자신의 영혼에서 내면의 깊은 영적 울림을 기대할 수 없다.

예수는 그것을 알았을 것이다. 예수는 그 사람의 마음과 삶의 태도, 그리고 생각까지도 교정하려고 한다. 물질로 인해서 비참해지는 영혼이 되지 않도록 하려는 의도를 엿볼 수 있다.

"다 팔아서 네 영혼을 자유롭게 하고 가볍게 하라."

그리고 그 전까지는 타율적인 목소리에 따라서 살았다면 이제부터는 자유로운 영혼 속에서 들려오는 내면의 목소리에 따라서 자율적인 신앙으로 살도록 하라는 권고요 진심어린 충고다. 어쩌면 그 사람에게는 잔인한 처사로 들렸을 것이다. 아버지의 재산을 물려받았든지 아니면 지금까지 피땀 흘려서 축적한 재물인지는 알 수 없다. 하지만 팔아서 무상으로 가난한 사람들에게 주라는 이야기는 인생의 파멸과 파탄, 그리고 삶의 위기를 정면으로 맞으라는 것과 다르지 않기 때문이다.

우리라면 어떻게 하겠는가?

영원한 생명을 얻기 위해서 영혼의 자유로움을 선택하겠는가?

아니면 설령 타율의 목소리를 들으면서 산다고 하더라도 여전히 재물을 소유한 채 살아가겠는가?

그에게 요구하고 있는 것이 그것만이 아니다. 예수 자신을 따르라는 명령이다. 타율의 목소리에 끌려 다녔던 사람에게는 가난한 영혼을 진리로 가득한 영혼으로 탈바꿈하려면 '채움'(닮음과 따름)이 필요하다. 영성의 좌표, 영혼의 원형을 찾아가도록 그 영혼의 자유로움을 먼저 만끽한 존재를 모방하는 게 있어야 한다. 바로 예수가 영혼이 자유로운 존재요 물질의 욕망으로부터 해방된 존재이다. 자신처럼 영혼이 도약

가능한 존재가 되라고 앞서 보여준 존재이다.

　재물이 많았던 그 사람, 영원한 생명을 추구하는 방법을 물었던 사람은 고민을 하며 돌아간다. 그 모습을 유심히 쳐다보고 있던 제자들에게 "재물이 많은 사람은 하나님 나라에 들어가기가 어렵다, 부자가 하나님 나라에 들어가는 것보다 오히려 낙타가 바늘귀를 통과하는 것이 더 쉽다"고 말씀을 하신다. 그만큼 영혼의 자유로움과 초월자의 내면의 목소리에 따라서 사는 사람이 아니고서는 하나님 나라에 들어가기가 어렵다는 말이다.

　유형적인 소유물이 많으면 많을수록 외적 요인들에 의해서 자율적 결단보다는 타율적 목소리에 따라 움직이는 경우가 많게 된다. 영원한 생명은 바로 영혼이 가난하여 그 내면이 영원한 존재와 합일을 하려는 몸부림이 있는 사람만이 얻을 수 있다. 그것은 인간의 욕망이나 의지로 되는 것이 아니다. 영원한 생명을 얻을 수 있는 것은 하나님의 일이다. 하나님 자신의 의지로 되는 것이지 인간의 힘으로 되는 것이 결코 아니다.

　하나님의 의지로 된다는 것은 결국 하나님의 의지와 부합된 사람만이 영원한 생명을 누린다는 것이나 다름이 없다. 하나님의 의지는 소유를 멀리하고 영혼을 위한 갈망을 가지고 영원을 향해 나아가기를 원하는 것이다. 소유의 유혹이 있다고 하더라도 영원을 위해서 포기할 수 있는 사람이 하나님 나라에 들어갈 수 있다. 모든 포기, 하나님 나라를 위한 자발적 포기만이 영원한 삶이 보장되는 것이다.

　둘 다 가질 수는 없다. 신앙은 단 하나만을 선택하도록 되어 있다. 그것을 위해서 제자들도 모든 것을 내려놓고 예수를 좇았다. 강요가 아니다. 자발적 가난이요 선택이다. 재물을 나누어 주라는 명령에는 자발적 가난을 통해 이웃을 돌보라는 이중적인 의미가 들어 있다. 영혼이 가난해지는 것은 하나님을 의지하고 그분의 의지대로 살아가기 위한 것이지만 실제적으로 이웃을 사랑하기 위해서 가난해지는 것이라 볼 수 있다.

모든 것을 버린 후에 취하는 것은 하나님이요, 이웃의 안정과 삶의 즐거움이다. 이 극단적인 신앙 선택의 방식이 마뜩치 않을 수 있다. 더군다나 우리는 예수를 모방할 만한 능력도 없다. 그럴 힘과 가능성조차도 없는 듯이 보인다. 그러니 우리가 삶이 달라지지 않는가 보다. 항상 입으로는 예수를 믿는다고 하면서 정작 그 믿음의 결과물을 내놓지 못하고 있으니 말이다.

그래서 예수는 더더욱 내면의 자율적 신앙을 가져야 한다고 말하고 있다. 타율로는 안 된다. 누구에게서 배운 신앙의 지식으로도 안 된다. 오직 네 자신의 내면을 살찌우고 그 내면에 강한 하나님 나라의 정신을 심어줄 초월적 존재를 의지해야 한다고 얘기하고 있다. 자칫하면 그렇게도 열심히 신앙생활을 해왔는데도 초심자보다도 못한 답보적인 신앙인이 있을 수 있다.

매번 누구의 신앙 정보에 의해서, 누구를 의존함으로써, 소유라는 안전장치를 통해서 신앙의 타협을 해왔던 사람은 좀 더 자신의 내면에서 울리는 초월자의 소리를 들으려고 애를 쓰며 가능한 한 예수의 의지를 알아차리며 살려고 하는 신자보다 뒤쳐질 수밖에 없다. 신앙의 연륜이 중요하지 않다. 교회를 몇 년 다녔고 직분이 무엇이냐가 그의 신앙의 수준을 알려주는 척도가 되지 않는다. 영원한 생명을 얻고 싶어 하는 그리스도인이라면 예수가 던져주는 말씀을 당장 삶과 실천으로 가져가려고 하는 사람이 신앙인으로서의 진정성과 진실성이 나타나는 법이다.

왜 우리는 간단한 신앙의 이치, 곧 '버리고 좇으라'는 말씀에 따르지 않는 것일까?

많은 것을 가진 것이 신앙의 비극이다. 많은 것을 소유한 사람에게는 보상이 있을 까닭이 없다.

　그에게는 그저 갈등, 번민, 주저, 불안 등이 주어질 따름이다. 우리는 지금 어디에 있는가?

　많은 것을 소유함으로써 앞으로 나아가지 못하고 주춤거리고 있는가?

　아니면 자발적으로 버리고 영혼의 자유로움을 향해 나아가고 있는가?

　세계에서 추구하는 삶의 방식이 영원한 생명을 가져다주지 않는다. 영원한 생명의 가치는 늘 세상과는 반대 방향에 있었다. 그러므로 지금 가던 길에서 돌아서야 한다. 외부의 온갖 타율적인 잡음과 소음을 차단하고 내면의 초월자의 목소리를 듣고 그 길을 따라가야 한다. 그 길이 두렵고 어려운 길이라 하더라도 영원한 생명이 약속된 길이 될 것이다.

　신앙의 반응은 타율에 의해서 이루어지는 것도 아니고, 타인의 표준적인 삶의 방식을 따름으로써 일어나는 것도 아니다. 오직 내 안에 자유로운 영혼을 인도하시는 하나님에 의해서만 나의 신앙의 반응이 일어나야 한다. 그러기 위해서 지금 소유를 버린 후 멈추지 말고 예수를 따라야 한다. 그러면 삶의 파괴가 아니라 영혼과 삶의 재창조가 이루어질 것이다.

> 제12장

신앙의 공백인 보편적 단독성

1. 내면의 영혼을 살피라!(눅 12:8-12)

프랑스의 시인 샤를 피에르 보들레르는 "자네는 누구를 사랑하는가"라는 질문에 "구름을 사랑하지요… 흘러가는 구름을… 저기… 저… 신기한 구름을!"이라고 답했다. 그저 모였다가 흩어지는 덧없는 구름을 사랑하는 것은 그 무상한 것조차도 우리에게 감동과 신비함을 주기 때문이다.

하물며 사람을 사랑한다는 것은 어떨까?

누군가를 시인하고 그를 안다고 하는 것은 사랑하는 것이다. 사랑하지 않고서는 그 사람을 어떻게 공적으로 시인할 수 있을까?

다시 말해서 그에 대해서 사랑하지 않고서는, 신뢰감을 갖지 않고서는 자신 있게 다른 앞에서 말을 할 수가 없다. 사랑하게 되면 더 알고 싶어지고 알게 되면 더 사랑이 깊어지는 법이다. 물론 사람과의 관계에서 알면 알수록 실망하게 되고 권태나 지루함을 느끼는 경우도 없지 않아 있다.

그럴 때 그 관계를 지속하는 것은 무엇인가?

사랑이다. 사랑이라는 감정이 서로를 이어주는 매개체 역할을 하는 것이다.

우리와 예수와의 관계도 마찬가지다. 예수를 아무도 본 적이 없는데도 불구하고 우리는 예수를 사랑한다. 또한 예수가 우리를 사랑한다고 믿는다. 그래서 신앙을 갖게 되고 신앙생활을 통해서 예수와 일치된 삶을 살아가려는 것이다. 여기에는 사랑하면 닮는다는 말처럼 사랑하기 때문에 그를 닮기 원하는 것이다. 사랑하기 때문에 예수의 속성, 예수의 인격, 예수의 언어, 예수의 생각을 다른 사람에게 전하고 싶어진다.

우리가 예수 바깥으로 나가려는 것이 아니라 예수 안에 머물러 있기를 원할 때 예수를 증언하는 것이 효력이 있다. 예수 바깥으로 나가려는 의지가 있을 수 있지만 그를 사랑하는 마음에 불완전함과 결핍된 세계를 지향하지 않고 그와 일치하려고 그의 마음과 그의 사랑 안에 머물러 있는 것이다.

예수를 안다고 하는 것은 지식으로 아는 것도, 정보로 아는 것도 아니다. 그것은 비종교인도 다 할 수 있는 일이다. 예수를 안다고 하는 것은 그분에게 평화와 순수와 자유가 있다는 사실을 아는 것을 뜻한다. 우리가 예수를 전하는 것, 그분이야말로 참되다는 사실을 공개적으로 천명하는 것(homologeo)은 그분의 침묵과 고요 안에서 말씀하시는 평화, 사랑, 순수, 자유가 있다는 것을 인정하는 것을 의미한다.

우리는 그분을 잘 안다. 침묵과 고요함 속에서 우리에게 말씀하시는 그 음성과 느낌은 우리로 하여금 한없는 평화, 사랑, 순수, 자유로 인도하기 때문이다. 만일 예수에게 그와 같은 것들이 없다면 우리가 그를 공개적으로 고백하고 시인하는 것은 아무런 의미가 없을 것이다. 그분을 통해서 많은 사람들이 그와 같은 것들을 깨닫지 못한다면, 그것이 거짓으로 판명된다면 우리가 그분을 증언하는 일이 헛된 일이 아니겠는가?

구원은 사람들의 영혼이 눈을 돌려서 자신의 영혼 안에서 일어나고 있는 예수다운 생각들, 예수와 같은 영혼의 핵을 발견하는 것이다. 그래서 삶 속에서 영혼의 시선을 계속 바꿔나가는 것이다. 만일 사람들의 영혼 안에서 하나님의 마음이 생기지 못한다면 영혼의 모든 활동들을 예의주시하며 자신의 순수한 영혼을 찾지 못하도록 방해하는 모든 것들을 멀리해야 할 것이다.

예수를 시인하는 것은 우리의 영혼 안에 하나님의 순수한 영혼이 자리 잡고 있음을 고백하는 것이다. 말로도 시인할 수 있다. 그런데 말보다 더 강한 것은 우리의 거룩한 몸짓이다. 우리 영혼 안에 하나님의 거룩한 영혼이 깃들어 있다면 우리의 몸짓도 거룩한 몸짓이 될 테고 사람들은 우리의 고백과 시인이 참되다고 할 것이다.

그러므로 예수를 증언하는 일을 하기를 원한다면 우리의 영혼부터 살펴봐야 한다. 우리의 영혼이 하나님께서 머무실만한 의식이 되어 있는가, 나의 의식을 버리고 하나님의 의식으로 충일해 있는가를 점검해봐야 한다. 우리의 영혼이 사물로 눈을 돌리고 있을 때, 우리는 비종교인과 똑같은 시선을 가지고 있는 것이나 다름이 없다. 그러나 우리의 영혼이 하나님을 향하고 있을 때는 우리가 예수처럼 말하고 행동할 수 있는 영혼을 성취하게 된다.

그러므로 그리스도인은 먼저 하나님과 더불어 하나님 안에서 변형되도록 해야 한다. 하나님께서 우리의 영혼 안에서 자유롭게 활동하실 수 있도록 열어놓아야 한다. 그러지 않는다면 우리의 자아가 하나님의 자유로운 활동과 행위를 훼방하는 존재가 될 수 있다. 우리의 영혼이 자유롭고 축복을 받는 영혼이 된다는 것은 하나님께서 우리의 영혼 안에서 자유롭게 활동하시도록 함으로써 그 하시는 일에 달려 있는 것이다.

하나님의 자유로운 활동을 방해하고 당신이 하시고자 하는 일을 훼방하는 영혼이 어떻게 구원에 이를 수 있겠는가?

하나님은 우리의 영혼 안에서 당신 자신을 인식하며 사랑하시기 원하신다. 영원하신 하나님, 영원하신 말씀이 우리 영혼 안에서 작용하도록 올바르게 듣고 당신의 그 능력을 펼칠 수 있도록 하는 수동성과 수용성이 구원을 가져다준다. 우리가 하나님의 영이 영혼 안에서 은총의 선물을 받을 수 있도록 그분이 하시는 그 행위를 막지 않는다면 하나님의 아들이 영혼 안에서 탄생하실 것이다. 반면에 우리의 욕망과 자아, 그리고 능력들이 그분을 거절한다면 구원은 불가능한 것이 될 것이다.

5세기 초반 중국에 축도생(竺道生)이란 스님이 있었다. 그는 "일천제(一闡提)도 성불할 수 있다"고 주장하였다. 일천제는 산스크리트어로 '이찬티카'(icchantika)인데 '욕구에 사로잡힌 사람' 혹은 '불법을 훼방놓아 구원되지 못할 존재' 정도의 의미였다. 인간 말종인 일천제조차도 성불할 수 있다는 그의 주장은 당시로서는 너무나 파격적이었다.

다른 승려들의 거센 비판이 일었고, 마침내 산으로 쫓겨났다. 그는 홀로 수도했는데, 바위를 앞에 두고 '내 견해가 맞지 않는가'를 물었고, 바위가 옳다고 고개를 끄덕였다고 한다. 완고한 바위도 움직인다는 '완석점두'(頑石點頭)라는 고사성어가 여기서 생겼다.

비록 불교의 한 이야기이지만, 우리가 성령을 훼방한 사람에게도 구원은 있는가라는 질문에 대해서도 자유롭지 못할 것이다. 하나님은 모든 사람을 구원하시기를 원하신다. 그것이 하나님의 뜻이다. 하나님의 영은 차별이 없으시니 모든 사람들과 소통을 하고 당신의 힘이 장벽이 없기를 바라신다. 통 큰 하나님은 모든 사람의 영혼 안에서 하나님의 아들이 탄생되기를 바라신다.

그러기 위해서는 영혼은 자족성과 단순성을 유지하고 최상의 순수성을 유지해야 한다. 그 순수한 영혼이 하나님의 거처이기 때문이다. 그러므로 그리스도인은 안에서 초월자를 만나야 한다. 안을 들여다보면 그 안에서 꿈틀거리는 것이 무엇인지 알 수가 있다.

자아, 욕망, 무의식 덩어리, 욕구의 갈망 등 무엇이 우리의 영혼 안에서 자라고 있는 것일까?

그러한 내면의 것들을 극복하고 자유로울 수 있는 것은 나라는 존재는 없다는 확인과 선언일 것이다. 그곳에서 가장 내적인 자기다움(Selfness)을 발견하고 순수한 자아(pure ego)를 발견하여, 그 속 어딘가에 초월자가 운동을 하고 있음을 알아차려야 한다.

초월자의 암호는 다가오고 그 신비함의 목소리를 내는 것, 그곳이 어딜지라도 동일한 목소리로 말할 수 있는 것은 순수한 자아와 일치된, 순수한 영혼과 일치된 초월자의 목소리가 될 것이다.

그러므로 구차하게 무엇을 변명(항변하다, apologeomai)하려고 애써 고민할 필요가 없지 않을까?

무엇을 항변하려고 염려하고 걱정할(염려하다, merimnao) 까닭이 없지 않을까?

그 순간에 바깥의 사건과 대상, 사물이 무엇이건 관심을 갖지 말고, 오직 안에서 일하고 계신 초월자에만 관심을 기울이면 된다. 영은 그런 것이다. 쓸데없이 바깥에 신경 쓰지 말고 안에서 무슨 일이 일어나는지 주의 깊게 살피라는 것이다. 너무 많은 외부의 영향에 의해서 왜곡된 내가 바라는 것은 또 다시 무의식의 욕망을 따라 바깥에서 충족물을 찾게 된다.

하지만 그럴수록 안으로 들어가는 것을 두려워하지 말아야 한다. 설령 그 안이 캄캄할지라도 대면하는 것을 저어하지 말아야 한다. 그 속을 아시는 초월자가 순수 자아를 찾게 할 것이고 반드시 순수한 영혼으로 변형시킬 것이다. 그러니 늘 초월자를 식별해야 한다. 그것이 하나님의 영이 우리의 영혼에게 말씀하시는 음성이다.

2. 실존적인 회개와 하나님의 현존(눅 13:1-9)

그리스도교에서 회개라는 말이 자주 언급이 된다. 회개라는 말은 그리스도교 신앙에서 매우 중요한 신앙 행위로 인식되어 왔다.

칼 야스퍼스는 "죄는 구원을 가능하게 하는 행복한 죄(felix culpa)"라고 역설했다.

죄라는 실존적 한계와 좌절을 극복하며 구원을 얻기 위해서는 하나님을 향한 초월 작용이 있어야 한다. 그것을 신앙적으로 이른바 회개라고 한다. 그것은 비단 구원을 향한 욕망 때문이 아니다. 자신의 잘못을 마음을 바꾸고 하나님께로 돌아선다는 의미를 가진 회개는 영혼을 정화하고 신앙을 바로 잡기 위한 것이었다.

그런데 예수는 지금 그 회개를 하지 않으면 멸망할 수도 있다는 말을 하고 있다. 마음, 정신, 생각을 바꾸어서 하나님께로 향하지 않으면 순수한 영혼을 간직할 수 없기 때문이다. 미래의 시간을 위해서 지금 여기에서 과거의 잘못을 반성하고 새로운 삶을 살겠노라 결단하는 것은 영혼을 순수하고 맑은 상태로 유지하지 못하는 그리스도인의 내면에 하나님이 거하실 만한 처소를 준비하기 위해서이다.

망한다는 표현을 사용하였지만 실제로는 하나님과의 관계의 단절을 의미한다. 마음이 정결하지 못한 사람이 영혼 안에 하나님이 거하실 처소를 만들 수 없으며 결국 그 사람의 영혼 안에서 하나님의 일하심이 있을 수가 없다. 영혼이 혼자 남아 하나님의 거처가 되지 못하는 그리스도인의 삶에 생명이 없다는 것은 당연하다.

마음이 깨끗한 사람 안에 항상 하나님이 현존하면 그 사람은 살게 된다. 육체는 살아도 마음이 죽은 사람은 산 사람이 아니다. 마음이 얼마나 하나님과 초점이 맞추어 있느냐가 신앙의 관건인데, 그러기 위해서는 영혼 안에 하나님이 깃들어 그분과 일치가 되지 않으면 안 된다.

죄의 많고 적음이 문제가 아니다. 하나님을 향한 마음이 더 중요한 문제이다.

흔히 우리가 신앙이 잘못되고 삶이 우리의 뜻대로 안 될 때에 내가 죄를 지어서 그런가 하는 의문을 품는다. 하지만 더 근본적인 이유는 회개를 하지 않았기 때문이라는 것을 명확하게 짚어주고 있다. 회개를 하지 않는 신앙인은 영혼이 무미건조하여 매말라 있다. 회개를 하지 않는 신앙인은 아름답지도, 매력적이지도, 바람직하지도 못하다.

그런가 하면 회개를 하는 신앙인은 늘 자신의 순수한 영혼을 통해서 하나님을 바라보고 사물을 보기 때문에 매일 새롭고 놀라움의 연속을 경험한다. 회개는 신앙인의 불명예스러운 마음과 삶을 바꾸라는 것이 아니라, 일상적으로 벌어지는 모든 사건들 속에서 정신을 새롭게 하라는 정직함을 나타내는 표현이다. 하나님 앞에서 정직한 생각을 품고 영원을 지향하며 나아갈 때 구원이 현실화된다.

하나님에 대한 정직한 신앙이 없는데 어떻게 영혼 안에 고귀한 하나님이 현존한다는 말인가?

우리가 회개를 해야 하는 것은 습관적이며 즉흥적인 삶을 살면서 영원을 바라보지 못하기 때문이다. 멸망이 그냥 되는 것이 아니다. 삶의 즉흥성, 신앙의 안일함, 충동적인 신앙 때문에 그렇다.

그렇다면 어떻게 회개를 통해서 나의 순수한 영혼을 찾을 수 있을까?

그것은 신앙의 악한 습관들을 두려워하는 데서 시작된다. 하나님 안에서 살아가야 하는 선한 습관을 길들여야 하는데, 우리는 하나님 밖에서, 사물에서 진리를 찾는 습관을 버리지 못한다.

마이스터 에크하르트는 말한다.

"영혼이 외적인 사물들에 관심을 갖게 될 때, 그것은 죽고 맙니다. 그러므로 영혼이 외적인 것들에 관련된 정도만큼 하나님은 죽습니다."

하나님의 죽음을 초래하는 것이야말로 다른 그 무엇보다도 우리가 멸망을 하게 되는 매우 큰 인자가 될 것이다. 우리가 하나님의 따스함과 밝음을 얻지 못한다는 것은 죽은 것이나 진배없다.

더군다나 우리는 신앙의 열매를 맺어야 한다. 신앙의 열매를 맺지 못하는 그리스도인이 무슨 소용이 있겠는가?

그 역시도 죽을 운명이다. 신앙생활을 숱하게 해왔다고는 하나, 그가 하나님과 함께 있음으로 해서 선한 열매를 맺지 못한다면 신앙생활을 헛한 것이나 다름이 없다. 하나님의 말씀으로, 하나님의 영으로, 하나님의 정신으로 자양분 삼아 산 그리스도인이라면 생명의 열매를 맺을 수 있어야 한다. 교회는 무엇으로 하나님이 살아 있으며 지금도 일하고 계신다는 것을 알게 해줄 수 있을까?

바로 신앙의 열매다. 신앙의 열매란 어쩌면 행위의 열매일 것이다. 그리스도인이 말하고 행위 할 때마다 하나님을 드러낼 수만 있다면 하나님이 바로 그리스도인을 그리스도인 되게 하고, 그리스도인의 삶을 가능하게 만드는 분이라는 것을 알 것이다.

그리스도인이 자라고 성숙한 인격을 가진다는 것 또한 신앙의 열매를 맺는 것이다. 나무로부터 영양분을 섭취하고 자라게 되면 때가 되어 열매를 맺는 법인데, 그리스도인이 1년이 지나고 10년이 지나도 계속 그 자리에 멈추어 있게 된다면 열매를 맺는 신앙인이 아니게 되는 것이다. 내가 나무에 붙어 있다는 증거는 나무로부터 자양분을 흡수한다는 논리가 된다. 그런데 열매를 맺고 있지 않다는 것은 내가 나무에 붙어 있지 않다는 것을 증명하는 것이다.

하나님에게 붙어 있는 존재, 하나님으로부터 자양분을 먹고 사는 존재가 그리스도인이다. 그렇게 될 때 우리가 거룩한 신앙의 열매, 경건하고 자비로운 열매를 맺게 된다. 말로만 하나님을 말할 것이 아니다. 자신이 그와 같은 신앙의 열매를 맺고 있지 않다면 그는 하나님과 전혀 상관없이 그저 교회를 다니고 있는지도 모른다. 하나님이라는 존재를 잘 알지도 못하면서 막연하게 신앙생활을 하고 있다는 것이다.

하나님을 알게 되면 그분의 뜻대로 살려고 애를 쓸 것이고 그러다 보면 비종교인과 차별된 삶의 열매를 추구하게 될 것이다. 우리의 신앙 상품 가치 혹은 신앙의 생산 가치가 다른 사람들보다 나을 수 있도록 해야 한다. 분명히 같은 시간과 공간 안에서 사는 사람들이지만 어느 나무에 붙어 있느냐에 따라서 거기에서 나오는 열매가 달라질 수 있기 때문이다.

여러분은 지금 어느 나무에 붙어 있는가?

예수라는 나무에 붙어서 거기에서 삶의 열매, 신앙의 열매를 맺고 있는가?

아니면 세속의 가치나 권력의 나무에 붙어서 살고 있는가?

가치가 다른 나무들이라면 서로 다른 가치의 열매들이 맺을 것이다. 신앙의 가치에 따른 삶의 열매를 맺기를 원하는 신자라면 반드시 예수라는 나무에 붙어 있어야 한다.

다시 말해서 자신의 나무가 있어야 한다. 자신의 나무를 잘 가꿀 수 있어야 한다. 거기에는 자신이 추구하는 열매가 있다면 그 나무로부터 얻을 수 있어야 하는데, 그 열매는 자신의 것이 아니라 그 나무로부터 열리는 것이니 그 나무의 것이다. 우리가 저마다 나무를 가꾸고 있다면 그것은 당연히 예수라는 나무일 것이다.

그렇다면 거기에서 열리는 열매는 예수의 향기가 나는 예수의 열매여야 한다. 엉뚱하게 다른 열매를 맺을 수가 없다. 지금의 나의 열매는 내가 어디에 있는가를 보여 주는 좌표이다. 열매가 없다면 나는 예수라는 나무와 멀리 떨어져 있거나 그분에게 붙어 있는 존재가 아니라는 것을 알려주는 것이요, 내가 조금이라도 열매를 맺고 있다면 그분에게 붙어 있다는 것을 나타내준다.

앞에서 우리는 회개에 대해서 말을 했다. 회개하지 않으면 모두가 죽은 목숨이라는 것이다. 회개를 통해서 정화된 그리스도인은 거기에 합당한 선한 행위의 열매들을 맺게 될 것이다. 영혼은 순수해지고 그럼으로써 하나님과 합일된 존재는 선을 행할 수 있게 되니 당연히 선한 열매를 맺게 될 것이다. 영혼이 맑을수록 튼실하고 풍요로운 열매를 맺을 것이다. 그 열매는 하나님에 의한 은총의 선물이다.

야스퍼스는 "신앙인으로서 살아간다는 것, 이는 계량 가능한 지식에 의지함이 아닌, 신이 존재한다는 것을 향해서 자신을 거는 삶의 방식을 택하는 결단"이라고 했으며, "신은 결코 지식으로서가 아니라 실존에 대하여 노출되어 가는 과정으로서만 존재하는 것"이라고 말했다.

하나님이 자기를 노출하는 것은 신앙인의 열매를 통해서이다. 또한 하나님이 자신을 스스로 노출하기 때문에 열매를 맺는 것이다. 그는 '숨겨져 있으면서, 멀리 있는 신, 증명할 수 없는 신'(야스퍼스)이기에 자신을 노출할 때마다 우리는 하나님께 자신의 삶을 걸고 결단하고 선택한다. 신앙의 열매는 바로 그러한 결단과 순종 속에서 나온다. 이제 그리스도인은 하나님께 항거하는 실존, 죄라는 실존적 한계로 파멸을 자초하는 인간이 아니라 회개의 정화를 통하여 영혼의 순수성을 회복해야 할 것이다. 그뿐만 아니라 구원의 완전한 해방을 위하여 영혼의 열매, 정화의 열매를 맺도록 노력해야 할 것이다.

3. 믿음의 목소리(막 10:46–52)

사람들은 무슨 규칙이 있는 것도 아닌데 기득권의 자리에 있게 되면 약자에 대한 조금의 배려도 용납하지 않으려고 하는 것일까?

예수를 뒤따르는 무리들은 도대체 무엇 때문에 그분 곁에 머물려고 하는 것일까?

예수의 어떤 매력, 그의 정신과 행위, 그의 말법 등이 영향을 끼쳤을 법한데, 그러한 것들을 항상 독차지하기 위해서였을까?

앞을 전혀 보지 못하는 소경이 예수에게 접근하는 것조차도 기존의 권력을 가진 사람들의 승인을 받아야 하는 것인지 잘 모르겠다. 소경이 오는 것조차 막아서는 그들의 소행은 예수의 생각과는 반하는 것이다. 평소 약자를 위해서 헌신해온 예수를 안다면 길을 비켜주고 그를 예수에게 안내해주는 것이 맞는 일이다. 하지만 무리들은 그를 귀찮은 존재로 여긴다. 감히 예수에게 접근조차 하지 못하도록 한다.

자신들을 위해서 존재하는 예수이면 되는 것이지 구태여 하찮은 소경 따위에게 자리를 내주고 기회를 주며 진리 공동체의 일원이 되도록 하는 것은 사치에 지나지 않는다는 것이었을까?

사실 그런 점에서 예수를 따르는 무리들은 그를 안다고 생각했을지 모르지만, 실상은 모르는 것이나 다름이 없다. 그분을 알았다면 소경을 그렇게 했을 리 만무하다. 그분을 속 깊이 알았다면 약자를 위한 자리를 만들어 주는 것은 옳은 일이다. 안다는 것, 그것은 그분의 심중을 헤아리며 어떤 신앙적 일념으로 일관하고 있는지를 파악하는 것이다. 안다는 것은 피상적인 것이 아니라 실천적이다.

단지 인식론적으로만, 추상적인 의식으로만 그분을 안다는 것은 의미가 없다. 동일하게 예수를 믿고 따를 수 있도록 자리를 마련해 주는 것이 먼저 예수를 믿었던 사람들의 신앙적 배려여야 한다. 예수를 따를 수 있도록 자리를 주고, 예수를 믿을 수 있도록 곁을 내주고, 예수를 만날 수 있도록 사이를 벌려주고, 예수를 볼 수 있도록 길을 터주는 그리스도교 공동체가 되어야 한다.

지금 우리 그리스도교 공동체는 자신의 자리만 확보하면 그만이다. 다른 사람들을 위한 자리는 중요하지 않다. 그가 어떤 상태에 있는지 관심 밖이다. 나의 신앙, 나의 기도, 나의 처지만이 그분의 시야에 들어오면 그만이지 다른 사람이 예수의 관심 영역 안에 들어오는 것은 별로 달갑지 않다. 그리스도인의 이기주의이다.

왜 자비를 베풀어 달라는 목소리에 귀를 기울이지 못하는가?

세상의 수많은 사람들이 예수를 향해 자비를 베풀어 달라고 목청을 놓아 소리를 지르고 있는데 교회는 그 목소리를 외면하고 있는가?

아예 들리지도 않는 것인가?

아니면 내 목소리가 너무 커서 그들의 목소리는 잦아들고 있는 것은 아닌가?

지금부터라도 교회는 약자들이 자비를 베풀어 달라는 소리에 민감하게 반응할 수 있어야 한다. 다시 말해서 '동정의 종교'가 되어야 한다. 예수가 민중을 향해서 동정과 연민의 마음을 품었던 것처럼, 교회도 동정의 마음을 품고 그들의 궁핍, 공포, 불안, 결핍 등에 대해서 도우려고 행동하는 공동체가 되어야 한다.

그런데 교회는 그 목소리가 시끄럽다고 한다. 교회는 약자의 목소리를 소음처럼 취급한다. 그리고는 고상한 목소리만을 듣기를 원한다. 교양 있는 소리, 칭찬의 소리만을 듣기 원한다. 하지만 교회는 고상한 목소리가 아니라 비난의 목소리를 듣고 있다. 자비를 갈구하는 목소리를 외면하는 교회에게는 세상의 고상하고 존경을 표하는 소리는 들을 수가 없다.

지금 교회도 자비를 청하는 목소리를 차단하고 있지 않는가?

자비를 구하는 사람에게 자애로움을 나타내 보여주어야 하는데 그럴 마음과 신앙의 바탕조차도 갖추어 있지 못한 것은 아닌가?

교회 안팎은 시끄럽고 잡스러운 소리만이 난무하다. 말은 거룩하고 점잖은 듯하지만, 신앙의 본질에 부합하는 소리를 듣기는 어렵다. 형식적이고 외식적이며 가식적인 목소리로 서로에게 응대하고 있는 모습은 세상의 모임과 똑같다. 세상과 다르지 않은 소리만을 발언하는 교회라면 바깥에서 바라는 목소리를 귀담아 들을 수 있는 가능성은 전혀 없는 것이다. 내 목소리만 크게 울려 퍼지니 정작 들어야 하는 바깥에서의 자비를 베풀어 달라는 절규는 들을 수가 없는 것이다.

왜 신앙인들은 자신의 목소리만을 제일로 치고, 또 자신의 목소리만이 옳다고 주장하는 것일까?

남의 소리는 들을 수 있는 여유와 관대함, 배려는 없는 것일까?

자신의 목소리를 낮추고 심지어 침묵을 지켜야 정말로 우리에게 바라는 외부의 목소리가 들려온다. 남의 이야기가 크게 들리게 된다. 그럴 때 우리는 그들의 목소리와 마음에 부합하는 신앙의 응대를 할 수 있는 것이고, 정말 필요로 하는 예수의 복음과 사랑을 알려주고 또 그분에게서 삶의 희망을 찾을 수 있도록 인도할 수 있는 것이다.

다행스럽게도 예수는 그러한 사람들의 소리를 잘 들으신다는 사실이다. 자신에게서 도움을 청하는 이들에게 반응을 하시며 그들에게 반드시 도움을 주시려고 애를 쓰신다는 것이다. 예수처럼 우리도 그렇게 귀를 열어 놔야 한다. 높은 데서 말하든 낮은 데서 말하든 모든 영역에서 타인의 목소리를 들을 수 있도록 귀를 열어 놓아야 한다. 예수는 우리의 목소리를 듣는 것뿐만 아니라 더 나약하고 어렵고 힘든 사람들의 목소리도 세심하게 놓치지 않고 들으신다는 것을 알아야 한다.

많은 사람들은 교회 안에서, 그리고 교회 바깥에서 자신의 어려움과 힘듦, 그리고 고통과 고난으로 인해 생기는 신음을 토로하고 있다. 그 소리를 어떻게 수용할 것인가를 고민하는 교회가 되어야 한다. 그 소리를 거부하지 않고 마치 나의 목소리인 양 예수의 사랑으로 품을 수 있는가를 사유하는 그리스도인이 되어야 한다.

타인의 목소리를 잘 들을 수 있는 예수는 눈을 뜨기를 바라는 소경의 어려움을 해소해주는 데까지 나아간다. 다시 말해서 예수는 그가 바라는 것, 그 목소리의 염원을 들어주셨다는 것이다. 예수는 신자의 목소리이건 비종교인의 목소리이건 동일하게 그 바라는 바를 이루어주시려고 하신다. 눈을 뜨기를 원한다는 소경의 소원을 '즉각적으로' 들어주신다.

그가 눈을 뜨게 된 배경에는 어디에 있는가?

예수가 눈을 뜨게 해줄 것이라는 믿음 때문이었다. 목소리 전체에 담긴 믿음을 보신 예수는 그 목소리의 바람에 응답하신 것이다. 우리의 목소리나 타인의 목소리가 예수의 자애로움을 입으려고 한다면 목소리가 소음이 아닌 진정성이 담긴 바람, 예수를 신뢰하는 목소리를 낼 수 있어야 한다. 낡아빠진 구태의연한 목소리나 그저 입만 벌렸다 하면 복이나 달라는 소리가 아니라 믿음의 목소리를 발언해야 한다. "나는 당신을 신뢰합니다. 그러니 나의 목소리를 듣고 기적을 베푸소서"하는 신앙의 목소리는 나의 상황을 완전히 바꾸어 놓는다. 단 반드시 믿음의 목소리여야 한다.

믿음의 목소리는 사람을 살린다. 믿음의 목소리는 허구나 기만이 아니라면 응당 그 대가는 행복을 가져다준다. 무슨 말을 하느냐, 무슨 소리를 내느냐가 사람을 죽이기도 하고 살리기도 한다. 예수에게 내뱉는 말들이 나를 살리는 것이냐 아니면 죽이는 것이냐를 한번쯤 생각을 해봐야 한다.

그리스도인의 목소리는 가식이나 허위나 의심의 목소리가 아니라 진실과 사랑, 신뢰와 감격, 존경과 기쁨, 격려와 위로의 목소리가 되어야 한다. 어떤 목소리를 내느냐에 따라서 인생이 달라진다. 우리의 목소리를 듣고 예수가 가져다주는 신앙의 결과가 공동체를 살리게 하고 또한 예수를 따르도록 만든다. 나의 목소리에 따라서 개인과 공동체의 운명이 달라질 수 있다는 사실을 깨닫고 목소리를 내기 전 그것이 예수를 위한 것인지, 공동체를 위한 것인지, 평화를 위한 것인지 늘 살피고 또 살펴야 할 것이다.

그리스도인은 타인의 목소리를 방해하는 신자가 되지 않아야 하며, 오히려 믿음의 목소리를 통해서 전체가 사는 존재가 되어야 한다. 목소리는 이미 행동이자 행위다. 목소리를 내는 순간 나는 그렇게 행동을 한 것이다. 그러므로 목소리를 조심하고 신중해야 한다. 숨 조절을 하면서, 신앙적으로 생각하면서 목소리를 내도록 해야 한다. 그 목소리가 덕을 불러일으키는 목소리가 될 것인지 분별하지 않으면, 자칫 목소리가 선이 아니라 악이 될 수도 있기 때문이다.

지금 교회는 어떤 목소리들이 오가고 있는가?

정말 필요한 목소리는 어떤 것인가?

무슨 내용의 목소리를 예수에게 말해야 할 것인가?

평화, 화해, 사랑, 일치인가?

아니면 분열, 불신, 대립, 반목인가?

어떤 목소리이든 그것이 교회의 운명을 결정하는 목소리가 될 것이다. 그러므로 할 수만 있다면 영원을 사랑하고, 남을 배려하며, 공감을 불러일으키는 목소리를 내도록 해야 할 것이다.

4. 신앙의 자리(눅 14:7-11)

신앙의 자리는 낮은 자리다. 그런 의미에서 높은 자리를 탐하는 사람이 그리스도인이라 말할 수 없다. 지금까지 그리스도교는 낮은 자리에 있기를 원하는 사람들에 의해서 그 신앙의 명맥을 유지해 왔다고 해도 과언이 아닐 것이다.

그러나 어리석게도 교회 공동체 안에서는 신앙의 높은 자리를 선호하는 사람들이 많이 있다는 사실이다. 권력을 갖고 섬김을 받으려는 자리에 있으려는 사람들은 스스로 그리스도인으로서의 신앙에 위배된다는 사실을 잘 모르는 듯하다. 예수는 단 한 번도 자리에 연연하지 않았음에도 불구하고 그를 하나님의 아들이라 하고, 구세주라고 하는 이들조차도 예수처럼 자리에 초연하려고 하지 않는다. 물론 자리에 앉지 말라는 말이 아니다. 어디를 가든 자신이 앉아야 할 자리, 자신이 처해 있어야 할 자리가 있기 마련이다. 남들이 권하지도 않는 자리를 서둘러 차지해 버리려고 하는 욕망을 없애야 한다.

서열을 중시하는 우리나라 풍토상 어느 자리에 앉아 있는가를 무척 중요하게 생각한다. 그것이 곧 그 사람의 인지도나 권력, 존재감의 상징이 되기도 하기 때문이다. 성직자들도, 평신도들도 자기 자신의 자리에 대한 상징성에 대해서 쉽게 포기하지 못한다. 대접을 받으려고 하고 높임을 받으려고 하는 의식이 팽배해 있기 때문이다.

하지만 그럴수록 남을 높이려고 하고 자리를 진심으로 양보하려는 신앙의 미덕을 발휘해야 한다. 자리가 사람을 만들기도 한다. 그래서 그런 사람이 아닌데도 그 자리에 앉히면 사람이 변하게 된다. 다른 사람 위에 군림하려고 하고 거만하게 구는 모습을 종종 보게 된다. 자리에 무슨 절대 진리가 있는 양, 자리에 무슨 생명이 있는 양 자리를 차지하려고 혈안이 되기도 한다.

자리에 진리가 있는 것은 아니다. 또한 높은 자리를 차지한다고 해서 그 사람의 존재를 드러내준다고도 볼 수 없다. 자리는 그저 모든 사람들이 앉거나 서서 자신의 정직성과 진실함을 나타내 보여주는 곳이라고 생각하면 되는 것이다. 오히려 자리는 자신의 성실함과 진심을 통해서 그 사람의 지위를 더 드러내 준다고 볼 수 있다. 어느 자리에 있든, 그것이 높은 자리이든 혹은 낮은 자리이든 자신이 앉은 자리에서 자신의 참 모습을 보여줄 때 그 사람이 더 높은 자리에 앉은 듯이 인식할 것이다. 꼭 사람이 있어야 하고, 또 사람이 그 자리를 차지하고 있어야 그 사람이 돋보이는 것은 아니다. 그 사람이 없어도 그 사람에 대한 예의와 배려, 그리고 관심을 기울인다면 그 자리는 곧 꼭 맞는 그 사람의 자리인 것이다.

신앙의 자리를 생각할 때에 그 자리는 마땅히 나의 자리여야 한다고 고집스럽게 주장하는 사람이 있다. 하지만 신앙의 자리에 너의 자리, 나의 자리가 따로 있는 게 아니다. 모든 자리가 너의 자리가 될 수 있고 나의 자리가 될 수 있는 가능성이 있을 뿐이다. 누가 앉아도, 누가 있어도 그 자리를 존중할 수 있는 신앙의식만 있으면 넉넉한 마음으로 바라볼 수 있고 인정할 수 있다. 아니 자리마다 예수의 자리라고 생각한다면 자리가 높은 자리, 낮은 자리가 있을 수가 없을 것이다. 항상 낮고 천한 자리를 좋아하시던 분이니 어느 자리이든 그분이 머무실 만한 자리이니 우리 자신도 어느 자리에 있든 예수의 자리라고 생각하고 받아들일 수 있을 것이다.

자리를 주장한다는 것은 권리를 주장하는 것이고 권리를 주장한다는 것은 자신이 그 권리를 주장할 만한 높은 자리에 있고 그럴만한 자격이 있다는 것을 의미한다. 그래서 자리에 앉으면 서로 말하기만 할 뿐 들으려고 하지 않는다. 권리를 주장하려고 할 뿐 의무를 다하려고 하지 않는다.

그리스도인으로서의 권리 주장이라는 게 어디 있는가?

예수는 그리스도인으로서의 권리를 말한 적이 없다. 그분은 자리에 앉으면, 자리가 결정되면 거기에 따른 신앙의 의무를 충실히 해야 한다고 말한다.

그러므로 자리에 연연하지 말며 높은 자리에 올라가려고 하지도 말아야 한다. 자리가 높을수록 행해야 할 의무는 더 큰 법이다. 그렇다고 자리가 낮다고 해서 의무가 작은 것은 아니다. 응당 해야 할 의무와 책임이 다른 것뿐이다. 그래서 자리는 완전한 것이 아니다. 자리는 불완전하다. 어느 때는 자리가 높았다가 어느 때는 자리가 낮을 수도 있다. 높았을 때에 낮아질 수 있다는 가능성을 생각한다면 그 자리에 있을 때에 겸손해야 한다. 나더러 그 자리에서 내려오라고 할 수도 있으니 말이다. 다른 사람과 그 자리를 바꿔주십사하고 요청할 수도 있을 것이다.

그러니 그 자리가 꼭 나의 완전한 자리, 나만을 위한 자리라고 생각해서는 곤란하다. 자리는 불규칙적인 모임이든, 임의의 모임이든, 회의이든 그 자리에 모인 사람들을 위한 것은 말할 것도 없거니와 그 자리에 없는 사람들을 위해서 봉사하는 자리이기도 하다. 자리에 대한 정확한 인식을 가져할 이유가 거기에 있다. 높은 자리이든 낮은 자리이든 모든 자리가 다 봉사를 위한 자리여야 하는데 주인공이 되는 자리, 돋보이는 자리가 되면 안 되는 것이다. 그것은 자리에 대한 착각이다.

왜 사람들은 자리에 올라서기만 하면 다른 사람은 안중에도 없고 오직 자신만을 생각하는 것일까?

그것은 너무 높은 자리에 앉아 있다는 우월의식과 권력의식이 작용하고 있기 때문이다.

함부로 자리에 앉지도 지정하지도 말아야 한다. 그저 서로 높은 자리로 앉으라고 권하기만 하면 된다. 양보하는 자리가 높은 자리가 되는 법이다. 어쩌면 그렇게 양보한 자리가 자신의 자리가 될 수도 있다. 다른 사람을 높이려고 했던 자신이 높임을 받는 사람이 되어 그 자리에 앉을 수도 있다.

그러니 높은 자리에 못 앉을까봐 노심초사하기보다는 다른 사람을 높이려고 하는 것이 나을 것이다. 사람을 높여야 높은 자리가 생기는 법이지 높은 자리가 있어서 사람을 높이는 것이 아니다. 순서가 바뀌면 안 된다. 신앙의 높은 자리는 서로 높여 주어야 한다. 남을 깎아 내리거나 하찮게 여기거나 나이가 낮다고 해서 하대를 하거나 해서는 안 된다. 그것은 신앙의 높은 자리에 앉는 것과는 전혀 다른 문제이다.

더 중요하게 생각해야 할 것은 어느 자리에 앉든간에 그 자리에 대한 긍지를 가져야 한다는 사실이다. 자신의 자리를 귀하게 여길 수 있어야 하고 그 자리에서 하는 일이 곧 예수를 위한 것임을 자각한다면 굳이 높은 자리에 앉아야 한다는 강박관념이나 욕망은 사라질 것이다. 자리에 앉아서 신앙의 역할과 기능, 그리고 신앙의 기쁨을 완성하는 것으로 여길 때 교회 공동체가 아름다울 수 있다. 그러므로 모름지기 신앙의 자리는 다 아름다운 것이다. 높은 자리라고 해서 더 아름답고 낮은 자리라고 해서 덜 아름다운 것이 아니다.

하나님의 눈으로 볼 때 모든 신앙의 자리는 평등하며 동일하게 아름다운 자리이다. 그 아름다운 자리를 각자가 잘 보존해 주어야 한다. 다른 사람이 그 자리에 앉아도 그 자리가 낯선 자리가 되지 않도록 아름답게 가꾸는 자리여야 한다. 긍지가 없는 자리, 애착이 없는 자리, 사랑이 없는 자리라면 자신의 자리를 애써 아름답고 선한 자리로 만들려고 하지 않을 것이다.

그러나 언제나 우리가 신앙의 격언처럼 기억해야 할 것은 '자신을 높이는 자는 낮아지고 낮추는 자는 높아진다'는 진리이다. 신앙인의 자리가 아름다운 것은 바로 누구든지 자신을 낮추려고 하는 데 있다. 모두가 높아지겠다고 한다면 교회 공동체는 그야말로 추악한 집단이 되고 말 것이다. 나를 높은 사람으로 대우해달라고 하는 사람일수록 신앙과 마음이 건강한 사람이 아니다. 그 사람은 그저 병리적인 콤플렉스를 가진 사람, 권력을 탐하는 사람에 지나지 않을 것이다.

교회는 달라야 한다. 서로 높여주려고 하고 서로 인정해 주려고 할 때, 자신도 높임을 받을 수 있고 인정을 받을 수 있다는 매우 단순한 진리를 외면해서는 안 된다.

그런 신앙의 자리에 대한 진리를 깨우치고 우리가 몸소 그런 행위를 보인다면 세상도 높은 자리를 탐하는 권력 다툼의 아수라장, 군림의 자리에서 민중을 억압하고 조정하려는 정치의 장을 바꿔 나갈 수 있지 않을까?

신앙의 자리에 대한 의식이 달라져야 우리 교회 공동체의 신앙도 달라지고, 더불어 비종교인이 생각하는 자리에 대한 의식과 행위가 달라질 것이다.

우리는 지금 어느 신앙의 자리에 있는가?

혹 높은 자리에 앉고 싶어서 그 자리 언저리에 맴돌고 있는 것은 아닌가?

아니면 누군가 그 자리에 앉아야 한다고 믿고 그 자리를 권하는 다른 사람의 목소리를 부정하고 낮은 자리에 앉으려고 하는가?

어느 자리에 있든 자리에 대해서 신격화하거나 영원한 것이라고 단정 짓지 말아야 한다. 그저 신앙의 판단에 따라서 예수처럼 낮고 천한 자리에 즐겨 앉으려고 노력하는 신자가 되어야 한다. 그것이 예수가 원하는 신앙의 자리이자 그분이 우리에게 가르쳐주는 자리에 대한 진리이다.

5. 다시 실패하라, 더 잘 실패하라(눅 16:9-15)

오늘을 살아가는 많은 사람들은 자본주의에 중독되어 있다고 해도 과언이 아니다. 누가복음 16장에는 세속의 재물에 대한 이야기가 등장한다. 심지어 친구를 사귈 때도 재물로라도 친구를 사귀라는 격언과도 같은 말씀이 나온다. 자본은 친구를 만들 때도 효력을 발생할 만큼 힘을 가지고 있다는 것이 상식처럼 통하는 것이다. 경제가, 자본이 친구의 의지와 신체를 구속하고 통제하는 기능을 가지고 있다는 반증이다.

화폐는 무엇이든 할 수 있다. 친구도 계량화하고 수치화할 수 있다. 얼마나 화폐 권력을 많이 가졌느냐에 따라서 그 사람의 친구의 숫자도 결정된다. 역설적으로 들리겠지만 예수는 자본으로 친구를 사귀고 마침내 수중에 있는 자본이 다 사라지게 될 때에는 자유로움을 얻게 된다는 것을 알게 해준다. 자본에 대한 열망과 욕망은 사람을 기만하고 진실한 삶 자체도 배반한다. 화폐 가치가 친구의 가치나 사람의 삶의 가치를 결정하고 교환하기까지 하니 말이다.

자본에 중독되어 있는 사람은 어느 것이 더 가치가 있고 어느 것이 덜 가치가 있는가에 대한 경중을 따지지 못한다. 오직 자본에만 관심이 집중되어 있기 때문이다. 그 사람에게는 자본이외에는 관심의 대상이 되지 못한다. 더 큰 가치, 더 좋은 삶의 방식을 생각하지 못한다. 자본을 다루는 그 사람의 태도만 보아도 그 사람이 작은 사람인지, 큰 사람인지를 판단할 수 있다.

자본이 한 순간의 소유라는 사실을 안다면 사라질 자본보다 더 큰 가치를 소중하게 생각할 것이다. 자본으로 인해서 얼마나 많은 사람들이 고통을 당하고 슬퍼하고 힘들어 하는지를 안다면 자본을 가지고 경쟁하려 하지 않을 뿐만 아니라 그 자본이란 허영에 지나지 않는다고 생각할 것이다. 그리스도인에게 자본은 잠시 동안 이 세상에 살면서 필요한 삶의 수단에 지나지 않는다는 것을 깨달아야 한다. 자본은 영원한 것이 아니다. 그럼에도 그리스도인조차도 자본에 대한 신뢰감이 하나님에 대한 신뢰감보다 더 크다고 여기는 경우를 보게 된다.

자본은 그저 우리에게 잠깐 맡겨진 것이다. 자본 자체가 목적이 아니라는 것이다. 자본으로 인해 화폐신학이나 화폐신앙이 되어서는 안 된다. 화폐를 믿는 것이 아니라 화폐의 나눔 가치를 믿어야 하는 게 그리스도인의 올바른 태도이다. 화폐가 손에 쥐어지게 되면 그것을 영원히 소유하려고 하는 것이 아니라 가난한 사람들과 공유하려는 목적으로서의 사용가치에 초점이 맞추어져야 할 것이다.

자본이라면 '무엇이든 할 수가 있다, 무엇이든 소비할 수가 있다'는 화폐만능주의나 화폐제일신앙, 화폐추앙주의는 화폐를 관리하는 그리스도인에게 불행을 자초할 수 있다.

다른 가능성의 세계, 다른 체제에서의 삶을 지향하는 그리스도인이 화폐신학에 빠져 있다고 한다면 누가 그리스도인에게서 화폐를 넘어서 새로운 세계를 꿈꿀 수 있을까?

화폐를 손에 넣기 위해서 우리는 '시간'조차도 나의 시간으로 하지 못하고 자본의 시간에 빼앗기게 된다. 하나님의 시간, 하나님을 위한 시간은 존재하지도 않거니와 자본의 맹목적인 시간과 맞바꾸며 살게 된다.

그러니 누구에게 자신의 삶을 위한 진정한 시간을 알게 해줄 것이며, 다른 삶의 시간, 신앙의 시간이 존재한다고 말해줄 수 있을 것인가?

지금도 우리는 자본의 시간 속에 살고 있는지 모른다. 예배를 드리고 있는 시간조차도 자본의 시간에 통제되어 마음을 하나님의 시간 안에 두지 못하고 있을 수 있다. 신앙의 시간이 무르익어야 내 마음과 정신이 더 큰 인류와 하나님의 가치에 충실할 수 있을 텐데, 우리에게는 더 이상 신앙의 시간을 생각할 겨를이 없는 듯하다.

만일 자본의 가치를 얻기 위해서 시간을 투자해야 한다면, 타자의 노동력을 착취하거나 폭력을 행사하지 말아야 한다. 외국인 노동자를 고용하면서 그들의 노동력과 자본의 시간을 온전히 고용주의 것으로 소유할 경우, 그들의 삶의 시간과 신앙의 시간은 사라지게 된다.

자본주의에서 나의 몫을 얻기 위해서는 타인의 노동 시간을 존중하고 타인이 신앙의 시간을 가질 자유를 획득하도록 도와주어야 한다. 나의 몫은 자신의 정당한 노동의 결과라고 생각할 수 있을지 모르지만, 따지고 보면 수많은 사람들의 노동의 시간과 신앙의 시간이 양도된 결과이다. 자본은 그만큼 사람들의 삶을 촘촘히 연결해놓고 있는 것이다.

　자본의 시간 안에서 나의 몫은 타인의 잉여 가치의 착취이면 안 된다. 더불어서 나의 몫은 타인의 신앙의 잉여 가치의 탈취여서도 안 된다. 그들도 예배를 드릴 자격과 하나님의 시간 안에 존재할 충분한 인격이 된다는 사실을 잊으면 안 된다. 그래서 우리의 신앙의 시간은 상인, 버스 기사, 전기 기사, 음식점 주인, 문방구 운영자, 종이 생산자, 심지어 주유소 아르바이트생 등 우리가 인식하지 못하는 숱한 사람들이 자본의 시간에 있을 때 확보된 거룩하고도 속된 시간이라는 것을 명심해야 한다.

　그러므로 자본의 시간에서 나의 몫을 계산하기에 앞서 그들에게 정당한 몫이 돌아가도록 해야 한다. 자본가에게만 충성하면 나의 몫이 많이 배당될 것 같지만 실상은 가장 낮고 천한 일을 하는 많은 사람들과 하청업자들의 몫이 정당하지 않다면 나의 몫은 정당한 것이 아니다. 그리스도인이 자본가에게만 많은 이익을 가져다주면 될 것처럼 생각하고 그들을 위해서 헌신하는 자본의 시간만 고려한다면 잘못 생각하는 것이다.

　자본가의 몫이 많아지는 것은 민중, 노동자의 신체가 종속된 시간이 많아졌기 때문이라는 것을 알아야 한다. 노동자의 신체는 자본가를 위해서 소비된다. 그들의 시간은 자본가의 시간이다. 그런 그들이 우리에게 몫을 가져다 준 것은 자신의 신체의 시간, 자본의 시간, 신앙의 시간, 하나님의 시간의 대가로서 지불된 것임을 눈감아서는 안 된다.

　이런 결과를 놓고 볼 때 우리가 하나님을 위한 시간, 하나님의 시간을 확보한다는 것이 얼마나 어려운가를 새삼 깨닫는다.

　작가 사무엘 베케트(Samuel B. Beckett)는 말한다.

　"다시 실패하라, 더 잘 실패하라."

　우리는 재물에 대해서는 실패하고 하나님에 대해서는 성공해야 한다. 자본이 우리의 주인이 될 수 없다. 사람들이 생각하는 것처럼 자본이 우리에게 구원을 가져다주지 않는다. 그러므로 우리는 자본에 대해서 다시 실패를 경험해야 한다. 하나님을 섬기기 위해서는 자본을 포기할 수밖에 없다. 자본의 시간에는 너무 많은 사람들의 피와 땀이 녹아들어가 있다.

그 자본의 시간과 신앙의 시간을 맞교환한다는 것이 현대 사회에서 얼마나 어려운 일인가?

그런데도 자본의 시간보다 신앙의 시간, 하나님을 생각하는 시간이 더 소중하다는 것을 그리스도인은 깨우쳐야 한다. 그리스도인이 자본에 대해서 실패해도 살 수 있지만, 하나님에 대해서 실패하면 영원히 살 수 없다. 자본은 영혼을 앙상하게 만들지만 하나님은 영혼을 살찌우기 때문이다. 자본은 신체를 살찌우는 대신 영혼을 말살한다.

무엇을 선택할 것인가?

자본인가?

아니면 하나님인가?

이러한 질문에 바리새파와 같은 자본가들, 자본의 시간에 충실한 사람들은 비웃을지 모른다. 하지만 그리스도인의 실존은 매우 심각하고도 진지한 물음이다. 언젠가 자본의 시간은 파국을 맞이할 것이다. 현대 자본주의가 자기 중독에 빠져서 헤어 나오지 못할 경우 자멸할지도 모른다. 그런데도 우리는 자본에 목을 매고 있다. 점점 하나님과는 멀어져 가고 있다. 하나님의 시간, 하나님을 위한 시간, 하나님을 생각하는 시간, 하나님을 마음에 두는 시간, 그러한 신앙의 시간은 매우 간단하고 가볍게 여긴다.

자본은 우리의 신앙의 시간을 집요하게 파고든다. 하나님을 선택하려는 우리를 불안과 좌절, 두려움으로 뒤흔들어서 영혼마저 빼앗긴 채 자본의 시간 안에서 자본가를 위해서 살아가도록 만든다. 이제 우리의 시간 동선(動線)을 바꾸어야 한다. 화폐를 위해서 소비하는 자본의 시간을 저항하고 경제동물로 길들여지지 않는 하나님의 시간, 하나님의 백성으로 살아가는 신앙의 주체가 되도록 해야 할 것이다.

프란츠 카프카(F. Kafka)의 『소송』이라는 책에는 이런 글이 눈에 띈다.

"내가 감독이 되겠습니다… 아아, 나는 나 자신에 대한 것은 잊고 있었군요. 가장 중요한 인물, 즉 나는 이곳 책상 앞에 서 있습니다."

지금 우리는 어디에 서 있는가?

지금 우리는 자신의 삶의 감독인가?

하나님을 위해서 스스로 자신의 시간의 감독이 되기 위해서라도, 하나님만을 위한, 하나님의 시간 앞에, 신앙의 시간 앞에 당당하게 서 있는 우리가 되어야 할 것이다. 그러기 위해서 하나님을 위한 존재로서 교회 공동체 전체가 예배드리는 그 시간, 하나님의 시간이 우리 모두에게 '공통되기'(becoming common), 공통의 거룩한 시간이 되어야 할 것이다.

> 제13장

종교인의 실존과 정신의 승인

1. 신앙의 허영심과 진심(막 12:38-44)

　마가복음 12:38-44의 전반부를 보면 율법학자들의 신앙 행동의 정도가 지나쳐 보인다. 굳이 열거를 해보면 화려한 관복(stole, 길고 넓은 외투)으로 자신의 신분을 과시하고, 또 율법을 연구하고 가르치는 엘리트라는 인식이 있으니 인사를 받는 것을 당연시 여기며, 어느 곳을 가든지 대접을 받으려고 가장 높은 자리를 선호하는 사람이라는 것이다. 게다가 그들은 과부를 등쳐먹었다. 기도를 할 때는 경건을 과장되게 보이기 위해서 오래 기도를 하였다. 그들은 그러한 행동으로 시선을 끌고 마치 그것이 신앙의 결과인 듯이 사람들에게 보인 것이다. 행동으로 보이면 그 사람의 신앙의 깊이가 남달라 보이는 것은 사실이다.
　하지만 마가복음서 속에 등장하는 율법학자들의 모습은 신앙의 참된 결과가 아니라 자신의 신분을 과시하거나 신앙이 있다는 척하는 허영심에 불과하다.
　그것이 어디 율법학자들만의 문제일까?
　오늘날 신앙생활을 하는 그리스도인의 모습에서는 율법학자들과 같은 신앙의 가식적인 행태들이 있지는 않은가?

  신앙이 있다는 사람들의 삶과 행동 속에는 감탄과 귀감이 될 만한 것이어야 한다. 허영심과 자만심만으로 사람에게 감동을 불러일으킬 수는 없다. 어쩌면 신앙 자체가 허영심이 될 수 있다. '종교를 가지고 있다, 신앙생활을 한다, 신자이다, 구원을 얻었다'라는 확신과 명제적 선언이 다른 비종교인과는 차별화된 삶을 사는 것처럼 비춰질 수 있다.

  그런데 그게 허영심에 지나지 않는다면 어떻게 되는 것일까?

  신앙의 겉치레, 신분의 겉치장, 분수를 모르는 지식의 과잉 분출로 이어진다면 과연 그것이 진정한 신앙인이라고 말할 수 있을까?

  또 자만심은 어떤가?

  허영심이 지나쳐서 신앙의 자만심으로 가득 차게 된다면 그것은 진실한 신앙인이라고 말할 수 없을 것이다. 신앙은 자기 자신을 알며 자신을 한없이 낮추는 겸손이어야 한다. "하나님으로 채워도 나는 아직도 하나님으로 나의 영혼이 갈증을 느낍니다"라는 겸손한 고백이 있어야 한다. 자신은 하나님 보시기에 신앙적으로 무슨 특별한 점이나 탁월함이 있는 것도 아니면서 타인에게 귀감이 되는 듯이 행동을 하고, 기도를 할 때나 예배를 드릴 때는 경건하고 거룩한 신자인 양 행동을 한들 거기에 아무런 진정성을 찾을 수가 없을 것이다. 다시 말해서 비종교인은 그리스도인을 통해서, 혹은 같은 그리스도인이라고 하더라도 공감을 불러일으키지 못할 뿐이다.

  아직 우리는 미숙한 신앙인이다. 불완전해서 타인 앞에서 그저 겸손하며 타인과 함께 하나님의 존재를 발견하려고 애를 써야 하는 연약한 실존이다. 한순간도 하나님을 향한 마음에서 벗어나지 않으려는 몸부림, 그 성실하고 진심어린 몸짓이 타인에게도 전해져야 하는데 그리스도인의 허영심 가득한 눈빛과 위선적인 웃음에서는 전혀 그것을 발견할 수 없다. 예수가 혹독하게 비판을 가한 이유가 바로 거기에 있다.

우리도 그러한 비판에서 자유로울 수가 없다.

스스로 생각해서 가식적이지 않은 신앙인, 위선적이지 않은 신앙인, 거짓으로 위장을 한 신앙인, 자만과 오만으로 가득 찬 신앙인이 아니라고 말할 수 있는 신앙인이 얼마나 있을까?

그러므로 천박하고 어리석은 마음으로 신앙생활을 하지 말고 오직 진심과 진실, 그리고 순수와 솔직함으로 하나님 앞에 서도록 노력해야 한다. 진리를 전달하려고 말하지 말고, 그저 진리를 살려고 해야 한다. 사심어린 기도를 거두고 단지 순수한 마음으로 하나님을 바라보는 기도를 해야 한다.

우리는 그러한 진심과 솔직함, 그리고 정직한 신앙의 표상을 한 과부에게서 발견을 하게 된다. 본문의 후반부에는 한 과부가 헌금을 한 기록이 등장한다. 이 여인의 이야기가 복음서에 기록이 되었다는 것은 여자를 인격체로 생각하지 않았던 1세기 당시의 시각에서 보면 사실이었을 가능성이 크다. 헌금을 많이 내라, 혹은 헌금을 정직하게 내라고 말하고자 하는 것이 아니다. 자신의 봉헌이라는 것이 얼마나 진심이 있어야 하고, 솔직해야 하며, 그리고 정직해야 하는가를 말하고자 하는 것이다.

다시 말해서 과부는 자신의 있는 모습 그대로 하나님 앞에 섰고 자신의 봉헌으로 자신의 민낯을 드러내었다. 두 렙톤이라고 해봐야 얼마나 되겠는가?

렙톤(lepton)이라는 말은 제일 얇은 유대 은전을 뜻한다. 그녀는 과부라는 치명적인 신분인 약점이 있는데다가 정말 가난했다. 가난을 뜻하는 프토코스(ptochos)는 구걸할 정도로 가난한 상태를 말하는데, 이 여인이 바로 그러한 여인이었다. 그럼에도 그녀는 자신이 가지고 있었던 생활비 전부를 봉헌하였다.

보통 사람들은 자신이 풍족하고 넉넉한 생활을 할 수 있는 상태를 감안하고 나머지 중에서 봉헌을 하는 게 당연하다고 생각했을 것이다. 실상의 우리의 봉헌도 다르지 않다. 봉헌의 액수나 횟수가 문제가 아니다. 봉헌하는 나의 마음이 어디에 있는가 하는 것이다. 타인의 시선을 의식하는 봉헌, 주보에 언급되는 자신의 이름, 봉헌에 따른 권력의식과 신분질서를 마음에 두고 있다면 봉헌은 진심과 솔직함, 그리고 정직과 거리가 멀다.

봉헌에는 의도와 목적이 배제된 하나님의 것을 드린다는 신앙 관념이 반드시 자리를 잡아야 한다. 봉헌이 수단이 될 수도 없다. 하나님의 것을 받았으니 하나님께 돌려드리는 것이 당연하다. 그럼에도 우리는 액수를 산정하고 횟수를 따짐으로써 자신의 자리를 봉헌과 일치시키려고 한다.

그렇다면 우리는 앞에서 비판받았던 율법학자들과 무엇이 다르겠는가?

봉헌에도 허영심과 자만심, 위선과 가식, 사심이 들어가 있으니 교회마저 사유화하려고 하고 하나님과 신앙마저도 사유화하려는 우리의 불순한 의도가 깔려 있는 것은 아닌가?

교회도, 신자도 어느 것도 개인의 것이 될 수 없다. 그것을 개인의 것으로 하겠다는 것 자체가 반신앙적인 생각이다. 더 나아가서 그렇게 생각하는 신앙인은 하나님마저도 개인의 것으로, 자신의 신앙도 스스로에 의해서 형성된 의지와 관념인 것으로 착각하고 마는 것이다.

예수가 사람들에게 가르치시면서 가난한 과부를 신앙의 본보기로 내세운 이유가 있다. 그녀는 아무것도 가진 것이 없었다. 가진 것이 없으니 이것저것 잴 것도 없이 그저 가진 것 전부를 드려야겠다는 일념, 순수한 신앙뿐이었을 것이다. 무엇을 가지고 있는 사람이 더 비신앙적인 쾌락, 판단, 아둔함에 빠지게 된다.

세상이 우리를 반대하도록 신앙에 있어서 더 철저해야 하고 최고의 도덕적 결벽에 가까운 삶을 보여주어야 하는데, 오히려 우리는 신앙을 가장해서 더 허영심과 가식, 그리고 위선들을 보여주고 있는 것은 아닐까?

복음서에서 등장하는 율법학자들을 비난하고 나무라면서 우리 스스로 현대판 율법학자들이 되어가고 있는 것은 무슨 역설일까?

이제는 신앙의 순수성과 본질로 돌아가도록 해야 한다. 신앙의 가식과 위선, 허영심과 자만심의 노예가 되어서는 안 된다. 스스로 돌아보고 자신의 내면을 살펴서 신앙의 사족이 되는 모든 것들을 잘라내는 결단이 필요할 때다. 비판을 하는 주체가 비판을 하는 대상과 다르지 않으면서 서로 신앙의 본질과 무관한 시선을 보내는 것은 이미 자신의 신앙이 부정직하다는 것을 반증하는 것이다.

다시 내면으로 돌아가 하나님의 시선이 어디에 있는지 살펴보아야 한다. 마음에다 신앙의 중심을 두고 그 바탕에서 일어나는 하나님의 작용에 따라서 말하고 행동하도록 해야 한다. 내 마음과 정신이 오염이 되어서 행동조차도 진정성이 느껴지지 않는 신앙인이라면 진리의 근원을 찾으려는 열망을 품어야 한다. 충분히 하나님을 향한 순수한 마음을 간직하려고 비약할 힘이 없다고 한다면 성서 속에서 예수의 마음을 읽고 깨달아야 한다. 가난한 과부를 통해서 새로운 신앙을 깨닫게 된다. 바로 경건한 이 앞에서 자신을 낮추는 것은 쉬우나 불경한 사람 앞에서 자신을 낮추는 것은 어렵다는 사실이다.

하지만 그 또한 우월의식을 없앤 겸손의 태도이다. 과부에게서 겸손을 배우자. 과부에게서 자신을 드린 헌신, 계산하지 않는 신앙, 하나님만을 신뢰하는 신앙을 배우자. 그녀에게는 겉발림, 겉꾸림, 겉치레, 겉모습이 보이지 않는다. 그녀에게는 오직 신앙적인 너무나 신앙적인 인간의 모습이 보일 뿐이다. 그것이 오늘날 우리에게 전해지는 아름다운 신앙의 이야기다.

2. 기도의 집(눅 18:1-8)

누가복음사가는 우리에게 늘 기도해야 한다는 것을 강조하고 있다. 그렇다면 기도는 쉼 없이 말로 자신의 간구를 하나님께 드리라는 얘기일까?

귀가 따갑도록 하나님께 말을 해야 기도를 들어주신다는 것으로 해석하는 것일까?

그게 아니다. 기도는 말로만 이루어지는 행위가 아니다. 기도는 하나님을 향한 끊임없는 사랑의 갈구이다. 누구에게 자신의 사정을 이야기한다는 것은 그만큼 갈급함이 있기 때문이다.

누가복음서에 의하면 불의한 재판관이 아무것도 없이 과부의 신세로 살아가는 여인의 지속적이고도 끊임없는 간청을 들어준다는 얘기를 하고 있다. 불의한 재판관도 하찮은 과부의 간청을 들어주어 그가 원하는 판결을 내려주는데, 하물며 의로우신 하나님께서 자신의 백성들이 밤낮 부르짖는 소리에 그냥 내버려주시겠는가 하는 것이다.

그러니까 이 이야기의 요점은 간단하다. 끈기 있게 매달리는 기도가 하나님의 마음을 움직인다는 것이다. 그러므로 기도도 일종의 노동이다. 기도도 수고가 있어야 한다. 설렁설렁한다고 해도 기도이겠거니 하는 것은 그리스도인으로서 기도에 대해서 가볍게 생각하는 것이다.

기도는 의지의 언어다. 자신의 의지를 하나님의 의지에 맞추어 마음을 담은 언어로 표현하는 것이다. 마음으로 기도를 할 수도 있지만 언어로 표현하여 자신의 의지를 하나님께 아뢰는 것이 필요하다.

물론 이것은 인간의 욕망을 초월적 존재에게 투사하여 이루겠다는 강한 의지를 나타내는 것을 의미하는 것이 아니다. 욕망이 기도일 수 없다. 기도가 욕망이 되는 순간 하나님은 기계적 신(deus ex machina)에 지나지 않기 때문이다. 누가복음사가는 과부가 자신의 욕망을 전달했다는 말을 하지 않는다. 다만 간절한 바람이었을 것이다. 억울하고 분통이 터지는 일을 해결해 달라는 간곡한 청이었을 뿐이다. 타자를 궁지에 빠지게 하겠다는 것이 아니다. 보복이나 보상을 위한 것도 아니다.

이와 같은 과부의 간청의 태도에서 우리는 기도란 내가 당한 것에 대한 감정적 보복을 대신 하나님이 갚아 주기를 바라는 것이 되면 안 된다는 것을 알게 해준다. 또한 일정한 보상을 내게 해주었으면 하는 것도 아니다. 기도는 소박하며 순수한 자기 소망을 드러내는 것이다.

기도는 지적이거나 논리적인 말도 아니다. 지성적인 언어를 사용하여 하나님을 감동시킬 수 없다. 기도하는 사람이 고급의 언어를 구사하거나 고상한 말을 사용함으로써 자기 자신을 나타내 보이려고 하는 것을 볼 수 있다. 그러나 하나님의 마음을 움직이는 말은 그와 같은 지성적인 언어가 아니다. 희망이 담긴 자신의 진실한 언어이면 족한 것이다. 유창하거나 화려할 필요도 없다. 시인들처럼 예술적인 표현을 하지 않아도 된다. 기도는 하나님이 알아들으실 만한 언어와 감정이 전달되기만 하면 된다.

그런데도 우리는 절실하지 않다. 아니 절박한 것들이 있음에도 불구하고 하나님께 기도하는 것에 대한 거리낌들이 있다. 물론 여기에는 자신의 사적인 문제와 관련해서는 그 무엇보다도 우선하여 하나님께 아뢸 것이다. 그러나 진실하며 소박한 언어로 교회와 사회, 그리고 국가와 세계, 환경과 빈곤 등을 위해서 깊게 기도하는 우리의 간절함이 없다.

기도는 하나님의 영에 의해서 자유로운 나의 정신과 영혼을 통한 언어다. 다시 말해서 기도는 자유로운 영혼의 행위다. 기도는 우리로 하여금 사태로부터 초연하게 하며 오직 그것이 이루어지고 안 이루어지고를 떠나서 진실한 마음이 전달되기를 바라는 일념이다. 기도가 반드시 이루어져야 한다는 것, 기도의 언어가 꼭 좋은 결과를 가져와야 한다는 것은 기도의 여러 소재들이 필연적으로 하나님으로부터 무시당하지 않고 거부당하지 않았으면 하는 바람일 것이다.

기도는 그저 하나님에게 맡기는 나의 투신이다. 기도는 바람이 있어서 하는 것이기보다는 항상 그렇게 해야 하는 그리스도인의 사적인, 공적인 웅변이다. 하나님을 향한 사적인 웅변이든 공적인 웅변이든, 그것이 한갓 말의 기술이 아니라면 기도는 하나님의 마음에 가 닿을 것이다. 하나님의 마음에 드는 기도는 말의 현란한 기술이 필요 없는 진리를 향한 열정의 표현이기 때문이다.

기도가 진리가 되어야 한다는 것은 하나님의 마음은 진리에 응답하는 존재라는 확신에서 비롯된다. 진리에 근거하고 진심어린 언어는 누구나 귀를 열어서 듣는 법이다. 기도의 언어를 사용하듯 말이나 대화도 그렇게 할 수 있어야 한다. 기도의 언어는 하나님을 한없이 존경하고 복종하는 듯하면서 정작 다른 신자들과 비종교인들과 대화를 할 때는 그 언어가 가벼워지는 것은 일상적인 대화 속에도 하나님이 현존한다는 의식이 없어서 그렇다.

우리가 언제 하나님을 귀찮게 한 적이 있기라고 한 것일까?

나를 위해서라면 본능적으로 하나님께 말을 하였겠지만 타자를 위해서, 보이지 않는 존재들을 위해서 귀찮을 정도로 아뢴 적이 있던가?

욕망에 도취되어 유치한 기도를 했을망정 타자를 위해서는 조금도 깊이 고려해 본 적이 없는 것은 아닐까?

우리 자신을 위해서뿐만 아니라 우리 교회를 위해서, 이 지역사회와 국가, 그리고 세계를 위해서 귀찮아 할 정도로 하나님을 흔들어 깨우는 신자가 되어야 할 것이다. 하나님은 쉬지 않고 기도하는 백성들의 간구에 대해서 시간을 오래 끌지 않으신다고 한다. 즉각적이면서 직접적인 하나님의 응답을 받고자 원하는 신자라면 끊임없이 기도해야 한다. 쉬지 말고 어느 때든지 하나님께 기도해야 한다. 그리하면 반드시 이루어주실 것이다.

하나님께서는 당신이 택한 백성들이 항상 기도할 때는 오래 기다리게 하거나 응답을 미루지(makrothymei) 않을 것이다. 그뿐만 아니다. 끈기있게 기도하는 신자들에게 지체 없이(tachei), 아주 빠르게 응답해 주실 것이다. 기도에 대한 당신의 반응 속도를 나타내는 그리스어 '타케이'(tachei)는 우리가 생각하지 못하는 시간, 곧 갑자기 응답하는 것을 뜻한다.

누가복음사가는, 끈기 있는 기도는 보답을 받는다는 것을 말해주고 있다.

하지만 그렇게 끈기 있는 기도를 하는 신자들이 과연 얼마나 있을까?

누가복음사가는 이 세상에서 그와 같은 신자를 찾아보기가(euresei) 어렵다고 말한다.

묵시적인 종말의 날에 희망을 가지고 지속적으로 기도하는 그리스도인을 얼마나 발견할 수 있을까?

신자가 자신의 삶에서 필요와 욕구는 있지만 지속성과 끈기, 그리고 용기를 가지고 기도를 하는 경우는 매우 드물다. 기도는 성직자의 몫이 아니다. 교회를 지키고 기도를 해야 할 사람은 성직자라는 의식이 팽배해 있고 그 성직자는 바로 신자들을 위해서 존재할 뿐만 아니라 신자들을 위해서 기도하는 존재라고 인식하는 순간 신자들의 기도는 한갓 형식과 태만으로 치닫게 될 것이다. 모름지기 그리스도인이라면 누구든지 하나님이 감탄할 만한 열심과 의지를 가지고 기도를 해야 한다. 하나님의 감탄을 자아내게 만드는 기도생활은 바로 지속성에 있다.

그러므로 이제 기도의 냉정을 찾아야 한다. 정신을 바짝 차리고 하나님을 향한 기도의 감정을 불살라야 한다. 기도가 없는 그리스도인,

기도가 없는 교회는 가장 슬픈 운명(fatum tristissimum)을 맞이하게 될 것이다. 기도 없이 자신의 삶이 세워질 수 없고 기도 없이 하루의 의미도 발견할 수 없다. 기도 안에 거하시는 하나님의 현존을 맛보지 못하는 신자는 인생의 희열조차도 맛볼 수 없을 것이다. 기도를 지속적으로 동경하는 그리스도인은 삶을 관조하기 때문이다. 어떻게 하나님께서 기도를 이루어주시는가를 삶과 사람을 연결 지으면서 바라보기 때문이다.

과부의 확신과 열정, 무모할 정도의 끈질김은 하나님의 계획이 나를 향해서 배열되도록 만든다. 그 하나님의 일하심을 경제학적 수치로 알아차릴 수 있다는 말이 아니다. 열심히, 그리고 지속적이고 연속성을 띤 기도를 하는 신자는 하나님에 의해서 충분히 보상을 받게 된다는 것을 의미한다. 그러므로 기도 자체에 대해서 사유해야 한다. 그 기도의 시간이 우리의 삶에서 어떻게 구체적으로 실현되는지 매일매일 지켜보아야 한다. 사물과 사건은 변해도 하나님의 신실하신 답변은 변함이 없을 것이다. 단 기도의 집을 차곡차곡 쉬지 않고 쌓아야 한다.

3. 하나님 앞에 살아 있는 자(눅 20:27-40)

누가복음 20장은 부활논쟁에 관한 것이다. 사후 부활에 대해서는 바리새파는 인정을 하였지만 사두개파는 인정을 하지 않았다. 사두개파는 이른바 수혼법(嫂婚法, Levirate Law)을 들어서 그것을 논파하려고 하는 것을 볼 수 있다. 이스라엘은 대를 잇기 위해서 맏형이 장가를 들어 자식을 생산하지 못하고 죽게 되면 다른 형제가 그 형제의 아내를 취하여 자식을 낳아 대를 잇기 위한 관습이 있었다.

사두개파는 그런 법에 근거하여서 칠형제와 같이 살았던 여인이 부활한다면 도대체 누구의 아내가 되겠는가에 대한 질문을 하고 있다. 예수의 대답은 명료하다. 죽었다가 다시 살아난 사람들은 하나님의 자녀이기 때문에 굳이 장가도 시집도 갈 필요가 없다고 말이다.

하나님의 자녀가 된 사람들에게 중요한 것은 살아계신 하나님 앞에 있는 것이지 또 다시 과거의 모습을 기억하고 지나간 삶을 살아야겠다는 의지가 중요한 게 아니다. 부활을 통하여 다시 살아난 사람은 하나님의 자녀라는 신분을 획득한 사실로서 죽고 사는 문제에 대해서 이미 초탈을 한 사람들이다. 그런데도 여전히 사느니 죽느니 먹느니 굶느니 자녀를 낳느니 못 낳느니 하는 인간적 삶의 가치에 매몰되어 있는 존재가 아니라는 것이다.

부활은 또 다른 삶의 가치를 지향하는 존재의 완전한 변화다. 죽음의 가치를 넘어선 새로운 삶을 말한다. 하나님이 죽은 자의 하나님이 아니라 산 자의 하나님이라고 말하는 것은 하나님은 죽음을 이기는 자, 하나님은 죽음에 대해서 관심을 갖지 않는 자라는 것을 보여준다. 그래서 죽음을 두려워할 필요가 없다는 것이다. 죽음 이후에 다시 인간을 살리시는 하나님의 능력은 다른 삶의 세계에서 추구하는 가치들이 있는데 그것을 간과하면 안 된다.

우리는 본능적으로 죽음이라는 한계 상황에 대해서 회피하려고 한다. 죽음이 사라짐과 잊힘이라는 암흑과도 같은 상황이라는 것을 너무나도 잘 알기 때문이다. 하지만 하나님은 죽음을 말하지 않는다. 오로지 사는 것, 새로운 삶을 사는 것을 말할 뿐이다.

예수가 "하나님 앞에 있는 사람들은 모두가 살아 있는 것이다"라고 말씀하고 있잖은가?

이미 하나님 앞에 있는 사람들은 살았다는 것은 우리가 하나님 앞에 있는 존재로 살게 되면 사실은 죽지 않고 사는 것이나 다름이 없다는 말과도 같다.

부활은 지금 여기서도 맛본다는 말이다. 하나님을 면전에서 보는 사람은 지금 살아 있는 하나님과 살고 있으니 죽어도 산 것이요 또 죽지 않아도 영원을 사는 것이다. 그러므로 부활을 바라는 우리가 해야 할 일은 부활을 욕망하는 것이 아니라 살아계신 하나님을 믿고 만나는 일이다. 부활을 탐하려고 하기 보다 하나님의 살아계심에 대한 믿음을 곤고히 하는 것이 더 화급한 일이다.

그분의 살아계심을 확인하지 못하는 데 어떻게 우리가 다시 살아날 것이라는 확신을 가질 수 있겠는가?

예수의 부활에 대한 매우 정확한 시각은 더 본질적인 곳을 보게 해 주고 있음을 알 수 있다. 부활이 먼저가 아니라 살아계신 하나님을 믿는 신앙이 더 먼저라는 것이다. 그래서 예수의 이야기를 가만히 들여다 보면 부활에 대한 이야기를 장황하게 설명하고 있는 것이 아니라 바로 하나님은 산 자의 하나님이라는 사실과 하나님 앞에 있는 모든 사람들이 살아 있다고 말씀하고 계시는 것이다. 살아 있음의 근거는 하나님이요 부활의 근거 역시 하나님이라는 본질을 짚어 주고 있는 것이다.

사람들은 영원한 생명과 부활에 대한 욕망을 키우고 있다. 그런데 정작 그렇게 살게 하시는 하나님이 살아 계시다는 신앙에 대해서는 욕망에 미치지도 못하고 있다. 살아계신 하나님은 우리로 하여금 살게 하시는 분이시고 또 이 세상을 여행하는 것처럼 살도록 만드시는 분이시다. 영원한 생명과 부활을 바라는 신자라면 이 세상을 여행하듯이 살아야 한다.

여행하는 사람들이 무슨 소유나 욕심이나 정주가 있는가?

잠시 머물다가 다시 목적지로 떠날 뿐이다. 그리스도인에게 있어 영원한 목적지는 하나님이시다. 하나님 안에 삶이 있고 생명이 있다. 그곳을 향해 나아가는 신자의 짐은 가벼울수록 좋다. 욕망을 내려놓고 저절로, 그리고 홀연히 떠날 수 있는 것은 하나님 앞에 있기를 원하기 때문이다. 사두개파처럼 다시 살아난다면 또 다시 세속적 가치에 연연하여 더 멋있고 더 좋은 삶을 추구하기를 원하는 것은 지금 나의 신앙적 사유가 여전히 살아계신 하나님을 향하고 있지 못하다는 반증이다.

    욕망과 죽음, 소유와 집착에 가려진 하나님을 볼 수 있어야 한다. 그런데 매일 매일 죽어가는 나 자신의 한계상황에 대한 두려움이 하나님을 보지 못하게 한다. 두려움이 하나님을 가리고 있기 때문이다. 죽음의 두려움이 살아계신 하나님을 체험하지 못하게 한다. 우리로 하여금 매순간 하나님 앞에 서 있게 하지 못한다. 하나님 앞에 서 있다는 나의 확신만 있다면 모든 한계상황을 넘어서서 그분을 맞대면할 수 있을 텐데 우리는 그렇게 살고 있지 못하다.

    우리가 몸으로는 살아 있지만 의식과 정신, 영혼은 죽어 있다는 것이 바로 그것을 말한다. 매순간 내가 깨어 있지 못하면 하나님 앞에 있을 수 없다. 하나님 앞에 있다는 신앙의식을 가질 수가 없다. 한계상황을 목도하고 그 한계상황에 빠져 있게 되면 나는 죽어가는 존재이고 두려움이 나를 지배하면서 죽음 속에 계시는 하나님만을 의식할 뿐이다. 여기에 살아계신 하나님은 존재하지 않는다. 그럴수록 우리는 두 가지 중독에 사로잡힌다. 하나는 영원히 살고 싶다는 욕망의 중독, 또 다른 하나는 죽음에 대한 두려움의 중독이다.

    두 가지 다 좋지 못한 신앙태도다. 하나님 앞에 서 있는 존재는 영원히 살아야겠다는 욕망을 가질 필요도, 죽음에 대한 두려움을 가질 필요도 없다. 하나님께서 살아 현존한다는 신앙을 가지는 즉시 우리는 다른 삶의 세계를 지향하게 될 것이기 때문이다. 하나님 앞에 서 있는 그리스도인은 다른 삶의 세계를 꿈꾸게 된다. 지금의 세계보다 더 완전하고 더 아름다운 세계가 존재할 것이고 또 존재해야 한다고 생각하게 된다. 그것을 위해서 살아계신 하나님을 통하여 살아 있는 세계를 만들어가려고 노력을 하게 된다.

그리스도인은 죽음의 세계를 거부하고 삶의 세계, 생명의 세계를 실현시키기 위해서 매진한다. 죽음은 그림자에 지나지 않는다. 그림자가 생겼다고 해서 그림자를 지울 수는 없다. 생명이 있고 영원함이 있기 때문에 죽음은 늘 생명과 영원의 반대편에서 자신의 존재를 드러냈다 사라졌다 하는 것뿐이다. 가상이요 실체가 없는 것을 우리는 두려움으로 여기고 지금도 살아 있음이라는 나의 존재에 대한 기쁨과 즐거움, 그리고 행복을 빼앗기고 있는지도 모른다.

내가 살아 있다는 것은 뒤집어 보면 하나님 앞에 내가 여전히 서 있다는 것을 의미한다. 하나님의 생명성에 의해서 내가 죽음을 이기고 있는 것은 지금 여기서도 부활을 경험하고 있는 것이다. 죽음이라는 그림자가 엄습해 오더라도 하나님 앞에 있는 사람들은 죽지 않고 살게 된다. 그러므로 죽음을 과대평가할 필요가 없다. 죽음은 오히려 더 하나님의 살아계심을 느끼게 할 뿐이다.

죽음을 공허하게 만드는 것은 하나님의 살아계심을 확신하는 쾌감에서 비롯된다. 죽음을 삶보다 더 선호하는 일이 없도록 해야 한다. 그럴 일은 없겠지만 삶이 승리를 하지 못한다면 세상의 진리는 죽은 것이다. 삶은 반드시 이길 것이라는 확신이 없다면 죽음이 우리를 지배하게 될 것이다. 그때 우리 자신은 하나님이 살아 계시다는 신앙조차도 비아냥대며 삶의 더 높은 가치를 추구하기 보다는 또 그저 그런 1차원적인 가치, 먹고 마시고 즐기는 모든 일상을 가볍게 살아가는 세계가 될 것이다.

하나님의 살아계심을 믿는 신앙은 우리로 하여금 진지하고 무게 있게 이 세계를 살아가기를 원하신다. 당신이 빛으로서 모든 생명을 살도록 하시는 것처럼 그림자를 이기고 곳곳에 빛이 깃드는 삶을 주시기를 원하신다. 하나님의 살아계심은 산다는 것을 마치 하나님이 지금 여기에 계시듯이 존재한다는 것을 믿으며 모든 가치로부터 해방되어 하나님의 방식대로 살아보려고 하는 것이다. 거기에 생명이 있고 영원함이 있고 내가 산다는 의미를 발견할 수 있는 길이 있기 때문이다. 다른 삶의 세계, 영원한 세계, 그곳은 먼데 있지 않다. 하나님 앞에 서 있는 곳이 바로 우리의 다른 삶의 세계라는 것을 깨달아야 할 것이다.

4. 은폐성의 위험한 탈은폐성(요 18:33-37)

유월절(과월절) 즈음에 예수는 유대인들의 고발로 로마 총독에게 붙잡혀 왔다. 로마 통치하에 있었던 그들에게는 예수를 사형시킬 수 있는 법적 권한이 없었던 것이다. 율법적 사유에 젖어 있던 그들에게는 예수를 제거하고 싶은 욕망이 늘 꿈틀거렸다. 자신들의 종교적, 정치적, 경제적, 사회적 근간을 흔드는 예수는 항상 눈엣가시였을 것이다. 동족(同族)이 동족을 이방의 법정에 넘기는 모습에서 자신의 신념과 이념에 대치되는 관계 속에서는 어떤 사람이건 제거의 대상이 될 수 있다는 것을 깨닫게 된다.

그래서였을까?

니체는 "민족들을 사랑하지도 미워하지도 말라"는 말을 했지만, 같은 민족의 사람에 대해서는 일정한 거리를 두어야 한다는 말로도 들린다. 하지만 예수는 자신의 민족이 처한 현실을 그냥 목도하고 있을 수는 없었을 것이다. 같은 민족임에도 불구하고 낮고 천한 백성들을 수탈하고 괴롭히며 억압하는 상황을 지나칠 수 없었던 정의로운 사람이었다.

가난하고 병들고 사회적 지위도 없는 사람들에게는 인기의 대상이었지만, 기득권층에게는 그런 사람들을 비호하는 예수가 미웠을 것은 뻔하다. 우리는 가난하고 병들고 소외된 사람들을 환대하고 그들을 위한 헌신과 봉사, 그리고 사랑의 행위를 하는 것이 당연한 종교의 진리라고 생각할 수 있다. 종교적 진리를 깨달은 사람이라면 마땅히 그 진리를 실현해야 한다. 다시 말해서 알레테이아(aletheia), 즉 감추어진 것을 드러내는 것, 은폐된 것을 열어 밝히는 것이 종교인의 의무인 것이다.

진리는 사방에 드러난 것이라고 생각할 수 있지만 어떤 상황이나 지위나 억압에 의해서 은폐된 경우가 많다. 진리를 알 수 있을 것 같아도 잘 모르는 이유가 바로 거기에 있다. 우리가 알지 못하는 사이에 진리는 감추어져 있다. 기득권자에 의해서, 심지어 종교 지도자에 의해서도 마찬가지이다.

그렇다면 그 진리를 어떻게 알 수 있고, 또 어떻게 밝히 드러낼 수 있단 말인가?

그것은 가난하고 병들고 소외된 자들 안에 있다. 그들을 외면하고 애써 그들의 존재를 알고 싶지 않은 이들에게는 덮어 두어야 할 현실이고 대상이다. 하지만 종교의 진리는 바로 그들을 통해서 드러난다. 감추어진 것이 그들 속에서 드러나게 된다. 종교의 진리가 현실이 되기 위해서는 그들의 모습을 바로 보고 그들 속에 계시는 하나님의 일, 하나님의 현존을 인식할 수 있어야 한다. 그들을 야만으로 몰아감으로써 영원한 진리란 존재하지 않는 듯이 아예 그들을 위한 초월자의 진리를 몰락으로 치닫게 만드는 것을 간파할 수 있어야 한다.

빌라도가 묻는다.

"네가 유다인의 왕이냐?"

예수는 되레 묻는다.

"그 말이 너의 말이냐? 아니면 다른 이들의 말을 듣고서 네가 묻는 것이냐?"

주체적 질문이냐 아니면 타자에 의한 결핍된 욕망에 따른 질문을 네가 대신 묻고 있느냐 하는 것을 반문하는 것이다. 빌라도의 주체적인 질문이 아닌 것은 확실하다. 이미 그는 많은 유다인들로부터 예수가 왕이라는 소문을 듣고 있었다. 예수가 왕이라는 것을 마치 고백이라도 하듯이, 인정이라도 하듯이 묻는 질문이라면 그에 대한 답변을 할 수 있었을 것이다.

그러나 물음 자체가 틀렸다는 것을 예수는 안 것이다. 굳이 유다인들이 말하는 정보를 듣고 묻는 질문이라면 그에 걸맞은 답변을 해야 할 이유가 없는 것이다.

빌라도는 다시 묻는다.

"네가 유다인의 왕이냐?"

두 번째 물음은 정보에 의한 물음이라기보다 그가 정말 왕인가를 알고 싶어 하는 욕망에 의한 질문이다. 그의 자유로운 정신에 의해서 묻는 질문이다.

예수는 말한다.

"네가 네 입으로 말했다."

그가 새로운 인식에 도달했다는 것을 예수가 알았던 것일까?

예수는 왕국에 대한 이야기로 새로운 단계의 대화로 이끌어간다. 예수의 왕국은 세상의 왕국과 같지 않다는 것이다. 예수가 꿈꾸는 왕국은 지배자와 피지배자가 있는 왕국이 아니었을 것이다. 모두가 행복하게 사는 나라, 모두가 평등한 나라, 모두가 서로 사랑하는 나라, 누구도 소외되지 않는 나라를 생각했을 것이다. 빌라도가 생각한 나라와 예수가 생각한 나라는 다른 나라임이 분명하다. 나라라고 하면 통치자가 있고 통치를 받는 백성들이 있는 것으로 생각하는 수직적인 구조를 생각하곤 한다.

지금도 우리는 그러한 나라에 살고 있다. 민중을 위한 나라가 아니라, 민중의 삶을 주도적으로 만들어 갈 수 있는 나라가 아니라 지배자들이 계획하고 구성하는 나라가 되어 있다. 소수의 엘리트들에 의해서 민중을 지배하는 나라에는 오직 지배자와 피지배자만이 있을 뿐이다. 종교에도 수직적인 관계에 의해서 지배자와 피지배자가 존재하는 것처럼 말이다.

예수가 꿈꾸었던 하나님의 나라는 세상의 나라와 다른 것이다. 우리가 그러한 나라를 만들어 가는 주체가 되어야 한다. 민중을 위한 나라, 억압받는 백성을 위한 나라, 오직 하나님만이 우리를 인도하고 지배하는 나라를 기획할 수 있어야 한다.

예수는 진리를 증언하러 왔다고 말한다. 앞에서도 말한 것처럼 지배자나 엘리트 계층에 의해서 감추어진 것을 드러나게 하려고 왔다는 말이다. 하나님을 망각하고 하나님의 의지가 실현되는 백성들의 삶을 은폐하려는 곳에서 새로운 삶의 가능성들을 상기시켜 주는 역할을 하려고 이 땅에 왔다는 말이다. 진리에 대한 갈증, 진리를 알고 싶어 하는 기분마저도 들지 않는 그리스도인이 있을 수 있다.

진리를 명료하고 명확하게 발견하려면 그 진리의 현실성을 찾아야 한다. 그 진리는 멀리 있지 않다. 교회에만 있지 않다. 성서에만 있지 않다. 바로 소외되고 가난하며 병들어 있는 민중들 속에도 있다. 만일 우리가 그들의 편에 서 있다면 우리가 진리를 알 수 있게 되는 것이다. 진리에 대한 통찰과 깨달음은 예수가 함께 하려고 했던 민중들 사이에 우리도 같이 있게 된다면 가능한 일이다.

우리는 진리가 무엇이냐고 빌라도처럼 묻는다. 그것은 예수라는 존재에 대해서 전혀 알지 못했다는 어리석은 물음이다. 예수를 알았더라면 진리를 알았을 것이다. 사실 예수가 있는 곳에 진리가 있다. 그의 마음이 지향하고 있는 곳, 그의 행동이 향하고 있는 곳에 진리가 있다. 그를 통해서 모든 은폐되었던 것들이 빛 앞에서 환하게 드러나게 되기 때문이다. 그러므로 진리를 추상화하려고 하고 무엇인가 문자나 문장으로 환원시키려고 노력하지 말아야 한다.

예수의 발걸음이 어디로 가고 있는지를 살펴보아야 한다. 예수의 말씀이 누구를 향하고 있는지 시선을 따라가야 한다. 그러면 진리가 보일 뿐만 아니라 진리를 알게 된다. 진리를 마치 영원한 가치나 신비적인 깨달음으로만 간주하려고 하는 신자가 있다. 진리의 영역을 너무 먼 곳에서 찾으려는 우리의 편견이기도 하다.

예수에 대한 신앙적인 감각, 예수에 대한 민감한 인식과 직관도 갖지 못한 신자가 마치 환상의 밧줄을 붙잡고 있듯이, 가변적인 뜬구름을 잡듯이 알았다고 말하는 것을 종종 보게 된다. 하지만 진리는 예수를 올바르게 상상하는 이들에게 강한 신념과도 같은 깨달음으로 다가오게 된다. 오늘날 우리는 예수에 대한 새로운 울림과 성스러운 향기, 그리고 그의 희생에 담긴 의미들을 망각하고 있는 것 같다. 그러다보니 진리에 대한 새로운 인식이 싹트지 않는 것이다. 예수에 대해서 무슨 신비적인 현상을 목격하는 것보다 더 중요한 것은 그에 대한 명료한 인식과 신앙 감각이다. 그의 고독 속에 함께 있을 수 있고, 그의 고통 속에 동행할 수 있으며, 그의 죽음 속에 자신을 내던질 수 있는 신앙, 그리고 그가 그토록 사랑했던 민중들 속에 들어가 그들의 침묵과 외침을 들으려고 한다면 진리는 바로 우리의 눈앞에서 확연히 드러날 것이다.

볼테르는 말한다.

"그는 현자를 저주했고 더 이상 좋은 친구로서 살기를 원치 않았다"고 말이다.

이처럼 유다인들은 예수를 싫어했다. 감추어진 진리, 은폐된 진리를 들추어내는 예수를 증오했다. 그래서 진리는 위험한 것이다.

위험한 진리를 위해서 목숨을 걸어야 하는 상황이 온다면 우리는 어떻게 해야 할까?

그냥 덮어야 하는 것일까?

아니면 열어서 밝게 밝혀야 하는 것일까?

    위험한 것일수록 구원은 가까운 법이다. 예수는 그 위험한 진리를 위해서 목숨을 바쳤다. 우리도 참을성 있게 그러나 너무 게으르고 나태하지 않게 진리에 다가가기 위해서라도 불안정하고 안일한 시선을 곧장 예수에게로 가 닿아 고정시켜야 할 것이다.

5. 종말론적인 기도의 파토스(눅 21:34-36)

    우리는 지금 깨어 있는 것 같지만 실상은 잠을 자듯이 몽롱한 상태로 삶을 살아간다. 삶에 취해서 아니 삶을 살아가는 그 경쟁의 도가니 속에서 너무 바쁘게 살아가다 보니 나 자신의 영혼이 깨어 있을 수조차 없는 지경에 이르렀다. 사람들은 매일 종말을 맞이하듯이 치열하게 살아간다. 종말이 곧 올 것처럼 물질을 축적하고 삶이 끝장이라도 나기 전에 무엇인가를 성취하기 위해서 부단히 일정한 목적과 목표를 향해서 돌진한다. 역설적이게도 그것은 종말론적인 삶의 태도가 아니라 오히려 내일 또 모레도 존재할 듯이 살아가는 현대인의 모습을 보게 된다.

    예수는 바로 그러한 삶의 태도에 대해서 경고를 하고 있다. 먹고 마시면서 세상일에 걱정을 하는 인간이 되지 말아라, 당장 종말이 다가온다면 그것이 무슨 소용이 있겠느냐 하는 것이다. 지금 살고 있는 삶, 지금 여기서 존재하는 그 순간을 소중하게 여겨야 하는데, 우리는 미래를 위해서는 현재를 혹사시키고 현재는 아예 없는 듯이 살아간다. 그러니 한 순간도 깨어 있을 수가 없다. 순간순간을 종말로 인식하는 사람에게는 그 순간이 초월적 존재와 맞닥뜨리는 순간이기 때문에 정신을 바짝 차리려고 한다. 순간은 두려움의 시간인 동시에 설렘의 시간이다.

그 깨어 있음, 깨어남이 자신을 영원한 생명으로 인도한다는 사실을 잘 알기 때문이다.

당당하게 예수 앞에 서기 위해서는 매순간 종말이 다가온 듯이 절박하게 기도할 수 있어야 한다. 기도야말로 그리스도인에게 있어 생명이다. 기도를 통해서 내 영혼과 의식, 그리고 신앙이 늘 깨어 있을 수 있기 때문이다. 나를 깨우치는 것, 나를 순간에 살도록 만드는 것은 기도이다. 기도를 통해 나의 욕망을 하나님께 투사해서 내가 얻고자 하는 소정의 목적을 달성하려는 수단으로 작용하는 것은 매우 저차원적인 신앙태도이다. 결단코 기도는 교활한 놀이가 아니다.

되레 신앙을 깨우고 삶의 긴장감을 가지고 살도록 하는 것은 기도이다. 기도는 한 순간도 예수를 잊지 않도록 만들어 준다. 기도는 찰나의 순간에서도 예수와 초점을 맞추도록 해준다. 신앙이 곁길로 가려 할 때도, 삶의 궁극적인 지점을 상실할 때도 기도는 나로 하여금 올바른 길로 가도록 안내해 주는 역할을 한다. 누가복음사가의 예수가 기도에 대해서 말하고자 하는 것은 깨어 있음이다. 다른 곳에 한눈을 팔지 않도록 당신 안에 있도록 해주는 그리스도인의 필수적인 무기이다.

기도를 한다고는 하지만 나의 두려움과 공포, 삶의 염려와 염원을 목적 삼아서 하나님께 의존하려는 나약함의 상징으로 전락할 수 있다. 하지만 누가복음사가가 가르쳐주는 기도는 그것들을 넘어서 하나님을 향한 신앙의 각성, 신앙의 감찰, 신앙의 성찰을 하라고 촉구하고 있는 것이다. 무엇을 바라는 기도가 아니라 매일, 매순간 나의 내면을 들여다보며 신앙의 깨어 있음의 상태에 있는지 없는지를 점검하라는 권고이다.

익명의 철학자는 철학을 '일깨움'이라고 정의한다. 마찬가지로 신앙도 일깨움으로 번역할 수 있다. 기도를 통하여 하나님의 빛이 우리의 내면을 비추면 그 속에서 새록새록 새로운 깨달음이 솟아나는 것을 느낄 수 있다. 내면에서 하나님의 영에 의해서 영혼이 일깨워지는 것을 알 수 있다. 그래서 사물을 다르게 바라보고 세상을 다르게 생각하고 삶을 다르게 살게 되는 것이다.

종말이 온 것처럼 여기고 깨어서 기도하라고 하는 궁극적인 목적은 삶을 다르게 사는 신앙인이 되도록 하기 위해서이다. 깨어 기도한다는 것, 기도는 곧 영혼의 깨어남이라고 말할 수 있는 것은 올바른 신앙생활을 하기 위한 중요한 필수적인 신앙 지침이다. 충동이 아니라 자유로운 의지에 따라서 기도를 하는 신앙인도 있을 수 있다. 하지만 그렇다고 하더라도 그 기도가 비이기적인 것이라고 속단할 수는 없다.

그것을 넘어서서 새로운 삶으로 나아가기 위한 기도는 하나님을 향한 순수한 울림, 순수한 침묵, 순수한 목소리가 되어야 한다. 기도의 목소리가 잦아드는 공동체는 힘이 없다.

순간에 하나님과 초점을 맞추고 사랑을 나누는 원동력으로서의 기도가 없는데 어떻게 공동체가 활력이 있겠는가?

예수는 기도의 절박함과 간절함, 그리고 기도의 강도가 곧 그 공동체의 신앙의 강도라고 말하고 있는지 모른다.

누가복음사가는 예수의 일상이 어떻게 이루어졌는지 간략하게 설명한다. 낮에는 가르치시고 밤에는 기도하셨다는 것이다. 하나님의 나라를 가르치고 백성들을 참 신앙의 길로 인도하기 위해서 예수 자신도 하나님과 교제를 나누는 시간을 매일 확보하셨다는 것을 뜻한다. 다시 말해서 예수는 한시라도 하나님과 멀어지지 않기 위해서 기도를 통해서 깨어 있으면서 자신의 주변에 있는 백성들의 상태와 필요를 채워주시기 위한 혜안을 기르셨다는 것이다.

기도를 통해서 수직적으로는 하나님과 시선을 맞추며, 수평적으로는 백성들과 시선을 맞추는 예수의 모습에서 우리는 기도가 곧 '시선 맞추기'라는 것을 알게 된다. 그런 의미에서 교회 공동체가 살기 위해서는 지속적으로, 끊임없이 초월적 존재와 시선을 맞추어야 한다. 기도를 하지 않으면 하나님의 시선에서 멀어지게 된다. 기도를 게을리 하면 하나님의 시선을 인식하지 못한다. 그로인해서 하나님의 원하시는 뜻을 알지도 못하게 되는 것이다.

기도를 통해서 깨어 있다는 것은 불가능한 것을 가능하도록 만드는 하나님의 시선을 신뢰하는 것이다. 하나님의 시선, 하나님의 눈이 우리를 응시하는 것을 잘 알아차리게 되면 우리가 얼마나 삶에 대해서 회의와 의심을 품고 있는가를 깨닫게 된다. 기도는 그러한 회의와 의심이 들어설 수 있는 자리를 내주지 않는다. 기도를 통해서 하나님의 시선을 피하지 않는 신자의 눈빛에서도 하나님의 그윽한 사랑과 자비, 그리고 신뢰의 눈빛을 발견하기 때문이다. 세상의 여러 가지 일로 기도를 하지 못할 경우에는 하나님의 그와 같은 눈빛을 느끼지 못할 수도 있다. 염려와 분주함, 안일함과 나태함 등이 우리로 하여금 기도를 해야 할 내적 동기를 상실하게 만든다.

그러므로 기도로 깨어 있어야 한다. 깨어 있음은 하나님께서 나의 곁에 있음을 인식하는 것이다. 그분은 기도를 통해서 나의 곁에 계신다. 그분이 곁에 있어 준다는 것은 하나의 선물이다. 기도는 그분이 지금 나와 함께 있다는 것에서 출발한다. '무엇이 있다'는 말을 독일어로 'Es gibt'라고 한다. 여기서 'gibt'라는 동사는 '주다'는 뜻의 'geben'에서 온 말이다. 그러므로 '있음'은 곧 '줌'이다. 존재가 선물이라는 뜻이다.

기도를 통해서 하나님께서 나와 함께 있다는 것, 곁에 있어 준다는 것은 그분이 나의 선물로서 존재한다는 말이다. 기도를 통해서 하나님은 우리에게 선물로 다가온다는 사실이다. 기도를 하는 신자에게 가장 기쁘고 좋은 선물은 물질적 복이나 자녀의 잘 됨이나 승진이나 가족의 건강이 아니라 하나님 자신이다. 하나님 자신이 우리에게 선물로 오게 될 때 우리의 신앙이 깨어 있을 수 있고 기분이 깨어 있을 수 있으며 삶이 깨어 있을 수 있다.

지금 교회는 모든 신자들이 서로가 서로에게 원초적인 선물이 필요한 때라고 볼 수 있다. 내 자신이 기쁜 선물이 되어 줄 수 없다면 기도를 통해서 하나님을 선물로서 인식할 수 있도록, 하나님이 신자들 사이에 존재할 수 있도록, 아프고 힘들고 외롭고 어려운 신자들 곁에 계실 수 있도록 대도(중보)를 해주어야 할 것이다. 그렇게 될 때 그들도 하나님이라는 선물을 통해서 삶과 신앙이 깨어날 수 있다.

지금 교회는 깨어나야 할 때이다. 또 깨우쳐야 할 때이다. 더 나아가서 깨달아야 할 때이다. 이러한 현실 속에서 교회의 신자들이 기도의 열정을 불사르지 않는다면, 기도의 파토스(수치레)로 서로를 격려할 수 없다면 교회는 주저앉을 수도 있다. 그러므로 기도의 물방울이 떨어지고, 하나님이라는 선물이 모든 그리스도인들에게 감동이 될 수 있도록 해야한다. 모든 신자들에게서 기도의 냄새가 나야 한다.

카프카는 "다른 모든 죄를 낳는 인간의 주된 죄 두 가지가 있다면 그것은 초조함과 무관심이다"라는 말을 했다. 우리가 깨어 있지 못하는 것은 결국 순간을 향유하지 못하고 아직 오지 않은 내일을 기다리는 초조함에서 비롯하는 것이고, 지금 여기, 이 순간에 대한 무관심 때문일 수 있다. 이 두 가지 실존적인 죄를 극복하고, 그 죄의 힘에 지배당하고 농락당하지 않으려면, 하나님을 향한 파토스, 그리고 신앙의 에토스를 종말론적인 인식과 감성을 가지고 깨어 있으려면 기도밖에는 없다는 사실을 명심해야 할 것이다.

제14장

신앙의 새로운 테크놀로지

1. 소수자의 우선적 선택과 보편구원 (마 9:35-38; 10:1-8)

마태복음사가는 예수의 구원 여정을 크게 세 가지의 동사로 설명을 하고 있다. 두루 돌아다니면서 "가르치시고, 선포하시고, 치유하셨다." 이것을 토대로 예수의 구원 행보를 보면 당시의 천대 받던 소수자에 집중하고 있는 것을 볼 수 있다. 이른바 죄인이라고 하는 사람들에 대해 어떻게 관심을 갖고 치유하고 있는가를 잘 알 수가 있다.

예수가 펼친 구원의 덕(virtus)은 낯선 존재, 그에게 운명처럼 나타난 타자에 대한 사랑이었다. 그러나 사실 그것은 특수한 무리들, 한정된 일부 계층만을 사랑하고 치유한 것이 아니라, 그들을 온전하게 함으로써 사회 일반의 구원을 지향하고 있는 것이다.

가르침을 얻고 선포하는 것을 들으며 치유를 받는 존재들은 하나같이 약하디 약한 소수자인데, 그들을 온전하게 해야 사회 일반이 온전해지는 것이다. 그들은 기득권층에서 보았을 때 의식의 노예요 질병의 노예나 다름이 없었다. 영원히 헤어나기가 어려운 죄의 노예의 신세가 무지렁이 최하층 민중들이었다. 그럼에도 예수는 그들을 가르치셨다.

그들에게 하늘나라의 복음을 선포하셨다. 또한 치유를 통해서 그들의 몸과 영혼이 더 이상 노예가 되지 않도록 하셨다.

무지렁이 민중들이 해방될 수 있도록 가르침, 선포, 치유를 통해서 그 동안 기득권층이나 율법에 의해서 습관화된 사고로부터 탈주하도록 만드신 것이다. 사람들은 자기가 노예인 줄 모르고 살아간다. 왜 노예가 되었는지 인식하지 못한다. 사회에서 정해준 범주, 율법과 도덕이 정해준 기준, 사회적 통념으로 빚어진 의식에 의해서 그저 습관처럼 자신들은 죄인이고 무식한 문맹자요 짐처럼 짊어지고 살아가야 하는 환자로 생각한다.

예수는 그것을 타파한다. 새로운 가르침, 새로운 선포, 새로운 치유를 통해서 종교와 사회가 정한 기준으로부터 삶을 자유롭게 하는 해방을 가져다 준 것이다. 우리 자신도 미디어, 권력, 자본, 지식인층에서 만들어 낸 노예의식을 학습하고 있는지 모른다. 그럴 때 우리에게 중요한 것은 의식을 깨는 새로운 가르침, 새로운 선포, 새로운 치유가 필요한 것이다. 우리 자신을 온전하고 자유롭게 만들어 줄 새로운 존재가 곁에 있어야 한다. 교회도 그것을 위해서 존재한다. 교회는 생각하지 못하는 사이에 노예가 된 사람들을 해방하는 공동체가 되어야 한다.

새로운 가르침, 새로운 선포, 새로운 치유가 일어나는 교회가 되어야 한다. 오늘날 교회가 가르치고 선포하며 치유하는 사역을 많이 하고 있다.

그런데 그것들이 정작 노예가 되어 버린 민중들, 시민들, 교인들을 위한 것일까?

아니면 교회 자신의 체제 유지를 위한 것일까?

이미 교회에서도 신자들을 노예로 만들고 있는 것은 아닐까?

자신의 신앙의식과 의지를 가지고 하나님을 만나려고 하는 것이 아니라 지나치게 성직자에게 의탁하고 의존하는 노예근성을 가지고 있는 신자들이 그래서 생기는 것이다. 예수는 신앙의 노예, 의식의 노예가 되었던 사람들, 그리고 그렇게 되려고 하는 사람들을 해방하기 위해서 이 땅에 왔다. 그런데 왜 교회가 거꾸로 사람들을 굴종적인 존재로 삼고, 심지어 신자들을 구속하고 노예로 만들려고 하는지 모르겠다. 분명히 교회의 가르침, 교회의 선포, 교회의 치유는 해방이어야 한다. 새로운 삶으로의 탈주여야 한다.

그러니 예수가 보기에 노예근성에 사로잡힌 사람들이 목자 없는 양과 같이 보인 것이다. 의식의 노예, 신앙의 노예, 삶의 노예가 되어버린 사람들을 구원으로 인도할 수 있는 목자가 있어야 한다. 그런 목자가 필요한 세상이다. 목자가 되면 그저 자신의 양들을 구속하고 통제하고 관리하려고 할 뿐 정작 그들의 갇혀 있는 의식, 신앙, 삶, 질병으로부터 해방시키려는 목자를 만나기가 어렵다.

자신의 삶을 내던지면서까지 양들의 해방을 위해서 헌신할 수 있는 목자를 보내달라고 기도해야 한다. 그런 목자를 만나게 해달라고 간청해야 한다. 아니 어쩌면 먼저 그리스도인이 된 우리 자신이 세상에서 노예로 살아가는 사람들을 구원으로 인도할 수 있는 목자가 되어야 한다. 그러기 위해서는 그들이 신앙, 의식, 삶, 물질 등에 노예가 되어서 살아가고 있음을 직시할 수 있는 눈이 있어야 한다.

그와 같은 존재가 누구인가?

바로 제자라고 하는 특별한 존재이다.

제자들도 예수와 똑같이 세상에서 노예로서 살아가는 소수자들을 구원하는 일에 동참한다. 그들로 예수처럼 가르치고 선포하며 치유하는 일을 한다. 이제 제자들은 신앙에서, 의식에서, 삶에서 기득권층이나 권력이나 자본가 등에 의해서 종속된 노예로 살아가는 존재들에게 다르게 생각하고 다르게 살아야 한다고 깨우쳐 줄 의무가 있다.

철학자 미셸 푸코(M. Foucault)는 '철학한다는 것'은 '길을 잃고 방황하는 것'이라고 보았다. 동일한 맥락에서 '신앙생활을 한다는 것' 혹은 '신앙을 사유한다는 것'은 '길을 잃고 방황하는 것'이라고 말할 수 있다. 방황이 부정적인 의미가 아니다. 방황은 새로운 생각, 새로운 삶, 새로운 길을 찾기 위해서 자신의 주인이 되어 의문을 품어 보고 성찰하는 것을 뜻한다. 자신의 생각, 자신의 의식, 자신의 신앙, 자신의 삶 등 모든 것이 내가 주인이 되어 하나님의 방향으로 움직이고 있는지를 점검해야 한다. 노예는 그렇게 하지 못한다. 오직 자신이 삶의 주인이 될 때에만 가능할 수 있다. 예수와 제자들이 했던 일이 그것이었다.

신앙은 해방인데, 왜 신앙생활을 하면 할수록 나는 자유롭지 못한 것일까? 하는 의문을 품게 되는 경우가 있다. 올바른 신앙으로 인해서, 하나님의 법에 의해서 구속이 되는 것은 당연하다. 하지만 그것이 아니라 권력, 지식, 자본 등이 나의 신앙을 노예 상태로 전락하게 만든다.

신앙이 억압인가?

신앙이 관리인가?

신앙이 육성인가?

아니다. 신앙은 자유요 해방이다.

왜 우리는 예수가 깨우쳐 준대로 살고 있지 못한가?

계속 노예 상태로 있는 것이 편하기 때문이다.

내가 스스로 진리를 깨닫고 그것을 실천하면서 사는 주체적인 신앙인이 되는 것이 얼마나 힘든 일인가?

그러니까 노예가 되어 권력, 지식인, 자본이 시키는 대로 길들여지면 더 이상 고민할 필요가 없게 된다. 그러면 그럴수록 권력자의 율법적 통제는 쉬워지고, 지식인들의 주입과 개입, 관여를 통한 군림은 강해지며, 자본가들의 물질적 억압과 폭력은 저항할 수 없을 정도로 강해져서 순응을 할 수밖에 없다.

1세기 예수 당시의 백성들도 그랬을 것이다. 아무런 생각도 못한 채 자신의 처지에 대해서 비관조차도 못하면서 체제에 순응하고 적응하는 것이 가장 급선무였을 것이다. 예수는 그들에게 새로운 하늘나라의 복음을 전했다. 하나님이 주신 능력을 통해서 죄의 굴레로 낙인이 찍힌 질병으로부터 벗어나게 하였다.

예수는 열두 제자를 선택하고 "길 잃은 양들을 찾아가라"고 명령하신다. 제자된 우리도 찾아나서야 할 때가 되었다.

니체는 "사소한 것들은 상상을 초월할 정도로 중요합니다"라고 했다.

양들을 찾는다는 것은 하도 많이 들었기 때문에 습관화된 신앙 정보가 되어서 더 이상 새로울 것도 없이 사소한 것이 되었는지 모른다. 하지만 중요한 명령이다.

한 번 그리스도인은 영원한 그리스도인인가?

양의 무리를 떠난 양은 선한 목자의 안내가 없이는 죽고 만다. 양을 노리는 흉악한 짐승들이 사방에 널려 있기 때문이다. 그러므로 길을 잃고 헤매는 양을 찾아나서는 일은 사소한 일이 아니다. 가벼운 신앙의 일이 아니다. 간과해서도 안 되는 일이다. 길 잃은 양을 먹이고 돌보는 일을 게을리 해서는 안 된다. 길을 잃은 양이 다른 포식자들에게 잡혀 먹히기 전에, 그를 찾아나서야 한다.

그러려면 시선을 교회라는 울타리 안에다만 두지 말아야 한다. 교회에서 꼴을 먹고 있는 자기 자신에게만 두지 말아야 한다. 지금 내 옆에 있어야 할 양이 너무 멀리 이탈해서 노예의 삶을 살아가고 있지는 않은지 울타리 바깥에도 눈을 돌려야 한다. 내가 먹는 꼴은 나의 것만이 아니라 그들과 함께 먹어야 할 해방과 자유의 꼴이라는 것을 기억해야 한다.

우리는 모두 신앙이 춤추게 하기 위해서, 삶이 춤추게 하기 위해서, 명랑하기 위해서 우리가 거저 받았으니 거저 주어야 한다. 우리가 예수로부터, 하나님으로부터 거저 받은 해방의 기쁨, 해방의 삶을 나누어 주어야 한다. 구원은 나만의 것이 아니라 공적인 것이다. 모두의 구원이어야 한다. 예수가 소수자에게 관심을 갖는다는 것은 그들이 공적인 존재이기 때문이다. 소수자가 공동체적인 관심사의 영역 안에 있기 때문이다.

구원의 해방은 사적 해방이 아니라 공적인 해방, 공동체적인 해방이다. 내가 신앙의 노예로부터 해방된 것은 나의 문제만이 아니라 공동체적인 문제요 관심이다. 그러므로 그 해방의 춤을 나만 추면서 즐길 것이 아니라 모든 사람들과 함께 출 수 있도록 해야 할 것이다. 나의 해방은 하나님으로부터, 예수로 인해 거저 받았다.

철학자 디오네게스는 "세상의 모든 것은 신의 소유물이다. 그런데 철학자(지혜로운 자)가 된다는 것은 신의 친구가 되는 것이다. 그런데 친구들끼리는 물건을 서로 나눠 쓰지 않던가. 그러므로 철학자는 모든 것을 소유한 거나 다름없다"는 말을 했다.

신앙의 노예로부터 해방된 것은 신의 소유물이자 선물이다. 노예로부터의 해방은 나의 소유물이 아닌 것이다. 그러므로 그 선물을 모두와 함께 나눌 수 있는 신앙인이 되어야 할 것이다.

2. 존재의 상실과 빈곤 시대(마 17:10-13)

지금 우리 시대는 새로운 존재가 도래해야 할 시기이다. 정치도 경제도 사회도 환경도 교육도 심지어 종교까지도 모든 영역에서 새로운 존재를 요청하고 있다.

그런 의미에서 오늘날 우리 시대를 존재의 빈곤 시대라고 하면 과언일까?

사람들은 새로운 존재를 원하면서도 자신들의 입맛대로 그 존재를 만들어 좌지우지 하려고 하거나 아니면 아예 자신의 뜻대로 되지 않는 그 존재를 거부한다. 민중이나 백성의 뜻이 간절하고 때로는 선하게 보여도 다른 한편으로는 인간의 본능과 욕망대로 표현되는 경우가 많이 있다.

1세기 예수 당시에도 분명히 엘리야와 같은 존재가 나타나서 백성들의 신앙을 계도하고 깨우침을 주었다. 하지만 사람들은 그를 몰라봤다. 아니 외면했다고 하는 편이 나을지도 모른다. 세례자 요한은 예언자의 표상이 되어 기득권층을 향해서 독설을 서슴지 않았고, 백성들에게 회개의 세례를 베풀었지만 사람들은 그가 엘리야의 형상을 갖고 있는 존재라는 것을 몰랐던 것이다.

"실상 그는 벌써 왔다"는 예수의 존재 도래의 선언은 엄청난 무게를 지닌 말이다. 예언자가 이미-도래함은 백성들이 그를 추상적인 존재가 아니라 바로 하나님께서 보낸 실제적인 존재, 구원의 존재, 구원을 위해서 마음과 삶을 준비하도록 예비해놓은 존재라는 각성과 자각, 그리고 인식과 환대가 필요하다. 이미-도래했다는 것이 나에게 역사적이고 신앙적인 사건이 되고 신앙적으로 의미를 발생하여 내가 하나님 앞에 서 있는 존재라는 것을 알기 위해서는 그 존재와 적극적인 소통이 요구된다.

다시 말해서 이미-도래했다는 것을 신앙적으로 받아들이고 그 존재와 같이 새 역사를 만들어 가려는 나의 노력이 있어야 예언의 무게, 하나님의 역사적 활동이 시작되는 것이다. 이미-도래했다는 나의 인식과 고백이 없는데 신앙이 달라질 리 없다. 역사가 달라질 리 없다.

그저 나의 신앙보다는 이익과 욕구의 충족이 이루어지느냐 않느냐에만 관심을 갖는다면 존재의 변화가 어떻게 이루어질 수 있겠는가?

신앙인들은 예수라는 존재도 이미-도래한 새로운 존재라는 것을 알고 그를 통해서 새로운 역사를 만들어 갈 수 있어야 한다. 이미-도래한 자의 고난의 역사는 바로 나의 역사, 우리의 역사이다. 엘리야의 화신인 세례자 요한의 운명과 예수의 운명은 모두 고난의 운명이었다. 그런데 중요한 것은 그들의 고난은 자신을 위한 고난, 자신에 의한 고난이 아니라 민중 곧 백성들을 위한 고난이었다.

이미-도래한 자의 고난의 역사 한 가운데에 서서 그 고난을 통한 구원이 이루어지기를 원한다면, 고난이 바로 새로운 존재가 도래한 징표라는 사실을 깨닫는 것이다. 예수의 고난, 그리고 지금의 우리의 고난은 새로운 존재가 이 땅에 탄생되기 위한 조짐이다. 고난이 없이 새로운 존재가 나타날 수 없다. 그리고 새로운 존재의 고난에 동참하는 나의 삶이 없이는 구원도 있을 수 없다.

지금 새로운 존재의 출현을 바라는 우리는 이미-도래한 존재를 알아보지 못하고 있는지 모른다. 다만 나의 이익의 눈이 그를 제대로 보고 있지 못할 수도 있다. 그 눈을 거두고 그 존재를 찾는다면 민중 혹은 백성들과 함께 호흡하는 새로운 존재를 만날 수 있다.

아직 새로운 존재가 도래하지 않았을 수도 있다고 생각하는가?

우리가 이미-도래한 존재를 나의 의식이나 신앙이 아직 그 새로운 존재에게로 넘어가지 않았기 때문이다. 새로운 존재로 시선을 두려고 하지 않으면서, 좀 더 큰 그림을 그리면서 그 그림을 완성시켜 줄 구세주를 찾고 있기 때문이다.

새로운 존재는 멀리 있는 것이 아니라 다른 사람들이 불가능한 것이라고 말하는 바로 그곳에 함께 하고 있다는 사실을 기억해야 한다. 예수가 민중의 고난의 현장에 있었던 것처럼, 구원이라고는 전혀 없을 곳 같은 그곳에서 바로 구원을 가능하게 했던 것처럼 불가능한 것과 함께 하고 있는 새로운 존재가 있다는 것을 알아야 한다.

새로운 존재가 없다고 아우성을 칠 것이 아니라, 새로운 존재가 없어서 우리 삶의 모든 영역이 다 빈곤하다고 한탄할 것이 아니라 새로운 존재가 스스로 자신을 노출하도록 해야 한다. 자신의 옷자락을 노출하고, 자신의 음성을 통해서 노출을 하고, 자신의 눈빛으로 노출을 함으로써 민중 혹은 백성은 그가 어떤 새로운 존재인지를 알아차리게 된다. 민감한 영적 감수성을 가진 사람들은 곳곳에 새로운 존재들이 하나님의 일을 하고 있음을 간파하게 된다. 우리 자신도 새로운 존재가 될 수 있다. 아니 새로운 존재가 되어야 한다. 하나님의 일을 하는 존재는 자신을 무한히 노출한다.

모리스 블랑쇼(Mourice Blanchot)는 "살아남은 자의 삶은 무거운 짐을 져야만 한다"는 조르주 바타유(Georges Bataille)의 말을 인용한다. 교회를 교회되게 하는 사람들은 지금 살아서 존재의 빈곤을 극복하도록 새로운 존재의 도래는 이미-와 있음이라고 말해주어야 한다. 이미-도래한 존재가 우리에게 무한하게 노출을 하고 있으니 우리 자신의 존재 변화와 세계의 변화를 위해서 노력을 해야 한다고 역설해야 한다. 존재의 빈곤은 곧 예수의 부재와도 같은 것처럼 인식되기도 한다. 아니 예수의 부재라고 아예 단정을 짓는다.

거기에 무슨 개인의 존재 변화와 세계의 변화가 일어날 수 있겠는가?

말씀으로 와 있고, 정신으로 와 있으며, 구체적인 삶으로 와 있다는 것을 예의주시한다면 우리가 굳이 "새로운 존재가 부재합니다. 그러니 교회의 의미도 부재합니다"라고 공동체를 부정하는 사태가 발생하지 않을 것이다.

새로운 존재가 이미-도래했다는 확신은 교회 공동체가 새로운 이야기를 발생하는 것, 새로운 이야기를 써내려가는 것을 의미한다. 알레스데어 맥킨타이어(A. MacIntyre)의 말처럼, "우리는 우리가 만들어내는 서사의 일부 요소일 뿐"이다.

중요한 것은 이미-도래한 존재와 함께 새로운 신앙 이야기를 만들어내는 것이다. 세례자 요한의 도래, 예수의 도래를 인식한 우리가 그들과 함께 새로운 신앙 이야기를 써나가야 할 책임이 있다. 도래는 미래의 신앙과 삶을 오늘로 앞당기는 것이다. 미래를 예견하고 그 시간을 오늘로 여기면서 미래 세대를 위한 새로운 신앙 이야기를 어떻게 이어 가도록 할 것인가를 고민하는 것이 오늘 맞닥뜨린 이미-도래한 존재와의 만남을 의미 있게 여기는 것이다.

한 가지 기억해야 할 것은, 숱하게 예수나 세례자 요한과도 같은 도래한 존재들이 이 세상에 존재하고 있다. 그들의 삶을 자신의 필생의 삶으로 여기면서 이 세계의 구원을 위해서 노력하는 사람들이 있다는 사실이다. 그들 또한 이미-도래한 존재들의 화신이다. 이미-도래한 존재의 화신인 또 다른 존재들이라 할지라도 그들 또한 이 세계를 위해서 자신을 노출한 이미-도래한 존재자들이다.

그들을 주목해야 한다. 그들이 지금 존재의 빈곤 시대를 살아가는 그리스도인과 비종교인들에게도 희망을 주고 이 시대를 비판하면서 하나님의 뜻을 실현하려고 하는 사람들이기 때문이다. 눈을 크게 떠야 한다. 그들은 익명의 이미-도래한 존재자들이다. 우리가 그들을 모른다고 해서 없는 존재들이 아니다. 그들 또한 새로운 존재가 부재한 시대에 새로운 존재로서 살아가려고 몸부림치는 사람들이다.

사실 우리도 그렇게 해야 한다. 이미-도래한 존재의 한 사람, 한 사람의 그리스도인으로서 예수와 같이, 세례자 요한과 같이 새로운 삶의 그림을 그려줄 수 있는 신앙인이 되어야 한다. 세계를 날카롭게 비판할 수 있는 사람들이 되어야 한다. 타자가 행복의 부재 상태로 살아갈 때에 그들을 위해서 불행을 대신 짊어지면서 무한의 비움의 상태로 살아갈 수 있는 신앙인이 되어야 한다.

이미-도래한 존재가 왜 부재하는가라는 울부짖음은 아무런 소용이 없다. 우리 스스로 이미-도래한 존재가 되지 못하는 것을 한탄해야 하기 때문이다. 이미-도래한 존재는 지금도 무한히 자신을 비우면서 타자를 위해서 자기를 헌신하고 있으며, 자신을 알지도 보지도 못하는 사람들을 향해 "고독으로의 노출"을 감행하고 있다.

이미-도래하여 새로운 세계를 구상하고 만들어 가려는 사람에게는 고독을 경험하면서 어떤 존재도 꿈꾸지 못했던 하나님의 나라를 구현하기 위해서, 인류를 사랑하고 치유하기 위해서 바로 우리의 곁에 머물고 있다.

우리 자신도 그와 같은 이미-도래한 존재로서 살아갈 준비가 되어 있는가?

또 한 사람의 이미-도래한 존재로서, 설령 타자가 알아주지 않고 그들에 의해서 외면당한다 하더라도, 예언의 목소리, 사랑의 행위를 할 수 있는 그리스도인이 될 수 있을까?

아직도 우리는 이미-도래한 존재를 기다리거나 찾기만 할 뿐이지 내가 그러한 존재가 되어야 한다는 생각을 못하고 있는 것은 아닌가. 그렇다면 신앙의 눈을 떠서 고독 속에서 자신을 노출하고 있는 또 다른 그리스도인의 무한한 육화를 바라보아야 한다. 내 바깥에서 한계 없이 자신을 노출하는 이미-도래한 존재로서의 그 타자가 곧 나 자신일 수 있음을 알게 될 것이다. 그리고 우리 자신도 이미-도래한 존재의 부재를 외치는 세상에 역설적으로 이미-도래한 존재가 현전하고 있음을 증명해 보여야 한다. 이미-도래한 존재와의 일치와 그 존재로의 복귀를 통해서 말이다.

3. 세례자 요한의 신앙적 지향성: 목소리에도 기쁨이 있다
(눅 3:7-18)

　세례자 요한의 등장은 예수의 목소리가 울려 퍼지는 첫 걸음이었다. 세례자 요한의 목소리를 통해서 장차 예수의 목소리는 어떨 것이라는 것을 가늠하게 된다. 잘 아는 대로 예수는 세례자 요한으로부터 세례를 받고 한 동안 그의 제자로서 활동을 하였으니 그의 영향을 안 받았다고 단정 지을 수가 없다. 그러므로 예수의 목소리는 세례자 요한의 목소리와 흡사할 수밖에 없다.
　우선 그는 신앙 주체인 인간이 회개를 하기를 바란다. 회개를 함으로써 용서를 받으라는 그의 외침에는 신앙 주체인 인간, 유대인으로서 어떤 삶의 방식을 취하고 있는가, 그리고 하나님과의 관계에서 어떤 신앙의 태도를 지향하고 있는가를 반성하라는 비판이 들어 있다. 같은 민족끼리 등쳐먹고 살지 않는지, 군인으로서 복무하는 자가 남의 것까지 탐을 내서 급여를 더 받으려고 하고 있지 않은지 등 사람들을 대상과 수단으로 삼음으로써 그들을 착취하고 있지 않은지 뼈저리게 반성을 하지 않으면 안 된다는 말이다.
　백성들의 직접적인 경험은 동일한 민족으로부터 착취를 당하고 있다는 현실이고, 그것은 결코 가정이나 추정이 아니라는 분명한 사실이다. 그 자명한 현상과 본질에서 세례자 요한이 내세우는 신앙의 대안은 회개이다. 마음을 돌이켜 동일한 백성을 대상화하고 수단화하는 것으로부터 태도를 변경하라는 강력한 촉구이다. 괜히 회개의 세례를 받으라고 말하고 있는 것이 아니다.
　하나님이 부여한 운명, 역사가 부여한 운명은 말로만 아브라함의 자손이라고 말하는 데 있지 않다. 그것이 결정적인 유대인의 운명, 그리스도인의 운명이 아니라 회개의 합당한 열매를 맺을 때 아브라함의 운명이 곧 나의 운명이요 나의 신앙이 될 수 있다는 역설이다. 존재, 즉 하나님의 진리는 은닉되어 도래한다. 하지만 밝아온다. 그것을 인식하고 그 밝아오는 터에서 도래하는 존재를 어떻게 맞이하고 또 존재의 진리를 수호할 것인가 하는 것을 고민하는 신자가 회개를 했다고 말할 수 있다.

회개한 신자에게는 감추어진 존재가 밝아오는 터 속에서 진리로 다가오게 된다. 그렇게 될 때 인간의 본래성을 구현하는 본연의 존재자가 될 수 있는 것이다. 다시 말해서 회개의 열매를 맺는 신자가 될 수 있다는 말이다. 세례자 요한은 바로 그 하나님이 부여한 운명을 깨닫고 그 존재의 운명을 실현한 예언자이다.

우리도 하나님께서 부여한 운명, 자신의 존재를 드러내는 그 밝은 터를 감지하고 있는 신자인가?

그래서 회개의 합당한 열매를 맺으려고 노력하는 신자인가?

세례자 요한은 가진 자들, 권력자들이 어떻게 행동해야 하는가를 잘 가르치고 있다. 사람들이 소유에만 집착하게 되면 다른 것에는 둔감하고 지극히 일부분만 보게 되는 존재가 되고 만다. 가진 자들은 오직 '가졌다'(haben)는 감각 하나만 남고 '보고 듣고 냄새 맡고 맛보고 느끼고 생각하고 관조하고 지각하고 바라고 활동하고 사랑하는 것' 등이 다 소외될 수 있기 때문이다. 그렇게 되면 신앙의 본질, 신앙인의 존재는 빈곤하게 된다.

소유에 집착하지 마라, 더 많은 것에 욕심을 내지 마라, 남에게 상처를 주면서까지 잉여를 착취하려고 하지 마라고 세례자 요한이 말하고 있는 것은 바로 우리의 신앙이 그러한 소유와 욕망으로 인해서 둔감한 그리스도인이 되지 않도록 하기 위함이다. 우리가 눈을 크게 뜨고 타자와 세계에 대해서 다양한 정신적 감각과 감성으로 바라보고 느낄 수 있어야 앞에서 말한 하나님이 부여한 운명을 구현할 수 있다. 신앙인이 태도와 시선을 변경함으로써 열매를 맺는 그러한 신앙을 견지할 수 있다는 것이다.

'무엇을 의식하는가,' '고통을 받고 있고 슬퍼하며 괴로워하는 이들, 그러한 대상과의 관계에서 나는 어떤 생각을 품고 있는가' 하는 것은 나의 소유와 욕망의 감각으로만 가능할 수 있는 것이 아니다. 신앙의 오감각을 통하여 그들과의 상관관계 속에서 명료하게 의식할 수 있을 때 그들에 대한 배려와 사랑이 싹틀 수 있게 되는 것이다.

회개한 사람들의 의식이 변화가 되면 삶의 의미를 어떻게 설정할 것인가 하는 고민이 생긴다. 바로 신앙적인 고민이다. 신앙인의 의식에 오감각을 통하여 인식했던 타자의 삶의 모습이 있는 그대로 포착된다. 그들을 위한 헌신, 봉사, 사랑, 배려, 따뜻한 말 한마디, 진정성이 있는 포옹과 미소 등 신앙의 의미 있는 행동들을 하려고 노력을 한다. 그래서 신앙의 전환을 위한 물음을 묻는다. 과연 사람들은 몰라서 묻기도 한다.

하지만 알면서도 신앙의 전환을 꾀하지 않는 경우도 있다.

의미의 현상학적 태도, 의미의 사태, 의미를 신앙화하려는 생각을 하지 않는 것일까?

사실은 엄밀한 의미에서 진정한 회개가 선행되지 않았기 때문이다. 신앙인의 오감각을 통한 타자에 대한 인식을 전방위적으로, 시선을 변경하면서 면밀히 관찰하고 역지사지한다면 그에 대한 신앙적 현실과 신앙의 사태가 곧 바로 발견될 수 있다. 철학에서 시선을 변경한다는 것이 현상학적 태도라고 하는데, 그리스도인이 회개를 하게 되면 시선을 변경하게 되어 있다. 신앙적 태도를 변경하게 되어 있다.

사람들은 세례자 요한에게 와서 "우리는 어떻게 했으면 좋겠습니까"하고 물었다. 이른바 신앙의 전환을 묻고 있는 것이다. 신앙의 현상학적 태도의 변경을 말하고 있는 것이다. 회개를 하면 태도가 달라져야 하는 것은 당연한 일이다. 회개했다는 것을 행실로 나타내 보이라는 세례자 요한의 말처럼 나의 신앙적 가치가 달라져야 한다. 삶의 가치, 삶을 대하는 태도, 타자를 배려하는 태도가 모두 달라져야 한다.

그런데 교회가 그와 같은 신앙적 태도나 신앙적 행실이 달라졌는가?

아니 달라지고 있는가?

시선을 변경하기는커녕 고착화되고 온갖 편견과 신앙적 시선이 아닌 자기 자신의 임의적 시선으로 타자를 재단하고 성직자를 판단하는 의식은 어디로부터 온 것인가?

하나님이 우리에게 부여한 운명으로부터인가?

아니면 내가 만든 개별적인 소박한 운명으로 덧씌우는 것인가?

좀 더 쉽게 말해서 나의 마음에서 비롯되는 것인가?

아니면 하나님의 마음에서 비롯되는 것인가?

내면을 들여다보면 우리 그리스도인의 마음과 행위에는 비신앙적인 것들이 너무 많이 있다. 그것도 모르면서 자신의 말과 행위가 신앙인으로서 하는 것이고, 교회를 사랑하는 마음에서 하는 것이라고 하지만 정작 그것은 신앙의 시선 변경과 태도의 변경을 통한 하나님으로부터 온 것이 아니라는 것을 알게 된다.

니체는 '모든 것의 가치 전환'이라는 말을 많이 사용했다. 가치를 전환하라는, 태도를 전회(Kehre)하라는 세례자 요한의 목소리도 마찬가지이다. 지금 네가 생각하고 행동하는 것으로부터 전환해야 한다. 가치를 바꾸고 달리 살도록 해야 한다고 외치고 있는 것이다.

신앙인, 곧 그리스도인은 누구인가?

세상과는 다른 가치를 가지고 사는 사람들이 아닌가?

다른 시선과 다른 태도를 가지고 사는 사람들이 아닌가?

그런데도 회개를 하지 않고 가치 전환을 하지 못해서 세상과 똑같은 어쩌면 세상보다 더 심각한 병리에 빠져 있다면 그 사람은 그리스도인이라 말할 수 없을 것이다.

그렇다면 "회개의 증표를 내보이라"는 세례자 요한의 외침에 우리는 어떤 증거를 보여줄 수 있는가?

앞에서 "철학을 한다는 것은 길을 잃고 방황하는 것"이라는 말을 인용한 바 있다. 필자는 이 말이 신앙인에게도 동일하게 적용되는 말이라고 생각한다. 신앙인이 된다는 것은 일대 혼란이 있을 수밖에 없다. 나의 시선이나 태도가 아니라 하나님의 시선과 태도, 나의 삶의 가치가 아니라 예수의 삶의 가치로 살아야 하기 때문에 혼란과 갈등, 긴장과 고민이 있을 수밖에 없다.

하지만 그 길은 잃고 방황하는 것이 아니라 제대로 삶과 신앙을 살기 위해서라는 것이 분명해지고 명료해진다. 철학을 하면 고민에 빠지게 되지만, 궁극적으로 올바른 주체적인 삶을 살기 위한 과정이듯이, 신앙도 나의 시선과 태도, 나의 삶의 가치에서 하나님과 예수의 시선과 태도, 가치로 전환이 되는 것은 올바르고 가치 있는 신앙인이 되기 위한 것임을 알아야 한다.

교회는 숱한 말들이 방황을 하고 겉도는 말만 무성하지 정작 예수의 실천에는 매우 인색하다. 이에 철학자 고병권은 다음과 같이 비판한다.

> 예수를 믿는 사람, 그 믿음을 과시하는 사람은 많아도 예수처럼 사는 사람은 드물다. 니체가 예수만이 유일한 그리스도인이었다고 한 것은 그런 뜻에서였다. 천국은 예수의 실천 속에 있는데도 사람들은 그것이 예수에 대한 믿음에 달렸다고 착각한다.

한 번쯤 깊이 생각해봐야 할 말이다. 그리고 그리스도인의 신앙의 덕과 하나님이 부여한 운명적 삶을 내보여야 한다. 지금 우리는 생각을 한다. 좀 더 정확하게는 우리는 '무엇에 대해' 생각한다. 그렇다면 우리는 매순간 하나님의 시선, 하나님의 태도, 하나님의 가치를 생각하는 신앙 지향적 그리스도인이 되어야 할 것이다.

4. 그리스도인의 존재 근거(마 16:24-27)

그리스도인에게 있어 십자가는 분석의 대상이거나 설명의 대상이 아니다. 그렇다고 이해가 되는 대상도 아니다. 십자가는 오로지 그리스도인이기 때문에 경험해야 하고 또 그 경험으로 인해서 이해해야 하는 사건이다. 더불어 십자가는 의미의 대상이다. 아니 십자가는 체험이다. 그리스도인에게 있어 원본적인 체험이다. 거추장스러운 설명이 덕지덕지 붙어야, '아, 그렇구나'하고 이해가 되는 체험이 아니다. 그것은 동시에 '따라야 한다'는 정언명령과도 같은 표상이다. 십자가를 아는 순간, 십자가라는 말을 듣는 순간 우리도 그렇게 살아야 한다는 명령과도 같은 사건이다.

그런데도 신앙인은 십자가를 그저 하나의 신앙의 대상 정도로만 인식한다. 십자가는 그리스도교의 상징 정도로만 여기고 만다. 십자가가 삶의 실체이고 신앙의 본질이라는 사실을 인식하는 동시에 완전한 삶으로 구현하지 못하고 있다.

십자가는 신앙의 절대적 의미를 찾아가는 방법이다. 십자가는 예수가 2천 년 전에 돌아가신 당신 자신의 죽음의 장소이자 모든 그리스도인이 그 십자가를 통해서만이 신앙을 알게 되는 통로가 되는 것이다. 십자가는 죽음이고 구원이고 부활이면서 생명이라는 사실, 그래서 그 십자가를 바라보게 되는 우리는 우리로 하여금 삶의 태도, 신앙의 태도와 시선을 완전히 변경하라고 촉구하는 빛을 발견하게 된다.

그것을 철학적인 개념으로 '선험적 환원,' '선험적 관점'이라고 한다. 그렇게 하라는 눈빛은 강압이며 강제이다. 예수의 강력한 요청이다. 십자가를 통해서만이 모든 삶과 신앙의 구원이 가능하다는 것을 일깨워주었는데, 그것은 어떠한 논리적 언어로도 다 담아낼 수 없는 사건이다. 다만 십자가는 절대적 관점과 절대적 행위(행동)로 예수처럼 살라는 것으로 우리의 신앙의 근거, 우리 삶의 존재 근거가 되는 것이다.

왜 그럴까?

십자가는 그리스도의 흔적이기 때문이다. 십자가를 바라보고 어루만지는 것은 그것의 상징성과 미학적 가치 때문이 아니라 그의 피와 절규, 그의 갈등과 고통, 그의 구원과 사랑이 녹아들어가 있음을 알기 때문이다.

그것을 안 이상 우리는 결코 십자가로부터 벗어날 수 없다. 우리는 십자가-내-존재이다. 우리는 매일 십자가라는 상황 안에, 십자가라는 상황 아래에 있음을 고백하지 않을 수 없다. 우리는 십자가와 함께 있기 때문에, 그 십자가는 우리로 하여금 결단을 하라고 말을 할 것이다. 우회로를 택하지 말고 혹은 십자가를 지기 싫어서 피하지 말고 맞닥뜨리면서 그와 함께 그 십자가를 지고 가기를 원하는 것이다.

그 십자가가 매일 우리에게 말을 거는 것이 들리는가?

또한 말을 거는 그 십자가가 과거의 사건이 아니라 우리의 현재와 미래의 사건이라는 것을 깨닫고 있는가?

십자가는 가능성의 존재자로서 인간 실존을 미래로 향하도록 만들어준다. 따라서 신앙인이 십자가 없이 존재한다는 것은 있을 수 없다. 사순절이나 성주간에만 십자가를 묵상하고 그 의미를 되새기면서 십자가의 삶을 구현하라는 것이 아니다.

십자가는 신앙의 존재 근거이다. 그 십자가를 빼놓고는 그리스도인의 삶은 아무런 가치가 없기 때문이다. 매일 겪는 고통과 좌절, 분노와 치욕, 그리고 수치와 불안, 갈등과 번민 등 수많은 부정적인 감정들과 사건들이 우리를 괴롭힐 때면 우리의 삶이 곧 십자가를 지는 삶이라는 것을 알 수 있다. 회피하고 싶지만 도저히 회피할 수 없는 신앙과 삶의 숙명이 곧 십자가라는 사실이다.

그러므로 우리의 신앙을 조직화하고 탄탄하게 만들며 하나의 완성된 형태로 만들어 주는 것은 바로 그리스도의 십자가의 사건이다. 십자가를 통해서 우리는 그리스도가 우리를 어떻게 사랑하셨는가를 실제적으로 깨닫게 된다. 다시 말해서 십자가는 그리스도의 탈은폐 사건이다. 다른 것들이 그리스도를 은폐시키고 그분의 실체를 가리려고 한다고 할지라도 십자가는 그리스도를 온전히 드러내는 사건이자 현실이다.

그런데도 왜 우리는 십자가를 낯설게 만들고 있는 것일까?

왜 우리는 십자가를 신앙의 현실, 삶의 구체적인 장으로부터 멀리 있는 것처럼 여기고 있는 것일까?

아마도 이와 같은 물음의 밑바닥에는 십자가를 실존적 불안의 대상으로 생각하기 때문이라고 본다. 십자가를 보면 실존적 불안이 쌓이는 것이다. 십자가를 삶과 신앙에서 친숙한 것, 가까이 있는 것이 아닌 전혀 낯선 것이라고 거부하기 때문에 불안 기분이 생기는 것이다.

십자가는 불안할수록 끌어안아야 한다. 불안 기분이 들수록 십자가를 안아야 한다. 아니 십자가의 삶을 살려고 애를 써야 한다. 행복은 좋고 불행은 나쁘다는 생각, 즐거움은 좋고 고통은 나쁘다는 생각, 기쁨은 좋고 고난은 나쁘다는 생각 등 좋고 나쁨의 극단적인 이분법적인 신앙이 아니라 십자가는 고통과 고난, 그리고 죽음을 통해서 긍정적인 가치, 즉 구원이라는 좋음을 가지고 왔다는 사실을 기억한다면 십자가를 낯설고 불안한 존재로만 인식하지 않을 것이다.

십자가는 우리에게 물음이기도 하다. 하이데거(M. Heidegger)가 "물음은 사유의 경건함이다"라는 말을 했지만, 십자가가 바로 그리스도인의 신앙의 물음과 해답을 가져다주는 근본적인 사건이다.

그리스도교에서 십자가 없이 존재 근거가 있을 수 없다. 십자가는 그리스도인의 신앙의 본질이다. 십자가를 통해서 죽고자 한다면 살게 된다. 신앙의 본질에 근거해서 살려고 노력하는 신자에게는 십자가가 죽음의 의미를 내포하고 있다고 하더라도 늘 사는 것을 경험하게 된다. 그래서 십자가는 근본적인 체험, 원본적인 체험이라고 말했던 것이다.

하이데거의 말을 한 번 더 인용한다면, "'타락한 실존'이라는 말은 자신의 삶을 진지하게 성찰하고, 매순간 자신의 결단으로 '자기 자신의' 삶을 꾸려나가는 사람이 아니라, 그저 시류에 자신을 숨기고 살아가는 사람들을 뜻"한다.

마찬가지로 그리스도인의 삶과 비종교인의 삶의 차이점은 십자가를 통해서 자신의 삶을 성찰하고 또 그 사건을 통해서 자신의 삶을 결단하면서 살아가는 것이 진정한 신앙적 삶이자 철학적 삶이라고 말할 수 있을 것이다.

이제부터라도 그리스도인의 자신의 신앙의 뿌리와 본질이 어디에서 비롯되었는지, 그리고 어디에다 신앙의 근거를 두어야 하는지를 분명하게 알아야 한다. 십자가는 추상이 아니라 구체적인 현실이다. 그리스도인은 그 십자가에다 신앙의 근거를 두어야 한다. 거기에서 자신의 신앙이 출발을 해야 한다. 십자가의 상징성에만 천착할 것이 아니라 십자가를 살도록 해야 한다. 십자가는 그리스도인의 모든 삶을 포괄하는 사건이기 때문에 더욱 그렇다.

십자가를 빼놓고 어떻게 그리스도인의 삶이 가치가 있다고 말할 수 있겠는가?

'하늘나라, 하나님의 나라가 가치가 있다, 사랑이 가치가 있다, 구원이 가치가 있다' 등등 그렇게 말할 수 있는 모든 근거는 바로 십자가에 있다. 십자가의 세계가 신앙의 바탕을 이루고 있다는 말이다. 십자가의 세계가 신앙인의 의미 세계라는 말이다. 그렇기 때문에 십자가가 그리스도인의 신앙과 삶에 빛을 던져줄 뿐만 아니라 세계의 새로운 밝음을 나타내 보여주는 것이다. 그럼으로써 십자가는 하나님의 현실이 된다. 하나님이 십자가를 통해서 자신을 나타내신 것이다. 우리는 십자가를 봄으로써 죽음을 무한히 이기고 넘어서 자신을 내보이신 하나님을 만나게 된다.

그러므로 십자가는 하나님의 세계, 하나님이 이 세계를 지배하고 계신다는 것, 실패한 것 같지만 실패가 아니라 승리이며, 상실이 아니라 성취라는 것을 알게 해주는 사건이 된다. 십자가는 모든 그리스도인이 돌아가야 할 고향과도 같은 존재이다. 늘 우리의 생생한 사건은 십자가에서 일어난다. 실상 고통과 죽음 같지만, 그래서 더 이상 기억하고 싶지 않지만 우리 신앙의 본질과 존재의 근거는 항상 그 십자가로 향하게 되어 있다는 것을 부인할 수 없다. 왜냐하면 십자가를 통해서 예수, 곧 하나님의 아들을 만나게 되고, 우리 자신도 십자가의 삶을 살면서 그분과 일치를 하기 때문이다.

거룩한 삶, 새로운 삶, 좀 더 긴장되며 설레는 신앙생활을 하고 싶다면 거룩한 십자가를 외면하지 말아야 한다. 십자가는 무한한 성(聖)의 체험, 영원한 하나님의 체험을 가능하게 하는 사건이다. 그 십자가는 우리를 한 번도 버린 적도 없으며 항상 가까이서 우리의 삶을 비추고 견디도록 만드는 밝은 운명의 목자와도 같은 것이기 때문이다.

우리는 설령 세계가 그 십자가를 사정없이 부서뜨리고 쇠잔하게 만드는 피투성이(내던져져 있음, Geworfenheit)가 될지라도, 오히려 하나님의 선물로 받아들일 준비를 할 수 있어야 할 것이다. 또한 우리의 그리스도인다움은 곧 그 선물을 멸시하거나 뒷-걸음질(Schritt-zurück)치면서 무책임하게 거절하려고 하는 것이 아니라 더 자발적으로 '침묵의 오솔길,' '신앙의 오솔길'에서 가까이 다가와 있는(現前者, die Anwesenheit) 존재로 받아들이는 것임을 명심해야 한다.

5. 그리스도인의 실존적인 방향 전환(마 23:34-39)

예언자들은 그 시대를 보는 새로운 눈을 가진 사람들이었다. 그러한 예언자들의 목소리는 당대에 늘 미친 소리처럼 들렸다. 예언자는 자신을 살피고 또한 신앙의 본질과 하나님의 뜻에 부합하는 삶을 사는가를 점검하라는 소리를 드높였다. 그들은 하나님의 마음에 드는 백성들이 되도록 흐트러지고 마음이 혼미한 사람들에게 신앙적인 통찰력을 갖도록 해주었다.

하지만 사람들은 그러한 예언자들을 싫어한다. 아니 그 예언자의 목소리를 들으려고 하지를 않는다. 마음을 불편하게 만드는 그들의 소리는 현재의 삶에 만족하고 설령 혼탁하고 세상을 타협을 하며 사는 한이 있더라도 그 삶으로부터 떠나고 싶지 않기 때문이다.

예언자들은 사람들로 하여금 이미 가고 있는 길에서 되돌아가거나 아니면 새로운 길로 가라고 종용한다. 신앙의 길은 늘 다니던 길이 아니라 늘 갈림길이 나타나 우리를 혼란스럽게 만들지만 식별하고 신앙적으로 사유를 하게 되면 하나님의 길을 발견하게 되는 것이다.

예수도 그 당시의 사람들을 모으고 하나님께서 원하시는 삶을 살기를 바라는 마음으로 새로운 삶의 좌표를 제시하였다. 지금까지와는 완전히 다른 삶, 피상적인 삶의 방식으로부터 더 깊이 있는 삶으로 전향하라는 말이었다. 피상적인 삶은 우리를 신앙적으로 곤경(die Not)에 빠지게 한다. 곤경에 빠져서 헤어 나오지 못하는 사람이 되고 만다. 자신이 곤경에 빠져 있다는 사실을 인식하지 못할 정도로 예수의 말을 경청하려고 하지 않는다. 가만히 앉아서 말은 듣고 있지만 신앙의 곤경으로부터 빠져나오라는 예수의 초대에 대해서 응하려 하지 않는다. 말은 듣고 있지만 그 말은 마음에 한 번도 머문 적이 없는 듯이 신앙생활을 하려고 한다.

예수는 그러한 신앙과 삶의 태도를 가지고 있는 우리들을 사랑의 품으로 모으려고 한다. 이러저런 방식과 또 마음의 표현과 존경의 태도를 통해서 사람들을 예수의 품 안으로 모으려고 하지만 사람들은 자신의 말과 판단이 중요하지 결코 예수의 말이나 초대에는 아랑곳하지 않는다.

교회가 황폐해지는 원인이 거기에 있다. 예수의 말에 머물려고 하지 않는 신자들이 왔다갔다한들 교회의 영성적 분위기가 예수에게 있는 비밀을 간직한 신자인 것처럼 살려고 하지 않고 있다. 교회의 영성적 척박함 혹은 신앙의 토박함이 곧 교회의 황폐함을 불러일으키는 것이다. 사람과 사람, 사람과 사건과의 관계에서 끊임없이 말을 사용하고 시선을 던지지만 그 속에 들어가 있는 것은 신앙의 언어나 신앙의 마음이 아니라 결국 사람의 이기적이고 욕망적인 마음을 신앙으로 포장을 하고 있을 뿐이다.

그러한 신앙 자세를 가지고 있는 사람들의 모임이 풍요로워질 수 없는 것은 당연한 것이다. 예수 안에 신앙의 비밀이 있다는 생각을 가져야 교회가 달라질 수 있다. 예수라고 하는 존재에 뿌리를 내리려고 하는 몸부림과 의지가 있어야 교회가 변화될 수 있다.

그것이 아니라면 교회는 도대체 무엇 때문에 존재하며, 신자들은 교회를 다니는 이유가 무엇인가?

교회는 사교 집단이 아니다. 자신의 사적 감정을 털어 놓거나 심리적 대리 만족과 보상을 얻기 위한 집단도 아니다. 교회는 예수처럼 살아보려는 사람들의 모임이다. 그럼에도 언어나 행동을 보면 예수와는 하나도 닮은 구석을 찾아보기가 어려운 것이 오늘날의 교회 현실이다. 오히려 예수처럼, 예수의 언어로 자신의 마음을 들여다보는 사람이 있게 되면 불편해 한다. 마음이 들켜버리기라도 한 것처럼 지레 겁을 내고 만다. 예수가 무리를 모으고 하나님을 사랑하는 공동체를 만들어 보려고 시도했는데도 실패를 하였다. 신앙이 아니라 개인의 이익에 따라서 움직이는 집단이 되다 보니까 사람의 마음에는 신앙적인 생각은 하나도 없고 그저 혼미하기만 한다. 무슨 사적인 집착과 이익을 교회에서 찾을 수 있다고 교회에 발걸음을 옮기는지 잘 모르겠다.

분명히 교회생활을 하면 마음이 편해지고 기도를 하게 되면 하나님께서 응답해 주신다는 것을 알게 된다. 설령 빠른 응답이 없더라도 언젠가 기도에 응답을 해주시겠거니 하고 안심을 한다. 위안을 삼는다. 나의 언어를 통해서 초월자에게 바람을 투사하고 당분간의 안심과 위로를 얻겠다는 것은 아직은 성숙하지 못한 신앙인이다.

예수를 믿고 신앙생활을 하겠다고 하는 각오는 항상 '새로운 방향전환'을 하겠다는 의지의 표명이다. 다른 사람들은 그저 자신의 삶에 안주하려고 하지만 신앙인은 새로운 신앙의 도약과 새로운 시선을 던지고 행동을 통해서 세계를 변화시켜 나가는 존재이다. 신앙이 그럴 때 의미가 있는 것이다.

입으로는 찬양을 하면서 예수를 외치고 하나님을 고백하지만 어떤 하나의 세속적인 일에 집착하는 존재가 된다면 신앙은 눈에 들어오지 않는다. 그것 또한 계산된 나의 행위에 지나지 않을 것이다. 믿음의 세월만큼 자신의 행위가 예수와 부합하는지는 전혀 생각하지 않고 믿음의 시간에 따른 이익을 산출하는 신앙인이 많다고 하는 사실이다. 거기에는 방향전환이 없다. 신앙의 방향, 삶의 방향, 그리스도인으로서의 사고의 지향성도 세속적 집착에 의해서 힘을 잃고 마는 것이다.

우리의 신앙의 척도는 예수에 의해서 이루어져야 하는 것이지 나의 마음이나 세속적 가치에 의해서 측정되면 안 된다. 나의 현실적인 판단과 세속적 가치가 나의 삶과 신앙의 척도가 되는 순간 혼미해진다. 뻔뻔스러울 정도로 신앙인이 아니게 되는 삶을 살아가게 된다.

신앙 공동체 안에서 그 비루함을 정직한 신앙으로 바꾸도록 하기 위해서 훌륭한 신앙인을 모범으로 삼고 참다운 그리스도인이 되기 위해서 노력하는 것이 중요하다. 나의 신앙의 척도, 나의 신앙의 모범이 될 수 있는 사람이 교회 안에서 존중 받을 수 있는 분위기가 되어야 한다.

하지만 문제는 그러한 사람에 대한 평가는 신앙으로 귀환하려고 하는 사람으로 보기보다는 진리를 망각하고 방해하는 사람으로 몰아붙이는 데 있다. 교회에 신앙의 모범이 될 만한 그리스도인이 존재하지 않는 이유가 거기에 있다. 예수처럼 그의 언어를 닮아가고 그의 기도 본새를 몸으로 살려고 하는 이들의 진정성을 왜곡하고 매도하기 일쑤이다.

이제 교회가 살기 위해서는 예수의 목소리에 어떻게 반응할 것인가를 고민해야 한다. 예수의 말씀에 신앙의 양식으로 삼아서 각자 그것을 신앙의 본질과 근거로 받아들일 때 그리스도인다움이라는 것이 생길 수 있을 것이다. 예수가 원하는 것은 자신이 말하는 것에 대한 신앙인의 적절한 반응이다. 적절한 반응이라기보다 즉각적이고 생명처럼 여기는 반응이라는 것이 나을 듯하다.

말씀을 교회의 생명으로 여기고 그 말씀을 체득하고 나의 것으로 만들려는 시도들이 있을 때 교회가 침울하고 무거운 분위기가 아니라 밝은 진리의 공동체가 될 것이다. 진리를 깨달은 공동체는 다만 자신의 목소리나 기분에 의해서 좌우되는 것이 아니라 예수의 밝은 마음과 예수의 인격적인 생각에 의해서 움직인다.

따라서 교회가 예수를 믿고 있으니 안전한 공동체이고 당연한 예수 공동체라고 착각할 수 있으나 자칫 예수를 거부하고 있는 교회가 될 수 있다는 경각심을 가져야 한다. 말로도, 생각으로도, 행동으로도 예수를 거부하는 그리스도인이 되는 것이다. 예수와 반하면 그것이 그를 거부하는 것이고 그를 교회 안에서 보존하지 않겠다는 것과 다르지 않다. 예수를 어두움에 있게 하지 말고 밝음 가운데 있도록 해야 한다. 그러기 위해서는 의식적이든 무의식적이든 그를 거부하는 일이 없도록 해야 한다.

본질적으로 예수와 전혀 상관없는 일들이 교회에서 다반사로 일어난다. 그것은 예수의 거부이다. 예수에 대해서 거부하는 교회는 궁극적으로 예수에 의해서 거부당하는 교회가 될 것이다. 그러므로 이제부터라도 교회는 예수를 통한 영혼, 예수로 말미암은 정신, 예수와 더불어 일어나는 삶의 사건들을 뼛속 깊이 느끼려고 애를 써야 할 것이다.

마르틴 하이데거는 말한다.

"현존재(Dasein)의 본질은 자신의 실존(Existenz)에 있다."

이를 빌려서 의미를 확장해보면, 그리스도인의 본질은 자신이 예수를 실존의 근거로서 받아들이는 데 있다고 말할 수 있을 것이다. 그분이 우리를 지금도 당신의 마음 안에 두려고 하고 있고, 당신의 생각과 같은 생각을 가지고 신앙과 삶을 나누기를 원한다는 것을 잊지 말아야 한다. 그렇게 될 때 우리 자신이 한순간도 그를 거부하지 않고 그의 현존 안에서 그리스도인으로서의 현실성과 기쁨을 맛보며 살게 될 것이다.

예수와 신앙 언어
Jesus and a Language of Faith

2016년 10월 15일 초판 발행

지 은 이 | 김대식

편　　집 | 정희연, 조광수
디 자 인 | 이수정, 박슬기
펴 낸 곳 | 밀알서원
등　　록 | 제21 - 44호(1988. 8. 12)
주　　소 | 서울시 서초구 방배로 68
전　　화 | 02) 586-8761-3(본사) 031) 942-8761(영업부)
팩　　스 | 02) 523-0131(본사) 031) 942-8763(영업부)
홈페이지 | www.clcbook.com
이 메 일 | wbbkor@gmail.com
온 라 인 | 기업은행 073-000308-04-020, 국민은행 043-01-0379-646
　　　　　예금주: 박영호(밀알서원)

ISBN 978-89-7135-067-6 (03230)

* 낙장 · 파본은 교환해 드립니다.

이 도서의 국립중앙도서관 출판시 도서목록(CIP)은 서지정보유통지원시스템 홈페이지(http://seoji.nl.go.kr)와 국가
자료공동목록시스템(http://www.nl.go.kr/kolisnet)에서 이용하실 수 있습니다.
(CIP제어번호: CIP2016020846)